Designing Large Language Model Applications

실무로 통하는
LLM 애플리케이션 설계

| 표지 설명 |

표지 동물은 보리고래sei whale(학명: *Balaenoptera borealis*)로, 수염고래의 한 종류입니다. 몸무게는 최대 28톤에 달하고 길이는 최대 19.5 미터까지 자라며 대왕고래blue whale와 참고래fin whale에 이어 세 번째로 큰 수염고래입니다.

몸집이 거대하지만 비교적 빠르게 헤엄치며 최고 시속이 55 킬로미터에 달합니다.

보리고래는 극지방부터 아열대 해역까지 전 세계 바다에 걸쳐 분포합니다. 몸빛은 짙은 청회색이며, 배는 하얗고, 등의 뒤쪽 약 3분의 2 지점에는 갈고리 모양의 등지느러미가 있습니다. 피부에는 종종 검목상어(쿠키커터 상어)가 더 큰 동물을 먹이로 삼을 때 남기는 원형의 상처 자국이 나 있곤 합니다.

이빨 대신 200~400개의 수염판이 있으며, 이를 이용해 하루 약 900 킬로그램의 먹이를 섭취합니다. 손톱처럼 케라틴으로 이루어진 수염판은 머리카락처럼 가늘고 빗살처럼 생겼으며 입천장에서 아래로 매달려 있어 먹이를 걸러내는 역할을 합니다. 보리고래는 여과 섭식자로, 입을 벌린 채 헤엄치며 플랑크톤, 작은 물고기, 오징어 같은 먹이와 바닷물을 함께 빨아들였다가 물은 배출하고 먹이만 남기는 방식으로 식사합니다.

표지 그림은 『British Quadrupeds』에 실린 고풍스러운 선화를 바탕으로 제작되었습니다. 시리즈 디자인은 에디 프리드먼Edie Freedman, 엘리 볼크하우젠Ellie Volckhausen, 캐런 몽고메리Karen Montgomery가 맡았습니다.

실무로 통하는 LLM 애플리케이션 설계

프로토타입을 넘어 제품으로 완성하는 생성형 AI 개발 전략

초판 1쇄 발행 2025년 10월 16일

지은이 수하스 파이 / **옮긴이** 박조은 / **펴낸이** 전태호
펴낸곳 한빛미디어(주) / **주소** 서울시 서대문구 연희로2길 62 한빛미디어(주) IT출판2부
전화 02-325-5544 / **팩스** 02-336-7124
등록 1999년 6월 24일 제25100-2017-000058호 / **ISBN** 979-11-6921-438-4 93000

책임편집 박지영 / **기획 · 편집** 정지수 / **교정** 김가영
베타리더 강찬석, 김호영, 송영숙, 이석곤, 조현석, 허민
디자인 표지 윤혜원 내지 박정우 / **전산편집** 이경숙
영업마케팅 송경석, 김형진, 장경환, 조유미, 한종진, 이행은, 김선아, 고광일, 성화정, 김한솔 / **제작** 박성우, 김정우

이 책에 대한 의견이나 오탈자 및 잘못된 내용은 출판사 홈페이지나 아래 이메일로 알려주십시오.
파본은 구매처에서 교환하실 수 있습니다. 책값은 뒤표지에 표시되어 있습니다.
한빛미디어 홈페이지 www.hanbit.co.kr / 이메일 ask@hanbit.co.kr

© HANBIT MEDIA INC. 2025.
Authorized Korean translation of the English edition of **Designing Large Language Model Applications** ISBN 9781098150501© 2025 Suhas Pai.
This translation is to be published and sold by permission of O'Reilly Media, Inc., the owner of all rights to publish and sell the same.

이 책의 저작권은 오라일리와 한빛미디어(주)에 있습니다.
저작권법에 의해 보호를 받는 저작물이므로 무단 전재와 무단 복제를 금합니다.

지금 하지 않으면 할 수 없는 일이 있습니다.
책으로 펴내고 싶은 아이디어나 원고를 메일(writer@hanbit.co.kr)로 보내주세요.
한빛미디어(주)는 여러분의 소중한 경험과 지식을 기다리고 있습니다.

Designing Large Language Model Applications

실무로 통하는
LLM 애플리케이션 설계

O'REILLY® 한빛미디어

● 헌사

꿈꾸는 법을 가르쳐 준 전설적인 인물,
쿠수마 파이에게 이 책을 바칩니다.

지은이 · 옮긴이 소개

지은이 수하스 파이 Suhas Pai

10년 넘게 기술 업계에서 일해 온 숙련된 머신러닝 연구자입니다. 2020년부터 와이 콤비네이터Y-Combinator의 지원을 받는 AI 및 핀테크 스타트업인 허드슨 랩스Hudson Labs의 공동 창립자이자 CTO, ML 연구 책임자로 일하고 있습니다.

허드슨 랩스에서는 도메인 특화 LLM, 텍스트 랭킹, 표현 학습 분야에서 여러 혁신적인 기법을 개발했으며, 이 기법들은 허드슨 랩스 제품의 핵심 기능을 실현하는 기반이 되었습니다. 또한 오픈 소스 LLM 개발에도 활발히 참여해 왔으며, BLOOM LLM 프로젝트의 일환인 빅 사이언스Big Science 프로젝트에서 프라이버시 워킹 그룹의 공동 리더로 활동했습니다.

2021년부터는 토론토 머신러닝 서밋(TMLS) 콘퍼런스의 의장으로 활동 중이며 전 세계 AI 콘퍼런스에서 연사로 자주 참여합니다. NLP 분야의 최신 연구를 논의하는 정기 세미나도 직접 주최합니다.

옮긴이 박조은 joeunpark@gmail.com

'오늘코드' 유튜브 채널을 운영하며, 파이썬 분야의 마이크로소프트 MVP로 활동하고 있습니다. 웹과 백엔드 개발자로 게임과 광고 회사에서 주로 근무했으며, 다양한 도메인의 기업에서 프로젝트를 진행했습니다. 또한 다수의 대학교와 교육기관, 기업에서 강의를 맡아왔습니다. 『모두의 한국어 텍스트 분석 with 파이썬』(길벗, 2023)의 공저자이며 『NLP와 LLM 실전 가이드』(한빛미디어, 2025)를 우리말로 옮겼습니다.

베타리더의 한마디

현업에서 LLM 관련 업무를 수행하는 사람이라면 익숙하겠지만, 관련 연구를 처음 접하고 시도하려는 개발자라면 기술적인 용어나 동작 원리를 이해하는 데 어려움을 겪기 마련입니다. 게다가 LLM 관련 연구의 발전 속도가 워낙 빠르다 보니 최신 연구 트렌드를 따라가는 것조차 쉽지 않습니다. 이 책은 바로 그런 분들을 위한 좋은 가이드입니다. 특히 주제별 이해를 돕는 도식화 자료와 심화 학습을 위한 논문 소개는 독자가 LLM의 연구 흐름을 파악하고 관련 애플리케이션을 개발하는 데 실질적인 도움을 줄 것입니다.

강찬석, LG전자 소프트웨어 엔지니어

AI는 어느 순간 마법처럼 우리 곁에 다가왔습니다. 어떤 질문에도 똑똑한 비서처럼 막힘없이 대답하지요. 그러나 그 속을 들여다보면, 신비한 마법이 아니라 정교한 톱니바퀴들이 오차 없이 맞물려 돌아가는 거대한 공학의 산물임을 알 수 있습니다.

이 책은 LLM의 작동 원리를 넘어, 어떻게 하면 더 정교하고 유익한 대답을 이끌어 낼 수 있는지를 단계적으로 설명합니다. 개발자에게는 실무에 바로 적용할 수 있는 지침을, 사용자에게는 한층 더 현명하게 활용할 수 있는 방법을 제공합니다.

김호영, 고등과학원 거대수치계산연구센터 HPC 관리자

자연어 처리 분야에서 기본적으로 알아야 할 지식과 최근 경향까지 모두 잘 반영한 책이라 재미있게 읽었습니다. 추론을 뜻하는 inference와 reasoning에 대해 고민해 본 적이 있는 분은 물론, 최근 자연어 처리 동향에 관심 있는 모든 분께 추천합니다.

송영숙, (주)래블업 연구원

이 책은 'LLM을 어떻게 만드는가'보다 'LLM으로 무엇을 만들 수 있는가'에 초점을 맞춘 실용적인 안내서입니다. 거대 언어 모델의 근본적인 원리부터 실제 애플리케이션에 적용하는 방법까지, 이론과 실무의 균형을 훌륭하게 맞췄습니다. 특히 파인 튜닝, 추론 최적화, LLM과 외부 도구를 결합하는 고급 기술을 체계적으로 다뤄, 독자들이 복잡한 개념을 쉽게 이해하고 바로 프로젝트에 적용할 수 있도록 돕습니다.

현업에서 LLM을 활용한 서비스 개발을 고민하는 개발자와 기획자에게 이 책은 단순한 지식을 넘어 실질적인 해결책과 영감을 제시해 줍니다. LLM을 실제 제품으로 구현하려는 모든 이에게 이 책을 강력히 추천합니다.

이석곤, ㈜아이알컴퍼니 부설연구소 팀장

이 책은 LLM의 이론과 실무를 체계적으로 아우르는 뛰어난 안내서입니다. 추론, 검색 증강 생성(RAG), 파인 튜닝 같은 고급 기법을 유기적으로 통합해 LLM 기반 애플리케이션을 실전에서 구현할 수 있는 체계적인 로드맵을 제시합니다. 또한 오픈 소스 LLM 정보, 라이선스 종류, 모델 특성 등 실무에 큰 도움이 되는 유용한 팁을 풍부하게 제공합니다.

학습을 위한 구성도 인상적입니다. 중간중간 정교한 개념도를 적재적소에 배치해 독자가 현재 학습 중인 위치를 명확히 파악할 수 있도록 돕습니다. 약 80개의 실전 기반 연습 문제는 책에서 충분히 이해하지 못했던 개념을 다시 점검하게 하여, 각 장의 내용을 더욱 정확히 익힐 수 있도록 보완합니다.

AI와 정보가 넘쳐나는 시대에 그럼에도 불구하고 책이라는 매체가 왜 여전히 필요한지를 보여주는 대표적 역작입니다. 개념을 확실히 이해한 후 고급 패러다임과 실전 사례까지 습득하고자 한다면 반드시 읽어야 할 필독서입니다.

허민, 한국외국어대학교 정보전략 팀

추천사

이 책은 고급 AI 시스템 구축을 위한 마스터 클래스입니다. 도구 활용, 추론, RAG, 파인 튜닝 등 다양한 고급 기법을 유기적으로 통합해 차세대 AI 애플리케이션 개발에 필요한 실전 역량을 갖추도록 돕습니다.

제이 알아마르 Jay Alammar, 『핸즈온 LLM』 공저자

LLM의 핵심 개념부터 최신 트렌드까지 폭넓게 아우르는 안내서입니다. 프롬프트 작성과 파인 튜닝 같은 기본 개념부터 추론 시간 계산과 복잡한 추론 전략 같은 최신 주제까지 쉽고 명확하게 설명합니다. 하지만 이 책의 진짜 강점은 단순한 설명을 넘어, LLM이 실제로 어떻게 작동하는지를 직관적으로 이해하게 해 준다는 점입니다.

창의적이고 몰입감 있는 연습 문제는 이러한 이해를 더욱 견고하게 하며, 이 책을 단순한 참고서를 넘어 소프트웨어 엔지니어, 머신러닝 실무자, 프로덕트 매니저가 실용적인 LLM 애플리케이션을 설계할 수 있도록 돕는 실전 도구로 만들어 줍니다.

메건 리스달 Megan Risdal, 캐글 Kaggle 수석 프로덕트 매니저

LLM 애플리케이션을 연구하고 설계하며 구현하는 데 필요한 핵심 개념과 기술을 폭넓고 체계적으로 담은 최신 가이드북입니다. 저자는 자신의 깊이 있는 엔지니어링과 연구 경험을 바탕으로 학계와 산업 전반의 주제를 명확하게 설명하고, 실무에 도움이 되는 통찰을 함께 제공합니다. 여기에 기존 연구와 도구에 관한 풍부한 참고 자료까지 제공해 내용의 깊이를 더했습니다. 또한 체계적으로 설계된 연습 문제 덕분에 이론에 대한 직관과 실험 역량을 키울 수 있습니다. 이 분야에서 꼭 알아야 할 주요 개념과 실전 노하우를 균형 있게 다룬 훌륭한 책입니다.

마다브 싱할 Madhav Singhal, 오토컴퓨터 AutoComputer CEO

저자는 풍부한 경험을 바탕으로 기초부터 실제 현장에서 검증된 최신 기법까지 폭넓게 안내하며 독자를 이끕니다. 실용적이면서도 시의적절한 이 책은 새로운 세대의 LLM 개발자들에게 매우 유용한 길잡이가 될 것입니다.

수전 슈 창 Susan Shu Chang, 엘라스틱 Elastic 수석 데이터 과학자

놀라울 정도로 포괄적인 내용을 다룬 책입니다!

누르 파흐미 Nour Fahmy, 플래그십 RTL Flagship RTL

옮긴이의 말

최근 몇 년간 LLM은 단순한 기술을 넘어 삶과 일의 든든한 동반자처럼 자리해 왔습니다. 챗GPT가 세상에 처음 나왔을 때의 충격 이후, 빠르게 성숙해 가는 서비스들을 목격하고 업무에 활용하며 언젠가 내 자리를 LLM에 어떻게 내어주게 될까 하는 고민을 수없이 했습니다.

하지만 인류 역사상 기술이 일을 줄인 적은 없었고, 언제나 새로운 형태의 일을 만들어왔다는 사실에서 위안을 얻곤 합니다. 그 역사적 교훈 속에서 제 역할의 변화를 발견합니다. 단순히 질문을 잘 만드는 프롬프트 엔지니어링을 넘어, 이제는 LLM이 최적의 답을 찾을 수 있도록 필요한 배경지식과 작업 환경 전체를 설계하는 컨텍스트 엔지니어링의 시대로 접어들고 있습니다. 코파일럿^{Copilot}이라는 마이크로소프트의 LLM 서비스 이름처럼 LLM의 조종사가 되어가고 있는 것입니다. 이 역할은 단순히 명령을 내리는 것을 넘어, 이 거대한 지능이 어떤 원리로 생각하고 움직이는지 알아가는 지적인 즐거움을 선사합니다.

이러한 역할 변화의 배경에는 에이전트로 대표되는 기술적 패러다임의 전환이 있습니다. 이는 LLM이 단순히 답변을 생성하는 것을 넘어, 스스로 사고하고^{thinking}, 추론하며^{reasoning}, 그 결과를 바탕으로 행동하는^{acting} 주체로 진화하고 있음을 의미합니다. 특히 추론과 행동을 결합한 리액트^{ReAct} 방식은 모델이 상황을 관찰하고 필요한 도구를 활용하게 함으로써, LLM이 정교한 추론 시스템으로 거듭나게 했습니다.

2024년 추석 무렵 오픈AI의 o1이 생각하는 과정을 통해 한국인 특유의 온라인 리뷰의 암호를 해독해 나가는 과정을 지켜보며 충격을 받았던 기억이 생생합니다. o1을 소개한 개발자가 '시간과 정신의 방'에서 힌트를 얻어, 물고기를 잡아주는 대신 잡는 방법을 가르쳐 주었다는 이야기를 강연에서 들었는데 특히 인상 깊었습니다. 그리고 2025년 설날 무렵 딥시크^{DeepSeek}가 사고의 흐름을 투명하게 공개하기 시작하며, LLM이 주어진 문제를 해결하기 위해 고군분투하는 모습을 지켜보게 되었습니다.

물론 이 여정이 늘 순탄한 것만은 아닙니다. 때로 LLM은 그럴듯한 거짓말, 즉 환각에 빠지기도 하며, 우리는 정확한 컨텍스트를 제공해 방향을 바로잡아 주어야 합니다. 더 긴 맥락을 이해하도록 프롬프트를 다듬고 지시문을 수정하는 일은 이제 일상이 되었습니다. 눈에 보이는 환각뿐 아니라, 그 이면에 숨은 막대한 운영 비용, 느린 응답 속도, 안정성 문제 역시 우리가 풀어야 할 현실적인 과제입니다. 이 책이 독자 여러분의 그러한 고민을 해결하는 데 든든한 길잡이가 되기를 바랍니다.

저자는 이 책을 집필하면서 약 800편에 달하는 논문을 검토했다고 합니다. 덕분에 번역 과정에서 그 논문들을 함께 살펴볼 수 있었습니다. 고전적인 연구부터 최신 성과까지 방대한 자료를 접하며 LLM 분야가 얼마나 빠르고 치열하게 발전하고 있는지를 생생하게 느낄 수 있었습니다. 이 번역 작업이 아니었다면 이렇게 많은 논문을 집중적으로 검토하고 동시에 최신 연구의 흐름을 한눈에 파악하는 기회를 얻기 어려웠을 것입니다.

LLM은 단순한 언어 생성 모델을 넘어 점차 에이전트로 진화하고 있습니다. 이제 모델은 단순히 텍스트를 주고받는 수준을 넘어 다양한 도구를 호출하고 외부 API나 데이터베이스와 상호작용하며 실제 문제를 해결하는 주체로 자리매김하고 있습니다.

이 분야는 워낙 빠르게 변하다 보니 용어 번역에서 특히 어려움이 컸습니다. 이전에는 잘 쓰이지 않던 용어나, 기존에 쓰이던 단어가 다른 의미로 사용되는 경우가 많았기 때문입니다. 예를 들어 query는 데이터베이스 맥락에서는 '쿼리'로, LLM 맥락에서는 '질의'로 번역해 구분했습니다. 또한 train과 learning은 비슷한 의미를 지니지만, 다른 도서에서의 사용례를 참고하여 train은 '훈련', learning은 '학습'으로 옮겼습니다. 비슷하게 inference와 reasoning은 모두 '추론'으로 번역되지만, reasoning은 인간의 사고 과정과 유사한 논리적 판단을 뜻하는 반면, inference는 보다 계산적이고 기술적인 과정을 가리킨다는 점에서 의미상의 차이를 고려했습니다. 위키백과에서 정리된 용어는 참고했지만, 아직 등재되지 않았거나 혼용되는 경우도 많았습니다. 결국 용어 하나하나를 다듬고 고민하며 해당 용어가 기술에 어떻게 녹아들어 있는지 과정을 알아가는 기쁨도 컸습니다.

옮긴이의 말

베타리딩에 참여해 주신 강찬석, 김호영, 송영숙, 이석곤, 조현석, 허민 님께 감사드립니다. 덕분에 완성도 높은 번역을 하는 데 큰 도움이 되었습니다. 그리고 꼼꼼하고 세심하게 편집해 주시고 좋은 제안을 주신 정지수 편집자님께 진심으로 감사드립니다.

번역을 하며 친구들에게 자주 물어보기도 했는데 뜬금없는 질문에도 자기 일처럼 함께 고민해 준 친구들에게도 고마움을 전합니다. 그리고 꾸준히 응원해 준 남편, 아들과 딸에게도 사랑과 감사의 마음을 전합니다.

박조은

이 책에 대하여

지난 몇 년간 인공지능 분야의 발전은 LLM을 선두로 숨 가쁜 속도로 진행됐습니다. 불과 얼마 전까지만 해도 LLM은 일관성 있는 단락 하나를 생성하기도 어려웠던 초기 기술이었지만, 오늘날에는 복잡한 수학 문제를 해결하고, 설득력 있는 에세이를 작성하며, 인간과 길고 흥미로운 대화를 나누게 되었습니다.

AI가 계속 발전하면서 사회 구조에 빠르게 스며들어 삶의 수많은 측면에 영향을 미치고 있습니다. 향후 10년간, LLM과 같은 AI 모델을 효과적으로 활용하는 능력은 매우 중요한 역량으로 자리 잡을 것입니다. LLM은 소프트웨어 세계에 혁명을 일으키고 있으며, 이전에는 불가능하다고 여겨졌던 애플리케이션을 개발할 수 있게 했습니다.

LLM이 가져다주는 모든 가능성에도 불구하고, 현실적으로 이 기술은 아직 성숙하지 않았습니다. 추론 능력의 부족, 사실과의 불일치, 환각 현상, 목표에 맞게 조정하기 어려운 문제, 편향성과 공정성 문제 등 많은 한계가 있습니다. 하지만 이러한 한계를 효과적으로 해결한다면 여전히 LLM을 좋은 용도로 활용하고 다양한 실용적인 애플리케이션을 구축할 수 있습니다.

LLM 애플리케이션의 빠른 프로토타입 제작을 지원하는 다양한 소프트웨어 프레임워크가 나타났습니다. 그러나 프로토타입에서 프로덕션급 애플리케이션으로 나아가는 길은 훨씬 덜 개척되어 여전히 매우 도전적인 과제입니다. 바로 이 지점에서 이 책이 필요합니다. 이 책은 LLM 환경에 대한 종합적인 가이드를 제공하며, 복잡한 LLM 애플리케이션을 구축하는 데 필요한 직관과 도구를 갖추도록 돕습니다.

이 책의 목표는 LLM의 작동 원리를 직관적으로 이해시키고, LLM을 활용하는 데 사용할 수 있는 도구들을 소개하고, LLM으로 구축할 수 있는 다양한 애플리케이션 패러다임을 제공하는 것입니다. 이 책의 특징은 연습 문제입니다. 80개가 넘는 연습 문제를 책 전반에 배치했습니다. 이를 풀어보면서 LLM의 작동 원리에 대한 감을 익히고 이해를 더 깊이 다질 수 있습니다.

이 책에 대하여

이 책을 준비하며 800편이 넘는 연구 논문을 참고했습니다. 그중 많은 논문을 본문에서 인용하며 링크를 제공해 독자 여러분이 더 깊이 있는 탐구를 이어갈 수 있도록 길을 열어두었습니다.

이 책을 처음부터 끝까지 읽고, 모든 연습 문제를 수행하며, 추천한 참고 자료를 함께 탐독하고 나면 LLM 전문가로 성장할 수 있을 것이라 확신합니다.

대상 독자

이 책은 AI 애플리케이션 개발로 전환하려는 소프트웨어 엔지니어, 머신러닝 실무자와 연구자, 제품 관리자를 포함한 폭넓은 독자층을 대상으로 합니다. 이 책의 상당 부분은 직접 LLM을 활용해 실험한 결과 기반이므로 경험이 풍부한 연구자라 하더라도 유용한 내용을 발견할 수 있을 것입니다. 반대로 AI 분야의 경험이 거의 없는 분이라면 LLM의 기본 원리를 이해하는 데 도움이 될 것입니다.

이 책을 읽는 데 필요한 선행 지식은 파이썬 프로그래밍 지식과 기본적인 머신러닝 및 딥러닝 원리에 대한 이해뿐입니다. 필요한 경우, 독자가 기초 지식을 다지거나 개발하는 데 활용할 수 있는 외부 자료 링크를 제공합니다.

구성 방식

이 책은 총 13개 장으로 구성되었으며 3부로 나눕니다.

- **1부 LLM의 구성 요소**: 언어 모델의 구성 요소를 이해하는 데 중점을 둡니다. 직접 언어 모델을 처음부터 훈련시킬 일은 없을지라도, 언어 모델이 어떻게 만들어지는지 아는 것은 매우 중요하다고 생각합니다.
- **2부 LLM 활용하기**: 모델에 직접 프롬프트를 주거나 다양한 방식으로 파인 튜닝하는 등 언어 모델을 활용하는 여러 방법을 다룹니다. 또한 환각과 추론 제약 같은 한계점과 이를 완화하는 방법도 살펴봅니다.
- **3부 LLM 애플리케이션 활용 패러다임**: RAG와 에이전트 같은 애플리케이션 패러다임을 다루며, 전체 소프트웨어 시스템이라는 넓은 맥락에서 LLM의 위치를 조명합니다.

이 책에서 다루지 않는 내용

책의 분량을 적절하게 유지하고자 특정 주제들은 범위에서 제외했습니다. 시간이 지나도 유효할 것이라는 확신이 서지 않는 주제는 다루지 않도록 주의했습니다. 매우 빠르게 변화하는 분야인 만큼 시간이 지나도 유효한 내용을 담기가 매우 어렵습니다.

이 책은 영어 LLM에만 초점을 맞추며, 다국어 모델에 관한 논의는 대부분 제외했습니다. 또한 필자는 세계의 모든 비영어권 언어를 '다국어'라는 하나의 범주로 묶는 관점에는 동의하지 않습니다. 모든 언어에는 고유한 특성이 있으며 각각 독립된 책으로 다뤄질 가치가 있습니다.

이 책은 멀티모달 모델multi-modal model도 다루지 않습니다. 최신 모델들은 점점 더 멀티모달, 즉 여러 형태의 입력(예: 텍스트, 이미지, 비디오, 음성)을 동시에 처리할 수 있는 방향으로 발전하고 있습니다. 하지만 텍스트는 여전히 가장 중심이 되는 모달리티이며, 이러한 모델을 연결하는 핵심 기반으로 기능합니다. 따라서 이 책을 읽는 것은 멀티모달 시대를 준비하는 데에도 충분히 도움이 될 것입니다.

또한 이론이나 수학적인 내용을 깊이 파고들지 않습니다. 수학적 기초나 이론에 중점을 둔 훌륭한 책이 많으며, 필요한 경우 관련 링크를 책 곳곳에 충분히 포함해 두었습니다. 본문에서는 수식 사용을 최소화하고, 독자가 직관적으로 이해할 수 있도록 설명하는 데 중점을 두었습니다.

추론 모델reasoning model과 같은 최신 LLM 패러다임에 대해서는 기초적인 소개만을 담았습니다. 책을 집필하는 현재, 추론 모델은 아직 초기 단계에 있으며 어떤 기법이 가장 효과적인지 아직 명확하게 정립되지 않은 상태입니다.

이 책에 대하여

이 책을 읽는 방법

이 책을 가장 효과적으로 읽는 방법은 순서대로 읽으면서 연습 문제를 풀어보고 참고 링크를 탐색하는 것입니다. 다만, 관심사에 따라 다음과 같이 읽을 수도 있습니다.

- LLM의 전반적인 흐름을 이해하는 데 관심이 있고, 애플리케이션 구축까지는 필요하지 않은 독자라면 1, 2, 3, 4, 5, 10, 11장을 중점적으로 읽으면 됩니다.
- LLM 애플리케이션의 가능성을 이해하고자 하는 제품 관리자라면 1, 2, 3, 5, 8, 10, 11, 12, 13장이 적합합니다.
- 머신러닝 연구자라면 7, 8, 9, 10, 11, 12장에서 충분한 통찰과 새로운 연구 과제를 얻을 수 있습니다.
- 처음부터 직접 LLM을 학습시키고자 한다면 2, 3, 4, 5, 7장에서 기본 원칙을 배울 수 있습니다.

예제 코드

예제 코드와 연습 문제는 다음 깃허브 저장소에서 받을 수 있습니다.

- **번역서:** https://github.com/corazzon/designing-llm-apps
- **원서:** https://oreil.ly/llm-playbooks

CONTENTS

헌사 · 4
지은이・옮긴이 소개 · 5
베타리더의 한마디 · 6
추천사 · 8
옮긴이의 말 · 10
이 책에 대하여 · 13

PART 1 LLM의 구성 요소

CHAPTER 1 LLM의 개념과 첫걸음

1.1 LLM의 정의 · 30
1.2 LLM의 간략한 역사 · 35
    1.2.1 초창기 · 36
    1.2.2 현대 LLM 시대 · 38
1.3 LLM의 영향 · 40
1.4 기업 내 LLM 활용 · 43
1.5 프롬프팅 · 45
    1.5.1 제로샷 프롬프팅 · 47
    1.5.2 퓨샷 프롬프팅 · 48
    1.5.3 사고의 사슬 프롬프팅 · 48
    1.5.4 프롬프트 체이닝 · 50
    1.5.5 적대적 프롬프팅 · 50

CONTENTS

1.6	API를 통한 LLM 접근 방법	**52**
1.7	LLM의 강점과 한계	**54**
1.8	첫 번째 챗봇 프로토타입 만들기	**58**
1.9	프로토타입에서 제품화까지	**62**
1.10	마치며	**64**

CHAPTER 2 사전 훈련 데이터

2.1	LLM을 만드는 구성 요소	**66**
2.2	사전 훈련 데이터 요구 사항	**69**
2.3	대표적인 사전 훈련 데이터셋	**73**
2.4	합성 사전 훈련 데이터	**78**
2.5	훈련 데이터 전처리	**79**
	2.5.1 데이터 필터링 및 정제	**80**
	2.5.2 양질의 문서 선택	**86**
	2.5.3 중복 제거	**90**
	2.5.4 개인식별정보(PII) 제거	**93**
	2.5.5 훈련 데이터셋 정화	**100**
	2.5.6 데이터 혼합	**100**
2.6	사전 훈련 데이터가 후속 작업에 미치는 영향	**103**
2.7	사전 훈련 데이터셋의 편향과 공정성 문제	**104**
2.8	마치며	**106**

CHAPTER 3 어휘와 토큰화

- 3.1 어휘 · 107
- 3.2 토크나이저 · 113
- 3.3 토큰화 파이프라인 · 117
  - 3.3.1 정규화 · 118
  - 3.3.2 사전 토큰화 · 119
  - 3.3.3 토큰화 · 120
  - 3.3.4 바이트 페어 인코딩 · 120
  - 3.3.5 워드피스 · 122
  - 3.3.6 특수 토큰 · 124
- 3.4 마치며 · 127

CHAPTER 4 아키텍처와 학습 목표

- 4.1 기본 개념 · 129
- 4.2 의미 표현하기 · 131
- 4.3 트랜스포머 아키텍처 · 133
  - 4.3.1 셀프 어텐션 · 136
  - 4.3.2 위치 인코딩 · 139
  - 4.3.3 피드포워드 네트워크 · 140
  - 4.3.4 층 정규화 · 141
- 4.4 손실 함수 · 142
- 4.5 내재적 모델 평가 · 143
- 4.6 트랜스포머 백본 · 143
  - 4.6.1 인코더 전용 아키텍처 · 145
  - 4.6.2 인코더-디코더 아키텍처 · 146

CONTENTS

	4.6.3	디코더 전용 아키텍처	146
	4.6.4	전문가 혼합 구조	147
4.7	학습 목표		149
	4.7.1	전체 언어 모델링	150
	4.7.2	프리픽스 언어 모델링	155
	4.7.3	마스크 언어 모델링	155
	4.7.4	더 우수한 학습 목표	159
4.8	사전 훈련 모델		160
4.9	마치며		164

PART 2 LLM 활용하기

CHAPTER 5 사용 목적에 맞게 LLM 활용하기

5.1	LLM 생태계 탐색하기	167
	5.1.1 주요 LLM 제공자	168
	5.1.2 모델 종류	170
	5.1.3 오픈 소스 LLM	175
5.2	적합한 LLM을 선택하는 방법	178
	5.2.1 오픈 소스 LLM과 독점 LLM	179
	5.2.2 LLM 평가	180
5.3	LLM 로딩 방법	188
	5.3.1 허깅 페이스 accelerate	189
	5.3.2 Ollama	190
	5.3.3 LLM 추론 API	191

5.4	디코딩 전략	191
	5.4.1 탐욕적 디코딩	191
	5.4.2 빔 서치	192
	5.4.3 top-k 샘플링	193
	5.4.4 top-p 샘플링	194
5.5	LLM에서 추론 실행하기	195
5.6	구조화된 출력	197
5.7	모델 디버깅 및 해석 가능성	199
5.8	마치며	201

CHAPTER 6 파인 튜닝

6.1	파인 튜닝의 필요성	203
6.2	파인 튜닝: 전체 예제	204
	6.2.1 학습 알고리즘 파라미터	206
	6.2.2 메모리 최적화 파라미터	212
	6.2.3 정규화 파라미터	213
	6.2.4 배치 크기	215
	6.2.5 파라미터 효율적 파인 튜닝(PEFT)	217
	6.2.6 축소된 정밀도로 작업하기	217
	6.2.7 전체 코드 정리	218
6.3	파인 튜닝 데이터셋	221
	6.3.1 공개 지시문 튜닝 데이터셋 활용	223
	6.3.2 LLM 기반 지시문 튜닝 데이터셋	228
6.4	마치며	230

CONTENTS

CHAPTER 7 고급 파인 튜닝 기법

- 7.1 지속적 사전 훈련 ··· 232
  - 7.1.1 리플레이(메모리) ··· 235
  - 7.1.2 파라미터 확장 ··· 236
- 7.2 파라미터 효율적 파인 튜닝(PEFT) ··· 238
  - 7.2.1 새로운 파라미터 추가 ··· 239
  - 7.2.2 하위 집합 기법 ··· 244
- 7.3 여러 모델 결합하기 ··· 246
  - 7.3.1 모델 앙상블 ··· 246
  - 7.3.2 모델 융합 ··· 248
  - 7.3.3 어댑터 병합 ··· 250
- 7.4 마치며 ··· 251

CHAPTER 8 정렬 훈련과 추론

- 8.1 정렬 훈련의 정의 ··· 253
- 8.2 강화 학습 ··· 254
  - 8.2.1 인간 피드백의 형태 ··· 255
  - 8.2.2 RLHF 사례 ··· 255
- 8.3 환각 ··· 258
- 8.4 환각 완화 전략 ··· 259
  - 8.4.1 자기 일관성 ··· 261
  - 8.4.2 검증의 사슬 ··· 262
  - 8.4.3 낭독 ··· 263
  - 8.4.4 환각을 해결하는 샘플링 방법 ··· 264
  - 8.4.5 층 대조를 통한 디코딩 ··· 265

8.5	인컨텍스트 환각	266
8.6	관련 없는 정보로 인한 환각	268
8.7	추론	270
	8.7.1 연역적 추론	270
	8.7.2 귀납적 추론	270
	8.7.3 귀추적 추론	271
	8.7.4 상식적 추론	271
8.8	LLM에서 추론 유도하기	273
	8.8.1 추론 개선을 위한 검증기	273
	8.8.2 추론 시간 계산	274
	8.8.3 추론을 위한 파인 튜닝	276
8.9	마치며	276

CHAPTER 9 추론 최적화

9.1	LLM 추론의 도전 과제	277
9.2	추론 최적화 기법	278
9.3	연산량 감소 기법	279
	9.3.1 K-V 캐싱	279
	9.3.2 조기 종료	281
	9.3.3 지식 증류	284
9.4	디코딩 가속화 기법	288
	9.4.1 스페큘러티브 디코딩	288
	9.4.2 병렬 디코딩	289
9.5	저장 공간을 절약하는 기법	291
	9.5.1 대칭 양자화	292
	9.5.2 비대칭 양자화	293
9.6	마치며	294

CONTENTS

PART 3 LLM 애플리케이션 활용 패러다임

CHAPTER 10 LLM과 외부 도구의 인터페이스

10.1 LLM 상호작용 패러다임 ······ 298
    10.1.1 수동적 접근법 ······ 299
    10.1.2 명시적 접근법 ······ 300
    10.1.3 자율적 접근법 ······ 301
10.2 에이전트 정의 ······ 303
10.3 에이전트 기반 워크플로 ······ 304
10.4 에이전트 시스템 구성 요소 ······ 305
    10.4.1 모델 ······ 306
    10.4.2 도구 ······ 308
    10.4.3 데이터 저장소 ······ 314
    10.4.4 에이전트 루프 프롬프트 ······ 317
    10.4.5 가드레일과 검증기 ······ 319
    10.4.6 에이전트 오케스트레이션 소프트웨어 ······ 326
10.5 마치며 ······ 328

CHAPTER 11 표현 학습과 임베딩

11.1 임베딩 소개 ······ 330
11.2 의미 검색 ······ 333
11.3 유사도 측정법 ······ 335
11.4 임베딩 모델 파인 튜닝 ······ 338
    11.4.1 기본 모델 ······ 338
    11.4.2 훈련 데이터셋 ······ 338

	11.4.3 손실 함수	341
11.5	지시 임베딩	343
11.6	임베딩 크기 최적화	345
	11.6.1 마트료시카 임베딩	345
	11.6.2 이진 및 정수 임베딩	347
	11.6.3 곱 양자화	348
11.7	청킹	349
	11.7.1 슬라이딩 윈도 청킹	351
	11.7.2 메타데이터 인식 청킹	352
	11.7.3 레이아웃 인식 청킹	352
	11.7.4 의미적 청킹	353
	11.7.5 지연 청킹	354
11.8	벡터 데이터베이스	355
11.9	임베딩 해석하기	357
11.10	마치며	358

CHAPTER 12 검색 증강 생성(RAG)

12.1	RAG의 필요성	359
12.2	대표적인 RAG 활용 시나리오	361
12.3	검색 여부 판단하기	362
12.4	RAG 파이프라인	363
	12.4.1 재작성	366
	12.4.2 검색	370
	12.4.3 리랭크	375
	12.4.4 정제	381
	12.4.5 삽입	387
	12.4.6 생성	389

CONTENTS

12.5	메모리 관리를 위한 RAG	392
12.6	RAG로 인컨텍스트 학습 예시 선택하기	394
12.7	모델 훈련에 RAG 활용하기	395
12.8	RAG의 한계	397
12.9	RAG 대 긴 컨텍스트	398
12.10	RAG 대 파인 튜닝	400
12.11	마치며	401

CHAPTER 13 디자인 패턴과 시스템 아키텍처

13.1	다중 LLM 아키텍처	404
	13.1.1 LLM 캐스케이드	405
	13.1.2 라우터	407
	13.1.3 작업 특화 LLM	408
13.2	프로그래밍 패러다임	409
	13.2.1 DSPy	409
	13.2.2 LMQL	412
13.3	마치며	413

찾아보기 ··· 414

LLM의 구성 요소

PART 1

대규모 언어 모델large language model(LLM)을 소개하고, 이를 구성하는 핵심 요소를 단계적으로 살펴봅니다. 구체적으로는 훈련 데이터가 어떻게 수집되고 정제되는지, 모델이 사용하는 어휘 체계는 어떻게 구성되는지, LLM의 기반이 되는 아키텍처architecture는 어떤 방식으로 설계되어 있는지를 차례로 설명합니다.

1장 LLM의 개념과 첫걸음

2장 사전 훈련 데이터

3장 어휘와 토큰화

4장 아키텍처와 학습 목표

CHAPTER 1

LLM의 개념과 첫걸음

인공지능artificial intelligence(AI)은 더 이상 SF 소설이나 디스토피아 영화 속 이야기만은 아닙니다. 이제 AI는 우리 일상 깊숙이 자리 잡으며 빠르게 삶의 일부가 되어가고 있습니다. 많은 사람은 이를 자각하지 못한 채 매일 AI와 상호작용합니다.

오늘날 AI의 눈부신 발전은 대부분 언어 모델링 기술의 진보에 힘입어 이뤄졌으며 그 중심에는 LLM이 있습니다. LLM은 최근 기술 분야에서 매우 주목할 만한 혁신이며 새로운 시대를 열고 있습니다. 과거에도 이와 비슷한 전환점이 있었습니다. 이를테면 디지털 혁명의 서막을 연 컴퓨터의 등장, 초연결 사회의 기반이 된 인터넷과 월드 와이드 웹World Wide Web의 탄생, 인간의 커뮤니케이션 방식을 혁신한 스마트폰의 등장이 있습니다. 현재 진행 중인 AI 혁명 역시 이들에 못지않은 변화를 불러오리라 기대합니다.

LLM은 생성형 AIgenerative AI로 분류되는 모델군에 속합니다. 이 모델의 가장 큰 특징은 사용자의 질의, 즉 프롬프트prompt에 대해 스스로 응답을 생성해 낼 수 있다는 점입니다. 생성형 AI에는 텍스트뿐 아니라 이미지, 영상, 음성, 음악 등 다양한 형태의 데이터를 생성하는 모델이 포함됩니다. 최근에는 이러한 여러 모달리티modality를 하나의 모델로 통합하려는 시도가 활발히 이루어지지만, 이 책에서는 언어와 LLM에 집중해 다룰 예정입니다.

이번 장에서는 언어 모델language model이 무엇이고 어떤 기준으로 '대규모large' 언어 모델(LLM)이라 부르는지 살펴봅니다. 또한 LLM의 간략한 역사와 함께, 자연어 처리natural language processing(NLP) 분야에서의 위치와 발전 과정을 짚어보겠습니다. 더불어 LLM의 영향력과 주요 활용 사례를 소개하며 강점과 한계도 함께 논의합니다. LLM과 효과적으로 상호작용하는 프롬프트 작성법을 살펴보고 사용자 인터페이스나 API로 LLM을 활용하는 방법도 배웁니다. 그리고 PDF 문서를 활용한 챗봇 프로토타입을 만들어 보는 간단한 튜토리얼로 이 장을 마무리합니다. 다음 장으로 넘어가기 전에 앞서 만든 프로토타입을 실제 환경에 바로 적용하기 어려운 이유와 그 한계를 살펴보며, 본격적인 내용을 다루기 위한 기반을 다지겠습니다.

1.1 LLM의 정의

모델이란 현실 세계의 개념이나 현상을 근사해 표현한 것입니다. 잘 만든 모델은 실제 대상의 특성을 정확히 따라 하고 예측합니다. 그중에서도 언어 모델은 사람의 말을 따라 하는 모델로, 방대한 글과 문장을 보고 배우면서 문장의 구조와 의미를 자연스럽게 익힙니다.

언어 모델을 학습시키는 대표적인 방법은 주어진 텍스트 시퀀스에서 다음에 올 토큰token인 단어나 부분 단어subword를 예측하도록 훈련하는 것입니다. 모델은 수많은 텍스트 시퀀스를 학습하면서 내부 파라미터를 반복적으로 조정해 더 정확히 예측하게 됩니다.

예를 들어 학습 데이터에 다음 문장이 포함된다고 가정해 보겠습니다.

> After a physical altercation with the patrons of a restaurant, Alex was feeling extremely pleased with himself. He walked out with a swagger and confidence that betrayed his insecurities. Smiling from ear to ear, he noticed rain drops grazing his face and proceeded to walk toward the hostel.
>
> 번역: 식당 손님들과 몸싸움을 벌이고 난 뒤, 알렉스는 매우 흐뭇한 기분이 들었다. 그는 내면의 불안을 감추려는 듯 일부러 어깨를 으쓱하며 자신감 넘치는 모습으로 걸어 나왔다. 얼굴에 환한 미소를 띤 채 뺨에 스치는 빗방울을 느끼며 호스텔을 향해 걸어가기 시작했다.

여기서 모델은 '… and proceeded to walk toward the ___(___을 향해 걸어가기 시작했다).' 다음에 이어질 단어를 예측해야 합니다. 이 맥락에서 자연스럽게 이어질 수 있는 다음 단어의 후보는 꽤 많습니다. 예를 들어 일반적으로 자주 쓰이는 'building(건물)'이나

'shelter(주거지)' 같은 단어가 나올 수도 있고, 상대적으로 흔치 않은 'embankment(둑)'이나 'catacomb(지하 묘지)'가 등장할 수도 있습니다. 모델이 충분히 많은 텍스트를 학습하면 문법적으로 어색한 'the(그)'나 'is(이다)'는 적절한 단어가 아님을 자연스럽게 파악하게 됩니다. 이처럼 단순히 다음에 나올 단어를 예측하는 작업만으로도 모델은 언어의 문법뿐 아니라 훨씬 더 복잡한 언어적 패턴과 규칙까지도 내부 파라미터에 담게 됩니다.

> **NOTE_** 실제로 언어 모델은 특정 단어나 부분 단어 하나만을 바로 출력하지 않고 전체 어휘 집합에 대한 확률 분포를 출력합니다(이 어휘 집합이 어떻게 정의되고 구성되는지는 3장에서 자세히 설명합니다). 잘 학습된 모델일수록 다음으로 적합한 단어에 높은 확률을, 부적절한 단어에 매우 낮은 확률을 부여합니다.

[그림 1-1]은 이러한 언어 모델의 학습 과정을 간략하게 보여줍니다. 모델에서 생성된 확률 분포와 실제 정답 시퀀스를 비교해 예측 성능이 개선되도록 파라미터가 조정됩니다. 이 과정은 방대한 학습 데이터셋에 걸쳐 반복해서 진행됩니다. 모델 학습과 관련된 더 자세한 설명은 이어질 세 개의 장에서 단계별로 살펴보겠습니다.

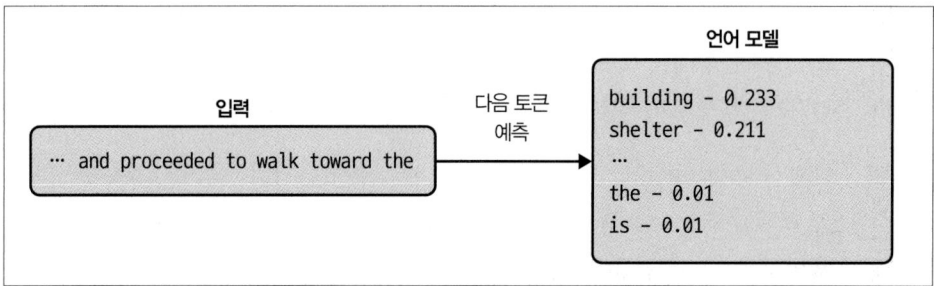

그림 1-1 다음 토큰 예측을 활용한 모델 학습

모델이 단순히 다음 토큰을 예측하는 학습 방식에는 한계가 있을까요? 이는 LLM이 궁극적으로 얼마나 강력해질 수 있는지를 결정짓는 매우 중요한 질문입니다. 연구 커뮤니티 내에서는 이에 관한 다양한 의견이 오가고 있습니다. 일부 연구자[1]는 다음 토큰 예측만으로도 인간 수준의 지능을 모델에서 구현할 수 있다고 주장하지만, 다른 연구자[2]들은 이러한 접근 방식의 한

---

1 Dwarkesh Patel, "Why next-token prediction is enough for AGI – Ilya Sutskever (OpenAI Chief Scientist)", https://www.youtube.com/watch?v=YEUclZdj_Sc
2 Yann Lecun, Meta AI, Open Source, Limits of LLMs, AGI & the Future of AI | Lex Fridman Podcast #416, https://www.youtube.com/watch?v=5t1vTLU7s40&t=145s

계를 지적합니다. 이 질문은 책 전반에 걸쳐 다룰 예정이며, 특히 추론inference과 같은 고차원적 능력을 논의하는 8장에서 자세히 살펴볼 것입니다.

오늘날의 언어 모델은 신경망을 기반으로 합니다. LLM 학습에는 여러 종류의 신경망 구조가 사용되는데, 그중에서도 트랜스포머transformer가 가장 주목받고 있습니다. 신경망과 트랜스포머 등의 구조는 4장에서 더 자세히 알아 볼 예정입니다.

언어 모델은 인간의 언어뿐만 아니라 파이썬이나 자바 같은 프로그래밍 언어도 학습할 수 있습니다. 실제로 트랜스포머 구조와 다음 토큰 예측이라는 학습 목표는 전통적인 언어가 아닌, 체스 움직임, DNA 서열, 항공편 일정표처럼 순차적인 구조의 데이터에도 적용할 수 있습니다.

예를 들어 애덤 카르보넨Adam Karvonen은 포터블 게임 노테이션Portable Game Notation(PGN) 문자열로 표현된 체스 게임만을 학습한 Chess-GPT[3] 모델을 개발했습니다. 체스에 사용되는 PGN 문자열은 '1. e4 d5 2. exd5 Qxd5...'와 같은 형태입니다. 흥미로운 점은 게임 규칙을 명시적으로 알려 주지 않고 단순히 PGN 시퀀스에서 다음 문자를 예측하도록 모델을 훈련시켰음에도 이 모델이 캐슬링, 체크, 체크메이트 같은 복잡한 규칙을 스스로 터득했으며, 심지어 전문가와의 대국에서도 승리했다는 것입니다. 이는 모델의 근간을 이루는 다음 토큰 예측 방식과 트랜스포머 구조의 강력한 능력을 보여주는 사례입니다. 4장에서는 이러한 Chess-GPT를 처음부터 직접 훈련시키는 방법을 배워봅니다.

또 다른 사례인 Geneformer[4]는 수백만 개의 단일 세포 전사체(단일 세포 내 RNA 분자의 표현)를 학습한 모델입니다. 이 모델은 질병 진행 예측, 유전자 발현량에 따른 민감도 평가, 잠재적 치료제 후보 탐색 등 네트워크 생물학 분야의 다양한 예측에 활용할 수 있습니다.

따라서 언어 모델의 새로운 활용 사례를 구상할 때는 인간 언어의 범위를 넘어서 생각해 보길 바랍니다. 만약 어떤 개념이나 현상을 유한한 어휘를 사용해 이산적인 시퀀스로 표현할 수 있다면, 그것으로 유용한 모델을 학습시킬 가능성이 있습니다(3장에서 어휘를 더 자세히 정의할 예정입니다).

---

3 Adam Karvonen, "Chess-GPT's Internal World Model", 3 Jan 2024,
https://adamkarvonen.github.io/machine_learning/2024/01/03/chess-world-models.html

4 https://huggingface.co/ctheodoris/Geneformer

> **NOTE_** 언어의 구조에 다음 토큰을 예측하는 방식으로 모델링하기에 적합한 특별한 요소가 있을까요? 아니면 '언어 모델'에서 '언어'라는 단어는 단지 역사적 우연일 뿐이고, 토큰 시퀀스의 종류와 관계없이 이 패러다임으로 모델링할 수 있을까요? 이는 아직 연구 커뮤니티에서 논쟁 중인 주제[6]이지만, 다음 토큰을 예측하는 방식으로 음성이나 비디오 등을 직접 모델링하는 것은 상대적으로 효과적이지 않았습니다. 아마도 이는 영어 같은 인간 언어든, 파이썬 같은 프로그래밍 언어든, DNA 서열 같은 특수 분야의 코드든, 텍스트의 이산적 특성과 언어가 제공하는 구조적 특징이 모델링의 성공에 결정적으로 중요함을 보여주는 것일 수 있습니다.

2019년경, 연구자들은 언어 모델의 크기(일반적으로 파라미터 수로 측정)를 키우면 성능이 예측 가능하게 향상되며 이러한 향상에는 한계점이 보이지 않는다는 사실을 발견했습니다. 이는 캐플런^{Kaplan} 등이 연구한 LLM 스케일링 법칙$^{scaling\ law}$으로 이어졌으며(다음 박스 내용 참조), 이 연구는 모델 학습에 필요한 연산 자원, 학습 데이터셋의 크기, 모델 크기 간의 관계를 설명하는 수학적 공식을 도출했습니다. 그 이후로 기업과 연구 단체들은 점점 더 대규모 모델을 개발하고 있습니다.

> ### 언어 모델의 스케일링 법칙
>
> 2020년 초, 오픈AI의 캐플런 연구진[6]은 언어 모델의 스케일링 법칙을 정립한 논문을 발표하며 본격적인 LLM 시대의 문을 열었습니다. 이들은 언어 모델의 성능[7]이 모델 학습에 사용된 데이터셋의 크기, 연산 자원, 파라미터의 수를 기준으로 모델 자체의 크기와 멱법칙$^{power-law}$ 관계가 있음을 밝혔습니다. 즉, 모델의 크기와 연산량, 학습 데이터가 많을수록 성능도 더 향상된다는 것입니다.
>
> 더 구체적으로는, 연산 자원이 일정하게 주어진 상황에서 모델의 크기와 학습 데이터의 양을 함께 늘리면 성능이 더 향상되지만, 모델의 크기를 5.5배 늘릴 때 학습 데이터는 1.8배만 늘려도 최적의 성능이 유지된다는 점이 밝혀졌습니다. 이는 곧 모델이 커질수록 상대적으로 더 적은 학습 데이터로도 효과적으로 학습할 수 있다는 뜻이며, 이를 샘플 효율성$^{sample\ efficiency}$이 높다고 합니다.
>
> 하지만 2022년, 딥마인드^{DeepMind}의 호프만^{Hoffmann} 연구진[8]은 캐플런 연구진이 학습 데이터의 중

---

5   https://x.com/WilliamWangNLP/status/1835040381668675747
6   Kaplan et al "Scaling Laws for Neural Language Models", 23 Jan 2020, https://arxiv.org/pdf/2001.08361
7   성능은 모델의 손실값으로 측정되며, 이에 대해서는 4장에서 자세히 다룹니다.
8   Hoffmann et al., "Training Compute-Optimal Large Language Models", 29 Mar 2022, https://arxiv.org/pdf/2203.15556

요성을 과소평가했으며, 당시의 언어 모델들은 충분히 학습되지 않아 성능을 최대한 끌어올리지 못한 채 활용되었다고 지적했습니다. 호프만 연구진은 고정된 연산 자원 안에서 언어 모델의 성능을 최적화하려면 모델의 크기와 학습 데이터의 양을 동일한 비율로 증가시켜야 한다고 주장했습니다. 이에 따라 이후 등장한 최신 언어 모델들은 이전 세대보다 훨씬 더 방대한 데이터를 사용해 훈련되기 시작했습니다.

이 두 가지 스케일링 법칙 모두 연산 자원이 고정된 상황을 전제로 합니다. 즉, '주어진 연산 자원으로 가장 뛰어난 성능의 LLM을 만들려면 어떻게 해야 할까?'라는 질문에 답하는 방식입니다. 하지만 실제 환경에서는 모델의 크기 자체가 제한 요소가 될 때도 많습니다. 예를 들어 작은 모델은 더 빠르게 실행되고 에너지 효율도 높으므로 모바일 기기나 제한된 환경에서는 실용적인 선택입니다. 이럴 때는 모델 크기는 그대로 유지한 채 학습 데이터의 양을 크게 늘리는 전략을 사용합니다. 성능 향상의 폭이 다소 작을 수는 있지만, 같은 모델 크기에서도 성능을 지속해서 개선할 수 있다는 장점이 있습니다. 이러한 접근 방식은 최근의 언어 모델 개발 흐름, 특히 오픈 소스 LLM 생태계에서 중요한 방향성으로 자리 잡고 있습니다.

언어 모델을 어떤 규모에서부터 '대규모'라고 부를 수 있는지에 관해서는 명확히 합의된 기준이 없습니다. 실제로 시간이 흐르며 더 거대한 모델들이 등장함에 따라 불과 몇 년 전까지만 해도 LLM으로 분류되던 모델이 이제는 소형 언어 모델small language model(SLM)로 불리기도 합니다. 이 책에서는 기준을 다소 넉넉하게 적용해 파라미터 수가 10억 개를 넘는 모든 언어 모델을 대규모로 간주하겠습니다.

대규모 언어 모델(LLM)이 소형 모델과 구별되는 또 하나의 중요한 특징은 바로 **창발적 능력**emergent abilities입니다. 이는 웨이Wei 연구진[9]이 처음 제안한 개념으로, 작은 모델에서는 나타나지 않다가 모델이 일정 규모 이상이 되었을 때 비로소 발현되는 새로운 능력을 의미합니다. 이 이론에 따르면 창발적 능력이 요구되는 과제에서 소형 모델의 성능은 거의 무작위 수준에 가깝지만, 모델이 특정 임계점을 넘어서면 성능이 갑작스럽게 향상되기 시작합니다.

대표적인 예로는 여러 자리 수의 계산이나 논리적 추론과 같은 작업이 있으며, 이는 현재의 모델들에서 관찰되지 않는 능력이 앞으로 더 큰 모델에서는 자연스럽게 나타날 수 있음을 시사합니다. 이러한 임계점은 절대적인 것이 아니며 언어 모델링 기술의 발전이나 데이터 품질의 향상 등에 따라 점차 낮아질 가능성도 있습니다.

---

[9] Wei et al., "Emergent Abilities of Large Language Models", 26 Oct 2022, https://arxiv.org/pdf/2206.07682

> **NOTE_** 셰퍼Schaeffer 연구진[10]은 특정 작업에서 모델 크기가 임계점을 넘을 때 성능이 갑자기 향상되는 것처럼 보이는 현상이 사실은 성능을 평가하는 방식에 따른 착시 효과일 뿐이라고 주장합니다. 많은 평가 지표가 정답의 일부를 맞췄을 때는 점수를 부여하지 않고, 과제를 완전히 해결했을 때만 점수를 주는 방식이므로 모델이 점진적으로 개선되더라도 그 변화가 지표에 드러나지 않을 수 있다는 것입니다. 반면, 이러한 주장에 대한 반론도 존재합니다. 예를 들어 여러 단계를 거치는 산술 연산과 같은 과제에서 정답을 일부만 맞히는 것은 완전히 틀릴 때와 마찬가지로 무의미하다고 볼 수 있기 때문입니다.

어떤 능력이 창발적이라고 볼 수 있는지는 여전히 연구자들 사이에서 활발히 논의되는 주제입니다. 5장에서는 이 개념이 원하는 용도에 맞는 모델을 선택할 때 어떤 영향을 미치는지를 자세히 살펴봅니다.

> **WARNING_** 안타깝게도 **창발적 특성**emergent property이라는 표현은 문헌마다 서로 다른 의미로 사용됩니다. 일부 논문에서는 이를 모델이 명시적으로 학습되지 않았음에도 자연스럽게 습득한 능력을 설명하는 데 사용하기도 합니다. 그러나 이 책에서는 웨이 연구진이 제시한 정의[11]를 기준으로 설명을 일관되게 이어가겠습니다.

현재의 LLM이 어떤 과정을 거쳐 지금의 모습에 이르렀는지를 이해하려면 그 발전 과정을 간략히 되짚어보는 것이 유익합니다. 다만 이 책의 범위를 넘어서는 자세한 역사적 내용은 생략하고 더 깊이 있는 학습을 원할 때 참고할 수 있는 외부 자료 링크를 각 절에서 제공할 예정입니다.

1.2 LLM의 간략한 역사

LLM의 역사를 이야기하려면 먼저 LLM이 탄생한 분야인 자연어 처리의 역사부터 살펴봐야 합니다. 자연어 처리에 대한 더 자세한 역사가 궁금하다면 대니얼 주라프스키Daniel Jurafsky의 명저 『Speech and Language Processing』(Prentice Hall, 2008)[12]을 참고하시기 바랍니다.

---

10 Schaeffer et al., "Are Emergent Abilities of Large Language Models a Mirage?", 22 May 2023, https://arxiv.org/pdf/2304.15004
11 Wei et al., "Emergent Abilities of Large Language Models", 26 Oct 2022, https://arxiv.org/pdf/2206.07682
12 https://www.amazon.com/Speech-Language-Processing-Daniel-Jurafsky/dp/0131873210

1.2.1 초창기

자연어 처리 분야는 한 언어를 다른 언어로 자동으로 번역하는 기술인 기계 번역에 대한 수요에 따라 1950년대에 시작되었습니다. 초기에는 규칙 기반의 상징적인 접근 방식이 주를 이루었는데, 이는 노엄 촘스키[Noam Chomsky]와 같은 언어학자들의 이론[13]에 영향을 받아 개발된 알고리즘이었습니다.

그러다 1960년대 중반, 조셉 와이젠바움[Joseph Weizenbaum]이 ELIZA라는 챗봇 프로그램을 공개했습니다. ELIZA는 사용자의 입력에서 정규 표현식[14]으로 특정 패턴을 찾아내고 그에 맞는 응답 템플릿을 선택해 답변을 생성하는 방식으로 작동했습니다. ELIZA에는 여러 스크립트가 있었는데, 그중 가장 유명한 것은 정신과 의사를 흉내 내는 DOCTOR였습니다. DOCTOR는 마치 정신과 의사처럼 사용자의 말을 질문 형태로 되묻는 방식으로 대화를 이어갔습니다. 다음 예시처럼 ELIZA는 입력된 문장에서 특정 단어를 찾아내 미리 준비된 템플릿에 넣어 질문을 만듭니다.

> 사용자: 기분이 안 좋아.
>
> ELIZA: 기분이 좋지 않은 것이 정상이라고 생각하세요?

지금도 온라인에서 ELIZA와 대화[15]해 볼 수 있습니다. 챗GPT가 등장한 시대에도 ELIZA는 단순한 규칙에 따라 작동한다는 사실이 믿기지 않을 정도로 꽤 그럴듯하게 대화를 이어갑니다.

> **연습 문제**
>
> 와이젠바움이 ELIZA를 처음 소개한 고전 논문[16]을 정독해 보세요. 과거의 논문을 꾸준히 읽는 습관을 들이기를 추천합니다. 오래된 연구들은 지금 봐도 훌륭한 아이디어의 원천이 되며, 당시에는 실현 불가능했던 개념들이 기술의 발전 덕분에 오늘날에는 충분히 구현 가능한 형태로 다시 등장하는 경우가 많기 때문입니다.

---

13 https://tallinzen.net/media/readings/chomsky_syntactic_structures.pdf
14 https://www.regular-expressions.info/
15 https://web.njit.edu/~ronkowit/eliza.html
16 "Computational Linguistics", Jan 1966,
https://hackaday.com/wp-content/uploads/2024/02/WEIZENBAUM-1966-ELIZA-A-Computer-Program-For-the-Study-of-Natural-Language-Communication-Between-Man-And-Machine.pdf

> 또한 웨이드 브레이너드Wade Brainerd가 작성한 ELIZA의 파이썬 구현 코드[17]를 분석해 보세요. 정교하게 설계된 규칙 기반 시스템rule-based system이 얼마나 강력한지 실감할 수 있을 것입니다. LLM의 시대라고 해도 특정 언어 처리 작업에는 규칙 기반 접근 방식이 훨씬 더 적절하고 효율적일 수 있으니 그런 상황이라면 주저하지 말고 사용해도 됩니다.

규칙 기반 시스템은 구조가 취약하고 설계하기 까다로우며 유지 보수도 어렵습니다. 시간이 흐르면서 상징적 접근 방식의 한계는 점점 더 분명해졌고, 상대적으로 더 뛰어난 성능을 보여 준 통계적 접근 방식이 점차 주류로 자리 잡게 되었습니다. 자연어 처리 연구자 프레더릭 옐리네크Frederick Jelinek[18]는 이를 풍자하며 다음과 같이 말했습니다. "언어학자를 한 명 해고할 때마다 음성 인식기의 성능이 올라간다."

1990년대와 2000년대에는 머신러닝 기반 접근 방식이 본격적으로 확산하기 시작했습니다. 전통적인 머신러닝은 사람이 직접 의미 있는 특성(피처)feature을 정의하고 선택하는 과정을 기반으로 작동했으며, 이를 특성 공학feature engineering과 특성 선택feature selection이라고 합니다. 이때 사용된 특징들은 문제 해결에 도움이 되는 입력의 속성을 의미하며, 평균 단어 길이 같은 통계적 특성부터 품사part-of-speech(POS) 같은 언어학적 특성까지 다양했습니다. 전통적인 통계 기반 NLP를 더 깊이 알고 싶다면 크리스토퍼 매닝Christopher Manning의 『Foundations of Statistical Natural Language Processing』(MIT Press, 1999)[19]을 추천합니다.

오늘날 자연어 처리 응용 분야에서 언어학이 얼마나 중요한지를 두고는 다양한 견해가 존재합니다. 많은 대학의 자연어 처리 강의에서는 언어학 관련 내용을 완전히 제외하기도 합니다. 필자 역시 실제 작업에서 언어학 이론을 직접 사용하는 경우는 드물지만, 모델의 동작 방식을 이해하려고 할 때 생각보다 자주 언어학적 직관에 의존하게 됩니다. 따라서 문법syntax과 의미론semantics의 기초를 익힐 수 있는 에밀리 벤더Emily Bender의 저서[20]를 추천합니다.

2010년대에는 딥러닝이 등장하며 자연어 처리 전반에 큰 변화를 불러왔습니다. 딥러닝은 다층 신경망 구조를 바탕으로 별도의 특징 설계 없이 원시 입력만으로도 유용한 표현을 스스로

---

[17] https://github.com/wadetb/eliza
[18] https://en.wikiquote.org/wiki/Fred_Jelinek
[19] https://nlp.stanford.edu/fsnlp/
[20] 『Linguistic Fundamentals for Natural Language Processing』(Morgan & Claypool, 2013), 『Linguistic Fundamentals for Natural Language Processing II』(Morgan & Claypool, 2019)

학습한다는 점에서 기존 방식과 차별화됩니다. 딥러닝은 오늘날의 NLP와 LLM의 핵심 기술로 자리 잡았습니다. 딥러닝과 신경망의 원리를 깊이 이해하고 싶다면 이안 굿펠로Ian Goodfellow 외 공저의 『심층 학습』(제이펍, 2018)을, 실습 위주의 학습을 원한다면 장Zhang 외 공저의 『Dive into Deep Learning』(Cambridge University Press, 2023)[21]을 참고하시길 추천합니다.

딥러닝 초기에는 과제를 해결하려면 각 작업에 특화된 신경망 아키텍처를 별도로 설계하는 방식이 일반적이었습니다. 당시에는 다양한 종류의 신경망 구조를 사용했으며 대표적인 예로는 다층 퍼셉트론multilayer perceptron, 합성곱 신경망convolutional neural network, 순환 신경망recurrent neural network, 재귀 신경망recursive neural network 등이 있습니다. 이 시기의 자연어 처리 기술과 신경망 기반 접근 방식을 더 깊이 이해하고 싶다면, 요아브 골드버그Yoav Goldberg의 『Neural Network Methods for Natural Language Processing』(Springer, 2017)[22]을 추천합니다.

1.2.2 현대 LLM 시대

2017년, 트랜스포머[23] 아키텍처가 등장하면서 자연어 처리 분야는 큰 전환점을 맞이하게 됩니다. 이어서 하워드Howard 외 여러 연구자가 주도한 효율적인 **전이 학습**transfer learning 기법[24]과 BERT와 같은 트랜스포머 기반 언어 모델들이 빠르게 개발되면서, 복잡한 작업별 맞춤 아키텍처를 설계할 필요가 점점 사라졌습니다. 이제는 하나의 트랜스포머 모델을 다양한 작업에 활용할 수 있게 된 것입니다.

이러한 새로운 패러다임에서는 모델 학습 과정이 두 단계로 나누어 진행됩니다. 먼저, 대규모 **사전 훈련**pre-training을 통해 트랜스포머 모델이 일반적인 언어 능력을 갖추도록 합니다. 그런 다음, 정보 추출, 감정 분석 등 구체적인 작업에 대해 **파인 튜닝**fine-tuning을 수행합니다. 이 책에서는 파인 튜닝 과정을 전반적으로 자세히 다룰 예정입니다.

물론 언어 모델링 기술의 발전에는 학계와 오픈 소스 커뮤니티의 중요한 기여가 많았지만, 최근에는 오픈AI, 구글, 메타Meta, 앤트로픽Anthropic과 같은 주요 기술 기업이 점점 더 거대한 LLM

---

[21] https://d2l.ai/
[22] https://oreil.ly/MCOp4
[23] Vaswani et al., "Attention Is All You Need", 12 Jun 2017, https://arxiv.org/abs/1706.03762
[24] Howard et al., "Universal Language Model Fine-tuning for Text Classification", 23 May 2018, https://oreil.ly/E15Yn

을 훈련하고 공개하는 데 주도적인 역할을 하고 있습니다. 그중에서도 오픈AI는 언어 모델링 기술의 진보를 선도해 온 개척자라 할 수 있습니다.

오픈AI가 개발한 GPT^{generative pre-trained transformer}의 각 버전이 끌어낸 기술적 진보를 따라가면 현대 LLM의 발전 흐름을 살펴볼 수 있습니다.

GPT-1

첫 번째 버전[25]은 대규모 데이터에 대해 비지도 학습^{unsupervised learning}으로 사전 훈련을 진행한 뒤, 각 작업에 맞춰 지도 학습^{supervised learning} 파인 튜닝으로 추가하는 방식으로 모델을 훈련시켰습니다.

GPT-2

두 번째 버전[26]은 대규모 웹 데이터를 기반으로 학습한 초기 모델 중 하나이며, 자연어 프롬프트를 사용해 모델과 상호작용하는 방식을 처음으로 본격적으로 선보였습니다. 특히, 별도의 작업별 파인 튜닝 없이도 다양한 과제를 해결할 수 있는 **제로샷**^{zero-shot}[27] 능력을 입증하면서 사전 훈련된 언어 모델의 잠재력을 보여주었습니다. 제로샷 학습과 프롬프트는 이 장의 후반에서 더 자세히 알아봅니다.

GPT-3

세 번째 버전[28]은 스케일링 법칙에 따라 GPT-2보다 약 100배 더 큰 규모로 설계되었습니다. 몇 가지 예시만을 프롬프트에 포함해 모델을 학습 없이 바로 활용하는 **인컨텍스트**^{in-context} 학습 또는 **퓨샷**^{few-shot} 학습 방식을 널리 확산시켰습니다. 이러한 학습 방식도 이 장에서 자세히 살펴봅니다.

GPT-4

이 버전[29]의 핵심 특징은 **정렬 훈련**^{alignment training}입니다. 정렬 훈련은 모델을 더 쉽게 제어할 수 있도록 하고, 모델을 훈련한 사람의 가치와 원칙에 더 잘 부합하도록 설계된 과정입니다. 정렬 훈련은 8장에서 자세히 다룹니다.

o1

o1[30]은 오픈AI가 새롭게 공개한 모델 계열이며 추론 능력 향상에 초점을 맞춥니다. 특히 이 모델은 추론 시간 계산^{inference-time computation}을 확장하는 데 중점을 둔 초기 모델 중 하나입니다. 이 개념은 8장에서 자세히 살펴봅니다.

---

25 Radford et al., "Improving Language Understanding by Generative Pre-Training", 2018, https://oreil.ly/dFPSE
26 Radford et al., "Language Models are Unsupervised Multitask Learners", 2019, https://oreil.ly/JL-V0
27 제로샷이란 예시를 전혀 제공하지 않고도 작업을 수행할 수 있는 능력을 의미합니다.
28 Brown et al., "Language Models are Few-Shot Learners", 2020, https://arxiv.org/pdf/2005.14165
29 OpenAI, "GPT-4 Technical Report", 2023, https://arxiv.org/pdf/2303.08774
30 'Learning to reason with LLMs', https://openai.com/index/learning-to-reason-with-llms

> **연습 문제**
>
> GPT 관련 논문을 순서대로 읽어 보세요. 처음에는 생소한 용어나 개념이 있더라도 걱정하지 마세요. 이 책을 따라가다 보면 자연스럽게 이해하게 됩니다. 책의 1부와 2부를 마친 뒤, 다시 논문을 읽어 보면 더 깊이 있는 통찰을 얻을 수 있을 것입니다.

GPT의 발전 과정에서 자연어 처리 분야의 변화 흐름을 확인할 수 있습니다. 최근에는 여러 작업 단계를 각각의 도구나 모델로 나누기보다, 하나의 모델이 처음부터 끝까지 통합 처리하는 방향으로 발전하고 있습니다. 이 책에서는 이러한 통합의 흐름을 짚어 보며 LLM의 미래에 미칠 영향도 함께 이야기할 것입니다.

LLM의 발전사를 논하려면 오픈 소스의 기여도 빼놓을 수 없습니다. 오픈 소스 모델과 데이터셋, 모델 아키텍처, 다양한 개발자 도구와 라이브러리는 이 분야의 성장을 이끄는 데 중요한 역할을 했습니다. 이 책은 오픈 소스를 특히 중요하게 다루며, 오픈 소스 기반 LLM 생태계 전반을 폭넓게 살펴보고, 다양한 오픈 소스 모델과 데이터셋을 사례 중심으로 소개합니다.

이제 LLM이 실제로 어떻게 도입되고 있으며 지금까지 사회 전반에 어떤 영향을 미쳐왔는지 살펴보겠습니다.

1.3 LLM의 영향

기술 업계는 열광적인 호황과 실망스러운 몰락을 오랫동안 반복해 왔습니다. 최근에도 암호화폐, 블록체인, 웹3 등 새로운 기술이 큰 주목을 받았지만, 아직은 그 가능성을 충분히 실현하지 못한 경우가 많습니다. 그렇다면 AI 역시 비슷한 전철을 밟게 될까요? 그렇지 않다는 명확한 근거가 있습니다.

필자가 몸담은 허드슨 랩스Hudson Labs에서는 미국의 주요 상장 기업 4,000곳의 분기 실적 발표회의 내용을 분석해 기업들이 실제로 암호화폐, 웹3, AI를 어떻게 받아들이고 있는지 추적했습니다.[31]

---

[31] Suhas Pai, "Twice as Many Companies Get AI Questions From Analysts", 26 Mar 2024, https://oreil.ly/_mTAs

조사 결과, 85개 기업이 실적 발표에서 웹3를 언급했지만 실제로 이를 적극적으로 추진하는 곳은 그보다 훨씬 적었습니다. 암호화폐는 이보다 나은 모습을 보였으며 313개 기업이 관련 내용을 다뤘습니다. 한편, LLM은 2,195개 기업에서 논의되고 채택되었습니다. 이는 미국 주요 상장 기업 중 최소 절반 이상이 LLM을 활용해 가치를 창출하며, 이를 전략적으로 중요하게 여겨 분기 실적 발표에서도 언급한다는 의미입니다. 즉, 성과와 무관하게 기업 내 LLM 도입은 이미 현실이 되었습니다.

[그림 1-2]는 실적 발표 설명회에서 웹3를 언급한 기업의 수를 시간의 흐름에 따라 보여줍니다. 보다시피 웹3에 대한 열기는 점차 식어가는 추세입니다.

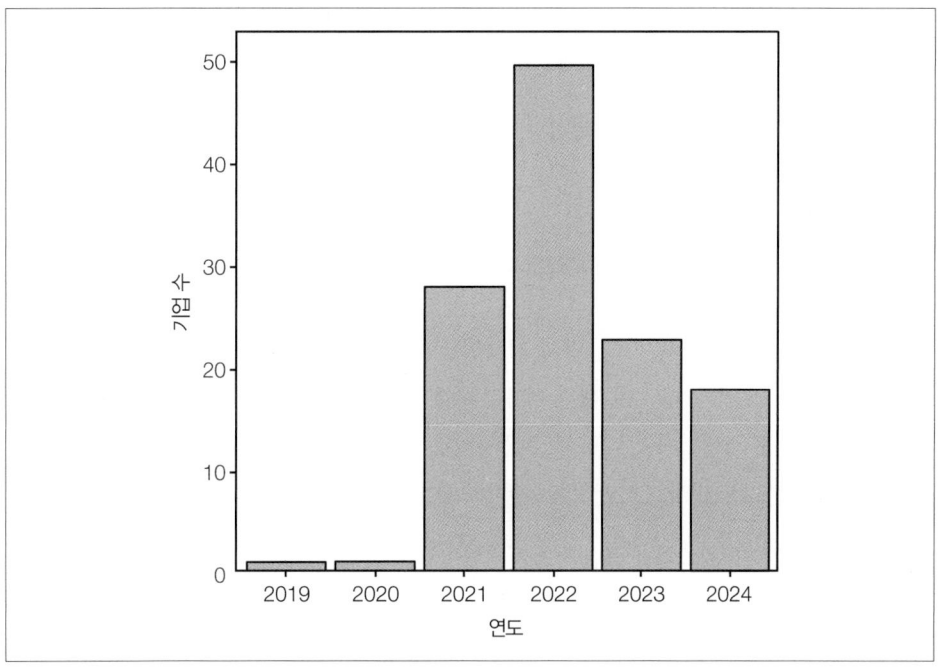

그림 1-2 실적 발표 설명회에서 웹3를 언급한 기업 수 변화

[그림 1-3]은 실적 발표 설명회에서 암호화폐와 블록체인을 언급한 기업 수의 변화를 보여줍니다. 암호화폐가 가장 주목받았던 시기에도 이를 언급한 기업은 전체의 5%에 불과했습니다.

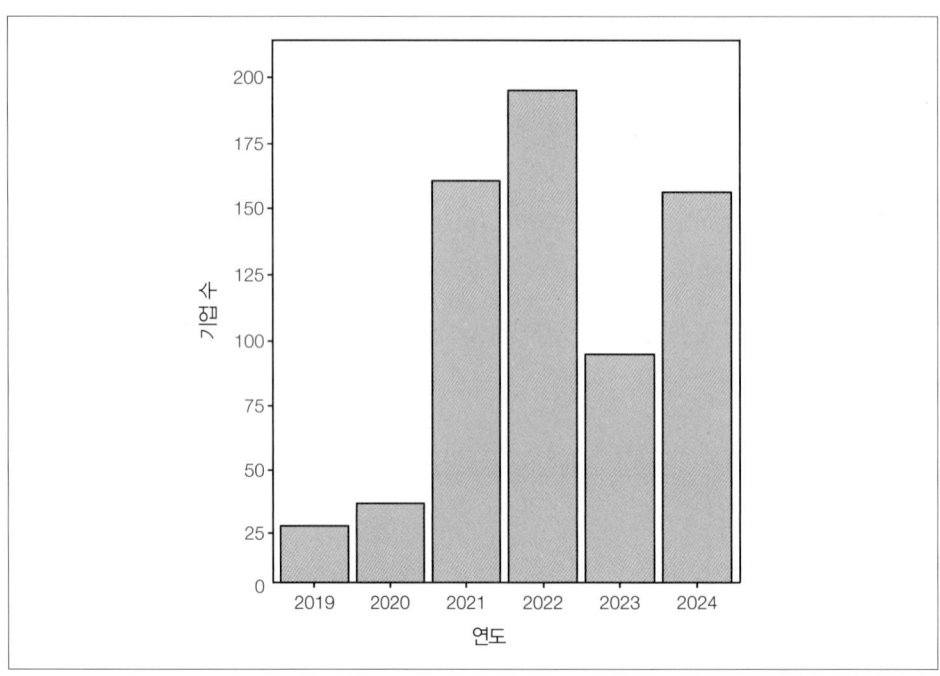

그림 1-3 실적 발표 설명회에서 암호화폐/블록체인을 언급한 기업 수 변화

마지막으로 AI를 살펴보겠습니다. 앞서 언급했듯이 최근 AI는 기업에서 다른 어떤 기술 트렌드보다 빠르게 도입되었고, 이 같은 흐름은 과거 어느 때보다 두드러지고 있습니다. [그림 1-4]는 실적 발표 설명회에서 애널리스트들이 AI 관련 질문을 한 기업의 수를 보여줍니다. 2024년의 막대는 1~2월 데이터만 포함하는데도 증가세는 여전히 가파르게 이어집니다.

이는 생성형 AI와 LLM 도입만 포함한 통계이며, 데이터 과학이나 데이터 분석과 같은 분야는 포함하지 않았습니다. 데이터 과학과 데이터 분석은 기업 내에서 훨씬 더 광범위하게 사용됩니다. AI 도입은 기술 기업에만 국한하지 않으며 부동산 기업부터 보험사에 이르기까지 다양한 산업 분야에서 활발히 이루어집니다.

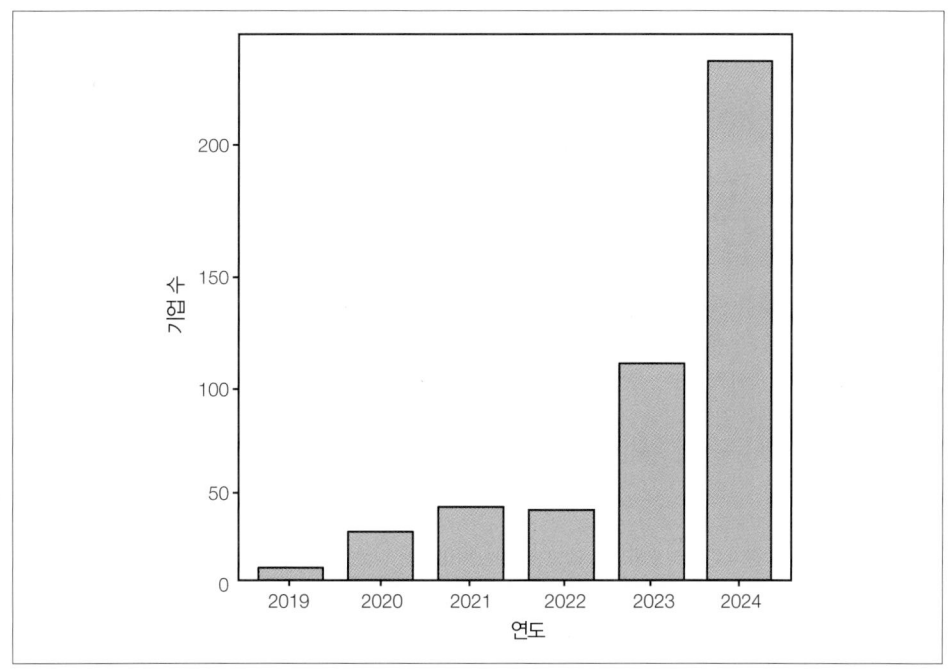

그림 1-4 실적 발표 설명회에서 AI 관련 질문을 받은 기업 수

1.4 기업 내 LLM 활용

동일한 기업 분석 과정을 통해 각 기업에서 어떤 방식으로 LLM을 활용하는지 살펴봤습니다.

직원 생산성 향상

직원 생산성 향상에 있어 LLM이 가장 많이 활용되는 분야는 깃허브 코파일럿(GitHub Copilot)과 같은 코딩 보조 도구를 통한 개발 지원입니다. 또한 LLM은 마케팅과 홍보용 문구 초안 작성이나 마케팅 캠페인 자동화에도 폭넓게 사용됩니다. 실제로 초기에 상업적으로 성공한 LLM 기반의 사례들은 Jasper AI[32]나 Copy.ai[33]와 같은 마케팅 스타트업에서 나왔습니다. 또 다른 대표적인 사례로는 다양한 출처의 데이터를 바탕으로 구축된 기업의 방대한 지식 베이스에서 정보를 찾아 주는 질의응답 어시스턴트가 있습니다.

---

[32] https://www.jasper.ai
[33] https://www.copy.ai

보고서 생성

문서 요약, 반복되는 서류 작업 처리, 계약서 초안 작성 등이 이에 해당합니다. 문서를 요약하는 활용 사례로는 재무 보고서, 연구 논문, 회의 음성 녹취록이나 통화 기록 요약 등이 있습니다.

챗봇

LLM 기반 챗봇은 고객 서비스 에이전트로 점차 활용되는 추세이며, 기업 문서나 제품 페이지에 대한 인터페이스로도 사용됩니다.

정보 추출 및 시퀀스 태깅

많은 기업이 구축해 놓은 복잡한 자연어 처리 파이프라인이 LLM에 의해 완전히 또는 부분적으로 대체되고 있습니다. 이러한 파이프라인은 감정 분석, 엔티티 추출 및 관계 추출 같은 정보 추출 작업, 개체명 인식$^{named\ entity\ recognition}$(NER)과 같은 시퀀스 태깅 작업에 사용됩니다. 자세한 자연어 처리 작업 목록과 설명은 파비오 키우사노$^{Fabio\ Chiusano}$의 블로그 게시물[34]을 참고하세요.

번역

한 언어에서 다른 언어로 텍스트를 변환하는 작업뿐만 아니라 같은 언어 내에서 텍스트의 형태를 바꾸는 작업도 가능합니다. 예를 들어 비격식체를 격식체로 바꾸거나, 공격적인 표현을 정중한 표현으로 바꿀 수 있습니다. 에루다이트^{Erudite}의 Instant Translate[35]와 같은 실시간 번역 앱은 관광객들의 언어 장벽 문제를 해소할 것으로 기대됩니다.

워크플로

LLM은 여러 작업을 순차적으로 수행하는 소프트웨어 시스템인 '에이전트'를 통해 워크플로 자동화를 점차 실현해 나가고 있습니다. 에이전트는 환경과 상호작용하고 검색 및 데이터 조회, 코드 실행, 다른 시스템 연결 등을 자율적으로 처리합니다. 에이전트의 정의와 구축 방법은 10장에서 자세히 다룹니다.

LLM이 고용 시장에 미치는 영향

실적 발표 설명회 분석 결과, 우려스러운 경향도 나타났습니다. 기업들이 이미 LLM과 AI 전반을 비용 절감 수단으로 인식한다는 점입니다. 실제로 여러 기업은 AI 도입으로 효율성이 향상되자 인력을 감축했다고 명확히 밝히기도 했습니다.[36] 예를 들어 스웨덴의 핀테크 기업 클라르나^{Klarna}는 자사의 AI 어시스턴트가 고객 지원 업무의 3분의 2를 처리하며, 이는 700명의 상담원이 맡던 업무량에 해당한다고 발표했습니다.[37]

LLM이 대규모로 빠르게 도입된다고 해서 반드시 인간보다 업무 수행 능력이 뛰어나다는 뜻은

---

[34] Fabio Chiusano, "Two minutes NLP — 33 important NLP tasks explained", 7 Dec 2021, https://oreil.ly/_11rN
[35] https://erudite.cc
[36] https://oreil.ly/Ba495
[37] https://oreil.ly/-Ui33

> 아닙니다. 인간을 보조하는 역할이 아니라 완전히 대체하는 방식으로 LLM을 도입하는 이유는 성능이 인간보다 떨어지더라도 비용 절감 효과가 있기 때문일 수 있습니다. 이러한 성급한 도입은 장기적으로 고객 만족도를 떨어뜨릴 위험이 있습니다.
>
> 반면, LLM은 소프트웨어 개발의 진입 장벽을 크게 낮춰 디지털 전환을 가속하고, 더 많은 사람이 직접 소프트웨어를 개발할 수 있도록 이끌었습니다.

1.5 프롬프팅

기본기를 다졌으니 이제 본격적으로 LLM을 효과적으로 활용하는 방법을 배워보겠습니다.

LLM과 상호작용하는 과정을 **프롬프팅**prompting이라고 합니다. 일부 기업은 LLM에 이름이나 인격을 부여해 인간처럼 보이게 하지만, LLM과의 상호작용은 사람과 대화하는 것이 아니라 **프롬프트를 입력하는 것**임을 명확히 인식해야 합니다. LLM은 본질적으로 다음 단어를 예측하는 모델입니다. 따라서 LLM이 생성하는 텍스트는 입력된 텍스트인 프롬프트와 모델이 지금까지 생성한 출력 토큰에 크게 영향을 받습니다. 이 전체 흐름을 **컨텍스트**context라고 부릅니다.

LLM에 적절한 텍스트를 컨텍스트로 제공하면 원하는 형태의 출력을 유도할 수 있습니다. 이때 '이상적인 프롬프트'란 다음과 같은 질문에 답할 수 있어야 합니다. 'LLM에 입력했을 때, 가장 높은 확률로 올바른 답변을 생성하도록 유도하는 최적의 N개 토큰은 무엇인가?'

이 책을 쓰는 시점[38]에는 인간에게 말하듯 자연스럽게 프롬프트를 작성한다고 해서 최상의 결과를 기대할 만큼 언어 모델이 충분히 발전하지는 않았습니다. 하지만 앞으로 언어 모델이 더 발전하면 프롬프트는 인간의 일상 대화와 더 닮아갈 것입니다. 초기의 검색 엔진을 기억하는 분들이라면 알겠지만, 당시에는 적절한 검색어를 입력해서 검색 엔진을 제대로 활용하는 것이 절대 쉽지 않은 기술로 여겨졌습니다. 그러나 검색 엔진이 개선되면서 검색어 입력 방식도 점차 자유로워졌습니다.

책을 집필하기 시작하면서 대상 독자들에게 이 책에서 다뤘으면 하는 주제가 무엇인지 의견을 구했습니다. 그 결과 프롬프팅에 관한 요청이 가장 많았고, 현장 전문가들은 각자의 구체적인

---

[38] 옮긴이_ 이 책이 집필된 시점은 2025년 3월입니다.

활용 사례에 적합한 프롬프트를 효과적으로 만드는 방법을 알고 싶어 했습니다.

프롬프팅은 현대 LLM 사용에서 매우 중요한 요소입니다. 실제로 LLM 기반 프로젝트를 진행하다 보면 프롬프트를 반복해서 수정하고 개선하는 데 상당한 시간이 필요합니다. 이런 작업을 흔히 **프롬프트 엔지니어링**prompt engineering이라고 부르지만, 엄밀히는 정확한 표현은 아니나 실무에서는 널리 통용됩니다.

> **TIP** 프롬프트를 자동으로 최적화하려는 시도도 있었는데, 대표적으로 자동 프롬프트 최적화automatic prompt optimization(APO)[39]나 AutoPrompt[40] 같은 방법이 있습니다. 이는 13장에서 자세히 다루겠습니다.

프롬프트 엔지니어링의 효과에 과도한 기대를 하지 않는 것도 중요합니다. 프롬프트는 숨겨진 LLM 능력을 마법처럼 끌어내는 주문이 아닙니다. 뛰어난 프롬프팅 기술만으로 다른 기업들보다 큰 우위를 점하는 경우는 거의 없습니다. 하지만 기본적인 프롬프팅 원칙을 지키지 않으면 LLM의 성능이 크게 떨어질 수 있습니다.

온라인에 있는 수많은 프롬프팅 튜토리얼 중에서도 Learn Prompting[41]의 가이드를 추천합니다. 모든 프롬프팅 기법을 알아야 능숙해지는 것은 아닙니다. 몇 시간만 투자하면 필요한 대부분의 내용을 충분히 익힐 수 있습니다. 그보다 더 중요한 것은 LLM과 자주 상호작용하면서 결과를 관찰하고 언어 모델의 행동에 대한 직관을 스스로 쌓아가는 것입니다.

프로그래밍 경험이 있다면 프롬프팅을 프로그래밍 관점에서 바라보는 것도 도움이 됩니다. 프로그래밍에서는 지시가 명확하고 모호함이 없어야 합니다. 프롬프팅이 어려운 이유는 자연어가 본질적으로 모호하기 때문입니다. 따라서 최고의 프롬프트는 명시적이고, 상세하며, 구조화된 지시 사항을 담아 모호함을 최소화합니다. 더 세밀한 프롬프트 기법은 5장과 13장에서 살펴보겠습니다.

> **NOTE_** 흥미롭게도 언어 모델은 단어 순서에 둔감합니다. 이 특성은 BERT 같은 초기 모델에서도 관찰된 바 있습니다. 예를 들어 챗GPT 같은 LLM 서비스에 'How do I tie my shoelaces?'(신발 끈 매는 방법을 알려주세요)라는 질문을 뒤죽박죽으로 섞어 'shoe tie my I how do laces?'와 같이 물어보세요. 챗GPT는 질문이 뒤죽박죽이더라도 신발 끈 매는 방법을 친절하게 설명해 줍니다.

---

[39] Pryzant et al., "Automatic Prompt Optimization with "Gradient Descent" and Beam Search", 4 May 2023, https://arxiv.org/abs/2305.03495
[40] Shin et al., "AutoPrompt: Eliciting Knowledge from Language Models with Automatically Generated Prompts", 29 Oct 2020, https://arxiv.org/abs/2010.15980
[41] https://learnprompting.org/docs/introduction

다음으로 몇 가지 프롬프팅 방식을 알아보겠습니다.

1.5.1 제로샷 프롬프팅

제로샷 프롬프팅zero-shot prompting은 가장 기본적인 프롬프팅 방식으로, LLM에 지시문과 선택적으로 입력 텍스트를 제공하는 접근법입니다. 여기서 '제로샷'이라는 표현에는 작업을 해결하는 방법에 관한 예시나 시연을 제공하지 않는다는 의미가 담겨 있습니다.

예를 들어 식당 리뷰의 감정sentiment을 분석해야 하는 과제가 있습니다. 이 작업을 제로샷 프롬프팅으로 수행하려면 다음과 같이 프롬프트를 작성합니다.

프롬프트: 주어진 글을 감정에 따라 분류하세요. 출력은 긍정, 부정, 중립 중 하나여야 합니다.
글:으깬 감자는 내 어린 시절 학교 급식을 떠올리게 했어요. 다시 먹게 되어 정말 기대했는데, 아니었어요!
감정:

좋은 제로샷 프롬프트의 특징은 다음과 같습니다.

- 명확하고 구체적으로 지시를 전달합니다.
- 출력 범위(가능한 결괏값)와 출력 형식을 분명하게 설명합니다. 이 예시에서는 출력이 세 가지 중 하나임을 명시했습니다.
- 원하는 답변을 유도할 수 있도록 프롬프트를 구성합니다. '감정:'으로 문장을 끝맺음으로써 모델이 감정값을 다음 토큰으로 생성하도록 유도했습니다.

모델이 더 정교할수록 프롬프트를 세심하게 설계하지 않아도 원하는 결과를 얻을 수 있습니다.

실제 환경에서는 결과를 자동화 시스템에 연결할 수 있도록 출력 형식을 엄격히 제어할 수 있어야 합니다. 출력을 제어하는 기법은 5장에서 자세히 다루겠습니다.

> **WARNING_** 프롬프트는 모델 변경에 매우 민감합니다. 잘 작동하는 것처럼 보이는 프롬프트를 공들여 만들었더라도, 다른 모델에서는 해당 프롬프트가 작동하지 않을 수 있습니다. 실제로 같은 API 엔드포인트에서도 기반 모델이 업데이트되면 동일한 프롬프트의 성능이 저하될 수 있습니다. 이러한 현상을 **프롬프트 드리프트**drift라고 부릅니다. 따라서 프롬프트를 모델별로 관리하는 것이 좋습니다.

1.5.2 퓨샷 프롬프팅

제로샷 프롬프팅 예시에서는 LLM이 문제를 해결하는 방법을 별도로 설명하지 않고 과제를 수행할 수 있었습니다. 이는 과제가 단순하고 명확하게 정의되었기 때문입니다. 하지만 실제로는 자연어만으로 설명하기 어려운 복잡한 과제도 많습니다. 이럴 때는 프롬프트에 몇 가지 예시를 추가해 입력하거나 입력-출력 쌍을 함께 제공합니다. 이를 흔히 퓨샷 학습$^{\text{few-shot learning}}$이라고 부르지만, 이 과정에서 언어 모델 자체가 업데이트되는 것은 아닙니다.

다음은 퓨샷 프롬프팅의 예시입니다.

> 프롬프트: 회문^{palindrome}은 왼쪽에서 오른쪽으로 읽어도, 오른쪽에서 왼쪽으로 읽어도 글자가 동일한 단어를 의미합니다.
> 회문인 단어의 예시: kayak, civic, madam, radar
> 회문이 아닌 단어의 예시: kayla, civil, merge, moment
> 질문에 '예' 또는 '아니오'로 답하세요.
> rominmor라는 단어는 회문인가요?
> 답변:

1.5.3 사고의 사슬 프롬프팅

만약 단 하나의 프롬프팅 기법만 배워야 한다면 사고의 사슬$^{\text{Chain-of-Thought}}$(CoT)[42] 프롬프팅을 선택하세요. 이는 매우 강력하고 영향력 있는 프롬프팅 기법입니다.

앞서 설명했듯이 LLM이 예측하는 다음 토큰은 주어진 컨텍스트에 따라 결정됩니다. 따라서 LLM이 정확한 미래 토큰을 생성할 확률을 최대화하려면 컨텍스트(사용자 프롬프트 + 지금까지 생성된 출력 토큰) 내용을 최적화해야 합니다. 효과적인 방법 중 하나는 LLM에 답을 바로 내놓기 전에 먼저 '생각'하도록 유도하는 것입니다. 이렇게 하면 LLM은 단순히 답만 생성하기보다 답에 도달하는 전체 사고 과정을 보여줍니다. 이 과정에서 주어진 과제를 여러 개의 작은 하위 과제로 나누고 순차적으로 해결해 나가는 방식이 포함될 수 있습니다. 결국 LLM이 최종 답변을 생성하는 시점에 이르면, 더 풍부하고 관련성 높은 컨텍스트를 바탕으로 정확한 답을 제시할 확률이 높아집니다.

---

42 옮긴이_ 사고의 사슬은 생각의 사슬, 생각의 연쇄, 사고 연쇄 등으로 번역이 되나 이 책에서는 위키백과를 기준으로 용어를 표기했습니다. https://ko.wikipedia.org/wiki/프롬프트_엔지니어링

다음 예시를 살펴보겠습니다.

> 프롬프트: 다음 방정식을 풀어 보세요. 34 + 44 + 3 * 23 / 3 * 2. 단계별로 생각해 보세요.

'단계별로 생각해 보세요'라는 지시를 받은 LLM은 문제를 분해해 각 단계를 순차적으로 해결해 나갑니다.

```
주어진 방정식: 34 + 44 + 3 * 23 / 3 * 2
먼저, 수학 연산 순서에 따라 왼쪽에서 오른쪽으로 곱셈과 나눗셈을 수행합니다:
= 34 + 44 + (3 * 23 / 3 * 2)
= 34 + 44 + (69 / 3 * 2)
= 34 + 44 + (23 * 2)
= 34 + 44 + 46
이제 덧셈을 수행합니다:
= 78 + 46
마지막으로, 덧셈을 완료합니다:
= 124
따라서 방정식의 해는 124입니다.
```

> **TIP** 대부분의 LLM은 명시적으로 지시받지 않아도 단계적으로 과제를 해결합니다. 이는 그런 방식으로 과제를 해결하도록 **지시문 튜닝**instruction-tuning되었기 때문입니다. 지시문 튜닝은 5장과 6장에서 더 자세히 알아봅니다. 지시문 튜닝된 LLM은 프롬프팅하기가 더 쉽습니다. 사용자 인터페이스를 통해 접근 가능한 LLM이라면 LLM 제공자가 설정한 숨겨진 프롬프트(시스템 프롬프트라고 함)가 관련된 사용자 프롬프트에 CoT 프롬프팅을 적용할 수 있습니다.

게임의 치트 키처럼 모든 프롬프트에 '단계별로 생각해 보세요'라는 CoT 지시를 추가해야 할까요? 스프레이그Sprague 연구진[43]은 다양한 과제에 걸쳐 CoT 프롬프팅을 평가해 CoT가 주로 수학적이거나 논리적인 추론이 필요한 과제에 도움이 된다는 점을 발견했습니다. 반면 상식적 추론이 필요한 과제에서는 CoT의 이점이 제한적이었고, 지식 기반 과제에서는 CoT가 오히려 성능을 저하할 때도 있었습니다.

산술 및 논리적 추론은 기호 해석기나 코드 인터프리터와 같은 외부 도구에 위임해 수행할 수도 있습니다. 이는 10장에서 자세히 논의합니다.

---

[43] Sprague et al., "To CoT or not to CoT? Chain-of-thought helps mainly on math and symbolic reasoning", 7 May 2025, https://arxiv.org/pdf/2409.12183

> **WARNING_** CoT 프롬프팅을 사용하면 모델이 과제를 해결할 때 생성하는 토큰 수가 많이 증가해 비용이 높아집니다.

1.5.4 프롬프트 체이닝

작업을 수행하려면 여러 단계와 복잡한 지시가 필요할 때가 많습니다. 이때 모든 지시를 하나의 프롬프트에 몰아넣을 수도 있지만, 과제를 여러 하위 작업으로 나누고 각 프롬프트의 출력을 다음 프롬프트의 입력으로 연결하는 방식도 있습니다. 필자가 관찰한 바로는 이러한 프롬프트 체이닝chaining 방식이 전체 작업을 단일 프롬프트로 처리하는 방식보다 일관되게 더 좋은 성능을 보입니다.

예를 들어 제공된 텍스트에서 정보를 추출해 구조화된 형식으로 출력하는 작업을 생각해 봅시다. 이때 누락된 값이나 이상치outlier가 있다면 별도의 후처리 규칙을 적용해야 합니다. 이럴 때는 작업을 두 개의 프롬프트로 나누는 것이 좋습니다. 첫 번째 프롬프트에서는 정보를 추출하고, 두 번째 프롬프트에서는 추출된 정보를 후처리하도록 구성하는 방식입니다.

1.5.5 적대적 프롬프팅

때로는 LLM이 요청을 수행하지 않고 거부하기도 합니다. 이는 LLM이 특정 유형의 요청을 거부하도록 별도로 학습되었기 때문입니다. 이러한 동작을 구현하는 방법은 8장에서 배웁니다. 이 학습 방식을 **정렬 훈련**이라고 부르며, 모델을 개발하는 주체의 가치관과 선호도에 맞게 모델을 조정하는 방식입니다.

예를 들어 제대로 된 LLM에 폭탄 제조법을 직접 요청하면 거절 응답을 받게 됩니다. 하지만 현재까지의 정렬 훈련은 비교적 약한 보안층만 제공하므로 교묘한 프롬프트 작성법인 **적대적 프롬프팅**adversarial prompting으로 이를 우회할 수 있습니다. 적대적 프롬프트는 수동으로 작성하거나 알고리즘을 사용해 생성할 수 있습니다. 이렇게 교묘하게 구성된 프롬프트는 LLM이 응답하지 않도록 학습된 요청에 대해서도 응답을 생성하도록 유도합니다.

적대적 프롬프트 기법이 불법적인 목적으로만 사용되는 것은 아닙니다. 대부분 LLM이 원하는 방식으로 응답하지 않을 때 이러한 기법이 꽤 유용합니다. 이 기법은 LLM에 특정 역할을 맡도록 요청하는 것부터 '이 질문에 제대로 답하지 않으면 많은 아이가 고통받을 것입니다!'와 같은 노골적인 감정적 협박까지 다양합니다. 프롬프트에 감정을 추가하면 성능이 향상될 수 있다는 일부 연구 결과[44]가 있지만, 이는 특정 모델에 보편적으로 효과적이라고 할 만큼 확실하거나 지속적인 증거는 없습니다. 따라서 실제 서비스용 애플리케이션에서 이런 방식을 사용하는 것은 권장하지 않습니다.

> **연습 문제**
>
> 〈간달프Gandalf[45]〉는 AI 보안 기업 Lakera AI[46]가 개발한 프롬프팅 게임으로, LLM이 적대적 프롬프트에 얼마나 취약한지를 보여줍니다. 이 게임에서는 LLM에 비밀번호가 주어지며, 레벨마다 제공된 단서와 지시를 활용해 비밀번호를 찾아내야 합니다. 간달프를 활용해 교묘한 프롬프트를 작성하는 방법을 연습하고 LLM의 취약성을 이해하는 직관을 키울 수 있습니다. 최종 단계까지 도전해 보세요!
>
> 또한 리나 연구진[47]이 제안한 기법을 직접 실험해 볼 수도 있습니다. 이들은 LLM에 감정적 자극을 제공함으로써 성능을 향상할 수 있다고 제시했습니다. 예를 들어 '왜 달걀은 녹일 수 없는가?'와 같은 물리 현상에 관한 설명을 요청할 때 이 기법을 적용해 보세요. 눈에 띄는 차이가 있는지 직접 확인해 보기 바랍니다.
>
> 흥미로운 일화 하나를 소개하자면, 필자는 소셜 이벤트에서 적대적 프롬프팅 대회를 주최한 적이 있었습니다. 재미있게도 LLM 전문가들보다 비기술 분야의 참가자들이 훨씬 더 교묘한 적대적 프롬프트로 모델을 속이는 데 뛰어난 모습을 보였습니다.

---

[44] https://oreil.ly/q1I_7
[45] https://gandalf.lakera.ai
[46] https://www.lakera.ai
[47] https://arxiv.org/pdf/2307.11760

1.6 API를 통한 LLM 접근 방법

여러분은 이미 챗GPT, 제미나이^{Gemini}, 클로드^{Claude} 같은 챗 인터페이스를 사용해 LLM과 상호작용해 봤을 것입니다. 이번에는 API로 LLM에 접근하는 방법을 살펴보겠습니다. 오픈AI API를 사용해 GPT 계열 모델에 접근하는 방법을 보여주는 예시입니다. 대부분의 상용 모델 API도 비슷한 방식으로 파라미터를 설정할 수 있습니다.

GPT-4o mini와 GPT-4o 모델은 오픈AI의 Chat Completion API를 통해 사용할 수 있습니다. 다음은 사용 예시입니다.

```
from openai import OpenAI

client = OpenAI(api_key=<여기에 본인의 API 키를 입력하세요>)

response = client.responses.create(
    model="gpt-4o-mini",
    input=[
        {"role": "system", "content": "당신은 뛰어난 이야기 작가입니다."},
        {"role": "user", "content": "강아지와 코끼리가 친구 관계를 끝내는 짧은 동화를 써주세요."}
    ]
)

print(response.output[0].content[0].text)
```

여기서 **role**은 다음 네 가지로 구분됩니다.

- **system**: 시스템 역할은 전체적인 지시 사항을 설정하는 데 사용됩니다.
- **user**: 사용자 역할은 사용자의 입력을 나타냅니다.
- **assistant**: 어시스턴트 역할은 모델이 생성한 응답을 의미합니다.
- **tool**: 도구 역할은 외부 소프트웨어 도구와 상호작용할 때 사용됩니다.

도구 역할은 10장에서 자세히 다룰 예정입니다.

> **NOTE_** 시스템 역할과 사용자 역할의 차이점은 무엇인가요? 시스템 프롬프트와 사용자 프롬프트에는 각각 어떤 지시 사항을 넣어야 할까요? 시스템 프롬프트는 '당신은 공식 보고서 작성에 능숙한 금융 전문가입니다'와 같이 LLM의 전반적인 행동 방식을 지정하는 데 사용됩니다. 사용자가 LLM과 직접 대화할 수 있게 한다면, 시스템 프롬프트를 활용해 사용자의 요청과 함께 여러분만의 지시 사항을 LLM에 제공할 수 있습니다.

> 필자가 실험해 본 바로는 지시 사항을 시스템 프롬프트에 넣느냐 사용자 프롬프트에 넣느냐는 큰 차이가 없었습니다. 중요한 것은 지시 사항의 길이와 개수입니다. LLM은 보통 한 번에 몇 가지 지시 사항만 처리할 수 있으며, 프롬프트의 맨 처음이나 맨 끝에 있는 지시 사항을 더 잘 따르는 경향이 있습니다.

다음은 오픈AI가 제공하는 몇 가지 주요 파라미터입니다.

n
모델이 각 입력에 대해 생성할 결과물의 개수입니다. 예를 들어 앞서 본 예시에 n = 5를 사용하면 다섯 가지 동화가 생성됩니다.

> **TIP** 높은 신뢰도가 필요한 작업에는 여러 완성(n > 1)을 생성한 다음, 후처리 함수(LLM 호출을 포함할 수도 있음)를 사용해 가장 좋은 것을 선택하는 방법을 권장합니다. 이는 LLM이 확률 분포에서 텍스트를 샘플링하므로 때로는 운이 나쁜 토큰 선택으로 답변이 잘못되거나 품질이 낮을 수 있기 때문입니다. 물론 이 과정은 예산 제약과 균형을 맞추며 진행해야 합니다.

stop과 max_completion_tokens
생성되는 출력의 길이를 제한하는 데 사용됩니다. stop으로 생성 과정을 중단할 종료 토큰을 지정할 수 있습니다. 예를 들어 줄바꿈 토큰이 stop 시퀀스가 될 수 있습니다. 모델에게 번호가 매겨진 문장 목록과 같은 특정 출력 형식을 따르도록 요청한 후 정해진 수의 문장이 출력된 후에는 생성을 중단하고 싶다면, 마지막 번호를 stop 파라미터로 제공하면 됩니다.

presence_penalty와 frequency_penalty
생성된 출력의 반복성을 줄이는 데 사용됩니다. 이미 출력에 등장한 토큰의 확률에 페널티를 부여함으로써 모델이 지나치게 반복적인 내용을 생성하지 않도록 합니다. 이러한 파라미터는 창의적인 작업을 수행할 때 특히 유용합니다.

logit_bias
logit_bias를 사용하면 특정 토큰의 생성 확률을 인위적으로 높이거나 낮출 수 있습니다.

top_p와 temperature
이 두 파라미터는 디코딩 전략과 관련이 있습니다. LLM이 다음 토큰을 생성할 때는 각각 가능한 토큰에 확률을 할당하고 이 확률 분포에서 샘플링해 선택합니다. 이런 확률 분포에서 토큰을 선택하는 다양한 방법은 5장에서 상세히 살펴봅니다. 여기에서는 temperature 값을 높이면 더 창의적이고 다양한 출력을 생성하고, 낮추면 더 예측 가능하고 일관성 있는 출력을 생성한다는 점만 기억해 두세요. 다양한 활용 사례별로 추천 설정값을 정리한 치트 시트[48]도 참고해 보세요.

---

[48] https://oreil.ly/DAa66

logprobs

logprobs는 각 출력 토큰에 대해 가장 확률이 높은 토큰과 그 로그 확률을 제공합니다. 오픈AI는 이를 확률이 가장 높은 상위 20개 토큰으로 제한합니다. 다양한 형태로 logprobs 정보를 활용하는 방법은 이후 장들에서 논의합니다.

> **연습 문제**
>
> 오픈AI API를 사용해 모델에 레알 마드리드와 바르셀로나 경기의 실시간 해설 일부[49]를 입력해 보세요. 원한다면 팀 이름은 자유롭게 변경해도 됩니다. 모델에 남은 해설을 이어서 생성하도록 요청해 보세요. 프롬프트, temperature, logit_bias, presence_penalty, frequency_penalty 등의 설정을 조정하면서 실제 해설자의 말투와 분위기를 얼마나 잘 재현하는지 실험해 보세요. LLM이 생성한 텍스트가 실제 해설과 얼마나 비슷하거나 다른지도 함께 비교해 보세요.

1.7 LLM의 강점과 한계

실질적으로 유용한 LLM 애플리케이션을 만들려면 LLM의 강점과 한계를 직관적으로 이해하는 역량이 필요합니다. 이 책에 담긴 내용을 바탕으로 충분한 실습을 거듭하면 이 직관을 자연스럽게 갖출 수 있습니다. 전반적으로 LLM은 언어 작업에 매우 능숙합니다. 철자나 문법 오류를 거의 범하지 않으며, 사용자의 지시나 의도를 과거 기술보다 훨씬 잘 파악합니다. 또한 엔티티 및 관계 추출, 개체명 인식(NER)과 같은 주요 자연어 처리 과제에서도 최첨단 성능을 보여줍니다. 특히 코드 생성 분야에서는 LLM의 강점이 두드러지며 깃허브 코파일럿[50] 같은 도구를 통해 이 영역에서 가장 뚜렷한 성공 사례를 만들어 냈습니다.

반면, LLM의 한계는 LLM이 충분한 지능 수준에 도달하지 못했다는 점에서 기인합니다. 최첨단 모델조차 산술적 추론, 논리적 추론, 상식적 추론 등 다양한 영역에서 분명한 한계를 보입니다(추론에 관한 정확한 정의는 8장에서 상세히 살펴봅니다). 더불어 LLM은 현실 세계와 직접적인 연결 고리가 없어 사실 정보를 일관되게 유지하는 데 어려움이 있으며, 현실과 일치하지 않는 내용을 생성하는 경향이 있습니다. 이러한 현상을 일반적으로 **환각**hallucination이라고 합니

---

[49] https://oreil.ly/NRwIb
[50] https://github.com/features/copilot

다. 환각은 LLM의 심각한 약점이며 LLM 도입을 주저하게 만드는 주요 요인이기도 합니다. 8장에서는 환각 문제를 해결하고 추론 한계를 보완하는 다양한 방법을 자세히 살펴봅니다.

현재 매일 수많은 LLM 생성 콘텐츠가 웹에 업로드되며, 이들 중 일부는 검색 엔진 결과 상위에 노출되기도 합니다. 예를 들어 '달걀을 녹일 수 있나요?'라는 검색어에 대해 한동안 구글이 '네, 달걀은 녹일 수 있습니다'라는 잘못된 답변[51]을 보여준 사례가 있었습니다. 이처럼 부정확한 AI 생성 텍스트를 일상적으로 AI 슬롭 AI slop이라고 부릅니다. 따라서 검색 엔진이 AI로 생성된 텍스트를 정확하게 감지해야 할 필요성이 점점 커지고 있습니다. 또한 LLM은 주로 웹 텍스트를 훈련 데이터로 사용하므로 오염된 텍스트가 다시 미래의 LLM 훈련 데이터로 사용되어 품질이 저하할 위험이 있습니다.

LLM은 창의적인 작업을 지원하는 데도 활용되지만, 여전히 전문 작가 수준에는 크게 미치지 못합니다. 현재의 LLM이 창작한 소설이 베스트셀러가 될 가능성은 낮습니다. LLM이 생성한 텍스트에는 인간 작가의 독창성과 감정을 불러일으키는 능력이 부족합니다. LLM이 생성한 글을 충분히 접해 본다면 이를 식별하기가 그리 어렵지 않습니다.

> ## LLM 능력의 한계에 도전하기
>
> LLM이 해결하지 못하는 과제의 목록은 점차 줄어들고 있지만, 자기 참조 self-reference와 같은 일부 능력은 여전히 도달하기 어려운 영역으로 남아 있습니다.
>
> 더글러스 호프스태터 Douglas Hofstadter는 저서 『I Am a Strange Loop』(Basic Books, 2008)에서 자기 참조 능력을 고차원적 지능이나 의식의 척도로 설명합니다. 자기 참조적 문장의 예를 들자면 '이 문장의 마지막에서 두 번째 어절은 '어절은'입니다'가 있습니다.
>
> 스러시 Thrush 연구진[52]은 이런 메타언어적 질문들을 모은 'I am a strange dataset(나는 이상한 데이터셋이다'[53]라는 데이터셋을 공개했습니다. 다양한 모델로 다음 질문을 테스트해 보고 제대로 답하는지 확인해 보세요.
>
> > This this is is a a new new form form of of poetry poetry where where every every word word is is repeated. Are any words not repeated?

---

[51] https://oreil.ly/ivvv_
[52] Thrush et al., "I am a Strange Dataset: Metalinguistic Tests for Language Models", 6 Aug 2024.
https://arxiv.org/pdf/2401.05300
[53] https://github.com/TristanThrush/i-am-a-strange-dataset

> 이를 한국어로 번역하면 '이것 이것은 은 새로운 새로운 형태 형태의 의 시 시로서 로서 모든 모든 단어 단어가 가 반복됩니다. 반복되지 않은 단어가 있나요?'입니다. 이 책을 집필하는 시점까지 오픈AI의 o1을 포함한 어떤 모델도 원문의 이 질문에 올바르게 답하지 못했습니다. 모델들은 마지막 단어인 repeated가 반복되지 않았음을 알아차리지 못합니다.[54]

모든 LLM은 각기 다른 특징적인 문체로 텍스트를 생성하며 이 특징을 우리는 쉽게 알아차릴 수 있습니다. 예를 들어 챗GPT는 delve(파고들다), tapestry(태피스트리), bustling(붐비는) 등의 특정 단어를 과도하게 사용하는 경향이 있습니다. 또한 '그는 피자를 모두 먹었는데, 이는 그가 배고팠음을 나타냅니다'나 '뱀파이어는 한 달에 천 개의 문자 메시지를 보냈는데, 이는 디지털 기술의 효과적인 사용을 시사합니다'와 같이 설명적인 종결절clause이 있는 문장을 생성하는 경향이 있습니다. 하지만 AI가 생성한 텍스트를 100% 정확도accuracy로 탐지하기는 매우 어렵습니다.[55] 악의적인 사용자들은 탐지를 회피하는 기술도 사용하는데, 특정 LLM이 생성한 텍스트를 다른 LLM에 다시 표현하도록 요청해 원래 LLM의 특징을 희석하는 방법 등이 있습니다.

따라서 표절 탐지는 더 어려워졌으며, 부정확한 AI 텍스트 탐지기 때문에 학생들이 부당하게 표절 혐의[56]를 받기도 합니다. 이러한 추세는 전 세계 대학들이 에세이에 덜 의존하고 학생들을 평가하는 방식을 재고하도록 촉구하고 있습니다. 여름 방학 기간에 챗GPT 사용량이 감소하는 현상[57]에서 볼 수 있듯이 학생들은 LLM 제품의 주요 사용자층 중 하나입니다.

delve와 같은 단어를 LLM에서 과다하게 사용한다고 알려졌지만, 단일 토큰 빈도는 LLM 생성 텍스트를 탐지하는 수단으로 신뢰할 수 없습니다. 인도에서 인도식 영어를 사용하며 성장한 필자는 delve라는 단어를 평균적인 서구권 사용자보다 훨씬 자주 사용합니다. 챗GPT가 출시되기 전에 쓴 필자의 글과 출판물에서도 이를 확인할 수 있습니다. 이처럼 개인이나 문화에 따라

---

54 옮긴이_ 이 책의 번역 시점인 2025년 9월에 GPT-5 Thinking 버전에서는 아래와 같이 나옵니다.

> 13s 동안 생각함
> Yes.
> In the quoted sentence, the last word "repeated." isn't repeated.
> In the second sentence, Are, any, words, not, repeated? each appears once. (If case matters, This ≠ this as well.)

55 https://arxiv.org/pdf/2403.05750v1
56 https://oreil.ly/hetca
57 https://oreil.ly/5xECI

나타나는 미묘한 차이들은 LLM 생성 텍스트를 정확히 판별하는 데 더 정교하고 강력한 기술이 필요함을 보여줍니다.

이와 관련해 주목할 만한 접근법 중 하나는 구문 템플릿$^{\text{syntactic template}}$을 활용하는 방식입니다. 일반적으로 5~8개 토큰 길이의 특정 품사(POS) 태그 순서를 가진 일련의 토큰을 의미합니다. 샤이브^{Shaib} 연구진[58]은 토큰 다양성을 높이기 위한 텍스트 생성 전략(디코딩 전략, 5장에서 자세히 설명함)을 사용하더라도 이러한 템플릿 중 일부가 생성된 텍스트에 나타난다는 점을 밝혔습니다. 그들은 이러한 템플릿이 사전 훈련 과정의 초기 단계에서 학습된다는 것을 증명합니다.

예를 들어 구문 템플릿이 다음과 같다고 해 보죠.

- **VBN IN JJ NNS**: VBN(과거분사 동사) + IN(전치사) + JJ(형용사) + NNS(복수 명사)

이 템플릿을 따르는 구문 예시는 다음과 같습니다.

- Engaged in complex tasks(복잡한 작업에 몰두한)
- Trained in advanced techniques(고급 기술을 익힌)
- Entangled in deep emotions(깊은 감정에 얽힌)
- Immersed in vivid memories(생생한 기억에 잠긴)

LLM이 이런 템플릿을 자주 사용하거나 과도하게 사용하는 것을 발견한 적이 있나요?

> **연습 문제**
>
> LLM에 원하는 주제로 에세이를 작성하도록 요청하세요. 그런 다음 diversity 라이브러리[59]를 사용해 작성된 에세이에서 구문 템플릿을 추출해 보세요. 이때 extract_patterns 함수를 사용하며 n = 5로 설정합니다.
>
> 가장 빈번하게 나타나는 구문 템플릿은 무엇인가요? 마찬가지로 여러분이 선택한 출판물에서 인간 저자가 작성한 에세이를 가져와 구문 템플릿을 추출해 보세요. 자주 나타나는 구문 템플릿이 다른가요? 상대적 빈도는 어떤가요?

---

58 Shaib et al., "Detection and Measurement of Syntactic Templates in Generated Text", 6 Oct 2024, https://arxiv.org/pdf/2407.00211

59 Shaib et al., "Standardizing the Measurement of Text Diversity: A Tool and Comparative Analysis", 21 Mar 2025, https://arxiv.org/html/2403.00553v2

1.8 첫 번째 챗봇 프로토타입 만들기

이제 본격적으로 챗봇을 만들어 보겠습니다.

최근 몇 년 동안 다양한 라이브러리가 등장하면서, LLM 애플리케이션을 실험하고 프로토타입을 제작하는 과정이 훨씬 쉬워졌습니다. 실제로 PDF 문서에 관한 질문에 답하는 챗봇을 약 100줄의 코드로 만들 수 있습니다.

이번에는 사용자가 PDF 문서를 업로드하고, 해당 문서에 관해 질문하고 대화할 수 있는 간단한 챗봇 애플리케이션을 구현해 보겠습니다. 이 애플리케이션의 기본 워크플로는 다음과 같습니다.

1. 사용자가 인터페이스를 통해 원하는 PDF 파일을 업로드합니다.
2. 애플리케이션은 PDF 파싱 라이브러리를 이용해 텍스트를 추출한 후, 이를 다루기 쉬운 크기로 나눕니다.
3. 나눈 텍스트 조각인 청크chunk를 임베딩이라 불리는 벡터 형태로 변환합니다.
4. 사용자가 챗 인터페이스에 질의를 입력하면 이 질의도 벡터로 변환합니다.
5. 질의 벡터와 각 청크 벡터 간의 유사도를 계산합니다.
6. 유사도가 가장 높은 상위 k개의 청크를 선택해 가져옵니다.
7. 선택된 텍스트 청크들과 질의, 추가 지시 사항을 함께 LLM에 입력합니다.
8. LLM은 이 정보를 바탕으로 사용자 질문에 대한 답변을 생성합니다.
9. 생성된 답변을 사용자 인터페이스에 표시합니다. 사용자는 추가 질문, 정정 요청, 감사 인사 등 다양한 응답을 할 수 있습니다.
10. 모든 대화 이력은 턴마다 LLM에 다시 입력되어 대화의 흐름을 자연스럽게 이어갑니다.

이 전체 프로세스를 순서도로 나타내면 [그림 1-5]와 같습니다.

먼저 필요한 라이브러리를 설치하겠습니다. 이번 프로젝트에서는 다음 라이브러리를 사용합니다.

- **랭체인**LangChain: 매우 인기 있는 프레임워크로, LLM 애플리케이션 파이프라인을 쉽게 구축하게 해 줍니다.
- **그라디오**Gradio: LLM 기반 애플리케이션의 사용자 인터페이스를 빠르게 만들 수 있게 하는 라이브러리입니다.
- **Unstructured**: PDF 파일로부터 다양한 방식으로 텍스트를 추출하도록 지원하는 PDF 파싱 도구입니다.
- **Sentence Transformers**: 텍스트로부터 임베딩을 생성하는 데 사용되는 라이브러리입니다.
- **오픈AI**: 오픈AI의 GPT 계열 모델에 접근하는 API를 제공합니다.

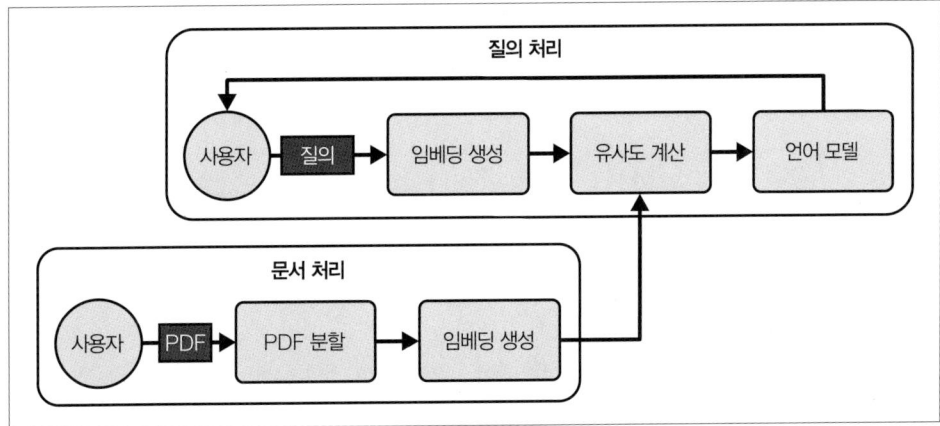

그림 1-5 챗봇 애플리케이션의 워크플로

이제 필요한 라이브러리와 함수들을 불러와 봅시다.[60]

```
!pip install -Uq openai langchain langchain_community gradio unstructured

from langchain_community.document_loaders import UnstructuredPDFLoader
from langchain_community.embeddings import HuggingFaceEmbeddings
from langchain_community.vectorstores import Chroma
from langchain.chains import ConversationalRetrievalChain
from langchain.chat_models import ChatOpenAI
import gradio as gr
```

다음으로 PDF를 불러오고 파싱하는 함수를 구현합니다. 랭체인은 LLM을 활용한 파싱을 포함한 여러 가지 PDF 파싱 방식을 지원합니다. 이번 예제에서는 Unstructured 라이브러리를 사용해 PDF 파일을 파싱합니다.

```
loader = UnstructuredPDFLoader(input_file.name)
data = loader.load()
```

---

60 옮긴이_ !pip install로 작성된 라이브러리 설치 코드는 주피터 환경에서만 작동하며, 스크립트 파일 실행 시 가상환경을 활성화 한 상태에서 설치하는 것을 권장합니다.

data 변수는 단락으로 분할된 파싱된 PDF를 포함합니다. 각 단락을 청크라고 부르겠습니다. 이제 각 청크는 임베딩 모델을 사용해 벡터 표현으로 변환됩니다. 랭체인은 다양한 임베딩 모델을 지원합니다. 이 예제에서는 허깅 페이스$^{Hugging\ Face}$ 플랫폼에서 제공되는 all-MiniLM-L6-V2 임베딩 모델을 사용합니다.

```
embeddings = HuggingFaceEmbeddings(model_name="all-MiniLM-L6-v2")
```

임베딩 모델을 로드했으니 이제 데이터에서 벡터를 생성하고 벡터 데이터베이스에 저장할 수 있습니다. 랭체인에서는 여러 벡터 데이터베이스를 통합할 수 있습니다. 이 예제에서는 가장 간단하게 사용할 수 있는 Chroma를 사용합니다.

```
db = Chroma.from_documents(data, embeddings)
```

벡터 데이터베이스에 벡터가 준비되었습니다! 이제 질의를 하고 응답을 받을 수 있습니다. 예를 들면 다음과 같습니다.

```
query = "환불은 어떻게 요청하나요?"
docs = db.similarity_search(query)
print(docs[0].page_content)
```

이 코드는 사용자 질의를 나타내는 벡터와 가장 유사한 벡터가 있는 PDF의 단락을 검색합니다. 벡터는 텍스트의 의미를 인코딩하므로 유사한 벡터를 나타내는 단락은 질의와 내용이 유사하다는 의미입니다. 하지만 그 단락이 반드시 질의에 대한 답변을 포함한다고 보장할 수는 없습니다. 임베딩을 사용하면 질의와 유사한 텍스트만 얻을 수 있습니다. 일치하는 텍스트가 답변을 포함하거나 질의에 답하는 데 관련이 있을 필요는 없습니다. 우리는 관련 없는 맥락과 관련 있는 맥락을 구분하는 데 LLM에 의존할 것입니다. LLM에 질의와 검색된 텍스트를 제공하고 제공된 정보를 바탕으로 질의에 답하도록 요청합니다. 이 워크플로는 랭체인의 체인을 사용해 구현합니다.

```
conversational_chain = ConversationalRetrievalChain.from_llm(
    ChatOpenAI(temperature=0.1),
    retriever=pdfsearch.as_retriever(search_kwargs={"k": 3})
)
```

여기서는 ConversationalRetrievalChain을 사용합니다. 이 체인은 다음과 같은 워크플로를 지원합니다.

1. 이전 대화 기록(있는 경우)과 현재 사용자의 질문이나 응답을 받아 독립적인 질문으로 변환합니다.
2. 선택한 검색 방식을 사용해 질문과 가장 유사한 청크 상위 k개를 검색합니다.
3. 검색된 청크, 대화 이력, 현재 사용자의 질문이나 응답, 지시 사항을 함께 LLM에 입력합니다. LLM은 이를 바탕으로 답변을 생성합니다.

체인을 호출하고 결과를 대화 기록에 추가합니다.

```
output = conversational_chain({'question': query,
                               'chat_history': conversational_history})
conversational_history += [(query, output['answer'])]
```

이제 챗봇이 준비되었습니다. 사용자 인터페이스와 연결해 마무리하겠습니다. 이번에는 LLM 기반 사용자 인터페이스를 구축하는 경량 파이썬 프레임워크인 그라디오[61]를 사용합니다.

```
with gr.Blocks() as app:

    with gr.Row():
        chatbot = gr.Chatbot(value=[], elem_id='qa_chatbot').style(height=500)

    with gr.Row():
        with gr.Column(scale=0.80):
            textbox = gr.Textbox(
                placeholder="Enter text"
            ).style(container=False)

        with gr.Column(scale=0.10):
            upload_button = gr.UploadButton("Upload a PDF",
                file_types=[".pdf"]).style()
```

사용자 이벤트를 기다리는 이벤트 핸들러를 작성하는 추가 코드가 필요합니다. 전체 코드는 책의 깃허브 저장소[62]를 참고하세요. 마지막으로 애플리케이션을 초기화합니다.

---

61 https://oreil.ly/dzYJv
62 https://github.com/corazzon/designing-llm-apps

```
if __name__ == "__main__":
    app.launch()
```

이제 챗봇 애플리케이션이 준비되었습니다.

> **NOTE_** PDF 전체를 청크로 나누고 관련 정보만 검색하는 대신 PDF 전체를 LLM에 입력할 수는 없을까요? 이는 LLM이 지원하는 최대 유효 컨텍스트 길이에 따라 달라집니다. 한 번에 입력으로 받을 수 있는 크기를 제한하는 길이죠. 더 큰 모델은 여러 PDF를 입력에 맞출 수 있을 만큼 긴 컨텍스트 길이를 지원하므로 청킹이나 임베딩 과정이 전혀 필요하지 않을 수도 있습니다.

1.9 프로토타입에서 제품화까지

LLM 애플리케이션을 만드는 일이 정말 이렇게 쉬울까요? 안타깝게도 그렇지 않습니다. 앞에서 꽤 괜찮은 수준의 프로토타입을 만들었습니다. 비핵심적인 사용 사례에서는 이 정도 성능으로도 충분할 때가 많습니다. 하지만 더 많은 실제 사례에서는 이런 애플리케이션이 충족하지 못하는 정확성과 신뢰성을 요구합니다. 이 책은 바로 그 프로토타입과 프로덕션 사이의 틈을 메우는 것을 목표로 합니다.

프로토타입 튜토리얼에서는 LLM을 일종의 블랙박스로 다뤘습니다. 하지만 LLM을 활용해 본격적인 애플리케이션을 만들려면, 직접 LLM을 훈련시키지 않더라도 내부에서 어떤 일이 벌어지는지를 이해해야 합니다. 그래서 2, 3, 4장에서는 LLM을 구성하는 요소들과 훈련 방식을 살펴봅니다. LLM의 구조와 훈련 방식을 깊이 이해하면 예기치 않은 오류나 실패 상황을 디버깅하는 데도 큰 도움이 됩니다.

튜토리얼에서는 오픈AI의 독점 LLM을 사용했지만, 해당 애플리케이션에 최적인 LLM인지는 깊이 고민하지 않았습니다. 현재는 상용으로 사용할 수 있는 LLM이 수백, 수천 개에 달합니다. 5장에서는 오픈 소스 모델과 독점 모델 모두를 아우르며 다양한 모델의 특성과 차이점, 각 사용 사례에 적합한 모델을 선택하는 방법을 다룹니다. 예를 들어 PDF 챗봇이 매우 제한된 예산 내에서 작동해야 한다면 비용이 중요한 선택 기준이 될 수 있습니다. 5장에서는 모델을 평가하는 법, 각각의 한계와 가능성을 파악하는 법, 평가 지표와 벤치마크 데이터를 설계하는 법, 자동 평가와 인간 평가에서 주의할 점까지 함께 배웁니다.

그렇다면 만약 업로드하려는 PDF가 LLM이 익숙하지 않은 전문 분야의 문서라면 어떻게 해야 할까요? 혹은 LLM이 사용자 질의 속 지시를 제대로 따르지 못한다면 어떻게 해야 할까요? 이럴 때는 해당 도메인의 데이터를 활용해 모델을 파인 튜닝해야 할 수 있습니다. 6장에서는 모델 파인 튜닝의 개념, 파인 튜닝이 효과적인 상황, 파인 튜닝에 사용할 데이터셋을 구성하는 방법을 살펴봅니다.

일반적인 파인 튜닝이 우리의 목적에 적합하지 않을 수도 있습니다. 비용이 너무 많이 들거나 기대한 만큼 성능이 향상되지 않을 수도 있습니다. 7장에서는 모델의 전체가 아닌 일부 파라미터만을 업데이트하는 파라미터 효율적 파인 튜닝$^{\text{parameter-efficient fine-tuning}}$(PEFT) 기법을 소개합니다.

또한 챗봇이 환각을 일으키거나, 추론이 제대로 되지 않아 질문에 정확히 답하지 못하는 상황을 발견할 수도 있습니다. 8장에서는 이러한 환각 현상을 감지하고 줄이는 방법과 추론 능력을 향상하는 다양한 추론 시점 기술을 살펴봅니다.

프로덕션 환경에서 사용할 수 있는 PDF 챗봇을 만들려면 사용자가 모델 응답을 기다리는 지연 시간과 비용의 최소화를 포함한 다양한 비기능적 요구 사항을 충족해야 합니다. 9장에서는 캐싱, 증류^{distillation}, 양자화^{quantization}와 같은 추론 최적화 기술들에 관해 논의합니다.

LLM을 코드 인터프리터, 데이터베이스, API 등에 연결해 챗봇의 기능을 확장하고 싶을 수 있습니다. 또는 여러 단계를 거쳐야 해결할 수 있는 복잡한 질의에 대응하는 챗봇을 만들고 싶을 수도 있습니다. 10장에서는 LLM을 외부 도구 및 데이터 소스와 연동하는 방법, LLM이 작업을 분해하고 자율적으로 결정을 내리며 환경과 상호작용하게 하는 방법을 살펴봅니다.

튜토리얼에서는 문서를 파싱하고, 분할하고, 임베딩하는 기본적인 방법을 소개했습니다. 하지만 실제 사용 중에는 벡터 유사도 측정이 효과적이지 않고 관련 없는 문서 조각을 반환할 때도 있습니다. 또는 검색된 조각들이 질의에 답변하는 데 필요한 모든 정보를 포함하지 않을 수도 있습니다. 11장에서는 임베딩을 더 자세히 살펴보고 자체 임베딩을 파인 튜닝하는 방법을 배웁니다. 또한 데이터를 더 효과적으로 분할하는 방법도 소개합니다.

PDF 챗봇은 검색 증강 생성$^{\text{retrieval-augmented generation}}$(RAG)이라는 패러다임을 따릅니다. RAG는 외부 데이터 소스에 LLM이 연결된 시스템을 말하며, PDF 챗봇에서는 사용자가 업로드한

PDF입니다. 12장에서는 종합적인 RAG 파이프라인을 정의하고 견고한 RAG 시스템을 설계하는 방법을 알아봅니다. 마지막으로 13장에서는 LLM 애플리케이션을 개발할 때 사용할 수 있는 디자인 패턴과 프로그래밍 패러다임을 살펴봅니다.

이 책의 나머지 부분에서는 여기서 소개한 주제 외에도 다양한 내용을 다룹니다. 여러분과 함께 이 여정을 시작하게 되어 무척 기대됩니다. 이 책이 프로덕션 환경에서도 활용할 수 있는 LLM 애플리케이션을 개발하는 데 필요한 도구, 기술, 직관을 선사하기를 바랍니다.

> **연습 문제**
>
> PDF 챗봇 애플리케이션을 직접 구현하고 컴퓨터에 저장된 아무 PDF 파일이나 업로드한 후 질문해 보세요.
>
> 작동하지 않거나 기대에 미치지 못하는 부분을 분석해 목록으로 정리하세요. 책을 읽으며 새로운 개념을 배울 때마다 이 애플리케이션으로 돌아와 배운 기술을 적용해 실패 사례를 해결할 수 있는지 점검해 보세요.

1.10 마치며

이번 장에서는 언어 모델을 소개하고, 간단한 역사와 함께 현재 세상에 미치는 영향에 관해 이야기했습니다. 다양한 프롬프트 기법을 활용해 모델과 효과적으로 상호작용하는 방법을 보았고 언어 모델의 강점과 한계도 개괄적으로 살펴봤습니다. 또한 프로토타입 애플리케이션을 얼마나 쉽게 만들 수 있는지 보여주면서 이를 실제 프로덕션 환경으로 가져가는 데 필요한 과제들도 짚어 보았습니다. 다음 장에서는 LLM을 구성하는 핵심 요소를 소개하며 본격적으로 LLM의 세계로 들어가 봅니다.

CHAPTER 2

사전 훈련 데이터

1장에서는 언어 모델을 소개하고, 강점과 한계를 살펴보며, 현재와 잠재적 사용 사례를 탐색하고, 이 분야의 발전을 좌우하는 것으로 보이는 스케일링 법칙들을 제시했습니다. 앞으로 펼쳐질 내용을 이해하기 위한 토대를 마련하고자, 다음 세 장에서는 LLM 사전 훈련 방법과 그에 필요한 구성 요소들을 상세히 다룰 것입니다. 그런데 이 책은 사전 훈련된 LLM을 활용해 사용자 애플리케이션을 설계하고 구축하는 방법에 관한 내용인데, (대부분의 머신러닝 실무자가 평생 해 볼 일이 없는) 거대한 모델을 처음부터 사전 훈련하는 과정의 세부 내용을 왜 논의해야 할까요?

사실, 이 정보는 매우 중요합니다. 사전 훈련 과정에서 이루어지는 많은 결정이 성능에 큰 영향을 미치기 때문입니다. 이어지는 장들에서 볼 수 있듯이, 훈련 과정을 이해하면 실패 유형들을 더 쉽게 파악할 수 있습니다. 마치 마트에서 제품 포장에 표시된 성분 목록을 확인하듯이, 중요한 애플리케이션에 활용하기 전에 언어 모델을 구성하는 요소들이 무엇인지 알고 싶어 하는 것은 당연합니다.

> **NOTE_** API를 통해서만 접근할 수 있는 일부 독점 LLM에 관해서는 공개된 정보가 많지 않습니다. 이 책에서는 공개적으로 이용 가능한 정보를 최대한 제공할 것입니다. 정보가 부족하다고 해서 이러한 모델을 사용하지 말아야 한다는 뜻은 아니지만, 어떤 모델을 사용할지 최종 결정을 내릴 때 모델의 투명성은 고려해야 할 중요한 요소가 될 수 있습니다.

2.1 LLM을 만드는 구성 요소

LLM을 만드는 데 필요한 구성 요소부터 살펴보겠습니다. 크게 네 가지 요소로 나눌 수 있습니다.

사전 훈련 데이터: 어떤 데이터로 훈련하는가?

모델을 무엇으로 훈련하는지, 즉 어떤 데이터를 기반으로 훈련하는지가 중요합니다. '쓰레기를 넣으면 쓰레기가 나온다Garbage in, garbage out'라는 오래된 컴퓨터 과학 격언은 언어 모델링에서도 여전히 유효합니다. 이번 장에서는 널리 사용되는 사전 훈련 데이터셋을 살펴보고 모델에 **양질**의 데이터를 공급하려면 어떤 전처리 과정을 거치는지 알아보겠습니다. 이러한 데이터셋을 분석하고, 데이터 구성 방식이 이후 작업에 어떤 영향을 미치는지를 이해하도록 도와주는 다양한 도구도 함께 소개할 예정입니다.

어휘와 토크나이저: 어떤 단위를 훈련하는가?

언어를 모델링하려면 먼저 해당 언어의 어휘를 정의하고, 연속된 텍스트를 적절한 단위로 쪼개는 규칙을 정해야 합니다. 이를 토큰화tokenization라고 부릅니다(3장에서 자세히 다룹니다). 언어학적으로 인간은 의미가 있는 단어와 문장 단위로 언어를 처리합니다. 반면 언어 모델은 토큰 단위로 언어를 처리합니다. 이 두 처리 방식 사이에 불일치가 있을 때 발생하는 후속 영향에 대해 살펴볼 것입니다.

훈련 목표: 무엇을 수행하도록 훈련하는가?

사전 훈련의 목적은 모델이 특정 작업에 특화되지 않고도 문법, 의미론, 추론reasoning 같은 다양한 일반 능력을 갖추도록 만드는 데 있습니다. 이러한 기술은 특정 작업에 대해 구체적으로 훈련되지 않았더라도 어떤 과제든 안정적으로 해결할 수 있게 합니다. 따라서 훈련 목표는 이러한 모든 능력을 포괄할 만큼 일반적이어야 합니다. 4장에서는 사전 훈련된 모델들이 훈련하는 다양한 작업(훈련 목표)에 관해 논의할 것입니다. LLM이 사전 훈련된 모델이 해결하도록 훈련된 작업과 유사한 후속 작업에 더 적합한지 궁금할 수 있습니다. 이 가정을 검증하고 다양한 훈련 목표가 작업 성능에 미치는 영향에 대해 살펴볼 것입니다.

아키텍처: 내부 구조는 어떤가?

모델의 아키텍처란, 모델을 구성하는 각 컴포넌트가 어떻게 연결되고 상호작용하는지, 입력 데이터를 어떻게 처리하는지를 의미합니다. 모델마다 각기 다른 유도 편향inductive bias을 가지는데, 이는 어떤 종류의 데이터와 작업에 더 적합하도록 모델을 자연스럽게 이끄는 설계상의 가정을 말합니다. 현재 가장 널리 사용되는 아키텍처는 1장에서 소개한 트랜스포머이며 4장에서 깊이 있게 살펴볼 예정입니다.

[그림 2-1]은 이러한 구성 요소가 어떻게 결합되어 LLM을 형성하는지 보여줍니다.

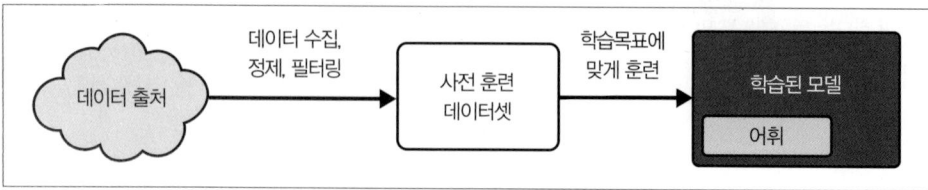

그림 2-1 모든 구성 요소가 모여 LLM을 구성하는 과정

이 장과 다음 장에서 설명하는 과정을 통해 훈련된 언어 모델들은 **기본 모델**base model이라고 합니다. 최근 모델 제공업체들은 인간의 필요와 선호도에 더 잘 부합하도록 훨씬 작은 데이터셋으로 기본 모델을 파인 튜닝해 보강하고 있습니다. 몇 가지 인기 있는 조정 방식은 다음과 같습니다.

- **지도 학습 기반 파인 튜닝**supervised fine-tuning(SFT): 모델이 인간의 지시를 더 잘 따르도록 함
- **인간 피드백 기반 강화 학습**reinforcement learning by human feedback(RLHF): 모델이 인간의 선호도에 더 잘 부합하도록 함
- **도메인 적응형**domain-adaptive/**작업 적응형**task-adaptive **지속 사전 훈련**: 모델이 특정 도메인과 작업에 더 잘 적응하도록 함

어떤 방식으로 증강 훈련을 진행했는지에 따라 **지시 모델**instruct model, **채팅 모델**chat model 등으로 부릅니다.

6장에서 지시 모델과 채팅 모델을, 7장에서 도메인 적응형 및 적응형 사전 훈련을 다룰 것입니다.

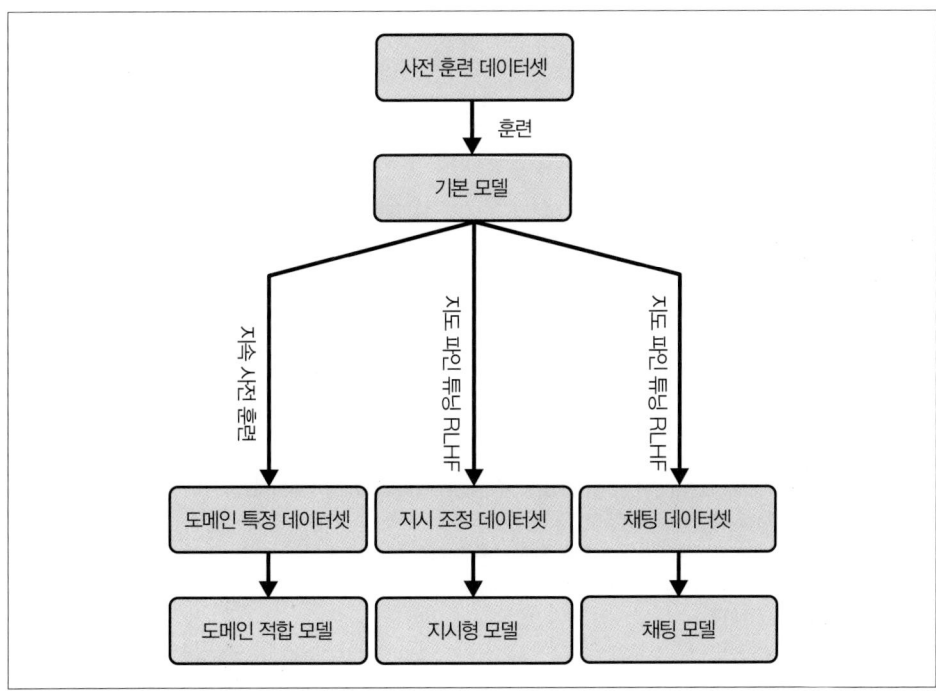

그림 2-2 기본 모델과 파생 모델 간의 관계

LLM 사전 훈련의 과제

LLM을 사전 훈련하는 일은 기술적으로 매우 까다로우며 막대한 컴퓨팅 자원과 뛰어난 기술력이 요구됩니다. 예를 들어 GPT-4의 기술 보고서[1]에는 케냐에서 RLHF 훈련[2]에 참여한 주석annotation 작업자[3]들을 제외하고도 343명의 고유 기여자가 이름을 올렸습니다. LLM 사전 훈련의 모든 세부 과정을 다루는 것만으로도 책 한 권이 필요할 정도입니다. 이 장에서는 사전 훈련에 필요한 인프라, 엔지니어링, 분산 및 병렬 컴퓨팅과 같은 주제는 다루지 않습니다.

대신, 실제 애플리케이션의 동작과 성능에 직접 영향을 미칠 수 있는 사전 훈련 과정의 요소들에 집중합니다. LLM 사전 훈련에 수반되는 도전 과제에 관해 더 알고 싶다면 다음 자료를 참고하세요.

- 'BLOOM 훈련 기술의 이면The Technology Behind BLOOM Training'[4]은 Big Science의 블로그 게시물로, 오픈 소스 1,760억 파라미터 다국어 모델인 BLOOM 훈련에 활용된 하드웨어와 다양한 병렬화 방식, 최적화 기법을 설명합니다.
- BLOOM[5]과 메타가 공개한 175억 파라미터 LLM인 OPT[6]의 훈련 일지log book에는 하드웨어 고장과 복구 방법, 훈련 과정의 불안정성, 손실값 급증 등 훈련 중 겪은 다양한 시행착오와 해결 과정을 상세히 기록했습니다.
- 'Open Pretrained Transformers'[7]는 OPT의 주요 저자 수잔 장Susan Zhang이 OPT 훈련 일지를 자세히 설명하는 영상입니다.
- Imbue 블로그 시리즈[8]는 700억 파라미터 모델을 처음부터 훈련하는 과정을 기록한 Imbue 팀의 블로그 연재입니다.

---

1 OpenAI, "GPT-4 Technical Report", 15 Mar 2023, https://arxiv.org/abs/2303.08774
2 https://huggingface.co/blog/rlhf
3 https://time.com/6247678/openai-chatgpt-kenya-workers/
4 https://huggingface.co/blog/bloom-megatron-deepspeed
5 https://oreil.ly/j6UT8
6 https://oreil.ly/3W3TH
7 Zhang, "Open Pretrained Transformers – Susan Zhang | Stanford MLSys #77", 23 Feb 2023, https://oreil.ly/lGwPa
8 https://oreil.ly/OgYS9

2.2 사전 훈련 데이터 요구 사항

용량이 큰 모델일수록 상대적으로 샘플 효율이 높아지는 경향이 있음이 밝혀졌지만[9], 오늘날 대부분의 언어 모델은 여전히 샘플 효율이 매우 낮습니다. 즉, 하나의 작업을 훈련하는 데 막대한 양의 예시가 필요합니다. 이처럼 대규모 지도 학습 데이터셋을 인간 주석만으로 만드는 것은 현실적으로 불가능하므로 대부분의 언어 모델은 **자기 지도 학습**self-supervised learning 방식으로 사전 훈련됩니다. 자기 지도 학습에서는 입력 데이터 안에 이미 훈련 대상이 포함됩니다.

이러한 구조 덕분에, 사실상 모든 종류의 텍스트 데이터가 사전 훈련 데이터셋에 포함될 수 있습니다. 이론적으로는, 구조가 있는 비텍스트 신호도 텍스트 형태로 인코딩해 사전 훈련 데이터에 활용할 수 있습니다.

1장에서 스케일링 법칙에 관해 논의하며 더 오래, 더 많은 데이터로 훈련시키는 것만으로도 모델 성능이 향상된다는 점을 살펴봤습니다. 또한, 이 분야의 **통합 효과**consolidation effect 덕분에 하나의 언어 모델이 처음부터 끝까지 다양한 작업을 수행할 것으로 기대하게 되었습니다. 오늘날 하나의 모델에는 세상에 관한 사실적 질문에 답하고, 산술 및 논리적 추론을 수행하며, 코드를 작성하고, 창의적인 아이디어를 제시하는 역할까지 요구됩니다.

이러한 기대는 언어 모델 사전 훈련에 필요한 데이터양이 막대함을 의미합니다. 이제 핵심 질문은, 세상에 존재하는 텍스트 데이터가 LLM이 습득해야 할 모든 기술을 훈련하기에 충분하고 적절한 신호를 포함하는지입니다. 텍스트만을 훈련하는 언어 모델은 '월터 화이트Walter White가 피자를 지붕 위로 던졌다'와 같은 문장을 구성하는 문자들의 순서, 즉 언어적 형태만을 인식할 수 있습니다. 의미를 이해하려면 이러한 형태를 작성자나 화자의 의사 전달 의도로 연결해야 합니다. 일부 연구자[10]는 언어적 형태만으로는 의미를 훈련할 수 없다고 주장하지만, 최근의 언어 모델들은 점차 그 가능성을 입증하고 있습니다.

의미를 온전히 이해하려면 언어적 형태가 현실 세계에 기반해야 합니다. 인지 과학에서는 개념 확립을 의미하는 그라운딩grounding을 다음과 같이 정의합니다.

---

9 https://oreil.ly/PbN6F

10 Bender & Koller, "Climbing towards NLU: On Meaning, Form, and Understanding in the Age of Data", 5 Jul 2020, https://oreil.ly/3iYA2

> 두 대화자가 성공적으로 의사소통하는 데 필요한 상호 정보를 구축하는 과정
> — 찬두Chandu 외, 「NLP에서의 '그라운딩' 개념 확립Grounding 'grounding' in NLP[11]」

인간이 작성한 텍스트는 대체로 명시된 정보가 부족하며 많은 의사 전달 의도는 텍스트 외부에 존재합니다. 독자나 청자가 상식, 세계 지식, 감정적 맥락을 이용해 이를 해석해야 합니다.

> NOTE_ 텍스트를 통해 이해하는 정보 중 명시적으로 표현된 것은 약 12%에 불과[12]한 것으로 추정됩니다. 이렇게 소통하는 이유에 관한 여러 이론이 있는데, 그중 하나인 지프Zipf의 최소 노력 원칙principle of least effort[13]은 인간은 최소한의 노력으로 최대의 결과를 얻으려 한다고 설명합니다.

자연어 처리 분야에서는 언어 모델을 실제 세계와 연결하는 많은 연구[14]를 진행해 왔습니다. 이미지, 비디오, 음성, 텍스트 등 다양한 모달리티를 결합하는 멀티모달[15] 모델은 유망한 연구 방향으로, 앞으로 더 널리 사용될 가능성이 있습니다. 예를 들어 모델이 '피자'라는 단어를 학습할 때 단어의 시각적 모습, 소리, 맛에 관한 정보까지 함께 학습하는 모습을 상상할 수 있습니다.

하지만 멀티모달 모델이 정말로 그라운딩 문제를 해결할 수 있을까요? 혹은 다양한 종류의 방대한 텍스트만으로도 그라운딩 효과를 얻을 수 있을까요? 이 질문은 아직 해결되지 않았으며 양쪽 모두 설득력 있는 주장[16]이 존재합니다.

단순히 방대한 양의 텍스트만으로 언어 모델이 논리적 추론과 같은 능력을 훈련할 수 있는지는 여전히 풀리지 않은 문제입니다. 인터넷에는 정리 증명, 농담 설명, 퍼즐 문제에 대한 단계별 풀이 등 추론 과정을 설명하는 텍스트가 많지만, 그 양은 충분하지 않습니다. 부족을 메우고자 5장에서 자세히 다룰 CoT(사고의 사슬)와 같은 프롬프트 기법을 활용하게 되었습니다. 또한 최근 연구[17]에서는 문제 해결 과정 전체에 대해 단계별 피드백을 제공하는 과정 감독process supervision이 최종 해답에만 피드백을 주는 결과 감독outcome supervision보다 산술적 추론 능력 향상에 더 효과적이라는 증거가 제시되었습니다.

---

11 Chandu et al., "Grounding 'Grounding' in NLP", 4 Jun 2021, https://arxiv.org/abs/2106.02192
12 Graesser, "Prose Comprehension Beyond the Word", 1981, https://oreil.ly/jg4tW
13 "Principle of least effort", https://oreil.ly/UX7Nd
14 Chandu et al., "Grounding 'Grounding' in NLP", https://oreil.ly/PbIhT
15 Xu et al., "Multimodal Learning with Transformers: A Survey", 13 Jun 2022, https://arxiv.org/abs/2206.06488
16 "Debate: Do Language Models Need Sensory Grounding for Meaning and Understanding?", https://oreil.ly/oacht
17 OpenAI, "Let's Verify Step by Step", https://oreil.ly/Qlntp

언어 모델은 언어의 본질적인 모호성을 다루는 능력이 있어야 합니다. 앞서 언급한 지프의 최소 노력 원칙에 따르면 모호성은 의사소통에서 효율성과 명확성 사이의 균형을 조정하는 역할을 합니다. 우리는 상대방과 충분한 공통 기반common ground을 공유한다고 믿기 때문에 많은 내용을 명시하지 않고도 의사소통할 수 있습니다.

초기의 언어 모델은 이 모호성을 다루는 데 큰 어려움을 겪었습니다. 필자는 오랫동안 자연어 처리 강연에서 언어의 모호성을 보여주는 대표 사례로 다음 문장을 사용해 왔습니다. 'WWE's John Cena surprises Make-A-Wish 7-year-old with cancer.'라는 문장은 '존 시나가 암에 걸린 아이를 깜짝 방문해 놀라게 했다'는 의미이지만, 초기 언어 모델은 '존 시나가 암으로 아이를 깜짝 놀라게 했다'는 의미로 잘못 해석하기도 했습니다. 영어는 전치사구의 위치 때문에 이런 모호성이 자주 발생하는데, 초기 언어 모델은 문맥을 제대로 파악하지 못해 후자로 잘못 해석하곤 했습니다.

최신 모델들은 이 문장을 올바르게 해석해 존 시나를 질병을 퍼뜨리는 마법사로 오해하지는 않지만, 최근 연구[18]에 따르면 여전히 최고 수준의 모델들조차 모호성 전반을 처리하는 데 어려움을 겪습니다. 단순히 모델과 데이터의 규모를 키우는 것만으로 모호성 문제를 해결할 수 있을지는 여전히 미지수입니다.

만약 이 모든 문제를 해결하는 유일한 방법이 데이터셋의 규모를 확대하는 것이라면, 다음으로 중요한 질문은 '과연 세상에 충분한 데이터가 존재하는가?'입니다. 일부에서는 이미 사용할 데이터가 고갈되었다고 잘못 생각하기도 하지만, 현재로서는 원시 데이터의 부족이 모델 훈련의 병목이 되지는 않습니다. 예를 들어 의회 기록, 법원 판결문, SEC 공시 문서 등 수십억 건의 공개 문서에 웹 스크레이핑이나 무료 API로 접근할 수 있지만, 여전히 대부분은 사전 훈련 데이터셋에 포함되지 않은 상태입니다. Educating Silicon은 세상에 존재하는 텍스트 총량을 추정한 자료[19]를 제공합니다. 다만, 규모가 충분히 커지면 자연 발생 데이터만으로는 모델을 계속 훈련시키기에 부족할 것이라는 점은 사실입니다.

이러한 한계를 극복하고자 언어 모델이 생성한 **합성 데이터**synthetic data를 활용해 모델을 훈련시키려는 시도도 진행되고 있습니다. 하지만 합성 데이터에 기반한 훈련은 모델이 실제 데이터 분

---

[18] Liu et al., "We're Afraid Language Models Aren't Modeling Ambiguity", 27 Apr 2023, https://arxiv.org/abs/2304.14399

[19] "How much LLM training data is there, in the limit?", 9 May 2025, https://oreil.ly/XnmHL

포에서 벗어나는 위험[20]을 수반할 수 있습니다. 이 장의 후반부에서는 사전 훈련용 합성 데이터를 생성하는 과정을 자세히 살펴보겠습니다.

물론 모든 데이터가 동일하게 만들어지지는 않습니다. 고품질 데이터를 사용하면 더 높은 샘플 효율성을 달성해 필요한 데이터셋의 크기를 줄일 수 있습니다. 또한 데이터 전처리를 거쳐 저품질 데이터를 걸러내거나 품질을 향상할 수 있습니다. 하지만 '무엇이 데이터를 고품질로 만드는가?'라는 문제는 단순하지 않으며, 이 장의 후반에서 다룰 예정입니다.

다중 에포크 훈련

에포크^{epoch}란 모델이 훈련 과정에서 전체 훈련 데이터셋을 한 번 모두 경험하는 것을 의미합니다. 초기 LLM들은 과적합^{overfitting}을 방지하려고 한 번 이하의 에포크로 훈련될 때가 많았습니다. 그렇다면 동일한 데이터셋을 여러 번 반복해서 보여주면서 모델을 훈련시키는 방식, 즉 같은 데이터를 여러 번 보는 다중 에포크 훈련으로 훈련 데이터의 양을 실질적으로 늘릴 수 있을까요?

결론적으로, 가능합니다. 뮌니호프^{Muennighoff} 연구진[21]에 따르면 언어 모델은 성능 저하 없이 4~5 에포크까지 훈련할 수 있습니다. 하지만 그 이상 같은 데이터를 반복하면 훈련 예제의 효용은 점차 감소합니다. 따라서 고품질 데이터로 많은 에포크 동안 훈련하는 것만으로는 충분하지 않습니다. 고품질 데이터의 크기와 그 가치를 잃지 않고 반복할 수 있는 횟수에 제한이 있으므로 여전히 상대적으로 낮은 품질의 데이터를 대규모로 혼합해야 합니다.

또한 쉐^{Xue} 연구진[22]은 모델의 크기가 클수록 다중 에포크 훈련 시 과적합이 더 쉽게 발생한다는 사실을 보여주었습니다. 이들은 드롭아웃^{dropout}[23]과 같은 정규화^{normalization} 기법을 사용하면 과적합 문제를 어느 정도 완화할 수 있다는 점도 밝혔습니다.

다중 에포크 훈련에서 나타나는 데이터 품질과 양 사이의 균형 문제는 고얄^{Goyal} 연구진[24]이 정량화했으며 이를 바탕으로 새로운 데이터 필터링 스케일링 법칙을 제안했습니다.

---

[20] Shumailov et al., "The Curse of Recursion: Training on Generated Data Makes Models Forget", 31 May 2023, https://oreil.ly/RdzX0

[21] Muennighoff et al., "Scaling Data-Constrained Language Models", 25 May 2023, https://arxiv.org/abs/2305.16264

[22] Xue et al., "To Repeat or Not To Repeat: Insights from Scaling LLM under Token-Crisis", 5 Oct 2023, https://arxiv.org/pdf/2305.13230

[23] Srivastava et al., "Dropout: A Simple Way to Prevent Neural Networks from Overfitting", 14 Jun 2014, https://oreil.ly/Wo5kV

[24] Goyal et al., "Scaling Laws for Data Filtering—Data Curation cannot be Compute Agnostic", https://arxiv.org/pdf/2404.07177

2.3 대표적인 사전 훈련 데이터셋

공개적으로 자유롭게 이용할 수 없는 텍스트 데이터는 상당히 많습니다. 여기에는 유료 API나 로그인 화면 뒤에 숨겨진 데이터, 유료로 제공되는 책이나 문서 등이 포함되며, 이 중 상당수는 디지털화되지 않았습니다. 구글이나 오픈AI와 같은 대형 기업들은 이러한 데이터를 구매할 여력이 있습니다. 예를 들어 오픈AI는 월스트리트 저널, 파이낸셜 타임스 등 주요 언론사들과 데이터 접근을 위해 수억 달러 규모의 계약[25]을 체결한 바 있습니다.

특정 도메인에 특화된 텍스트 데이터는 독점적으로 관리되며 대형 기업들만 접근할 수 있는 경우가 많습니다. 예를 들어 블룸버그 Bloomberg는 자체 보유한 금융 데이터를 활용해 블룸버그 GPT BloombergGPT[26]를 부분적으로 학습시켰습니다. 그러나 대형 기업들이 훈련시키는 모델조차도 훈련 데이터의 상당 부분은 공개적으로 이용 가능한 데이터 소스에 기반합니다.

다음으로 LLM 훈련에 사용되는 대표적인 범용 사전 훈련 데이터셋 몇 가지를 살펴보겠습니다. 포괄적인 목록은 아니지만, 비공개 모델을 포함해 대부분의 LLM은 적어도 이들 데이터 소스의 상당 부분을 사용해 훈련되었다고 볼 수 있습니다. 소셜 미디어, 금융, 바이오메디컬 등의 특정 분야에 특화된 도메인 데이터셋은 7장에서 논의할 예정입니다.

> **TIP** 대부분의 범용 LLM은 다양한 분야의 작업을 해결할 수 있도록 다재다능한 모델로 훈련됩니다. 사용하려는 데이터 도메인이 사전 훈련 데이터셋에 포함된다면 해당 데이터셋으로 훈련된 모델은 그렇지 않은 모델보다 후속 작업에서 상대적으로 더 나은 성능을 보일 수 있습니다. 이는 사전 훈련 데이터가 레이블링되지 않았더라도 마찬가지입니다. 따라서 특정 도메인에서 명확히 정의된 용도로 LLM을 사용하려고 한다면 도메인 특화 모델이 유망한 선택지가 될 수 있습니다. 또한 도메인 데이터에 대해 도메인 적응형이나 작업 적응형 추가 사전 훈련을 수행해 이러한 효과를 극대화할 수도 있습니다. 자세한 내용은 7장에서 다룰 예정입니다.

다음은 범용 언어 모델 훈련에 널리 사용되는 데이터 소스의 예시입니다.

커먼 크롤/C4

웹은 공개적으로 접근 가능한 텍스트 데이터의 가장 큰 원천이며 사전 훈련 데이터셋에서도 상당한 비중을 차지합니다. 커먼 크롤 Common Crawl[27]은 웹 크롤링 데이터를 매달 스냅샷 형태로 수집해 공개하는 비영리 단체입니다. 그러나 커먼 크롤 데이터는 매우 거칠어 훈련에 사용하려면 상당한 정제 작업이 필요합니다. 구글은

---

[25] "OpenAI and Wall Street Journal owner News Corp sign content deal", https://oreil.ly/ygI02
[26] Wu et al., "BloombergGPT: A Large Language Model for Finance", 21 Dec 2023, https://oreil.ly/87r4j
[27] https://commoncrawl.org/overview

2019년에 커먼 크롤 스냅샷을 기반으로 다양한 전처리와 필터링 과정을 거쳐 750GB 규모의 영어 데이터셋인 C4 Colossal Clean Crawled Corpus를 구축하고 관련 코드를 공개했습니다. 다지 Dodge 연구진은 이 스크립트를 활용해 C4를 재구성하고 이를 공개했으며, C4는 T5 계열의 모든 모델을 비롯해 여러 유명 LLM의 훈련에 사용되었습니다.

The Pile

The Pile은 일루서 AI Eleuther AI가 다양한 출처의 데이터를 모아 구축한 825GB 규모의 대규모 데이터셋입니다. 데이터의 다양성은 매우 중요합니다. 사전 훈련 과정에서 특정 도메인과 관련된 레이블 없는 데이터가 포함되면 해당 도메인의 다운스트림 작업 성능을 향상하는 데 도움이 되며 다양한 데이터를 활용하면 본 적 없는 작업이나 도메인에 대한 일반화 능력도 높일 수 있습니다. The Pile은 커먼 크롤뿐만 아니라 펍메드 센트럴 PubMed Central, arXiv, 깃허브, 프리 로 프로젝트 Free Law Project, 스택 익스체인지 Stack Exchange, 미국 특허청 USPTO, 우분투 IRC Ubuntu IRC, 해커뉴스 HackerNews, 유튜브, 필페이퍼스 PhilPapers, NIH ExPorter, 프로젝트 구텐베르크 Project Gutenberg, 위키백과 Wikipedia 등 다양한 출처에서 데이터를 수집했습니다. The Pile과 그 하위 데이터셋은 라마 Llama[28]를 비롯한 여러 LLM 훈련에 널리 활용되고 있습니다.

WebText/OpenWebText/OpenWebText2

이 데이터셋들은 웹 텍스트의 하위 집합을 의미하며, 레딧 Reddit에서 추천 수와 비추천 수의 절대 차이를 의미하는 카르마가 3 이상인 게시물에서 포함된 외부 링크로 제한됩니다. 이는 집단 지성을 통해 사람들이 실제로 흥미를 느끼는 고품질 링크만이 부각될 것이라는 가정에 기반합니다. 이 데이터를 활용해 훈련된 대표적인 모델로는 GPT-2와 GPT-3가 있습니다.

위키백과

위키백과는 거의 모든 범용 LLM의 훈련에 중요한 역할을 합니다. 위키백과의 전체 덤프에는 모델에 사실적 지식을 제공하는 가치 있는 백과사전식 텍스트가 포함됩니다. 위키백과의 편집 시스템은 텍스트가 매우 구조화된 형식을 따르도록 보장합니다. 그러나 텍스트가 공식적인 방식으로 작성되어 문체적으로는 다양하지 않습니다. 따라서 기본적인 언어 모델을 훈련시키는 데는 위키백과만으로는 충분하지 않으며 다양한 작문 스타일을 포함하는 다른 데이터 소스와 결합해야 합니다.

BooksCorpus/BooksCorpus2

아마도 모든 사전 훈련 데이터셋 중에서 역사적으로 가장 영향력 있는 이 데이터셋은 BERT, RoBERTa, GPT-2/3 등 유명한 모델의 훈련 코퍼스 corpus에 포함되어 있었습니다. 이 데이터셋은 출판 경험이 없는 작가들이 쓴 소설을 중심으로 한 7,000권 이상의 무료 전자책으로 구성되며, 원본 데이터셋의 26%가 로맨스 장르에 속합니다. BooksCorpus는 The Pile 데이터셋에서도 BooksCorpus2라는 이름으로 복제되어 제공됩니다.

---

[28] Touvron et al., "LLaMA: Open and Efficient Foundation Language Models", 27 Reb 2023, https://arxiv.org/abs/2302.13971

FineWeb

이 책을 작성하는 시점에, FineWeb[29]은 세계에서 가장 큰 공개적으로 이용 가능한 사전 훈련 데이터셋입니다. 허깅 페이스에서 발표한 FineWeb은 15조 토큰을 보유하며 엄격한 정제와 필터링 과정을 거친 후 커먼 크롤의 96개 스냅샷에서 추출되었습니다. 허깅 페이스는 교육 데이터로 구성된 FineWeb의 하위 집합인 FineWeb-Edu[30]도 출시했는데, 이는 LLM이 표준화된 테스트와 인기 있는 벤치마크를 통과하는 데 중요한 역할을 합니다.

> **인터넷에서 사라지는 훈련 데이터**
>
> 안타깝게도 앞서 소개한 많은 데이터 소스들은 저작권 문제로 논란에 휩싸여 있습니다. BooksCorpus 데이터셋에 포함된 여러 책은 제한적인 저작권 라이선스[31]를 가지고 있으며, 현재 이 원본 코퍼스는 공개되지 않고 있습니다. 마찬가지로 The Pile의 원본 버전도 저작권이 있는 콘텐츠가 포함되었다는 이유로 제작사 측에서 다운로드를 중단했습니다. 다만, 저작권이 있는 콘텐츠를 제외한 대체 버전은 별도로 제공[32]됩니다.
>
> 시간이 흐르면서 점점 더 많은 웹사이트가 자사의 데이터를 AI 훈련에 사용하는 일을 막고자 서비스 이용 약관이나 robots.txt 파일을 업데이트합니다. 이러한 제한은 오픈AI와 같은 특정 기업을 대상으로 하기도 하고, 모든 형태의 AI 훈련을 금지하기도 합니다. 특히 뉴스 사이트, 포럼, 소셜 미디어처럼 고품질 훈련 데이터를 제공하는 웹사이트들이 AI 훈련을 제한하는 사례가 늘어나고 있습니다. 롱프헤Longpre 연구진[33]에 따르면, C4 데이터셋 전체 토큰의 약 5%와 C4의 주요 데이터 소스 중 약 28%가 AI 훈련에 사용되는 것을 금지하는 것으로 추정됩니다.
>
> robots.txt는 법적 강제력이 있는 표준이 아니라는 점에 유의해야 합니다. 여러 기업은 이러한 웹사이트들의 이용 약관을 위반하면서도 LLM 훈련을 위한 데이터 사용이 공정 이용에 해당한다고 주장합니다. 웹사이트는 단순히 데이터를 호스팅할 뿐, 저작권은 해당 콘텐츠의 제작자가 보유할 때가 많습니다. 이러한 사안에 대한 법적 책임과 결과는 현재 여러 법원에서 판결이 진행 중입니다.

---

29 https://huggingface.co/datasets/HuggingFaceFW/fineweb
30 https://huggingface.co/datasets/HuggingFaceFW/fineweb-edu
31 Bandy et al., "Addressing "Documentation Debt" in Machine Learning Research: A Retrospective Datasheet for BookCorpus", 11 May 2021, https://arxiv.org/abs/2105.05241
32 https://huggingface.co/datasets/monology/pile-uncopyrighted
33 https://www.dataprovenance.org/Consent_in_Crisis.pdf

[표 2-1]에는 가장 널리 사용되는 주요 사전 훈련 데이터셋들의 이름, 데이터 소스, 크기, 공개 연도, 공개 여부, 해당 데이터셋을 활용한 모델을 정리했습니다.

표 2-1 대표적인 사전 훈련 데이터셋

이름	데이터 소스	크기	공개 연도	공개 여부	사용 모델
C4	커먼 크롤	750GB	2019	예 (재구성 버전)	T5, FLAN-T5, UL2, Llama 등
The Pile	커먼 크롤, 펍메드 센트럴, 위키백과, arXiv, 프로젝트 구텐베르크, 스택 익스체인지, USPTO, 깃허브 등	825GB	2020	예	GPT-NeoX, GPT-J, Cerebras-GPT, StableLM, Pythia 등
RedPajama	커먼 크롤, 깃허브, 위키백과, arXiv, 스택 익스체인지 등	1.2조 토큰	2023	예	Red Pajama-INCITE, MPT
BooksCorpus	smashwords.com에서 추출	7,400만 문장	2015	원본 이용 불가	BERT, GPT 등 대부분의 모델
OpenWebText2	레딧 외부링크	65GB	2020	예	GPT-2, GPT-3
ROOTS	빅 사이언스 카탈로그(Big Science Catalogue), 커먼 크롤, 깃허브	1.6조 토큰	2022	아니오 (요청 시 제공)	BLOOM
RefinedWeb	커먼 크롤	5조 토큰	2023	예(6천억 토큰 하위 집합만)	Falcon
SlimPajama	RedPajama 정제본	6,270억 토큰	2023	예	N/A

이 표를 보면 대부분의 모델이 비슷한 데이터 소스를 기반으로 훈련된다는 사실을 알 수 있습니다. 이번 장에서는 기본 모델을 위한 사전 훈련 데이터셋에 한정하여 다룹니다. 지시문 튜닝 데이터셋, RLHF 데이터셋 등 기본 모델을 추가로 보완하는 데 사용되는 데이터셋에 관한 내용은 6장에서 다룰 예정입니다.

> **사전 훈련 데이터셋 관련 저작권 문제**
>
> 저작권 소유자의 명시적인 동의나 출처 표시 없이 저작권이 있는 텍스트로 LLM을 훈련시킬 수 있을까요? 민감한 개인정보가 우연히 포함된 텍스트로 법적 책임 없이 LLM을 훈련시킬 수 있을까요? 이는 모두 법적, 도덕적으로 유동적인 질문입니다.
>
> 미국에서는 공정 이용 원칙이 저작권이 있는 텍스트로 LLM을 훈련시키는 것을 정당화하는 데 사용되었습니다. 그러나 이는 현재 검증 중이며, 이 책이 작성되는 시점에 깃허브, 마이크로소프트, 오픈AI를 상대로 집단 소송[34]이 제기되었습니다. 이는 깃허브 코파일럿을 구동하는 코드 LLM을 훈련하는 데 제한적 라이선스로 게시된 깃허브 저장소의 코드를 사용한 문제에 대한 소송입니다. AI 커뮤니티는 이 사례를 관심 있게 지켜볼 것입니다. 그러나 전 세계적으로 LLM 훈련과 도입에 필요한 법적 장애물을 해소하고 이러한 사용을 허용하기 위해 법률이 빠르게 완화[35]되고 있습니다.
>
> LLM 사용이 확대되고 경제의 필수적인 부분이 됨에 따라, 이들을 훈련하는 데 사용되는 데이터의 가치가 높아지고 있습니다. 많은 영향력 있는 사전 훈련 데이터셋에서 중요한 데이터 소스였던 레딧과 스택 오버플로Stack Overflow는 모두 데이터 접근에 요금을 부과하기 시작할 것이라고 발표[36]했습니다. 앞으로 이와 같은 발표가 더 많아질 것으로 예상됩니다.
>
> 이러한 언어 모델을 이후 단계에서 사용하는 개인과 조직에게는 어떤 저작권 영향이 있을까요? 5장에서 이를 자세히 다루면서 다양한 소프트웨어 라이선스 종류와 상업적 사용의 허용 정도에 관한 배경도 함께 설명할 것입니다.

이제 사전 훈련 데이터셋의 내용을 살펴보겠습니다. 구글 코랩Google Colab 노트북이나 원하는 코드 편집기를 사용해 약 15GB를 차지하는 C4 데이터셋의 `realnewslike` 하위 집합을 로드해보세요.

```
!pip install datasets

from datasets import load_dataset

realnewslike = load_dataset("allenai/c4", "realnewslike", streaming=True,
```

---

[34] Vincent, "The lawsuit that could rewrite the rules of AI copyright", 8 Nov 2022, https://oreil.ly/QcIKy
[35] https://oreil.ly/6sgh_
[36] https://oreil.ly/JdICc

```
        split="train")

for i, example in enumerate(realnewslike):
    if "Iceland" in example["text"]:
        print(example)
    if i == 10000:  # 예제 확인을 위해 최대 10,000회 반복
        break
```

이 코드를 사용하면 C4 데이터셋의 하위 집합에서 'Iceland'가 언급된 모든 사례를 확인할 수 있습니다.

> **연습 문제**
>
> C4의 `realnewslike` 하위 집합을 사용해 단어 빈도 카운터를 만들고 데이터셋에서 각 단어가 등장하는 횟수를 세어보세요. 간단하게 단어는 공백으로 구분된 연속된 문자열로 정의하세요. 'the', 'is'처럼 자주 사용되는 기능어 function word(자연어 처리에서 불용어 stop word라고 함)를 분석에서 제외하세요. 어떤 주제들이 데이터셋에서 과소/과대 표현되는지 확인해 보세요.

2.4 합성 사전 훈련 데이터

최근 등장한 추세는 LLM을 사용해 다른 LLM의 사전 훈련에 활용할 수 있는 합성 데이터를 생성하는 것입니다. 상당량의 합성 데이터를 포함한 데이터셋으로 LLM을 훈련시킨 초기 성공 사례로는 마이크로소프트의 phi 시리즈 모델[37]이 있습니다. 마이크로소프트는 20,000개의 시드 주제와 실제 웹 데이터셋의 샘플을 프롬프트에 활용해 생성한 200억 토큰의 합성 데이터로 phi-1.5 모델을 훈련시켰습니다.

허깅 페이스는 SmolLM 시리즈 모델 훈련에 사용된 오픈 소스 합성 데이터셋인 Cosmopedia[38]를 공개했습니다. 이 데이터셋의 시드 데이터에는 스탠퍼드 강좌, 칸 아카데미, 위키하우 WikiHow 와 같은 엄선된 소스뿐만 아니라 일반 웹 데이터도 포함됩니다.

---

[37] Li et al., "Textbooks Are All You Need II: phi-1.5 technical report", 11 Sep 2023, https://arxiv.org/pdf/2309.05463
[38] https://huggingface.co/datasets/HuggingFaceTB/smollm-corpus

칸 아카데미 등의 엄선된 소스에서 강좌 개요를 추출한 다음 Mistral LLM에 개별 섹션에 대한 길고 상세한 교재를 생성하도록 프롬프트를 제시해 합성 데이터를 만들었습니다. 대규모로 다양한 데이터를 생성하고자 허깅 페이스는 '이 주제의 어린이용 교재 만들기'와 '이 주제의 전문가용 교재 만들기'와 같이 주제마다 여러 프롬프트 변형을 사용합니다.

허깅 페이스는 일반적인 웹 데이터를 다루기 위해 RefinedWeb 데이터셋의 일부를 100개 이상의 주제로 군집화했습니다. 그런 다음 LLM에 웹 페이지 스니펫을 제공하고 해당 웹 페이지가 속한 주제의 맥락 내에서 광범위한 블로그 게시물을 생성하도록 요청했습니다. 이 군집 시각화는 Nomic Atlas[39]에서 확인할 수 있습니다.

> **연습 문제**
>
> Cosmopedia 데이터셋의 하위 집합인 Cosmopedia-100K[40]를 로드하고 프롬프트와 그 결과로 생성된 합성 데이터를 탐색해 보세요. 합성 데이터의 품질은 어떤가요? 사실적 오류나 추론 오류가 관찰되나요? 또한 프롬프트를 변형해 더 다양한 데이터를 생성할 수 있는지 시도해 보세요.

2.5 훈련 데이터 전처리

데이터를 수집하거나 확보한 후에는 전처리 파이프라인을 통해 데이터를 필터링하고 정제해야 합니다. 데이터 전처리는 LLM 훈련 파이프라인에서 가장 주목받지 못하는 과정이지만, 실제로는 가장 중요한 단계일 수 있습니다. 경험에 비추어 볼 때, 이 단계에서 더 많은 노력과 자원을 투입하면 상당한 후속 성능 향상으로 이어집니다. 데이터 처리 파이프라인을 살펴보면서 언어 텍스트의 복잡성과 이를 처리하는 어려움을 이해하게 되길 바랍니다. 특히 사전 훈련 데이터셋은 규모가 매우 크므로 어떤 전처리 작업이든 매우 높은 효율성을 요구합니다. 이상적으로는 선형 시간 내에 처리할 수 있어야 합니다.

[그림 2-3]은 사전 훈련 데이터셋을 생성하는 데 사용하는 일반적인 전처리 단계를 보여줍니다. 단계의 순서는 고정되어 있지 않지만, 일부 단계 사이에는 의존성이 있습니다.

---

[39] https://atlas.nomic.ai/map/cosmopedia
[40] https://huggingface.co/datasets/HuggingFaceTB/cosmopedia-100k

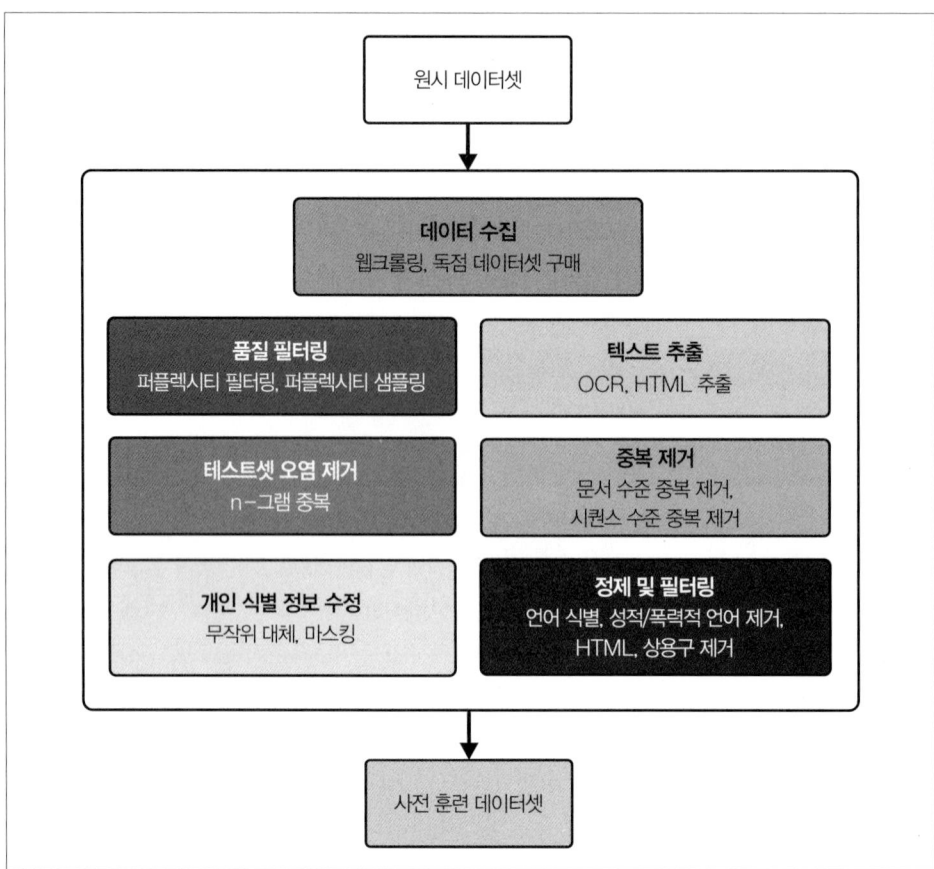

그림 2-3 데이터 수집 및 전처리 파이프라인

이러한 단계를 자세히 알아보겠습니다.

2.5.1 데이터 필터링 및 정제

HTML 파일에서 추출된 텍스트는 대부분 웹사이트의 메뉴 텍스트, 고정 서식처럼 사용되는 상용구boilerplate, 기타 웹 페이지 부산물과 같은 의미 없는 내용입니다. 인터넷에는 또한 상당량의 음란물과 유해/혐오 표현이 존재합니다. 예를 들어 다음은 정제되지 않은 C4 데이터셋의 텍스트 예시입니다.

메인 콘텐츠로 바로가기 푸터로 바로가기 이메일 신청으로 바로가기 피드백 양식으로 바로가기 마이 리워드 로그아웃 로그인 및 리워드 적립 0 키보드 조작방법 메인 네비게이션에 오신 것을 환영합니다. 이 메뉴에는 세 단계의 제품 카테고리가 있습니다. 현재 단계에서 각 카테고리 간 이동은 화살표 키를 사용하세요. 하위 단계로 이동하려면 오른쪽 화살표 키를, 상위 단계로 이동하려면 왼쪽 화살표 키를 사용하세요. 선택한 카테고리 페이지로 이동하려면 엔터 키를 누르세요. 남성 인기 아이템 신상품 브랜드 유나이트 퍼포먼스 샵 온라인 전용 익스프레스 필수 아이템 휴가 여행용 웨딩 턱시도 밀리터리 트렌드 9개 아이템 / 33가지 스타일 에디트 x 익스프레스 NBA 컬렉션 익스프레스 + NBA 패션 NBA 게임 체인저스 수트 & 블레이저 찾기

이런 텍스트가 언어 및 작업 학습에 얼마나 유용할까요?

커먼 크롤의 데이터는 원시 HTML과 웹 추출 텍스트$^{\text{web extracted text}}$(WET) 형식으로 모두 제공됩니다. 많은 데이터셋 제작자가 WET 파일을 직접 활용하지만, 오픈 소스 단체인 일루서 AI는 HTML 상용구가 여전히 많이 남아 있는 등 WET 파일의 품질이 많이 부족하다는 점을 발견[41]했습니다. 따라서 The Pile 데이터셋을 만들 때 일루서 AI는 jusText 라이브러리[42]를 활용해 HTML 문서에서 상용구 텍스트를 더 효과적으로 제거했습니다.

jusText의 사용 효과를 예제에서 알아보겠습니다. 구글 코랩이나 주피터^{Jupyter} 노트북에서 다음 코드를 실행해 보세요.

```
!pip install justext

import requests
import justext

response = requests.get("https://en.wikipedia.org/wiki/Toronto_Transit_Commission")
text = justext.justext(response.content, justext.get_stoplist("English"))

for content in text:
    if content.is_boilerplate:
        print(content.text)
```

---

[41] Gao et al., "The Pile: An 800GB Dataset of Diverse Text for Language Modeling", 31 Dec 2020, https://oreil.ly/hciZS

[42] https://oreil.ly/YRFzZ

출력 결과는 일반적인 위키백과 문서에서 필터링되는 모든 상용구 텍스트를 보여줍니다.

```
콘텐츠로 이동
메인 메뉴
메인 메뉴
탐색
메인 페이지
목차
현재 이벤트
랜덤 문서
위키백과 소개
연락처
기부하기
기여하기
도움말
편집 방법 배우기
...
```

jusText는 내용을 제거하는 데 좀 더 공격적인 접근 방식을 취하지만, 사전 훈련 데이터셋을 정제할 때는 충분한 텍스트가 이미 존재하므로 일반적으로 문제가 되지 않습니다. 이 작업에 사용되는 다른 라이브러리로는 Dragnet, html2text, inscriptis, Newspaper, Trafilatura 등이 있습니다. The Pile 제작자들에 따르면 추출 파이프라인을 여러 라이브러리에 분산시키면 특정 라이브러리가 도입한 편향이 결과 데이터셋에 미치는 영향을 줄일 수 있습니다.

> ### 원시 HTML 문서에서의 사전 훈련
>
> 사전 훈련 전에 원시 HTML 문서에서 HTML 태그를 꼭 제거해야 할까요? 원시 HTML 문서를 그대로 사전 훈련에 사용한다면 어떤 결과가 나올까요? 이 파격적이면서도 창의적인 아이디어는 아가자니안(Aghajanyan) 연구진[43]이 하이퍼텍스트 언어 모델(HTLM)에서 구현했습니다. HTML의 구조화된 형식은 텍스트와 함께 가치 있는 메타데이터를 인코딩하게 해 줍니다. 예를 들어 `<title>` 태그는 요약을 나타내고 `<class>` 태그는 텍스트의 카테고리 정보를 제공할 수 있습니다.
>
> 모든 HTML이 사전 훈련에 유용하지는 않습니다. 예를 들어 CSS는 언어 훈련에 그다지 정보가

---

[43] Aghajanyan et al., "HTLM: Hyper-Text Pre-Training and Prompting of Language Models", 14 Jul 2021, https://arxiv.org/abs/2107.06955

> 되지 않습니다. 따라서 HTLM 제작자들은 iframe, 헤더, 푸터, 폼 등을 필터링해 원시 HTML을 단순화된 형태로 변환합니다. 이 과정을 **경량화**(minification)라고 합니다.
>
> 논문에 제시된 결과에 따르면 이 모델은 특히 요약 작업에 뛰어난 성능을 보이는데, 이는 카테고리 태그에 접근함으로써 논의 중인 주제의 핵심에 집중할 수 있기 때문입니다. 그러나 이 책을 집필하는 시점까지는 이러한 사전 훈련 패러다임이 아직 널리 채택되지 않았습니다.

웹 페이지에서 상용구를 제거하는 작업은 까다롭습니다. 웹 페이지에는 코드 블록, 표, 수학 공식 등이 포함될 수 있으며 이를 신중히 처리해야 합니다. 메타는 Llama 3 훈련 데이터셋을 준비하는 데 사용할 자체 HTML 파서를 구축했다고 밝혔습니다.[44] 또한 수학 내용과 같은 유용한 정보가 담긴 이미지의 alt 속성[45]을 보존한다고 언급했습니다.

LLM은 웹 페이지에서 정확한 콘텐츠 추출에도 활용할 수 있습니다. 그러나 이 책을 집필하는 시점에는 데이터셋의 규모를 고려할 때 이러한 방식은 비용적으로 현실성이 없었습니다.

> **연습 문제**
>
> 자주 방문하는 뉴스 웹사이트에 접속해 뉴스 기사를 열고 앞서 언급한 텍스트 추출 라이브러리 중 하나를 사용해 웹 상용구를 제거해 보세요. 첫 시도에서 원하는 결과가 나왔나요? 어떤 종류의 추가 휴리스틱이 필요할 것 같나요?

텍스트가 추출된 후, 문서들은 일련의 데이터 필터링 단계를 거칩니다. 먼저 휴리스틱에 기반한 기본적인 필터링 단계가 적용됩니다. 세부 사항은 데이터셋마다 다르지만, 일반적으로 수행되는 단계는 다음과 같습니다.

상용구 제거

마침표, 느낌표, 물음표와 같은 문장 부호로 끝나는 줄만 남깁니다. 이는 웹사이트의 메뉴 텍스트가 자연스럽게 제거되게 합니다. 특정 단어 수 이상인 줄과 특정 문장 수 이상인 문서만 보존합니다. 후자는 언어 모델이 갖춰야 할 중요한 능력인 긴 시퀀스 모델링에 도움이 됩니다. 'lorem ipsum...'[46]과 같은 상용구 텍스트를 포함하는 문서들은 필터링됩니다.

---

[44] https://oreil.ly/bXELJ
[45] 옮긴이_ 이미지가 표시되지 못하는 상황에서 이미지를 설명하는 대체 텍스트를 제공하는 역할을 합니다.
[46] 옮긴이_ lorem ipsum은 라틴어 고전 문장에서 발췌된 무의미한 문구로, 오늘날에는 디자인과 출판에서 레이아웃이나 타이포그래피를 시험하기 위한 더미 텍스트로 활용됩니다.

비영어 텍스트 제거

langdetect, langid, fastText, pycld2와 같은 라이브러리를 사용해 텍스트의 언어를 감지합니다. 예를 들어 C4 데이터셋은 langdetect로 판단했을 때 영어일 확률이 0.99보다 높은 텍스트만 유지합니다. 이러한 라이브러리는 상용구와 웹 페이지 부산물들에 영어 확률을 낮게 부여하므로 이들을 제거하는 데도 활용할 수 있습니다.

검색 엔진 최적화(SEO) 텍스트/스팸 제거

반복적인 문자 시퀀스가 많은 문서는 제거됩니다. 폐쇄 클래스 단어^{closed class word} 비율이 낮은 문서도 제거됩니다. 영어의 폐쇄 클래스 단어는 'of', 'at', 'the', 'is'와 같은 기능어입니다. 페이지가 키워드 스터핑이나 다른 SEO 기법을 사용한다면 폐쇄 클래스 단어 비율이 낮을 것입니다.

음란물/유해 텍스트 제거

'List of Dirty, Naughty, Obscene or Otherwise Bad Words'[47]와 같은 키워드 목록에 포함된 단어가 있는 문서들은 제거됩니다.

langdetect와 langid 같은 도구는 대규모로 작성된 텍스트의 언어를 빠르게 판별하는 데 유용하지만, 코드 스위칭된 텍스트(다국어가 혼합된 다중 언어 텍스트)는 어떻게 처리할까요? 직접 시도해 보죠. 다음은 타글리시(타갈로그어 + 영어, 필리핀에서 흔한 의사소통 방식)의 예시입니다. 노트북에서 다음 코드를 실행해 보세요.

```
!pip install langdetect

from langdetect import detect_langs

detect_langs("""Pag-uwi ko galing sa paaralan, sobrang pagod ako dahil sa dami
ng aking ginawa sa buong araw. Ang traffic din sa kalsada, nakaka-stress
talaga! Pero nang makarating ako sa aking tahanan, nabuhayan ako ng loob dahil
sa masarap na amoy ng ulam na inihanda ni nanay. Excited na akong kumain
kasama ang aking pamilya at i-share ang mga kwento ko tungkol sa aking mga
kaibigan, guro, at mga natutunan ko sa school. After dinner, magre-relax muna
ako habang nanonood ng TV, and then magre-review ng lessons bago matulog. Ito
ang routine ko pag-uwi mula sa school, at masaya ako na dumating sa bahay namay
naghihintay na pamilya na handang makinig at suportahan ako sa aking
pag-aaral.""")
```

---

[47] http://oreil.ly/w3u_r

```
Output:
[tl:0.9999984631271781]
```

```
detect_langs("""After a long day at school, pagod na pagod talaga ako. The
traffic on the way home didn't help, nakakastress na nga! But upon arriving
home, I felt a sense of relief dahil sa welcoming atmosphere and the delicious
aroma of the ulam na inihanda ni Mommy. Excited na akong mag-share ng
experiences ko today with my family during dinner, kasama ang mga kwento about
my friends, teachers, and interesting lessons sa school. After eating, it's
time for me to chill while watching some TV shows, and then review my lessons
bago ako matulog. This is my daily routine pag-uwi galing school, and I am
grateful na may loving family ako na handang makinig at supportahan ako sa
aking educational journey.""")
```

```
Output:
[en:0.9999954357601804]
```

두 번째 detect_langs() 함수에 입력값으로 사용한 문단은 C4 데이터셋의 필터링 기준(영어일 확률이 0.99를 초과해야 함)에 따라 포함됩니다. 따라서 '영어 전용'이라고 하는 데이터셋에도 실제로는 다른 언어가 섞여 있을 때가 흔합니다. 이는 모델 추론 과정에서 뜻밖의 다국어 능력이 나타나는 주요 원인입니다. 혹시 단일 언어 모델이 기계 번역에서도 의외로 좋은 성능을 내는 이유가 궁금했던 적이 있나요? 바로 이런 이유 때문입니다.

한편 langdetect의 구현 방식은 짧은 텍스트에서는 언어 식별 정확도가 낮다는 문제점이 있습니다. 예를 들어 다음 코드를 실행해 봅니다.

```
detect_langs('I love you too.')
```

결과는 다음과 같이 반환됩니다.

```
[sk:0.8571379760844766, en:0.14285726700161824]
```

여기서 sk는 슬로바키아어Slovak를 의미합니다.

> **연습 문제**
>
> C4는 langdetect에 따라 영어일 확률이 0.99 미만인 텍스트를 원본 데이터셋에서 필터링해 구성된 영어 데이터셋입니다. 그러나 영어가 아닌 데이터가 대다수 데이터셋에 남아 있습니다. 만약 여러분이 제2외국어를 안다면, C4의 realnewslike 하위 집합을 사용해 해당 언어의 텍스트가 나타나는 인스턴스를 찾아보세요. 영어가 아닌 텍스트 조각들은 어떤 맥락에서 나타날까요? LLM이 이렇게 남겨진 단편적인 텍스트를 통해 해당 언어를 익힐 수 있을까요?

2.5.2 양질의 문서 선택

모든 데이터의 가치가 동등하지는 않습니다. 고등학교 물리 교과서의 텍스트는 신발 브랜드의 홍보 텍스트보다 더 높은 품질로 간주합니다. 품질이라는 개념을 실제로 적용하고 고품질 데이터와 저품질 데이터를 구분하는 여러 방법이 있습니다. 이 절에서는 몇 가지 방법을 살펴보겠습니다.

토큰 분포 KL 발산

이 방법에서는 토큰 분포가 참조 토큰 분포와 너무 많이 차이 나는 문서들을 제거합니다. 비정상적으로 많은 이상치 토큰을 포함한 문서들을 제거하는 효과가 있습니다. 이 계산에는 쿨백-라이블러 발산^{Kullback–Leibler Divergence}(KLD, KL 발산)[48]을 사용합니다.

분류기 기반 접근법

고품질 데이터를 식별하는 분류기를 구축할 수도 있습니다. 품질 기반 분류기를 만드는 간단한 방법은 위키백과와 같은 고품질 데이터 소스에서 긍정 클래스의 예시를 가져오고, 커먼 크롤 데이터의 무작위 문서에서 부정 클래스의 예시를 추출하는 것입니다. 메타는 Llama 3 모델[49]에 사용할 고품질 데이터를 추출할 때 다양한 분류기 모델을 활용했습니다. 그중 하나는 위키백과에서 참조될 가능성이 있는 텍스트를 식별하도록 훈련된 fastText 분류 모델[50]이었습니

---

[48] "Kullback–Leibler Divergence Explained", https://oreil.ly/gd5GH
[49] Grattafiori et al., "The Llama 3 Herd of Models", 23 Jul 2024, https://arxiv.org/pdf/2407.21783
[50] https://fasttext.cc/docs/en/supervised-tutorial.html

다. 메타는 정제된 웹 문서와 품질 요구 사항을 제공하고 이러한 요구 사항이 충족되는지 판단하도록 Llama 2에 요청해 생성된 훈련 데이터를 사용하는 분류기도 훈련시켰습니다. 코드와 추론 단계가 포함된 텍스트를 추출하기 위해 메타는 이를 식별할 수 있는 분류기들을 구축했습니다.

[그림 2-4]는 고품질 데이터와 저품질 데이터를 구별하는 분류기를 어떻게 구축하는지를 시각적으로 설명합니다.

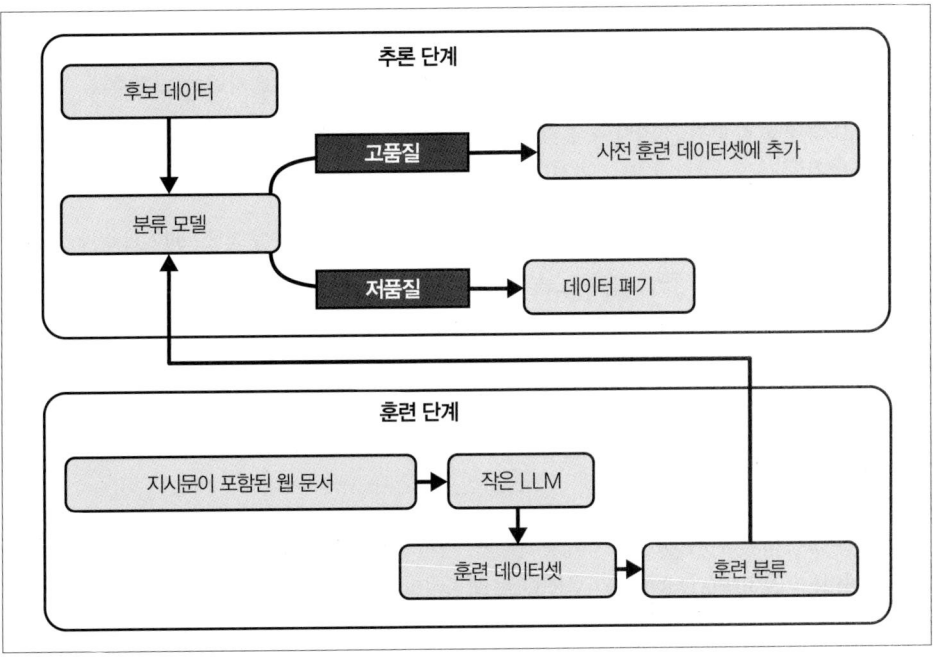

그림 2-4 분류기 기반 품질 필터링

> **연습 문제**
>
> fastText를 사용해 품질 분류기를 만들어 보세요. 긍정적 예시는 위키백과에서 가져올 수 있고 부정적 예시는 정제되지 않은 버전의 C4에서 무작위로 추출할 수 있습니다. 훈련이 완료되면 C4의 `realnewslike` 하위 집합에서 문서를 이 분류기에 입력해 보세요. 이 분류기가 제대로 작동하는지 확인해 보세요.

퍼플렉시티를 이용한 품질 선택

언어 모델의 내재적 평가 척도이며 당혹도를 의미하는 퍼플렉시티^{perplexity}[51]는 CCNet[52] 제작자들이 사전 훈련 데이터셋을 준비하는 과정에서 문서 필터링에 활용했습니다. 퍼플렉시티는 모델이 주어진 텍스트를 얼마나 잘 예측하는지를 측정합니다. 퍼플렉시티가 낮을수록 모델의 성능이 더 좋다고 볼 수 있습니다.

분류기 접근법과 마찬가지로, 위키백과와 같이 고품질이라고 판단되는 데이터 소스에서 문서를 선택해 긍정 클래스로 삼습니다. 그런 다음 n-그램 언어 모델 훈련을 돕는 라이브러리인 KenLM[53]로 5-그램 언어 모델을 훈련시킵니다. 그리고 필터링하려는 데이터셋을 가져와 훈련된 언어 모델을 통해 각 단락의 퍼플렉시티를 계산합니다. 퍼플렉시티가 낮을수록 긍정 클래스와 가까워 고품질의 데이터라고 볼 수 있으므로 퍼플렉시티가 높은 문서들은 제외할 수 있습니다.

하지만 퍼플렉시티가 낮다고 해서 항상 고품질은 아닙니다. 짧고 반복되는 텍스트도 퍼플렉시티 수치는 낮게 나올 수 있기 때문입니다. 퍼플렉시티는 문체의 특성에도 영향을 받습니다. 예를 들어 기준 언어 모델이 위키백과를 기반으로 학습되었다면 비공식적이거나 구어체로 작성된 문서는 상대적으로 높은 퍼플렉시티 점수를 받을 수 있습니다. 따라서 퍼플렉시티만을 기준으로 단순히 필터링하는 방식은 한계가 있으며 더 정교하고 다층적인 필터링 전략이 필요합니다.

이 문제를 보완하기 위해 BERTIN 개발 팀[54]은 퍼플렉시티 샘플링$^{perplexity\ sampling}$이라는 개념을 도입했습니다. 이 방법은 퍼플렉시티가 낮은 텍스트만 걸러내는 기존 방식과 달리, 퍼플렉시티 확률 분포의 중간 영역에 해당하는 문서들을 더 많이 샘플링하는 전략을 사용합니다.

[그림 2-5]는 퍼플렉시티 샘플링이 실제로 어떻게 수행되는지를 시각적으로 보여줍니다.

---

51 https://oreil.ly/0fycZ
52 Wenzek et al., "CCNet: Extracting High Quality Monolingual Datasets from Web Crawl Data", 15 Nov 2019, https://arxiv.org/abs/1911.00359
53 https://oreil.ly/EU5r3
54 https://rua.ua.es/dspace/bitstream/10045/122846/1/PLN_68_01.pdf

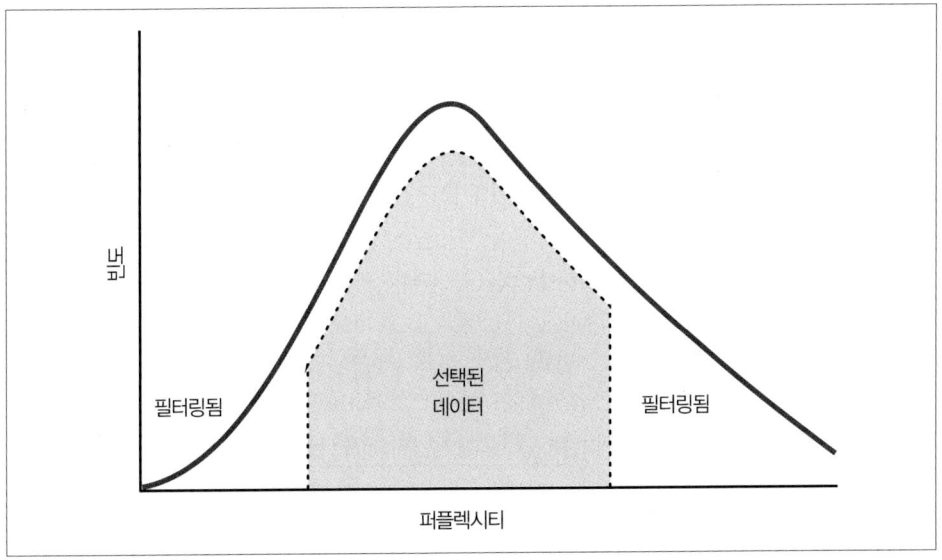

그림 2-5 퍼플렉시티 샘플링

이제 위키백과 텍스트로 학습된 언어 모델이 문장에 어떤 퍼플렉시티값을 부여하는지 직접 살펴보겠습니다. 먼저 https://oreil.ly/xwYjY에서 제공하는 파일을 다운로드한 뒤, 홈 디렉터리에 저장하고 다음 코드를 실행해 보세요.

```
from model import KenlmModel

model = KenlmModel.from_pretrained("wikipedia", "en")
model.get_perplexity("She was a shriveling bumblebee, and he was a bumbling banshee, but they accepted a position at Gringotts because of their love for maple syrup")
```

연습 문제

다양한 스타일과 주제의 문장이나 문단을 입력해 보며 퍼플렉시티가 어떻게 달라지는지 확인해 보세요! 특히 다음 유형의 텍스트에서 퍼플렉시티값을 비교해 보면 유용합니다.

- X(구 트위터)와 같은 소셜 미디어 텍스트
- 검색 엔진 최적화(SEO)용 스팸 텍스트
- 속어(slang)가 많이 포함된 텍스트

또한 KenLM을 사용해 직접 자신만의 데이터셋으로 언어 모델을 훈련할 수도 있습니다. C4 데이터셋의 `realnewslike` 하위 집합 중 일부를 사용하고, KenLM 깃허브[55] 페이지에 있는 가이드를 참고해 모델을 훈련해 보세요. 그런 다음, 정제되지 않은 C4 원본의 일부 문서에 대해 퍼플렉시티를 계산해 보세요. 어떤 문서의 퍼플렉시티가 가장 높나요? 어떤 문서의 퍼플렉시티가 가장 낮나요? 직접 결과를 확인한 후 퍼플렉시티 샘플링이 데이터 품질을 평가하는 데 적합한 방법인지 스스로 평가해 보세요.

NOTE_ C4 데이터셋에 대한 분석[56]에 따르면, 해당 데이터에서 가장 많은 양의 텍스트를 제공한 도메인은 patents.google.com이었습니다. 이 도메인에서 수집된 텍스트 중 10% 이상이 기계 번역된 것이며, 일본 등의 국가에서 출원된 특허가 일본어에서 영어로 번역된 사례가 포함되었습니다. 즉, 이미 상당량의 사전 훈련 데이터는 인간이 작성하지 않은 텍스트입니다.

LLM의 발전에 따라, 앞으로 인터넷에는 AI가 생성한 텍스트가 훨씬 더 많이 유통될 것으로 예상됩니다. 텍스트를 인간이 썼는지, LLM이 생성했는지를 구분하는 일은 매우 어려우며, 특히 대규모로 판단하는 것은 사실상 불가능에 가깝습니다. 이러한 현상이 미래 LLM의 성능에 어떤 영향을 줄지는 아직 명확하지 않으며, 현재 활발히 연구되는 주제입니다.

아무리 데이터를 정제한다고 해도 대규모에서는 완벽한 데이터셋을 만들기가 쉽지 않습니다. 예를 들어 일루서 AI는 The Pile 데이터셋에 다음과 같은 문장이 18만 회나 반복 등장한다고 보고[57]했습니다. '`select the forum that you want to visit from the selection below`(다음 목록에서 방문하려는 포럼을 선택하세요).'

2.5.3 중복 제거

지금까지 데이터 추출, 정제, 언어 판별, 품질 필터링을 살펴봤습니다. 이제 파이프라인에서 가장 논쟁의 여지가 큰 단계인 중복 제거를 알아보겠습니다.

웹에서 크롤링된 텍스트에는 중복된 콘텐츠가 매우 많이 포함됩니다. 이러한 중복 텍스트는 전

---

[55] https://github.com/kpu/kenlm
[56] Dodge et al., "Documenting Large Webtext Corpora: A Case Study on the Colossal Clean Crawled Corpus", 18 Apr 2021, https://arxiv.org/abs/2104.08758
[57] Gao et al., "The Pile: An 800GB Dataset of Diverse Text for Language Modeling", 31 Dec 2020, https://arxiv.org/abs/2101.00027

체 훈련 데이터에서 절대 무시할 수 없는 비율을 차지하며 이를 처리하는 방식은 모델의 최종 성능에 상당한 영향을 미치게 됩니다.

중복은 어떻게 정의할까요? 여기서는 세 가지로 구분해 보겠습니다.

- **정확한 일치**: 텍스트가 완전히 동일한 두 시퀀스는 정확히 일치하는 중복으로 분류됩니다. 이때는 가장 간단하게 처리할 수 있습니다.
- **근사 일치**: 텍스트 시퀀스가 몇 개의 문자를 제외하고는 동일한 유사 중복이 있을 때가 많습니다. 때로는 이러한 시퀀스들이 HTML 텍스트 추출 아티팩트와 기타 필터링 프로세스 때문에 약간 다를 뿐입니다.
- **의미적 중복**: 다른 표현을 사용하지만 의미적으로 동일한 내용을 전달하는 중복입니다. 이는 일반적으로 처리 범위를 벗어난 것으로 간주합니다.

중복은 발생하는 단위에 따라 다음처럼 구분할 수도 있습니다.

- **문서 수준 중복**: 대부분의 사전 훈련 데이터셋 준비 과정에서는 중복된 문서를 제거합니다. 하지만 The Pile과 같은 일부 데이터셋에서는 위키백과와 같은 특정 하위 집합을 의도적으로 중복시켜 모델이 해당 데이터를 더 자주 보게 합니다.
- **시퀀스 수준 중복**: 여러 문서에 걸쳐 반복되는 문장이나 문단을 의미합니다. 예를 들어 서비스 이용 약관, 저작권 고지, 웹사이트 소개 문구 등에서 대량으로 발생할 수 있습니다.

> **NOTE_** 중복 제거는 매우 복잡한 과정이며, 보통 MinHash 알고리즘을 사용해 수행됩니다. Big Science와 Big Code 오픈 소스 LLM 프로젝트에서 사용한 중복 제거 절차를 자세히 설명한 청 하오^{Cheng Hao}의 글[58]도 참고할 만합니다.

데이터 중복 제거에는 여러 가지 이점이 있습니다.

- 일반적으로 사전 훈련 데이터셋의 일부는 검증 및 테스트용으로 따로 분리하는데, 이때 훈련 데이터와 테스트 데이터 간의 중복을 줄이거나 제거하는 것이 중요합니다. 시퀀스 수준 중복이 제거되지 않으면 훈련과 테스트 세트 간에 같은 텍스트가 겹쳐 모델 평가가 왜곡될 위험이 있습니다.
- 중복 시퀀스를 제거하면 전체 훈련 데이터셋의 크기를 줄일 수 있습니다. 리^{Lee} 연구진[59]은 데이터양이 줄어들어도 모델의 퍼플렉시티는 거의 영향을 받지 않는다는 것을 보여주었습니다. 즉, 데이터는 줄어들더라도 모델은 여전히 동일한 수준으로 훈련될 수 있으며 훈련 시간도 단축할 수 있습니다.
- 중복 제거는 모델이 훈련 데이터를 암기하는 경향을 줄이는 데도 효과적입니다. 모델의 암기는 과적합과 밀접하게 연결되며 모델의 일반화 능력을 저해하는 주요 요인입니다. 암기를 측정하는 방법은 여러 가지가 있지만,

---

58 https://oreil.ly/2R09f
59 Lee et al., "Deduplicating Training Data Makes Language Models Better", 14 Jul 2021, https://arxiv.org/abs/2107.06499

여기서는 **생성 기반 암기**에 집중하겠습니다. 이 방법에서는 모델이 특정 시퀀스를 정확히 재생성할 수 있으면 해당 시퀀스를 암기한 것으로 간주합니다. 리 연구진은 시퀀스 수준에서 중복 제거된 데이터셋으로 훈련한 모델이 (그렇게 하지 않은 모델보다) 훈련 데이터를 그대로 생성하는 빈도가 10배나 적다는 사실을 보여주었습니다.

> **TIP** 공개 데이터셋으로 훈련된 모델을 사용하면 모델이 생성한 텍스트가 데이터셋에 존재하는지 직접 검색할 수 있다는 점도 중요한 이점입니다.

암기로 인한 LLM의 보안 취약성

모델의 암기는 언어 모델을 보안 및 개인정보 공격에 취약하게 만듭니다. 지금까지 입증된 대표적인 공격 유형은 다음과 같습니다.

- **멤버십 추론 공격**: 모델에 대한 제한된(폐쇄형) 접근만으로 특정 텍스트 시퀀스가 모델 훈련에 사용되었는지를 알아낼 수 있는 공격입니다.
- **훈련 데이터 추출 공격**: 역시 폐쇄형 접근만으로 공격자가 모델을 프롬프트해 암기된 민감 정보를 출력하도록 유도하는 공격입니다. 가장 단순한 예로 '수하스 파이의 전화번호는'이라는 프롬프트를 입력하고 모델이 해당 번호를 이어서 출력하는 상황을 생각할 수 있습니다.

카를리니Carlini 연구진[60]은 모델의 규모가 클수록 암기 현상이 더 빈번하게 발생하므로 이러한 공격에 더 취약하다는 점을 보여줍니다. 그러나 일부 암기된 데이터는 길고 정교하게 설계된 접두사로 프롬프트를 제시할 때만 모델에서 출력하기 때문에, 모델이 얼마나 많은 데이터를 실제로 암기했는지 정확히 추정하기 어렵습니다. 이는 모델의 개인정보 보호 준수 여부를 감사하는 작업을 한층 더 어렵게 합니다.

[그림 2-6]은 기본적인 훈련 데이터 추출 공격의 흐름을 도식화해 보여줍니다.

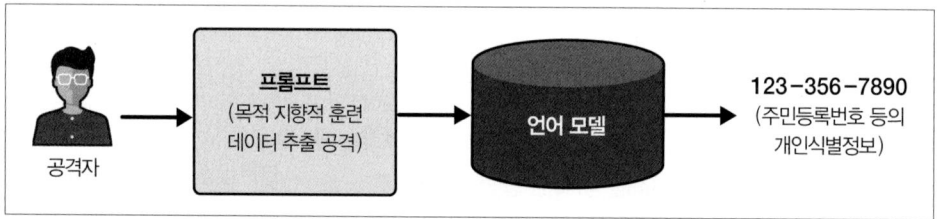

그림 2-6 LLM 대상의 개인정보 침해 공격

---

[60] Carlini et al., "Extracting Training Data from Large Language Models", 14 Dec 2020, https://arxiv.org/abs/2012.07805

2.5.4 개인식별정보(PII) 제거

중복 제거는 모델이 훈련 데이터를 암기할 가능성을 줄이는 데 도움이 되지만, 암기 문제를 완전히 해결할 수는 없습니다. 훈련 데이터에 단 한 번 등장하는 정보라도 모델이 암기하고 이를 유출할 가능성은 여전히 존재합니다. 훈련 데이터에 포함된 많은 콘텐츠는 무해하거나(예: 서비스 이용 약관) 모델이 암기해도 괜찮은 사실 정보(예: 캐나다의 수도)일 수 있지만, 개인식별정보personally identifiable information (PII)를 암기하면 심각한 문제를 일으킬 수 있습니다.

그렇다면 PII란 정확히 무엇을 의미할까요? 코넬 로스쿨Cornell Law[61]에 따르면, PII는 '단독으로 또는 다른 개인정보와 결합해 특정 개인의 신원을 식별하거나 추적할 수 있는 정보'를 의미합니다. 이 정의에 따르면, 원래는 개인을 식별할 수 없는 정보(Non-PII)라도 공개된 추가 정보를 결합해 개인을 고유하게 식별할 수 있어 결과적으로 PII로 전환될 수 있습니다.

PII의 법적 정의는 관할 지역에 따라 다를 수 있습니다. 예를 들어 유럽연합의 일반 개인정보 보호법General Data Protection Regulation (GDPR)[62]에서는 다음의 내용을 보호 대상으로 삼습니다.

> 개인을 직접적이든 간접적이든 식별할 수 있는 모든 것을 의미하며 여기에는 개인의 신체적, 생리적, 유전적, 정신적, 상업적, 문화적, 사회적 정체성을 설명하는 특성까지 포함됩니다.

대부분의 오픈 소스 모델은 공개적으로 접근 가능한 데이터셋을 기반으로 훈련됩니다. 이러한 데이터셋에는 PII가 포함될 수 있으며, '이미 공개된 정보이니 별다른 보호 조치가 필요하지 않다'라고 생각할 수도 있습니다. 하지만 이런 사고방식은 사용자의 명시적 동의와 정보가 얼마나 쉽게 발견될 수 있는지에 대한 통제권이라는 근본적인 개인정보 보호 원칙을 간과합니다. 예를 들어 내 개인정보를 내 블로그에 게시했더라도, 그 블로그가 인터넷의 외진 구석에 있어 검색 엔진에 쉽게 노출되지 않는다면 이는 사실상 제한된 맥락에서만 공유된 것입니다. 그러나 이 정보가 사전 훈련 데이터셋에 포함되면, 내 동의 없이 이 데이터가 갑자기 주목받게 되어 완전히 새로운 문맥으로 노출되는 문제가 발생합니다. 이러한 개념을 **맥락적 무결성**contextual integrity 이라고 하며, 데이터는 원래 공유된 맥락 안에서만 사용되어야 한다는 원칙을 의미합니다.

이상적으로는 데이터셋 내에서 개인식별정보를 **탐지**한 후, 이를 적절히 **조치**해 훈련 데이터에

---

[61] https://www.law.cornell.edu/cfr/text/34/300.32
[62] https://oreil.ly/F2dGL

서 개인식별정보를 없애거나 모델이 이를 암기하지 못하도록 하는 것이 바람직합니다. 하지만 여기에 유명 인사의 개인식별정보가 포함된다면 문제가 더 복잡해집니다. 모델이 유명 인사의 생년월일과 같은 사실적 질문에 정확히 답하기를 원하면서도 개인정보 보호라는 가치와 투명성과 개방성이라는 가치가 충돌하게 됩니다. 누구를 '유명 인사'로 간주할지, 이들에게 어느 수준까지 개인정보 보호를 적용할지는 기술적이면서도 사회적으로 매우 복잡한 문제입니다.

개인정보로 분류되는 데이터에는 이름, 주소, 신용카드 번호, 정부 발급 신분증 번호, 의료 기록과 진단 정보, 이메일 주소, 전화번호, 개인의 정체성이 드러나는 소속 집단(예: 종교, 인종, 노동조합), 위치 정보 등이 포함됩니다.

개인정보 침해 공격은 표적 공격과 비표적 공격으로 나뉩니다. 비표적 공격은 모델을 이용해 대량의 텍스트를 생성한 후, 멤버십 추론 공격으로 암기된 가능성이 높은 텍스트를 찾아내는 방식입니다. 반면 표적 공격은 특정 개인이나 집단의 개인정보를 직접 복구하려는 시도입니다. 표적 공격은 상대적으로 훨씬 어려운데, 이는 언어 모델이 정보를 암기하는 데는 능숙하지만, 특정 이메일 주소가 어떤 개인과 연결되는지를 파악하는 **연관 짓기** 능력은 부족하기 때문입니다.

연습 문제

LLM에 대한 개인정보 침해 공격을 분석하는 코드를 ReadMe 파일[63]에 제공된 지침을 참고해 실행해 보세요. 물론, 이 코드를 실제 환경에서 악용해서는 안 됩니다! 코드를 실행하고 결과를 관찰하면서 이러한 공격 방식의 한계와 LLM이 주로 암기하는 데이터의 종류를 파악할 수 있을 것입니다. 추가로, 구글에서 주최하는 훈련 데이터 추출 챌린지 Training Data Extraction Challenge[64]에도 참여해 보세요.

현재 대부분의 사전 훈련 데이터셋은 PII 제거 작업을 거의 거치지 않았거나 전혀 수행하지 않은 상태입니다. BLOOM 모델을 훈련한 Big Science 프로젝트에서는 (필자가 공동 리드로 참여한) Privacy 워킹그룹이 PII 탐지 및 제거용 파이프라인을 개발했는데, 다음 장에서 이를 자세히 살펴보겠습니다.

---

[63] https://github.com/jeffhj/LM_PersonalInfoLeak
[64] https://github.com/google-research/lm-extraction-benchmark

NOTE_ 언어 모델은 훈련 데이터 오염 공격에도 취약합니다. 훈련 데이터의 상당 부분이 웹 크롤링으로 수집되므로 악의적인 행위자가 훈련 데이터에 의도적으로 영향을 미칠 기회를 얻게 됩니다. 트레이머^{Tramer} 연구진[65]은 훈련 데이터셋의 0.1% 미만을 오염시키기만 해도 전체 데이터셋에서 다른 정보가 훨씬 쉽게 유출되도록 할 수 있음을 입증했습니다.

또한 LLM이 점점 검색 엔진처럼 사용되면서, 최근에는 LLM SEO라는 새로운 수요도 등장했습니다. 예를 들어 기업이 자사 웹사이트의 콘텐츠를 퍼플렉시티 필터링을 기반으로 한 데이터셋 구축 과정에서 선택될 확률을 높이기 위해 특정한 스타일로 콘텐츠를 작성할 수 있습니다.

[그림 2-7]은 전형적인 개인식별정보(PII) 처리 파이프라인의 흐름을 보여줍니다.

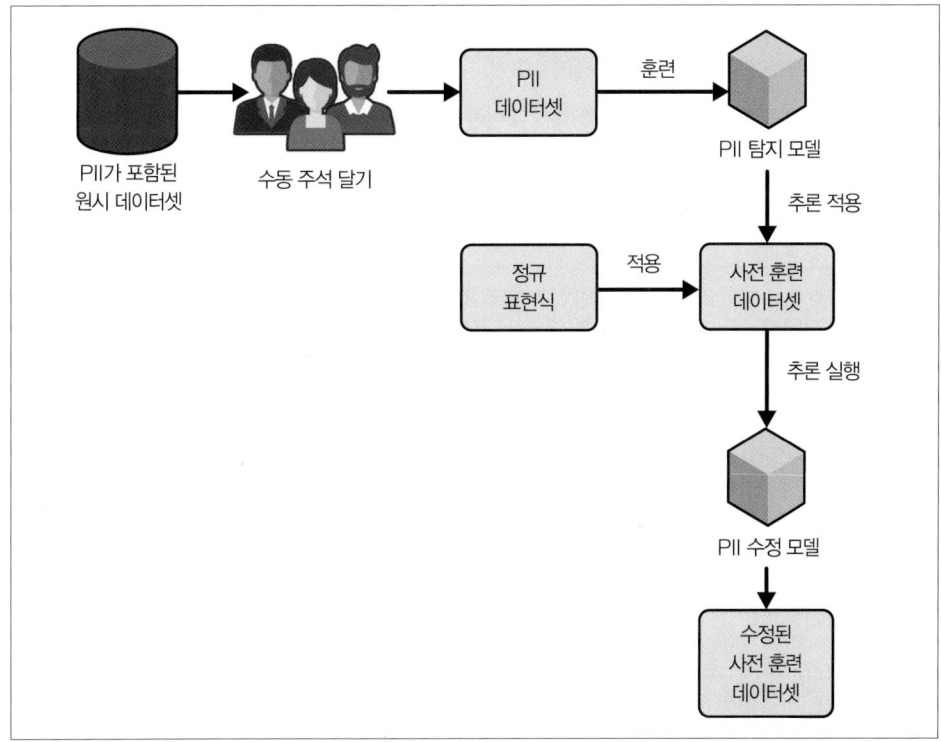

그림 2-7 PII 처리 파이프라인 구조

---

[65] Tramer et al., "Truth Serum: Poisoning Machine Learning Models to Reveal Their Secrets", 6 Oct 2022, https://arxiv.org/pdf/2204.00032

PII 탐지

PII 탐지 작업은 1장에서 소개한 NLP 작업인 개체명 인식(NER)과 유사합니다. 그러나 모든 명명된 개체named entity가 PII를 구성하는 것은 아닙니다. Privacy 워킹그룹에서는 PII 태그를 다음과 같이 정의했습니다. PERSON(인물), AGE(나이), NORP(국적, 인종, 종교, 정당 소속, 사회경제적 계층, 노조 가입), STREET_ADDRESS(거리 주소), CREDIT_CARD(신용카드), GOVT_ID(정부 ID), EMAIL_ADDRESS(이메일 주소), USER_ID(사용자 ID), PUBLIC_FIGURE(유명 인사).

유명 인사의 정보는 필터링하지 않기를 원해서 PUBLIC_FIGURE 태그를 사용했습니다. 또한 허구의 캐릭터들에게도 이 태그를 부여했습니다. 이 목록에 있는 이메일이나 정부 ID와 같은 일부 구조화된 태그는 정규 표현식으로 식별할 수 있습니다. 다른 태그들은 트랜스포머 기반 NER 유사 모델을 훈련시키는 데 사용할 수 있는 데이터셋에 주석을 달았습니다. 흥미롭게도, 주석자들이 동일한 예제를 서로 다르게 처리하는 매우 높은 수준의 불일치를 관찰했습니다. 이는 개인정보의 정의와 개인정보를 구성하는 요소에 대한 문화적 의미를 잘 보여주었습니다. 다음은 미국 사회보장번호(SSN)를 탐지하는 정규 표현식[66]입니다.

```
ssn_pattern = r"(?!000¦666¦333)0*(?:[0-6][0-9][0-9]¦[0-7][0-6][0-9]¦
    [0-7][0-7][0-2])[-\ ](?!00)[0-9]{2}[-\ ](?!0000)[0-9]{4}"
```

탐지와 유효성 검사는 다르다는 점에 유의하세요. XXX-XX-XXXX 형식의 모든 9자리 숫자가 SSN은 아닙니다! 유효성 검사는 문자 시퀀스가 유효한 식별자에 해당하는지 확인하는 과정입니다. 예를 들어 SSN의 캐나다 버전인 사회보험 번호(SIN)에는 이를 검증하는 데 사용하는 체크섬 숫자가 포함됩니다.

```
from stdnum.ca import sin
sin_pattern = re.compile(r"\d{3}[-\ ]\d{3}[-\ ]\d{3}", flags=re.X)
for match in sin_pattern.findall(text):
    if sin.is_valid(match):
        print(match)
```

---

[66] https://oreil.ly/8YwG9

is_valid() 함수는 Luhn 체크섬 알고리즘[67]을 사용해 숫자 시퀀스가 유효한 SIN에 해당하는지 검증합니다. 동일한 알고리즘이 신용카드 검증에도 사용됩니다. 다음은 신용카드 번호를 탐지하는 정규 표현식입니다.

```
from stdnum import luhn
cc_base_pattern =  r"\b \d (?:\d[ -]?){14} \d \b"
cc_full_pattern = r"""4[0-9]{12}(?:[0-9]{3})? |
        (?:5[1-5][0-9]{2}|222[1-9]|22[3-9][0-9]|2[3-6][0-9]{2}|27[01][0-9]|
        2720)[0-9]{12} |
        3[47][0-9]{13} |
        3(?:0[0-5]|[68][0-9])[0-9]{11} |
        6(?:011|5[0-9]{2})[0-9]{12} |
        (?:2131|1800|35\d{3})\d{11}"""
```

이메일 주소를 탐지하는 정규 표현식은 다음과 같습니다.

```
email_pattern = r" [\w\.-]+@[\w\.-]+\.\w{2,3}"
```

> **연습 문제**
>
> RefinedWeb 사전 훈련 데이터셋[68] 뷰어에서 검색 기능을 사용해 PII(개인식별정보)가 포함되었는지 확인해 보세요. 예를 들어 'gmail.com'을 검색해 보면 어떤 결과가 나오는지 살펴보세요.

NOTE_ 구조화된 PII 데이터를 제거하면서 거짓 양성 false positive을 최소화하는 작업도 상당히 어렵지만, 비구조화된 데이터에서 PII를 탐지하고 수정 remediation하는 일은 훨씬 더 까다롭습니다. 이러한 작업의 복잡성과 결과 모델의 성능에 어떤 영향을 미칠지에 대한 불확실성 때문에 BLOOM 모델 훈련 시 ROOTS 데이터셋에 트랜스포머 기반 PII 탐지 파이프라인을 적용하지 않기로 했습니다.

---

[67] https://en.wikipedia.org/wiki/Luhn_algorithm
[68] "huggingface tiiuae/falcon-refinedweb", https://oreil.ly/jto4m

PII 수정

PII가 탐지된 후, 이를 수정하는 작업을 할 수 있습니다. [그림 2-8]은 다양한 PII 수정 방법을 보여줍니다.

```
그의 이메일 주소는                    특수 토큰으로 교체           그의 이메일 주소는
refinedweb@astrodome.com 입니다.      ──────────────▶          〈REDACTED_PII〉 입니다.
```

그림 2-8 PII 수정 옵션

다음은 대표적인 PII 수정 방법입니다.

- **특수 토큰으로 대체하기**: 예를 들어 유효한 전화번호를 <phone number> 같은 특수 문자열로 대체합니다.
- **동일한 엔티티 타입의 무작위 토큰으로 대체하기**: 예를 들어 '클라리에타 리차드스Clarietta Richards'라는 이름을 '나타샤 브리지스Natasha Bridges'처럼 임의로 생성된 이름으로 교체합니다.
- **토큰 섞기**: 데이터셋 전반에 걸쳐 탐지된 엔티티들을 무작위로 섞어 재배치하는 방법입니다.
- **전체 문서나 데이터 소스 삭제하기**: 하나의 문서나 데이터 소스에 포함된 PII 양이 설정된 임곗값을 초과할 때는 해당 문서나 소스를 통째로 삭제하는 편이 안전할 수 있습니다. 예를 들어 pastebin.com에는 무심코 업로드된 PII가 다수 존재할 수 있어서 훈련 데이터셋에 포함하지 않는 것이 권장됩니다.

각 수정 방법은 모델의 후속 작업 성능에 서로 다른 영향을 미칠 수 있습니다. 예를 들어 토큰을 교체했을 때 훈련 퍼플렉시티는 어떻게 변할까요? 수정된 모델을 활용해 개체명 인식(NER)과 같은 후속 작업을 튜닝할 때 성능 저하가 발생할 가능성은 없을까요? 특수 토큰으로 대체하는 방법과 무작위 토큰으로 대체하는 방법은 어떻게 다를까요? 이 주제는 아직 연구가 충분히 이루어지지 않았으며, 이와 관련된 많은 질문도 여전히 열려 있는 상태입니다.

Faker[69]는 무작위 토큰 대체 작업을 지원하는 훌륭한 라이브러리입니다. 이 라이브러리는 이름, 주소, 신용카드 번호, 전화번호 등 다양한 종류의 PII를 무작위로 생성할 수 있습니다. 하지만 무작위 토큰을 사용할 때는 대체 과정에서 데이터셋의 인구통계적 분포가 왜곡될 수 있다는 점을 주의해야 합니다. 예를 들어 대체된 이름이 모두 앵글로색슨 계열로만 구성되면 데이터의 다양성과 균형이 깨질 수 있습니다. Faker는 지역과 문화권에 맞는 가짜 데이터를 생성하는 지역화localization 기능을 제공해 이러한 문제를 방지합니다.

---

[69] https://oreil.ly/K4QI_

다음은 Faker 라이브러리를 사용하는 간단한 예시입니다.

```
from faker import Faker

fake = Faker('en_IN') # 인도 로케일 사용
Faker.seed(0)

for i in range(5):
    print(fake.aadhaar_id)
```

이 코드는 인도의 사회보장번호에 해당하는 12자리 가짜 아드하르aadhaar 번호를 생성합니다. 생성된 ID는 실제로 유효하지 않지만, 형식은 실제 아드하르 번호와 일치합니다.

```
for i in range(5):
    print(fake.address)
```

이를 실행하면 선택한 로케일에 맞는 가짜 주소를 생성할 수 있습니다.

> **NOTE_** 훈련 데이터셋에서 PII를 제거하는 것은 모델의 데이터 유출을 방지하는 여러 방법 중 하나일 뿐입니다. 최근 주목받는 방법으로는 차등 개인정보 보호differential privacy[70]가 있습니다. 이는 입력이나 출력에 무작위성을 도입하여 개인정보 보호에 대한 이론적 보장을 제공하는 방식입니다. 신경망에서는 이를 DP-SGD[71] 알고리즘으로 구현하는데, 이 방법은 매번 업데이트 시 그레이디언트 클리핑gradient clipping과 노이즈 추가를 수행합니다. 하지만 차등 개인정보 보호를 적용하면 훈련 속도가 현저히 느려지고 모델 성능도 저하할 수 있습니다. 특히 데이터셋 내 소수 집단에 대해서는 모델 성능 악화가 더 심하게 나타날 수 있습니다. 차등 개인정보 보호 외에도, 모델에서 데이터 유출을 방지하는 다양한 기법이 연구되고 있습니다. 대표적으로는 적대적 훈련adversarial training, 모델 언러닝model unlearning[72], 사후 검열retroactive censoring[73], memfree 디코딩[74] 방식 등이 있습니다.

---

[70] Jorgensen & Yu, "Hands-On Differential Privacy", 2022, https://oreil.ly/TRbsf
[71] Abadi et al., "Deep Learning with Differential Privacy", 1 Jul 2016, https://arxiv.org/abs/1607.00133
[72] Bourtoule et al., "Machine Unlearning", 15 Dec 2020, https://arxiv.org/pdf/1912.03817
[73] Ippolito et al., "Preventing Verbatim Memorization in Language Models Gives a False Sense of Privacy", 31 Oct 2022, https://arxiv.org/abs/2210.17546
[74] Ippolito et al., "Preventing Verbatim Memorization in Language Models Gives a False Sense of Privacy", 31 Oct 2022, https://arxiv.org/abs/2210.17546

2.5.5 훈련 데이터셋 정화

훈련 데이터셋 정화는 LLM 평가의 신뢰성을 높이는 데 핵심적인 데이터 전처리 단계입니다. 사전 훈련 데이터셋에 모델 성능을 평가할 벤치마크 테스트 세트의 데이터가 포함되었다면 해당 데이터셋은 '오염'되었다고 간주합니다. 이러한 오염은 테스트 세트가 웹 텍스트 기반으로 작성되었거나 생성 이후 웹에 업로드되면서 발생할 수 있습니다.

오염에는 두 가지 유형이 존재합니다.[75]

- **입력 및 레이블 오염**: 질문인 입력과 정답인 레이블 모두가 사전 훈련 데이터셋에 존재하는 상황입니다.
- **입력 오염**: 질문인 입력만 존재하고 정답인 레이블은 포함되지 않은 상황입니다. 입력 오염이 어떤 영향을 미치는지, 이를 어떻게 긍정적으로 활용할 수 있는지는 7장에서 자세히 다룹니다.

오픈AI[76]는 GPT-3 훈련 과정에서 테스트 및 검증 세트와 훈련 세트 간의 13-그램(13-gram) 중복을 찾아내고, 일치하는 텍스트의 앞뒤 200자씩을 제거하는 방식으로 데이터 오염 문제를 해결했습니다. 현재 가장 널리 사용되는 데이터 정화 방법은 바로 이 n-그램(n-gram) 매칭 기법입니다.

하지만 양(Yang) 연구진[77]은 벤치마크 데이터가 단순히 표현을 바꾸거나 번역된 형태로 훈련 데이터에 포함되어도 오염이 발생할 수 있다고 지적했습니다. 이 때문에 오염을 완벽히 탐지하고 제거하는 작업은 매우 까다로워졌으며, 여전히 많은 벤치마크 평가 결과가 실제 모델 성능보다 과대평가되는 문제가 존재합니다.

2.5.6 데이터 혼합

사전 훈련 데이터셋은 다양한 도메인의 데이터를 포함하며, 최종 데이터셋은 각 도메인이 적절한 비율로 반영되도록 구성됩니다. 예를 들어 The Pile 데이터셋에서는 위키백과, 학술 텍스트, 소규모 데이터셋 등을 최대 3배까지 업샘플링[78]해 포함했습니다.

---

[75] Dodge et al., "Documenting Large Webtext Corpora: A Case Study on the Colossal Clean Crawled Corpus", 18 Apr 2021, https://arxiv.org/abs/2104.08758
[76] Brown et al., "Language Models are Few-Shot Learners", 28 May 2020, https://arxiv.org/abs/2005.14165
[77] Yang et al., "Rethinking Benchmark and Contamination for Language Models with Rephrased Samples", 11 Nov 2023, https://arxiv.org/pdf/2311.04850
[78] Gao et al., "The Pile: An 800GB Dataset of Diverse Text for Language Modeling", 31 Dec 2020, https://arxiv.org/pdf/2101.00027

DoReMi[79]나 RegMix[80] 같은 기법을 활용해 데이터를 더 정교하게 혼합하기도 합니다. 메타는 Llama 3 모델[81]을 훈련하는 과정에서 실험적으로 최적의 데이터 혼합 비율을 찾아냈습니다. 그 결과, 전체 토큰 중 약 50%는 일반 지식, 25%는 수학 및 추론, 17%는 코드, 나머지는 비영어 데이터로 구성되었습니다.

> **NOTE_** 최근 사전 훈련 데이터셋에는 코드 데이터가 포함되는 경우가 많습니다. 심지어 모델이 코드 생성을 직접 목표로 하지 않더라도 말입니다. 아랴부미Aryabumi 연구진[82]은 사전 훈련 데이터에 코드 데이터를 포함하면 코드 생성과 무관한 후속 작업에서도 모델 성능이 눈에 띄게 향상된다는 사실을 밝혀냈습니다.

데이터셋 정렬

모든 데이터 전처리 작업이 완료되면 본격적으로 훈련을 시작할 수 있습니다. 이때 데이터를 모델에 어떤 순서로 입력하는지는 실제로 중요한 영향을 미칩니다. 훈련에 최적의 데이터 입력 순서를 연구하는 분야를 커리큘럼 학습curriculum learning이라고 합니다. 하지만 현재까지는 대부분의 모델이 단순한 정렬 규칙만 적용합니다.

한 가지 대표적인 기법은 훈련 초기에 짧은 시퀀스를 먼저 모델에 입력하고 점진적으로 긴 시퀀스로 넘어가는 방식입니다. 처음에는 시퀀스를 일정 길이로 잘라 사용하거나, 데이터셋 자체를 짧은 시퀀스부터 긴 시퀀스 순서로 재배열할 수 있습니다.

또한 훈련 초기에는 더 자주 등장하는 일반적인 단어를 모델이 먼저 훈련하도록 하는 방법도 있습니다.[83] 이때 드물게 등장하는 단어들은 품사 태그나 상위어hypernym로 대체할 수 있습니다. 예를 들어 '자홍색'을 '색상'이라는 상위어로 대체할 수 있습니다.

지금까지 사전 훈련 데이터셋을 준비하기 위한 주요 데이터 수집 및 전처리 단계를 살펴봤습니다. 다음으로는 개별 데이터셋들이 실제로 어떤 전처리 과정을 거쳤는지 살펴보겠습니다.

---

[79] Xie et al., "DoReMi: Optimizing Data Mixtures Speeds Up Language Model Pretraining", 21 Nov 2023, https://arxiv.org/pdf/2305.10429
[80] Liu et al., "RegMix: Data Mixture as Regression for Language Model Pre-training", 1 Jul 2024, https://arxiv.org/abs/2407.01492
[81] Grattafiori et al., "The Llama 3 Herd of Models", 23 Jul 2024, https://arxiv.org/pdf/2407.21783
[82] https://arxiv.org/pdf/2408.10914
[83] https://oreil.ly/QYlMI

> **TIP** 허깅 페이스의 DataTrove[84]는 대규모 사전 훈련 데이터셋 전처리를 위한 완성형 파이프라인 코드를 제공하는 저장소입니다. 이 저장소를 참고하면 이번 장에서 소개한 다양한 전처리 개념이 대규모 데이터 환경에서는 어떻게 실제로 적용되는지 구체적으로 확인할 수 있습니다.

[표 2-2]에서는 주요 사전 훈련 데이터셋과 각각이 거친 전처리 과정을 정리하여 비교합니다.

표 2-2 사전 훈련 데이터셋과 전처리 파이프라인

이름	추출 및 정제	품질 필터링	중복 제거	언어 식별	해당 데이터셋으로 훈련된 모델
C4	블록리스트의 단어를 포함하는 페이지 제거, 코드 제거, 짧은 줄과 페이지 제거	–	3문장 스팬(구간)span의 중복 제거	langdetect	T5, FLAN-T5, UL2, Llama
The Pile	justext 라이브러리를 사용한 텍스트 추출	fastText 분류기	MinHashLSH를 이용한 문서 수준 중복 제거	pycld2	GPT-NeoX, GPT-J, Cerebras-GPT, StableLM, Pythia
Red Pajama	CCNet 파이프라인	위키백과 텍스트와 무작위 C4 텍스트를 구분하는 분류기	단락 수준 중복 제거(커먼 크롤의 경우)	fastText	Red Pajama-INCITE, MPT
Clean Pajama	짧은 길이 필터, NFC 정규화	–	MinHashLSH	–	–
Refined Web	블록리스트 기반 URL 필터링, 텍스트 추출을 위한 trafilatura 라이브러리, 반복 콘텐츠 제거	–	MinHash를 사용한 퍼지 문서 수준 중복 제거, 정확한 시퀀스 수준 중복 제거	fastText	Falcon
ROOTS	폐쇄 클래스 단어 비율이 낮은 문서, 블록리스트 단어 비율이 높은 문서, 문자/단어 반복 비율이 높은 문서 제거	퍼플렉시티 필터링	SimHash, 접미사 배열	fastText	BLOOM

---

[84] https://github.com/huggingface/datatrove

2.6 사전 훈련 데이터가 후속 작업에 미치는 영향

LLM의 사전 훈련 데이터셋을 기준으로 후속 작업 성능에 대해 어떤 예측을 할 수 있을까요? 연구 결과, 모델이 특정 작업이나 입력에 대해 보이는 성능은 사전 훈련 데이터셋에서 해당 작업이나 입력과 관련된 단어들의 등장 빈도와 밀접한 상관관계가 있다는 사실이 밝혀졌습니다. 이 현상은 처음에는 라제기(Razeghi) 연구진[85]이 관찰했으며, 이후 맥코이(McCoy) 연구진의 논문[86]에서 심층적으로 분석되었습니다.

맥코이 연구진은 언어 모델이 훈련 데이터셋에서 더 자주 등장한 작업에서 상대적으로 높은 성능을 보인다는 사실을 보여주었습니다. 예를 들어 모델은 10진수 덧셈에는 능숙하지만 9진수 덧셈에는 상대적으로 취약하며, 알파벳순 정렬은 잘 수행하지만 알파벳 역순 정렬은 상대적으로 어렵게 처리합니다.

또한 유사한 작업에서도 출력 결과가 사전 훈련 데이터셋에서 높은 빈도로 등장할 때 모델의 성능이 더 높아진다는 사실도 확인되었습니다. 입력 데이터에서도 마찬가지로, 훈련 데이터셋에서 더 자주 등장한 입력일수록 모델이 더 잘 대응하는 경향을 보였습니다.

예를 들어 LLM에 'record a be that miles, yes, hour, per fifty clocked he.'라는 문장의 단어들을 역순으로 배열하도록 요청하면 'He clocked fifty per hour, yes, miles, that be a record'라는 결과가 나옵니다. 이는 언어 구조가 부자연스러우므로 발생 확률이 매우 낮은 시퀀스입니다.

이 책을 집필할 당시, GPT-4o는 'He clocked fifty miles per hour that be a record.'라고 잘못된 답변을 반환했습니다. 하지만 출력된 문장의 확률이 높을수록 모델의 성능이 상대적으로 더 나아진다는 점을 확인할 수 있습니다.

---

[85] Razeghi et al., "Impact of Pretraining Term Frequencies on Few-Shot Reasoning", 15 Feb 2022, https://arxiv.org/abs/2202.07206

[86] McCoy et al., "Embers of Autoregression: Understanding Large Language Models Through the Problem They are Trained to Solve", 24 Sep 2023, https://arxiv.org/pdf/2309.13638

> **연습 문제**
>
> 위키백과는 거의 모든 LLM의 훈련 데이터로 사용됩니다. 인터넷에 직접 접근할 수 없는 LLM에 위키백과의 잘 알려지지 않은 문서에 등장하는 사실을 질문해 보세요. 올바른 답변을 하나요? 이어서 위키백과에서 널리 알려진 문서에 있는 사실을 질문해 보세요. 답변 정확도에서 차이를 느낄 수 있나요?

2.7 사전 훈련 데이터셋의 편향과 공정성 문제

대형 언어 모델을 제품화하는 과정에서는 다양한 윤리적 문제가 발생합니다. 특히, 모델 내에 존재하는 심각한 편향과 공정성 문제는 여러 활용 사례에 대해 출시를 보류하게 만드는 주요 원인이 됩니다. 이 절에서는 사전 훈련 데이터의 수집 및 필터링 과정과 관련된 편향과 공정성 문제를 다루겠습니다.

LLM은 방대한 규모의 데이터를 훈련하므로 단순히 언어만을 모델링하는 것이 아니라 우리가 살아가는 세상 자체를 모델링하게 됩니다. 따라서 '세상을 있는 그대로 모델링할 것인가, 아니면 우리가 바라는 모습으로 모델링할 것인가?'라는 중요한 질문이 제기됩니다.

인터넷은 증오, 폭력, 모욕적 언어가 넘쳐나는 공간이며, 인간 본성의 어두운 면이 표출되기도 합니다. 인터넷 텍스트에는 오랜 세월에 걸쳐 형성된 사회적 편견이 자연스럽게 스며듭니다. 예를 들어 The Pile 데이터셋 분석[87]에서는 'radical(과격한)'은 다른 종교보다 'Muslim(무슬림)'과 훨씬 높은 빈도로 함께 등장하는 것으로 나타났습니다.

문제는 편향이 단순히 복제되는 수준을 넘어, 모델 훈련 과정에서 **편향 증폭** bias amplification 현상이 일어난다는 점입니다. 연구 결과에 따르면, 대형 언어 모델은 훈련 데이터에 존재하는 편향을 단순히 반영하지 않고 특정 집단에 대한 편향을 실제 데이터보다 더 심하게 증폭[88]하여 예측하는 경향이 있습니다.

---

[87] Gao et al., "The Pile: An 800GB Dataset of Diverse Text for Language Modeling", 31 Dec 2020, https://arxiv.org/abs/2101.00027

[88] Hall et al., "A Systematic Study of Bias Amplification", 27 Jan 2022, https://arxiv.org/abs/2201.11706

그렇다면 훈련 데이터를 조정해 후속 애플리케이션이 우리의 이상을 반영한 세계를 모델링할 수 있게 할 수 있을까요? 이에 관해서는 연구 커뮤니티 내에서 뜨거운 논쟁이 이어지고 있습니다. 일부 연구자들은 사회적 편향이 다양한 차원에서 복잡하게 얽혀 있으므로 이를 완전히 식별하고 수정하기가 현실적으로 어렵다고 주장합니다. 또한 사회마다 가치관이 다르므로 모델 제공자는 다양한 사회 구성원 모두를 아우르도록 가치 중립을 지향해야 한다는 의견을 고수하는 경우도 많습니다.

그러나 안나 로저스(Anna Rogers)가 논문[89]에서 지적했듯이, 이 질문은 사실상 의미를 잃은 상태입니다. 원하든 원하지 않든, 데이터 선별은 이미 진행되고 있으며, 모델 제공자의 가치관과 이해관계도 자연스럽게 모델에 반영되고 있습니다. 예를 들어 사용할 수 있는 데이터 중 극히 일부만이 사전 훈련 데이터셋으로 선택되는데, 이 선택 과정은 명시적으로 인식하지 않더라도 가치 중립적이지 않습니다.

위키백과는 LLM 훈련에 널리 활용되는 대표적인 데이터셋입니다. 위키백과를 사전 훈련 데이터에 포함하는 것은 당연한 결정처럼 보일 수 있지만, 그 이면에는 여러 함의가 존재합니다. 위키백과는 자원봉사자들이 편집하며 이들 중 상당수가 남성입니다. 어떤 주제가 위키백과 페이지로 등재될 가치가 있는지를 결정하는 것은 주로 남성 편집자들이죠. 따라서 하위 리그에 속한 무명 남성 축구 선수의 페이지는 등재 대상이 되고, 여성 인물에 관한 전기 문서는 상대적으로 삭제 대상으로 분류되는 경우가 많습니다.

비슷한 문제는 WebText 데이터셋에서도 발견됩니다. 이 데이터셋은 레딧의 외부 링크를 기반으로 수집되었는데, 레딧은 사용자 중 74%[90]가 남성인 플랫폼입니다. 당연히 레딧에 게시된 링크들은 남성의 관심사에 더 부합하는 경향을 보입니다.

편향은 데이터 필터링 과정에서도 추가될 수 있습니다. 앞서 설명했듯이, 음란물이나 모욕적 텍스트를 걸러내는 데 키워드 리스트를 많이 사용하는데, 이는 매우 단순한 접근입니다. 이런 방식은 효과가 떨어질 뿐만 아니라(거짓 음성 false negative), 소수 집단 커뮤니티가 작성했거나 그들을 긍정적으로 다룬 텍스트, 그리고 아프리카계 미국 영어나 히스패닉 영어처럼 방언으로 작성된 텍스트까지 의도치 않게 걸러내는 문제를 초래[91]합니다. 예를 들어 영어 단어의 다의성

---

89 https://aclanthology.org/2021.acl-long.170.pdf
90 https://gitnux.org/reddit-user-statistics/
91 Dodge et al., "Documenting Large Webtext Corpora: A Case Study on the Colossal Clean Crawled Corpus", 18 Apr 2021, https://arxiv.org/abs/2104.08758

때문에 C4 데이터셋에서는 모유 수유와 관련된 문서들이 필터링되는 사례가 보고되었습니다.

결국, 어떤 단어가 혐오적이거나 모욕적이거나 유해한지는 사회적 맥락, 독자의 해석, 대상 청중에 따라 달라질 수 있습니다. 단순한 키워드 기반 필터링은 이러한 복잡한 맥락을 포착하지 못합니다. 이러한 문제를 사전 훈련 단계에서 다루는 것이 효과적일지, 아니면 후속 처리 단계에서 해결하는 것이 나을지에 관해서는 아직 연구가 진행 중입니다. 이와 관련된 다양한 후속 처리 기법은 10장에서 다룰 예정입니다.

> **NOTE_** 피티아Pythia 모델 연구진[92]은 훈련 데이터의 마지막 7% 구간에서 남성 대명사를 여성 대명사로 대체하는 실험을 진행했으며, 그 결과 후속 작업에서 편향이 감소하는 효과를 확인했습니다.

2.8 마치며

이번 장에서는 언어 모델을 구성하는 핵심 요소들을 정리했습니다. 구체적으로 사전 훈련 데이터, 어휘와 토크나이저, 훈련 목표, 모델 아키텍처를 중심으로 살펴봤습니다. 또한 사전 훈련 데이터셋을 만드는 데 필요한 주요 과정도 자세히 설명했습니다. 여기에는 언어 식별, 텍스트 추출 및 정제, 품질 필터링, 중복 제거, 개인식별정보(PII) 제거, 테스트 세트 오염 방지 과정이 포함되었습니다. 아울러, 널리 사용되는 사전 훈련 데이터셋들과 각 데이터셋에 적용된 전처리 과정을 함께 정리하여 소개했습니다. 다음 장에서는 모델이 훈련할 언어를 정의하는 데 핵심 역할을 하는 어휘와 토크나이저를 본격적으로 살펴보겠습니다.

---

[92] Biderman et al., "Pythia: A Suite for Analyzing Large Language Models Across Training and Scaling", 31 May 2023, https://arxiv.org/pdf/2304.01373

CHAPTER 3

어휘와 토큰화

2장에서는 오늘날 언어 모델을 훈련시키는 데 사용되는 데이터셋과 그 생성 과정을 깊이 살펴봤습니다. 이러한 탐구를 통해 사전 훈련 데이터가 최종 모델에 얼마나 강력한 영향을 미치는지 잘 이해하셨기를 바랍니다. 이번 장에서는 언어 모델의 또 다른 핵심 구성 요소인 어휘에 관해 논의하겠습니다.

3.1 어휘

새로운 언어를 배우기 시작할 때 가장 먼저 하는 일은 무엇인가요? 바로 그 언어의 어휘를 습득하고 언어 능력이 향상됨에 따라 어휘력을 확장해 나가는 것입니다. 여기서 어휘를 다음과 같이 정의해 보겠습니다.

> 특정 개인이 이해하는 언어 내 모든 단어

평균적인 영어 원어민은 20,000~35,000개 정도의 단어 어휘[1]를 압니다. 이와 마찬가지로, 모든 언어 모델에도 자체 어휘가 있으며 대부분의 모델 어휘 크기는 5,000개에서 500,000개 토큰 사이에 분포합니다.

---

1 https://oreil.ly/bkc2C

예를 들어 GPT-NeoX-20B 모델의 어휘를 살펴보겠습니다. `tokenizer.json` 파일[2]을 열고 Ctrl+F로 'vocab'을 검색하면 모델의 어휘가 담긴 사전이 표시됩니다. 언어 모델 어휘를 구성하는 단어들이 일반 사전에 등장하는 영단어와 완전히 일치하지는 않는다는 점을 알 수 있습니다. 이러한 단어와 유사한 단위를 '타입type'이라고 하며 텍스트 시퀀스 내에서 타입이 실제로 나타난 것을 토큰이라고 합니다.

> **NOTE_** 최근 들어, 특히 산업계에서는 '타입'이라는 용어를 거의 사용하지 않는 추세입니다. 이 표현은 이제 주로 오래된 자연어 처리 교재에서나 찾아 볼 수 있습니다. 대신 '토큰'을 널리 사용하며, 이는 어휘 단위 자체와 그것이 텍스트 내에 실제로 등장하는 경우 모두를 지칭합니다. 따라서 이 책에서는 앞으로 이 두 가지 개념을 모두 '토큰'으로 설명할 예정입니다. 개인적으로 이 표현을 선호하지는 않지만, 현재 업계에서의 일반적인 관행을 반영하기 위함입니다.

어휘 파일을 살펴보면 각 토큰 옆에 숫자가 함께 표시됩니다. 이 숫자는 **입력 ID**나 **토큰 인덱스**라고 합니다. GPT-NeoX의 어휘 크기는 5만 개가 조금 넘습니다. 어휘 파일을 자세히 들여다보면 앞부분 몇백 개의 토큰은 모두 단일 문자로 구성되었다는 점을 알 수 있습니다. 특수 문자, 숫자, 대문자, 소문자, 악센트가 붙은 문자 등이 이에 해당합니다. 반면, 더 긴 단어들은 어휘 목록의 뒷부분에 있습니다. 많은 토큰은 단어 전체가 아니라 일부 조각, 즉 **부분 단어** 형태로 구성됩니다. 예를 들어 'impl', 'inated'와 같은 토큰들이 이에 해당합니다.

이제 'office'를 검색해 보죠. Ctrl+F 기능을 활용하면 다음과 같은 아홉 개의 결과가 나타납니다.

```
"Ġoffice": 3906
"Ġofficer": 5908
"Ġofficers": 6251
"ĠOffice": 7454
"ĠOfficer": 12743
"Ġoffices": 14145
"office": 30496
"Office": 33577
"ĠOfficers": 37209
```

여기에서 Ġ 문자는 단어 앞의 공백을 의미합니다. 예를 들어 'He stopped going to the

---

[2] https://oreil.ly/Kages

office'라는 문장에서 'office'의 'o' 앞에 있는 공백을 토큰의 일부로 간주합니다. 또한 토큰은 대소문자를 구분합니다. 즉 'office'와 'Office'를 다른 토큰으로 처리합니다. 최근의 대부분 모델은 대소문자를 구분하는 어휘를 가지고 있습니다. 과거에는 BERT 모델이 대소문자를 구분하는 버전과 구분하지 않는 버전 두 가지로 출시되기도 했습니다.

> **NOTE_** 언어 모델은 각 토큰에 대해 해당 토큰의 구문적, 의미적 특징을 반영한 벡터 표현을 훈련하게 됩니다. 이러한 벡터 표현을 임베딩embedding이라고 합니다. 이 훈련 과정은 4장에서 다루고, 11장에서는 임베딩을 더 깊게 알아 볼 것입니다.

일반적으로 대소문자를 구분하는 어휘 체계는 훨씬 더 나은 성능을 보여줍니다. 방대한 텍스트를 훈련할 때는 대부분의 토큰이 충분히 자주 등장해 각기 구별되는 표현을 훈련할 수 있기 때문입니다. 예를 들어 'web'과 'Web'에는 분명한 의미 차이가 있으므로 이들을 별도의 토큰으로 다루는 것이 바람직합니다.

마지막으로 숫자 토큰을 예로 살펴보겠습니다. '93'을 Ctrl+F로 검색해 보면 단 세 개의 결과만 나옵니다.

```
"93": 4590
"937": 47508
"930": 48180
```

모든 숫자가 자체 토큰을 갖는 것으로 보이진 않습니다. 예를 들어 934의 토큰은 어디에 있을까요? 어휘 크기를 5만 개 정도로 제한하려면 모든 숫자에 개별 토큰을 부여하는 것은 현실적이지 않습니다. 이 장의 뒷부분에서 어휘 크기가 어떻게 결정되는지 논의할 예정입니다. 유명한 이름과 장소들은 자체 토큰을 가집니다. 보스턴, 토론토, 암스테르담을 나타내는 토큰은 있지만, 메사Mesa나 첸나이Chennai를 나타내는 토큰은 없습니다. 아메드Ahmed와 도널드Donald를 나타내는 토큰은 있지만, 수하스Suhas나 마리암Maryam을 나타내는 토큰은 없습니다.

다음과 같은 토큰도 있습니다.

```
"]);": 9259
```

이는 GPT-NeoX 가 프로그래밍 언어도 처리할 수 있음을 보여줍니다.

> **연습 문제**
>
> tokenizer.json 파일[3]을 살펴보고 다음 내용을 참고해 어휘를 자세히 탐색해 보세요.
>
> - 어떤 예상치 못한 토큰을 발견했나요?
> - 가장 긴 상위 10개 토큰은 무엇인가요?
> - 다른 언어의 단어를 나타내는 토큰이 있나요?

어휘는 어떻게 결정될까요? 당연히 937을 어휘에 포함하고 934를 제외하자고 열정적으로 주장하는 구성원들과 긴급회의를 하는 경영진은 없을 겁니다. 어휘의 정의를 다시 살펴봅시다.

특정 개인이 이해하는 언어 내 모든 단어

언어 모델이 영어 전문가가 되길 원한다면 영어 사전의 모든 단어를 어휘에 포함하면 되지 않을까요? 사실 그렇게 간단하지 않습니다. 언어 모델이 한 번도 접해 보지 않은 단어로 의사소통할 때는 어떻게 해야 할까요? 이런 상황은 생각보다 훨씬 자주 발생합니다. 새로운 단어는 계속 만들어지고, 단어의 형태는 다양하며(예: understand, understanding, understandable), 여러 단어가 하나로 결합되기도 합니다. 게다가 생물의학, 화학 등 수백만 개의 분야별 전문 용어도 존재합니다.

> **단어의 정의**
>
> 도대체 단어란 무엇일까요? 의외로 이 질문에 답하기는 매우 어렵습니다. 개념적으로는 단어를 자체적으로 완결된 의미가 있는 가장 작은 텍스트 단위라고 할 수 있습니다. 하지만 이것이 정확히 맞지는 않습니다. 예를 들어 '눈덩이snowball'라는 단어는 각각 독립적인 의미가 있는 구성 요소들로 이루어집니다. 알고리즘적으로는 단어를 단순히 공백으로 구분된 문자열이라고 정의할 수 있습니다. 그러나 이 역시 항상 맞는 것은 아닙니다. 예를 들어 'Hong Kong(홍콩)'은 공백으로 구분되지만 일반적으로 하나의 단어로 간주합니다. 반면 'can't'는 공백이 없음에도 잠재적으로 두 개나 세 개의 단어로 볼 수도 있습니다.

---

3 https://oreil.ly/FxPcz

> **NOTE_** 소셜 미디어 플랫폼 X의 @NYT_first_said[4] 계정은 고유 명사를 제외한 단어가 뉴욕 타임스에 처음으로 등장할 때 이를 게시합니다. 매일 평균 다섯 개의 새로운 단어가 미국의 대표 신문에 처음으로 등장합니다. 이 절을 작성한 날에는 'unflippant', 'dumbeyed', 'dewdrenched', 'faceflat', 'saporous', 'dronescape'라는 단어들이 있었습니다. 이런 단어 중 상당수는 사전에 추가되지 않을 수도 있습니다.

어휘에 존재하지 않는 토큰을 어휘 외$^{out\text{-}of\text{-}vocabulary}$(OOV) 토큰이라고 합니다. 전통적으로 OOV 토큰은 특수한 〈UNK〉 토큰으로 표현되었습니다. 〈UNK〉 토큰은 어휘에 존재하지 않는 모든 토큰을 위한 자리 표시자입니다. 모든 OOV 토큰은 동일한 임베딩을 공유(그리고 동일한 의미를 인코딩)하는데, 이는 바람직하지 않습니다. 더욱이 〈UNK〉 토큰은 생성 모델에서 사용할 수 없습니다. 모델이 다음과 같은 문장을 출력하기를 원하지 않겠죠.

언어 모델로서, 저는 〈UNK〉 시퀀스를 훈련받아 〈UNK〉 텍스트를 출력합니다.

OOV 문제를 해결하는 한 가지 방법은 단어 대신 문자 단위로 토큰을 표현하는 것입니다. 각 문자는 고유한 임베딩을 가지며, 모든 유효한 문자가 어휘에 포함되는 한 OOV 토큰을 만날 가능성은 없습니다. 하지만 이 방법에는 여러 단점이 있습니다. 평균적인 문장을 표현하는 데 필요한 토큰의 수가 훨씬 많아집니다. 예를 들어 'The number of tokens needed to represent the average sentence becomes much larger(평균 문장을 표현하는 데 필요한 토큰의 수가 훨씬 더 많아집니다)'라는 문장은 각 단어를 토큰으로 취급하면 13개의 토큰을 포함하지만, 각 문자를 토큰으로 취급하면 81개의 토큰을 포함합니다. 이는 고정된 시퀀스 길이 내에서 표현할 수 있는 내용의 양을 줄이며 모델 훈련과 추론을 모두 느리게 만듭니다(4장에서 더 자세히 설명합니다). 모델은 제한된 시퀀스 길이를 지원하므로 하나의 프롬프트에 담을 수 있는 정보량도 줄어듭니다. 이 장의 후반부에서는 문자 기반 토큰을 사용하려는 CANINE, ByT5, Charformer와 같은 모델들을 살펴보겠습니다.

결국 양쪽의 장점을 절충한 방식(혹은 양쪽의 단점을 모두 안은 방식. 이 부분에 관해서는 아직 학계의 합의가 없는 상태입니다)이 바로 부분 단어를 사용하는 것입니다. 현재 언어 모델 분야에서 어휘 단위를 표현하는 데는 바로 이 부분 단어 방식을 주로 사용합니다. 앞서 살펴본 GPT-NeoX의 어휘도 부분 단어 토큰으로 구성됩니다. [그림 3-1]은 오픈AI의 토크나이저

---

[4] Bittker, "@NYT_first_said (Twitter bot)", 2017. https://x.com/NYT_first_said

플레이그라운드[5]이며, 오픈AI 모델이 단어를 어떻게 구성 부분 단어로 분할하는지를 시각적으로 보여줍니다.

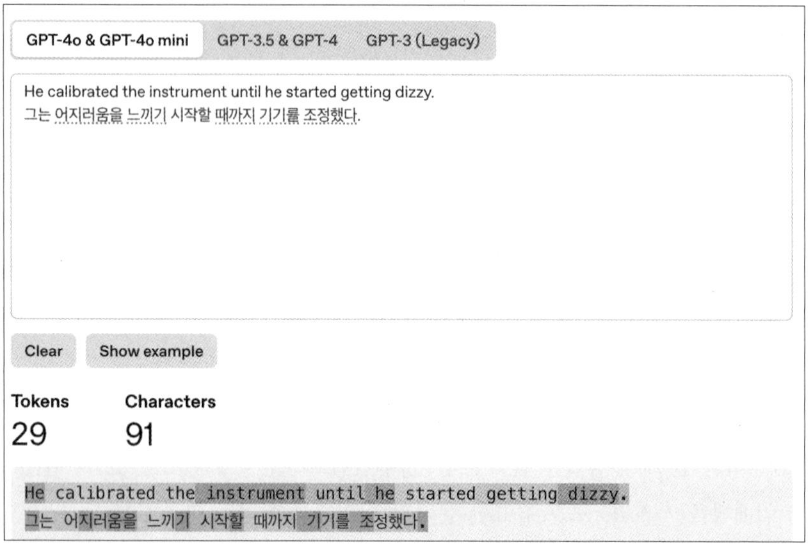

```
GPT-4o & GPT-4o mini    GPT-3.5 & GPT-4    GPT-3 (Legacy)

He calibrated the instrument until he started getting dizzy.
그는 어지러움을 느끼기 시작할 때까지 기기를 조정했다.




Clear    Show example

Tokens      Characters
29          91

He calibrated the instrument until he started getting dizzy.
그는 어지러움을 느끼기 시작할 때까지 기기를 조정했다.
```

그림 3-1 부분 단어 토큰

최적의 어휘 크기

언어 모델들이 사용하는 어휘 크기는 매우 다양합니다. 예를 들어 비슷한 규모의 모델임에도 Llama 3는 약 128,000개의 어휘를 사용하고 Gemma 2는 256,000개를 사용합니다. 특히 다국어 모델은 다양한 언어를 커버해야 하므로 일반적으로 어휘 집합이 더 큽니다.

그렇다면 최적의 어휘 크기는 무엇일까요? 어휘 크기가 클수록 주어진 텍스트를 표현하는 데 필요한 토큰 수가 줄어들어서 압축 효율이 높아집니다. 같은 계산 자원을 사용해 더 많은 텍스트를 처리할 수 있다는 뜻입니다.

하지만 어휘가 지나치게 커지면 문제가 발생합니다. 훈련 데이터에 드물게 등장하는 희귀 토큰의 수가 많아지면서 이들에 대한 표현이 불완전해질 가능성이 높아집니다. 결국 모델은 충분히 훈련되지 않은 희귀 토큰을 다루게 되어 성능 저하로 이어질 수 있습니다.

---

5 https://platform.openai.com/tokenizer

이와 관련해 타오^{Tao} 연구진[6]은 어휘 크기에 대한 스케일링 법칙을 제안했습니다. 이들은 모델의 크기와 연산량이 증가할수록 최적의 어휘 크기도 함께 증가해야 한다고 주장합니다. 이 연구가 이루어진 시점을 기준으로, 대부분의 모델이 최적보다 작은 어휘 크기를 사용하며 어휘 크기를 늘리면 성능 향상을 기대할 수 있다고 합니다.

3.2 토크나이저

이제 인간과 모델 사이의 텍스트 처리 인터페이스 역할을 하는 소프트웨어인 토크나이저를 자세히 알아보겠습니다. 토크나이저는 두 가지 주요 역할을 담당합니다.

1 토크나이저 사전 훈련 단계에서는 대규모 텍스트에 토크나이저를 적용해 어휘를 생성합니다.
2 모델 훈련과 추론 과정에서 입력을 처리할 때는 형식이 없는 원시 텍스트를 토크나이저 알고리즘으로 처리하여 유효한 토큰의 시퀀스로 분할합니다. 이러한 과정을 도식화한 것이 바로 [그림 3-2]입니다.

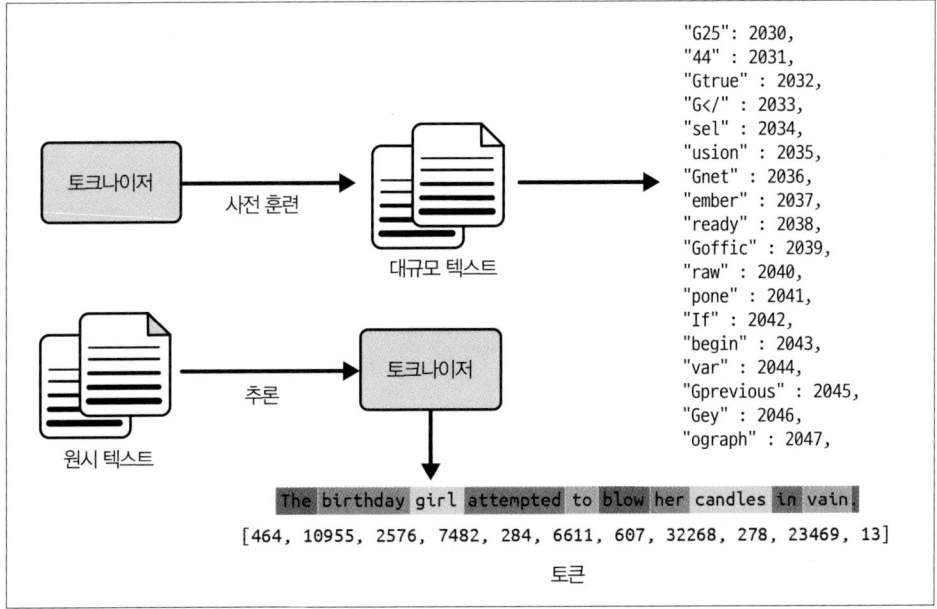

그림 3-2 토크나이저의 처리 흐름

---

[6] Hernandez et al., "Scaling Laws with Vocabulary: Larger Models Can Use Larger Vocabularies", 18 Jul 2024, https://arxiv.org/pdf/2407.13623v1

원시 텍스트를 토크나이저에 입력하면 토크나이저는 텍스트를 어휘에 포함된 토큰으로 나누고 이 토큰들을 해당 토큰 인덱스에 매핑합니다. 이렇게 얻은 토큰 인덱스 시퀀스(입력 토큰 id 값)는 언어 모델에 전달되며, 모델은 이를 각 토큰에 대응하는 임베딩으로 매핑해 처리합니다. 이 과정을 자세히 살펴보겠습니다.

이번에는 FLAN-T5 모델로 실험해 보겠습니다. 이 모델을 실행하려면 구글 코랩 프로 Google Colab Pro나 이에 준하는 컴퓨팅 환경이 필요합니다.

```
!pip install transformers accelerate sentencepiece

from transformers import T5Tokenizer, T5ForConditionalGeneration

tokenizer = T5Tokenizer.from_pretrained("google/flan-t5-large")
model = T5ForConditionalGeneration.from_pretrained("google/flan-t5-large",
    device_map="auto")
input_text = "what is 937 + 934?"
encoded_text = tokenizer.encode(input_text)
tokens = tokenizer.convert_ids_to_tokens(encoded_text)
print(encoded_text)
print(tokens)
```

출력은 다음과 같습니다.

```
[125, 19, 668, 4118, 1768, 668, 3710, 58, 1]
['_what', '_is', '_9', '37', '_+', '_9', '34', '?', '</s>']
```

encode() 함수는 입력된 텍스트를 토큰화해 해당하는 토큰 인덱스를 반환합니다. convert_ids_to_tokens() 함수를 사용하면 이러한 인덱스를 다시 해당 토큰 문자열로 변환할 수 있습니다.

보시다시피, FLAN-T5 토크나이저에는 숫자 937이나 934에 대한 전용 토큰이 없습니다. 따라서 이 숫자들은 '9'와 '37'처럼 분리되어 토큰화됩니다. </s>는 문자열의 끝을 나타내는 특수 토큰입니다. 토큰 앞에 공백이 있음을 나타내는 밑줄 문자 _가 붙습니다. 다음은 또 다른 예제입니다.

```
input_text = "Insuffienct adoption of corduroy pants is the reason this
economy is in the dumps!!!"
```

```
encoded_text = tokenizer.encode(input_text)
tokens = tokenizer.convert_ids_to_tokens(encoded_text)
print(tokens)
```

출력은 다음과 같습니다.

```
['_In', 's', '_uff', 'i', 'en', 'c', 't', '_adoption', '_of', '_cord', 'u',
 'roy', '_pants', '_is', '_the', '_reason', '_this', '_economy', '_is', '_in',
 '_the', '_dump', 's', '!!!', '</s>']
```

의도적으로 'Insufficient(부족한)'에 오타를 내 'Insuffienct'로 적었습니다. 부분 단어 토큰화는 오타에 상당히 취약합니다. 하지만 적어도 단어를 부분 단어로 분할함으로써 OOV 문제는 해결되었습니다. 흥미로운 점은 'corduroy(코듀로이)'가 어휘에 그대로 포함되지 않고 'cord', 'u', 'roy'로 분할되었다는 것입니다. 이는 모델이 패션 감각이 부족하다는 증거일지도 모릅니다. 또한 '!!!'는 세 개의 느낌표가 결합된 하나의 토큰으로 존재합니다. 이는 단일 느낌표를 나타내는 토큰과는 분명히 다릅니다. 실제로 느낌표 하나와 느낌표 세 개는 의미상 미묘한 차이를 나타낼 수 있습니다.

> **NOTE_** 방대한 텍스트를 기반으로 훈련된 초대형 언어 모델은 철자 오류에 대해 더 강건한 특성을 보입니다. 이는 훈련 데이터셋 안에 이미 다양한 철자 오류가 포함되었기 때문입니다. 예를 들어 비교적 드문 오타인 'Insuffienct'도 C4 사전 훈련 데이터셋에 14번 등장합니다. 더 흔한 오타인 'insufficent'는 1,100번 이상 나타납니다. 모델의 규모가 클수록 문맥을 활용해 오타가 포함된 단어를 추론하는 능력도 높아집니다. 반면 BERT처럼 규모가 작은 모델은 오타에 훨씬 민감하게 반응하는 경향이 있습니다.

오픈AI에서 제공하는 모델을 사용할 때는 tiktoken[7]이라는 라이브러리를 사용해 해당 모델의 토크나이징 방식을 탐색할 수 있습니다(참고로 이 라이브러리는 소셜미디어 플랫폼 틱톡과는 아무런 관련이 없습니다).

tiktoken을 사용하여 오픈AI 생태계에서 사용 가능한 다양한 어휘를 살펴보겠습니다.

```
!pip install tiktoken

import tiktoken
tiktoken.list_encoding_names()
```

---

[7] OpenAI, "tiktoken: Fast BPE tokenization for OpenAI models", 2022, https://github.com/openai/tiktoken

출력 결과는 다음과 같습니다.

```
['gpt2', 'r50k_base', 'p50k_base', 'p50k_edit', 'cl100k_base', 'o200k_base', 'o200k_harmony']
```

50K/100K와 같은 숫자는 어휘 크기로 추정됩니다. 오픈AI는 이러한 어휘에 관한 많은 정보를 공개하지 않았습니다. 문서에 따르면 o200k_base는 GPT-4o에서 사용되고, cl100k_base는 GPT-4에서 사용된다고 합니다.

```
encoding = tiktoken.encoding_for_model("gpt-4")
input_ids = encoding.encode("Insuffienct adoption of corduroy pants is the
                            reason this economy is in the dumps!!!")
tokens = [encoding.decode_single_token_bytes(token) for token in input_ids]
```

출력은 다음과 같습니다.

```
[b'Ins', b'uff', b'ien', b'ct', b' adoption', b' of', b' cord', b'uro', b'y',
b' pants', b' is', b' the', b' reason', b' this', b' economy', b' is', b' in',
b' the', b' dumps', b'!!!']
```

출력 결과를 보면 GPT-4와 FLAN-T5가 사용하는 토큰화 방식 사이에는 큰 차이가 없습니다.

> **연습 문제**
>
> 다음 링크(https://oreil.ly/TQoLz)의 저장소에는 o200k_base와 cl100k_base의 어휘가 포함됩니다. 이 두 어휘 간의 차이점을 찾아보세요. 한쪽에만 있고 다른 쪽에는 없는 토큰 유형은 어떤 것인가요?

TIP 특정 작업에서 LLM이 입력의 일부에서만 이상한 동작을 보일 때는 해당 입력이 어떻게 토큰화되었는지 확인해 보면 도움이 될 수 있습니다. 물론 토큰화만으로 문제의 원인을 완전히 진단할 수는 없지만, 분석 과정에서 유용한 단서를 제공하는 경우가 많습니다. 경험에 따르면, LLM의 오작동 중 무시할 수 없는 비율은 텍스트가 토큰화된 방식과 관련이 있습니다. 특히 모델이 훈련된 도메인과 실제 사용하려는 도메인이 다를 때 이런 문제가 더 자주 발생합니다.

> **토큰화 없는 모델**
>
> 1장에서 논의했듯이, 통합 효과는 인간의 입력을 받아들이고, 필요한 모든 처리를 수행하며, 단일 모델 내에서 인간이 소비할 수 있는 출력을 생성하는 엔드 투 엔드end-to-end 아키텍처로 이어집니다. 하지만 마지막 남은 부분은 토큰화 단계입니다. 앞서 본 코드에서 알 수 있듯이, 토큰화는 모델에 입력할 데이터를 준비하는 전처리 단계로 사용됩니다. 모델이 받는 입력은 원시 텍스트가 아니라 토큰 인덱스의 시퀀스입니다. 하지만 토큰화 단계를 제거해 모델을 진정으로 엔드 투 엔드로 만들면 어떨까요? 원시 텍스트를 모델에 직접 입력하고 결과를 출력하게 할 수 있을까요? CANINE, ByT5, Charformer와 같은 모델이 토큰화 없는 언어 모델링 분야에 대해 시도를 했습니다.
>
> - CANINE[8]은 유니코드 코드 포인트를 입력으로 받습니다. 그러나 가능한 코드 포인트는 1,114,112개로, 어휘와 결과적인 임베딩 층layer 크기가 현실적으로 불가능합니다. 이를 해결하고자 CANINE은 해시된 임베딩을 사용해 효과적인 어휘 공간을 훨씬 작게 만듭니다.
> - ByT5[9]는 바이트 단위로 입력을 받아들이므로 어휘에는 (몇 가지 특수 토큰을 포함하여) 단 259개의 토큰만 있어 임베딩 층 크기를 크게 줄입니다.
> - Charformer[10]도 바이트 단위로 입력을 받아들이고 이를 잠재적 부분 단어를 구성하는 그레이디언트 기반 부분 단어 토크나이저 모듈에 전달합니다.

3.3 토큰화 파이프라인

[그림 3-3]은 토크나이저가 수행하는 단계의 순서를 보여줍니다.

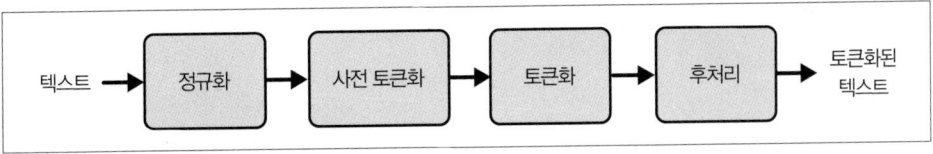

그림 3-3 허깅 페이스 토크나이저 파이프라인

---

8 Clark et al., "CANINE: Pre-training an Efficient Tokenization-Free Encoder for Language Representation", 11 Mar 2021, https://arxiv.org/abs/2103.06874

9 Xue et al., "ByT5: Towards a token-free future with pre-trained byte-to-byte models", 28 May 2021, https://arxiv.org/abs/2105.13626

10 Tay et al., "Charformer: Fast Character Transformers via Gradient-based Subword Tokenization", 23 Jun 2021, https://arxiv.org/abs/2106.12672

허깅 페이스의 토크나이저 라이브러리를 사용하면 입력 텍스트가 여러 단계의 토큰화 파이프라인을 통해 처리됩니다. 이 파이프라인은 다음 네 가지 구성 요소로 이루어집니다.

- 정규화
- 사전 토큰화 pre-tokenization
- 토큰화
- 후처리

참고로 다양한 모델은 이 네 가지 구성 요소 내에서 각기 다른 단계를 실행합니다.

3.3.1 정규화

정규화는 텍스트를 일관된 형식으로 변환하는 과정입니다. 일반적으로 다음과 같은 변환이 포함됩니다.

- 소문자 변환(대소문자를 구분하지 않는 모델을 사용하는 경우)
- 문자에서 악센트 제거(예: Peña → Pena)
- 유니코드 정규화(예: 유사 문자를 표준 유니코드로 통합)

BERT의 대소문자 구분 없는(uncased) 버전에 어떤 종류의 정규화가 적용되는지 살펴보겠습니다.

```
tokenizer = AutoTokenizer.from_pretrained("bert-base-uncased")
print(tokenizer.backend_tokenizer.normalizer.normalize_str(
    ' Pédrò pôntificated at üs:-)'))
```

출력은 다음과 같습니다.

```
pedro pontificated at us:-)
```

보시다시피, 발음 기호가 제거되고 텍스트가 소문자로 변환되었습니다. 최신 모델의 토크나이저에서는 정규화가 많이 이루어지지 않는 편입니다.

3.3.2 사전 토큰화

텍스트에 토크나이저를 실행하기 전에 선택적으로 사전 토큰화 단계를 수행할 수 있습니다. 앞서 언급했듯이, 오늘날 대부분의 토크나이저는 부분 단어 토큰화를 사용합니다. 일반적인 단계는 먼저 단어 토큰화를 수행한 다음 그 출력을 부분 단어 토큰화 알고리즘에 입력하는 것입니다. 이 단계를 사전 토큰화라고 합니다.

사전 토큰화는 다른 언어들보다 영어에서 비교적 쉽습니다. 단순히 공백으로 텍스트를 분할하기만 해도 매우 강력한 기초를 마련할 수 있기 때문입니다. 물론 구두점, 여러 공백, 숫자 등을 어떻게 처리할 것인지와 같은 특수한 결정이 필요합니다. 허깅 페이스에서는 이를 처리할 때 정규 표현식을 사용합니다.

```
\w+|[^\w\s]+
```

이 정규 표현식은 공백을 기준으로 텍스트를 분리할 때 사용합니다.

이번에는 T5 토크나이저의 사전 토큰화 단계가 어떻게 동작하는지 확인해 보겠습니다.

```
tokenizer = AutoTokenizer.from_pretrained("google/flan-t5-xl")
tokenizer.backend_tokenizer.pre_tokenizer.pre_tokenize_str("I'm starting to suspect - I am 55 years old! Time to vist New York?")
```

출력 결과는 다음과 같습니다.

```
[("_I'm", (0, 3)),
('_starting', (3, 12)),
('_to', (12, 15)),
('_suspect', (15, 23)),
('_-', (23, 25)),
('_I', (25, 27)),
('_am', (27, 30)),
('_55', (30, 33)),
('_years', (33, 39)),
('_old!', (39, 44)),
('_', (44, 45)),
('_', (45, 46)),
('_Time', (46, 51)),
('_to', (51, 54)),
```

```
('_vist', (54, 59)),
('_New', (59, 63)),
('_York?', (63, 69))]
```

사전 토큰(또는 단어 토큰)과 함께 문자 위치 정보도 반환됩니다. T5 사전 토크나이저는 공백에서만 분할하고, 여러 공백을 하나로 합치지 않으며, 구두점이나 숫자에서 분할하지 않습니다. 다른 토크나이저에서는 이러한 동작이 크게 다를 수 있습니다.

3.3.3 토큰화

선택적인 사전 토큰화 단계 이후에 실제 토큰화 단계가 수행됩니다. 이 분야에서 중요한 알고리즘으로는 바이트 페어 인코딩$^{\text{byte pair encoding}}$(BPE), 바이트 레벨 BPE$^{\text{byte-level BPE}}$, 워드피스^{WordPiece}, 유니그램 LM이 있습니다. 토크나이저는 사전 훈련 데이터셋을 사용하는 사전 훈련 단계에서 학습된 규칙 세트로 구성됩니다. 이제 이러한 알고리즘들을 자세히 살펴보겠습니다.

3.3.4 바이트 페어 인코딩

이 알고리즘은 가장 단순하면서도 가장 널리 사용되는 토큰화 알고리즘입니다.

훈련 단계

훈련 데이터셋을 가져와 앞서 논의한 정규화와 사전 토큰화 단계를 거친 후, 결과물에서 고유한 토큰과 그 빈도를 기록합니다. 그런 다음 이러한 토큰을 구성하는 고유 문자들로 초기 어휘를 구축합니다. 이 초기 어휘에서 시작해 병합 규칙을 사용해 새로운 토큰을 계속 추가합니다. 병합 규칙은 간단합니다. 가장 빈번하게 연속으로 나타나는 토큰 쌍을 사용해 새 토큰을 만듭니다. 원하는 어휘 크기에 도달할 때까지 이 병합을 계속합니다.

예제를 살펴보겠습니다. 훈련 데이터셋이 다음 여섯 단어로 구성되고 각각 한 번씩만 나타난다고 가정해 보겠습니다.

```
'bat', 'cat', 'cap', 'sap', 'map', 'fan'
```

초기 어휘는 다음과 같이 구성됩니다.

```
'b', 'a', 't', 'c', 'p', 's', 'm', 'f', 'n'
```

연속된 토큰 쌍의 빈도는 다음과 같습니다.

```
'ba' - 1, 'at' - 2, 'ca' - 2, 'ap' - 3, 'sa' - 1, 'ma' - 1, 'fa' - 1, 'an' - 1
```

가장 빈번한 쌍은 'ap'이므로 첫 번째 병합 규칙은 'a'와 'p'를 병합하는 것입니다. 이제 어휘는 다음과 같습니다.

```
'b', 'a', 't', 'c', 'p', 's', 'm', 'f', 'n', 'ap'
```

새로운 빈도는 다음과 같습니다.

```
'ba' - 1, 'at' - 2, 'cap' - 1, 'sap' - 1, 'map' - 1, 'fa' - 1, 'an' - 1
```

이제 가장 빈번한 쌍은 'at'이므로 다음 병합 규칙은 'a'와 't'를 병합하는 것입니다. 이 과정은 원하는 어휘 크기에 도달할 때까지 계속됩니다.

추론 단계

토크나이저가 훈련된 후에는 텍스트를 적절한 부분 단어 토큰으로 나누고 모델에 입력하는 데 사용합니다. 이는 훈련 단계와 유사한 방식으로 진행됩니다. 입력 텍스트의 정규화 및 사전 토큰화 후, 결과 토큰은 개별 문자로 분해되고 모든 병합 규칙이 순서대로 적용됩니다. 그 후에 남아 있는 토큰들이 모델에 입력될 최종 토큰입니다.

GPT-NeoX의 어휘 파일[11]을 다시 열고 Ctrl+F로 'merges'를 검색해 병합 규칙을 확인해 보세요. 예상대로 초기 병합 규칙은 단일 문자들을 서로 결합합니다. 병합 목록의 끝부분에서는 'out'과 'comes'와 같은 더 큰 부분 단어가 단일 토큰으로 병합되는 모습을 볼 수 있습니다.

---

[11] https://oreil.ly/7JAyY

> **연습 문제**
>
> https://oreil.ly/xwGqK 에서 다운로드할 수 있는 위키백과 데이터셋의 일부를 사용해 BPE 알고리즘을 직접 구현해 보세요. 어휘 크기가 10,000일 때 어떤 토큰들이 생성되며 이들이 인기 있는 언어 모델의 어휘와 무엇이 다른지 알아보세요. 결과로 얻은 토크나이저를 https://oreil.ly/MqEY9 에서 구할 수 있는 머신러닝 논문 데이터셋과 같은 특정 도메인 데이터셋에 적용해 보세요. 모든 기술적 개념이 자체 토큰을 갖게 되나요? 이러한 과정은 범용 언어 모델이 사용자의 목적에 얼마나 적합한지 판단하는 데 유용한 단서를 제공합니다.

NOTE_ 토크나이저 훈련 세트의 모든 고유 개별 문자가 자체 토큰을 갖게 되므로 향후 추론 과정에서 만나는 모든 토큰이 훈련 세트에 있는 문자들로만 구성되는 한 OOV 토큰이 발생하지 않는 것이 보장됩니다. 그러나 유니코드는 100만 개 이상의 코드 포인트와 약 15만 개의 유효한 문자로 구성되므로 3만 개 크기의 어휘에 모두 담을 수 없습니다. 따라서 입력 텍스트에 훈련 세트에 없는 문자가 포함된다면 그 문자에 <UNK> 토큰이 할당된다는 의미입니다.

이 문제를 해결하는 데 바이트 레벨 BPE라고 하는 BPE의 변형이 사용됩니다. 바이트 레벨 BPE는 바이트로 표현할 수 있는 모든 문자를 나타내는 256개의 토큰으로 시작합니다. 이 방식은 모든 유니코드 문자가 구성 바이트 토큰들의 연결만으로 인코딩될 수 있도록 보장합니다. 따라서 <UNK> 토큰을 만날 일이 없게 합니다. GPT 계열 모델은 이 토크나이저를 사용합니다.

3.3.5 워드피스

워드피스는 BPE와 유사한 방식의 토큰화 알고리즘이지만 몇 가지 중요한 차이점이 있습니다. BPE는 빈도 접근법을 사용하지만, 워드피스는 최대 가능도$^{maximum\ likelihood}$ 접근법을 사용합니다. 데이터셋에서 점수는 토큰 쌍의 빈도를 두 개별 토큰의 빈도 곱으로 나눈 값으로 정규화됩니다. 그 결과 점수가 가장 높은 쌍이 병합됩니다.

```
score = freq(a,b)/(freq(a) * freq(b))
```

이는 개별적으로 빈도가 낮은 토큰으로 구성된 토큰 쌍이 먼저 병합됨을 의미합니다. [그림 3-4]는 병합 우선순위와 개별 빈도에 따른 정규화가 병합 순서에 어떤 영향을 미치는지 보여줍니다.

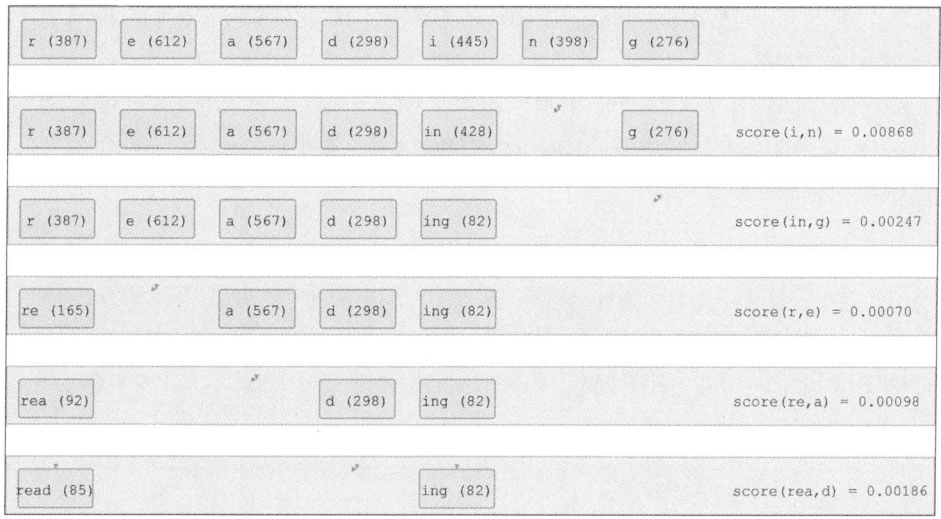

그림 3-4 워드피스 토큰화

추론 단계에서는 병합 규칙을 사용하지 않습니다. 대신, 입력 텍스트가 사전 토큰화된 후 각 토큰에 대해 어휘 사전에서 가장 긴 부분 단어를 찾아 해당 지점을 기준으로 분리합니다. 예를 들어 입력 토큰이 'understanding'이고 어휘 사전 안에서 이 토큰과 일치하는 가장 긴 부분 단어가 'understand'라면, 이 토큰은 'understand'와 'ing'으로 나뉘게 됩니다.

후처리

몇 가지 토크나이저 알고리즘을 살펴봤으니, 이제 파이프라인의 다음 단계인 후처리 단계로 넘어가겠습니다. 이 단계에서는 모델별 특수 토큰이 추가됩니다. 일반적인 토큰으로는 많은 언어 모델에서 사용하는 분류 토큰인 [CLS]와 입력의 부분들을 구분하는 데 사용하는 구분자 토큰인 [SEP] 등이 있습니다.

기묘한 SolidMagiGoldkarp 사례

토큰화 알고리즘의 작동 방식 때문에 이상한 토큰들이 언어 모델 어휘의 일부가 되는 경우가 있습니다. 그러한 토큰 중 하나가 'SolidMagiGoldkarp'입니다. 이는 무한히 숫자를 세는 시도를 했던, 지금은 삭제된 레딧 사용자를 나타냅니다. 매우 활발한 게시자였죠. 이 토큰은 GPT-2 토크나이저 어휘에 있었습니다. 같은 토크나이저를 GPT-3 모델에서도 사용했지만, 모델의 사전 훈련 데이터셋이 변경되어 SolidMagiGoldkarp에 대한 언급이 거의 없거나 전혀 포함되지 않았습니다. 그래서 이제 SolidMagiGoldkarp에 대한 토큰은 존재하지만 사전 훈련 데이터셋에서 학습할 신호가 없게 되었습니다. 이 때문에 GPT-3에서 이상하고 재미있는 동작이 나타나기도 합니다. 이러한 토큰을 글리치 토큰glitch token[12]이나 불충분 훈련 토큰undertrained token이라고 합니다.

토큰 어원학은 많은 LLM 열광자의 새로운 취미가 되었습니다. 이는 언어 모델의 어휘에서 희귀한 토큰을 찾고 그 기원을 밝히는 것을 포함합니다. 단순한 재미를 넘어, 희귀 토큰의 기원을 아는 것은 사전 훈련 데이터셋의 특성에 대한 통찰력을 제공합니다. tiktoken[13]을 사용하여 GPT-4나 GPT-4o의 어휘에서 몇 가지 희귀한 어휘 용어를 찾아보세요. 그리고 그 토큰이 어디서 유래했는지 유추해 보세요.

3.3.6 특수 토큰

모델에 따라, 처리를 용이하게 하는 몇 가지 특수 토큰이 어휘에 추가됩니다. 이러한 토큰에는 다음이 포함될 수 있습니다.

- ⟨PAD⟩: 입력의 크기가 최대 시퀀스 길이보다 작을 때 패딩을 나타내는 데 사용합니다.
- ⟨EOS⟩: 시퀀스의 끝을 나타냅니다. 생성 모델은 이 토큰을 출력한 후 생성을 중단합니다.
- ⟨UNK⟩: 어휘 외(OOV) 용어를 나타냅니다.
- ⟨TOOL_CALL⟩, ⟨/TOOL_CALL⟩: 이 토큰 사이의 내용은 API 호출이나 데이터베이스 질의와 같은 외부 도구의 입력으로 사용됩니다.
- ⟨TOOL_RESULT⟩, ⟨/TOOL_RESULT⟩: 이 토큰 사이의 내용은 앞서 언급한 도구를 호출한 결과를 나타내는 데 사용됩니다.

앞서 보았듯이, 데이터가 의료나 과학과 같은 특정 도메인에 속한다면 일반 목적 토크나이저의 토큰화는 만족스럽지 않을 것입니다. 메타의 갤럭티카GALACTICA[14]는 모델에 여러 도메인별 토큰과 특수 토큰화 규칙을 도입했습니다.

---

[12] Land et al., "Fishing for Magikarp: Automatically Detecting Under-trained Tokens in Large Language Models", 8 May 2024, https://arxiv.org/pdf/2405.05417
[13] https://github.com/openai/tiktoken
[14] Taylor et al., "Galactica: A Large Language Model for Science", 16 Nov 2022, https://arxiv.org/pdf/2211.09085

- [START_REF]와 [END_REF]는 인용문을 감싸는 데 사용됩니다.
- ⟨WORK⟩는 추론과 코드 생성에 사용되는 내부 작업 메모리를 구성하는 토큰을 감싸는 데 사용됩니다.
- 숫자는 숫자의 각 자릿수에 별도의 토큰을 할당해 처리됩니다.
- [START_SMILES], [START_DNA], [START_AMINO], [END_SMILES], [END_DNA], [END_AMINO]는 각각 단백질 시퀀스, DNA 시퀀스, 아미노산 시퀀스용입니다.

> **토크나이저 평가**
>
> 토크나이저를 평가하는 두 가지 주요 지표는 비옥도^{fertility}와 동등성^{parity}입니다.
>
> **비옥도**는 데이터셋을 표현하는 데 필요한 평균 토큰 수를 측정하는 지표입니다. 이는 데이터셋의 토큰 수를 데이터셋의 단어 수로 나누어 계산합니다. 비옥도가 높을수록 토크나이저의 압축 효율이 떨어진다는 의미입니다. 골드만^{Goldman} 연구진[15]은 더 높은 압축이 더 나은 다운스트림 성능으로 이어진다고 주장했지만, 슈미트^{Schmidt} 연구진[16]의 실험에서는 이 주장에 이의가 제기되었습니다. 토크나이저가 더 높은 압축 수준을 달성하려면 어휘 생성 단계에서 더 큰 데이터셋으로 훈련되어야 합니다.
>
> **동등성**은 토크나이저가 두 언어를 얼마나 공정하게 다루는지를 측정하는 지표입니다. 이는 한 언어와 다른 언어에서 동일한 데이터를 표현하는 데 필요한 토큰의 비율로 계산됩니다. 오늘날 많은 언어 모델은 다국어 지원을 제공합니다. 그러나 토크나이저가 영어 중심 코퍼스에서 훈련되었으므로 다른 언어에 대한 토큰화는 최적화되지 않은 경향이 있습니다. 따라서 페트로프^{Petrov} 연구진[17]이 보여주었듯이, 비영어 언어로 된 문장은 동일한 문장을 영어로 표현할 때보다 몇 배 더 많은 토큰이 필요할 수 있습니다.

의료, 금융, 법률, 생물의학과 같은 특정 도메인 데이터에 일반 목적 데이터로 훈련된 토크나이저를 사용하면 상대적으로 압축률이 낮아집니다. 도메인별 용어가 자체 토큰으로 존재하지 않고 여러 토큰으로 분할되기 때문입니다. 모델을 특수 도메인에 적응시키는 한 가지 방법은 모델이 도메인별 용어에 대한 좋은 벡터 표현을 학습하도록 하는 것입니다.

---

15 Goldman et al., "Unpacking Tokenization: Evaluating Text Compression and its Correlation with Model Performance", 22 Jun 2024, https://arxiv.org/pdf/2403.06265

16 Schmidt et al., "Tokenization Is More Than Compression", 7 Oct 2024, https://arxiv.org/pdf/2402.18376

17 Petrov et al., "Language Model Tokenizers Introduce Unfairness Between Languages", https://oreil.ly/ZATOQ

이를 위해 기존 토크나이저에 새로운 토큰을 추가하고 도메인별 데이터로 모델의 사전 훈련을 계속함으로써 새로운 도메인별 토큰이 효과적인 표현을 학습하도록 할 수 있습니다. 지속적 사전 훈련continual pre-training은 7장에서 더 자세히 배울 것입니다. 지금은 허깅 페이스를 사용해 어휘에 새 토큰을 추가하는 방법을 살펴보겠습니다.

'The addition of CAR-T cells and antisense oligonucleotides drove down incidence rates.'라는 문장을 예로 들어 보겠습니다. FLAN-T5 토크나이저는 이 텍스트를 다음과 같이 분할합니다.

```
['_The', '_addition', '_of ', '_C', ' AR', '-', ' T', '_cells', '_and', '_anti', '
s', 'ense', '_', ' oli', ' gon', ' u', ' cle', ' o', ' t', ' ides', '_drove',
'_down', '_incidence', '_rates', ' .', '</s>']
```

특정 도메인 용어를 어휘에 추가해 보겠습니다.

```
from transformers import T5Tokenizer, T5ForConditionalGeneration

tokenizer = T5Tokenizer.from_pretrained("google/flan-t5-large")
model = T5ForConditionalGeneration.from_pretrained("google/flan-t5-large",
    device_map="auto")

tokenizer.add_tokens(["CAR-T", "antisense", "oligonucleotides"])
model.resize_token_embeddings(len(tokenizer))
```

이제 문자열을 다시 토큰화하면 도메인별 토큰이 추가된 다음과 같은 토큰이 생성됩니다.

```
['_The', '_addition', '_of ', ' CAR-T', '_cells', '_and', ' antisense', '
oligonucleotides', '_drove', '_down', '_incidence', '_rates', ' .', '</s>']
```

여기서는 절반의 작업만 완료했습니다. 이 새 토큰들의 임베딩 벡터에는 아직 아무 정보도 담겨 있지 않습니다. 따라서 이 토큰들의 올바른 표현을 학습해야 하며, 이는 7장에서 다룰 파인 튜닝이나 지속적 사전 훈련으로 가능합니다.

3.4 마치며

이번 장에서는 언어 모델의 핵심 구성 요소인 어휘를 자세히 살펴봤습니다. 언어 모델에서 어휘가 어떻게 정의되고 만들어지는지부터 시작해 토큰화라는 개념과 함께 BPE와 워드피스 같은 토큰화 알고리즘을 알아봤습니다. 이 알고리즘들은 어휘를 구성하고 원본 텍스트를 언어 모델이 이해할 수 있는 토큰 시퀀스로 변환하는 역할을 합니다. 실제 언어 모델들의 어휘를 살펴보면서 토큰이 우리가 일반적으로 생각하는 단어와 무엇이 다른지도 확인했습니다. 다음 장에서는 언어 모델의 다른 요소들, 특히 모델 아키텍처와 학습 목표에 관해 계속 알아보겠습니다.

CHAPTER 4

아키텍처와 학습 목표

2장과 3장에서는 언어 모델을 구성하는 핵심 요소인 학습 데이터셋, 어휘집, 토크나이저를 살펴봤습니다. 이제 모델 자체와 그 기반이 되는 아키텍처, 학습 목표에 관해 알아보겠습니다.

이 장에서는 언어 모델의 구성과 구조를 배웁니다. 오늘날 언어 모델은 대부분 트랜스포머 아키텍처를 기반으로 하므로 이 아키텍처의 각 구성 요소를 상세히 살펴보며 이를 깊이 이해하는 데 중점을 둘 것입니다. 최근 몇 년 동안 기존 트랜스포머 아키텍처의 여러 변형과 대안들이 제안되었습니다. 전문가 혼합mixture of experts (MoE) 모델을 포함한 유망한 모델들을 자세히 살펴볼 것입니다. 또한 다음 토큰 예측을 포함하여 언어 모델이 훈련되는 일반적인 학습 목표들도 검토할 것입니다. 마지막으로, 처음부터 언어 모델을 사전 훈련하는 방법을 배우며 지난 세 장에서 다룬 개념들을 실제로 통합해 보겠습니다.

4.1 기본 개념

현대의 거의 모든 언어 모델은 **뉴런**이라는 처리 단위로 구성된 신경망을 기반으로 합니다. 현대 신경망은 사실 인간 두뇌의 작동 방식과 완전히 다르지만, 신경망의 기본 개념과 용어들은 신경과학 분야에서 영감을 받았습니다.

신경망의 뉴런들은 특정 구성에 따라 서로 연결되어 있습니다. 두 뉴런 사이의 각 연결은 가중치(또는 **파라미터**)와 연관되어 연결 강도를 나타냅니다. 이러한 뉴런이 수행하는 역할과 서로 연결되는 방식이 모델의 **아키텍처**를 구성합니다.

2010년대 초반에는 여러 층의 뉴런이 겹겹이 쌓인 다층 아키텍처가 널리 확산되었습니다. 이런 구조에서는 각 층이 입력 데이터의 점점 더 복잡한 특징들을 추출합니다. 이러한 패러다임을 **딥러닝**이라고 합니다. [그림 4-1]은 다층 퍼셉트론이라고도 하는 기본적인 다층 신경망을 보여줍니다.

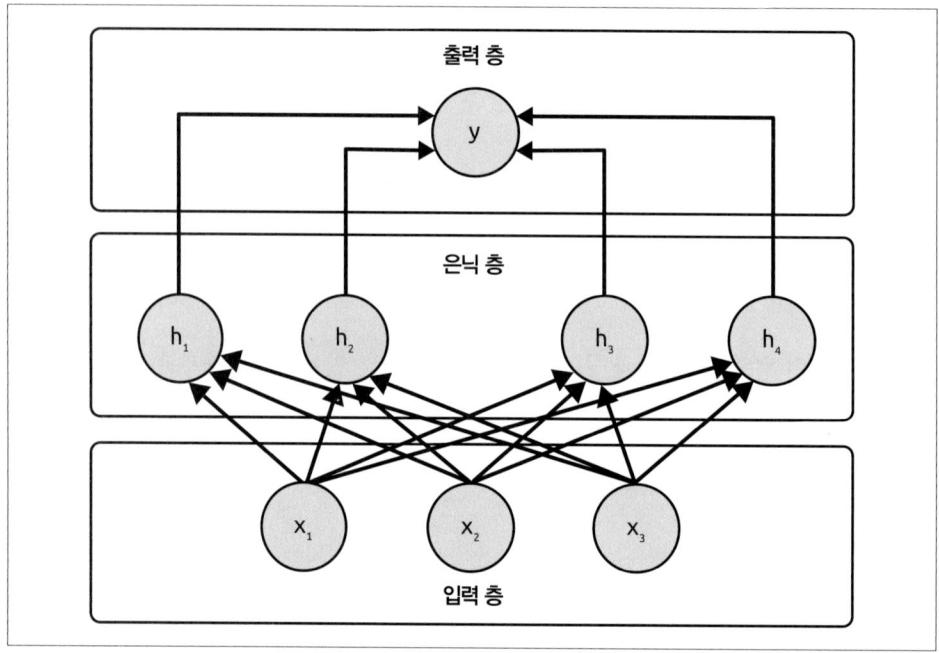

그림 4-1 다층 퍼셉트론

> TIP 신경망에 관해 더 자세히 알고 싶다면, 골드버그가 쓴 『신경망 기반 자연어 처리Neural Network-based Natural Language Processing』 책[1]을 참고하기 바랍니다.

1장에서 설명했듯이, 언어 모델은 주로 자기 지도 학습을 통해 사전 훈련됩니다. 학습 데이터셋에서 가져온 텍스트는 토큰화된 후 벡터 형태로 변환됩니다. 그다음 이 입력값은 신경망을 통과하면서 가중치와 **활성화 함수**activation function의 영향을 받습니다. 특히 활성화 함수는 모델에 비선형성을 부여하는 중요한 역할을 합니다. 모델의 출력값은 정답gold truth이라고도 하는 기대

---

[1] "Neural Network Methods for Natural Language Processing", https://oreil.ly/oDc6x

출력값과 비교합니다. 모델의 가중치는 다음에 같은 입력이 들어왔을 때 출력값이 정답에 더 가까워지도록 조정됩니다.

실제로 이러한 적응 과정은 **손실 함수**loss function를 통해 구현됩니다. 모델의 목표는 모델 출력과 정답 사이의 차이인 손실을 최소화하는 것입니다. 손실을 최소화하기 위해 가중치는 경사 하강법gradient descent에 기반한 역전파backpropagation를 사용해 업데이트됩니다. 모델 훈련에 본격적으로 들어가기 전에 이 알고리즘에 대한 직관적인 이해를 갖추기를 강력히 권장합니다.

> **자기 지도 학습과 지도 학습의 차이**
>
> 사실 자기 지도 학습과 지도 학습의 구분은 인위적입니다. '지도 학습'이라는 용어는 입력–출력 쌍을 사용한 예시 기반 학습을 설명하는 데 사용됩니다. 훈련 데이터셋을 만들 때 출력값은 일반적으로 사람이나 컴퓨터가 주석을 달아 제공합니다. 반면 자기 지도 학습에서는 출력 레이블이 이미 자연스럽게 입력의 일부로 존재하므로 별도로 주석을 달 필요가 없습니다. 예를 들어 다음 토큰 예측이라는 학습 목표가 있는 인터넷상의 웹 텍스트가 그렇습니다. 다음 토큰 예측에 대한 정답은 입력 자체 안에 이미 존재합니다.

4.2 의미 표현하기

앞에서 신경망 기반 아키텍처를 설명하면서, 입력 텍스트가 벡터로 변환된 후 네트워크를 통해 전파된다는 점을 간단하게 다뤘습니다. 그런데 이 벡터들은 무엇으로 구성되며 실제로 무엇을 표현할까요? 이상적으로는 모델 훈련이 완료된 후에 이 벡터들이 기본 텍스트의 의미적 측면을 사회적 함의까지 포함해 정확히 표현할 수 있어야 합니다. 텍스트나 이미지 같은 데이터 형식에 적합한 표현 방식을 개발하는 것은 **표현 학습**representation learning이라는 매우 활발한 연구 분야입니다.

> NOTE_ 언어 모델을 처음부터 훈련할 때, 이 벡터들은 무작위로 생성되므로 초기에는 아무런 의미가 없습니다. 실제로는 Glorot, He 등과 같은 초기화 알고리즘이 사용됩니다. 신경망 초기화에 관한 기초 지식은 관련 보고서[2]를 참고하기 바랍니다.

---

2 "An Intro to Neural Network Initialization With Keras", https://oreil.ly/A8Iro

숫자 목록이 어떻게 의미를 표현할까요? 사람들도 단어나 문장의 의미를 설명하기 어려운데, 컴퓨터가 처리할 수치 형태로 이를 표현하기는 더 어렵습니다. 단어의 **형태**, 즉 단어를 구성하는 글자들은 보통 단어가 나타내는 의미에 관한 어떤 정보도 제공하지 않습니다. 예를 들어 'umbrella(우산)'라는 단어의 철자 순서는 그 의미에 대한 어떤 힌트도 주지 않으며, 다른 수천 개의 영단어를 안다 해도 마찬가지입니다.

의미를 수치 형태로 표현하는 대표적인 방법은 **분포 가설**distributional hypothesis 프레임워크에 기반합니다. 분포 가설은 의미가 비슷한 단어들이 비슷한 맥락에서 사용된다고 말합니다. 이 가설의 함의는 다음 격언에 가장 잘 나타납니다.

> 특정 단어가 함께 사용되는 단어들을 보면, 그 단어의 의미를 알 수 있다.
>
> — 존 루퍼트 퍼스John Rupert Firth, 1957

우리가 낯선 단어의 의미를 사전을 찾지 않고도 유추할 수 있는 주요한 방식이 바로 이것입니다. 실제로 우리가 아는 많은 단어는 사전에서 명시적으로 의미를 배운 것이 아니라, 해당 단어가 사용된 문맥에 기반해 의미를 추론하는 방식으로 자연스럽게 익혔습니다.

분포 가설이 실제로 어떻게 작동하는지 살펴봅시다. 자연어 처리 도구(NLTK) 라이브러리는 **일치 뷰**concordance view라는 기능을 제공하는데, 이는 주어진 단어가 코퍼스에서 나타나는 주변 맥락을 보여줍니다. 예를 들어 제인 오스틴의 고전 『엠마』에서 'nervous(신경질적인)'라는 단어가 등장하는 맥락을 살펴보겠습니다.

```
from nltk.text import Text
corpus = gutenberg.words('austen-emma.txt')
text = Text(corpus)
text.concordance("nervous")
```

출력 결과는 다음과 같습니다.

```
Displaying 11 of 11 matches:
...spirits required support . He was a nervous man , easily depressed...
...sitting for his picture made him so nervous , that I could only take...
...assure you , excepting those little nervous headaches and palpitations...
...My visit was of use to the nervous part of her complaint , I hope...
...much at ease on the subject as his nervous constitution allowed...
```

> ...Her father was growing nervous , and could not understand her....
> ...

> **연습 문제**
>
> 'nervous'라는 단어를 한 번도 들어 본 적이 없다고 상상해 보세요. 이 단어가 사용된 다양한 맥락만 살펴보고도 의미를 추측할 수 있을까요?
>
> 'nervous'의 동의어들이 사용되는 맥락도 확인해 보세요. 'nervous'가 사용되는 맥락과 얼마나 유사한가요?

4.3 트랜스포머 아키텍처

이제 텍스트가 어떻게 벡터 형태로 표현되는지에 대한 직관을 얻었으니, 오늘날 언어 모델 훈련에 사용되는 대표적인 아키텍처인 트랜스포머를 더 깊이 살펴보겠습니다.

2010년대 중반까지 자연어 처리 작업에 주로 사용되던 아키텍처는 순환 신경망이었으며, 특히 장단기 메모리를 활용한 LSTM이라는 변형이 널리 사용되었습니다. 이 책에서는 순환 신경망에 관한 지식이 필수는 아니지만, 더 자세한 내용은 『자연어 처리를 위한 신경망 방법론Neural Network Methods for Natural Language Processing』[3]을 참고하길 권합니다.

순환 신경망은 시퀀스 모델로, 텍스트를 한 번에 하나의 토큰씩 순차적으로 처리했습니다. 전체 시퀀스의 상태를 단일 벡터로 표현했으므로 시퀀스가 길어질수록 하나의 상태 벡터에 더 많은 정보를 담아야 했습니다. 이런 순차적 처리 방식 때문에 시퀀스 앞부분의 정보를 유지하기 어려워 장거리 의존성을 포착하는 데 한계가 있었습니다.

이 문제는 2014년 전산언어학회(ACL) 컨퍼런스에서 레이 무니Ray Mooney 선임 컴퓨터 과학자가 직설적으로 표현했습니다.

> 전체 문장의 의미를 단일 벡터에 욱여넣을 수는 없다!
>
> — 레이 무니, 2014

---

[3] "Neural Network Methods for Natural Language Processing", https://oreil.ly/oDc6x

따라서 LSTM의 단점들을 해결할 새로운 아키텍처가 필요했습니다. 특히 장거리 의존성 표현의 한계, 전체 시퀀스 상태를 하나의 벡터로 압축해야 하는 문제 등을 해결해야 했습니다. 트랜스포머 아키텍처는 바로 이러한 문제를 해결하고자 설계되었습니다.

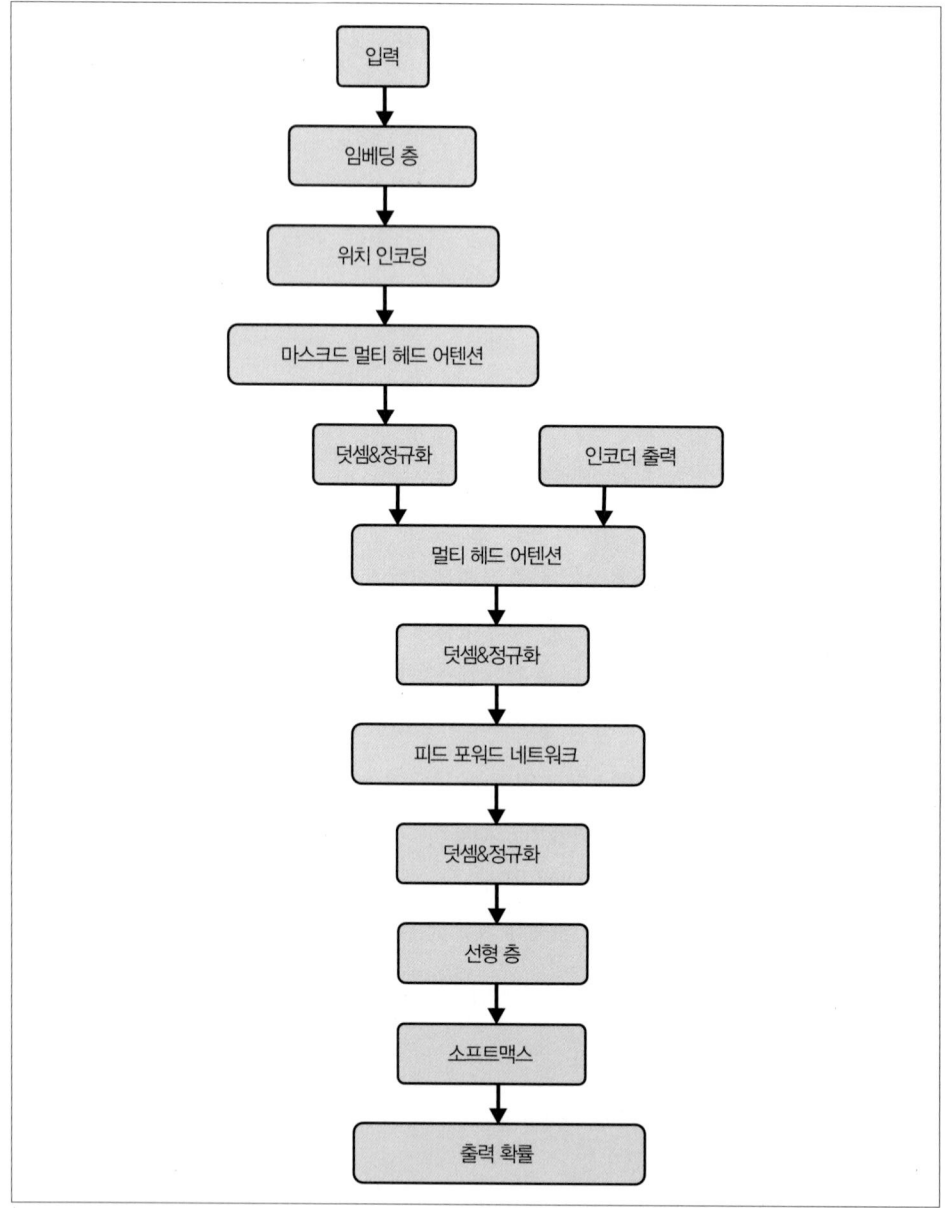

그림 4-2 트랜스포머 아키텍처

[그림 4-2]는 2017년 바스와니Vaswani 연구진[4]이 개발한 원래의 트랜스포머 아키텍처를 보여줍니다. 그림에서와 같이, 트랜스포머 모델은 일반적으로 **층**이라고 하는 트랜스포머 블록들이 차곡차곡 쌓인 형태로 구성됩니다. 각 블록의 핵심 구성 요소는 다음과 같습니다.

- 셀프 어텐션self-attention
- 위치 인코딩positional encoding
- 피드포워드feedforward 네트워크
- 정규화 블록normalization block

첫 번째 블록의 시작 부분에는 임베딩 층embedding layer이라는 특별한 층이 있습니다. 이곳에서 입력 텍스트의 토큰들이 해당하는 벡터로 매핑됩니다. 임베딩 층은 다음과 같은 크기의 행렬입니다.

어휘 내 토큰 수 × 벡터 차원 크기

허깅 페이스에서는 **transformers** 라이브러리를 사용해 다음과 같이 임베딩 층을 확인할 수 있습니다.

```python
import torch
from transformers import LlamaTokenizer, LlamaModel

tokenizer = LlamaTokenizer.from_pretrained('llama3-base'[5])
model = LlamaModel.from_pretrained('llama3-base')

sentence = "He ate it all"

inputs = tokenizer(sentence, return_tensors="pt")
input_ids = inputs['input_ids']
tokens = tokenizer.convert_ids_to_tokens(input_ids[0])

with torch.no_grad():
    embeddings = model.embeddings(input_ids)
```

---

4 https://arxiv.org/abs/1706.03762
5 옮긴이_ 해당 코드에서 사용하는 llama3-base 모델은 메타의 Llama 3 모델로, 허깅 페이스에서 접근하려면 로그인해야 합니다. 빠르고 간단하게 실습해 보고 싶다면 한국어로 훈련된 klue/bert-base 모델을 사용해 보세요. 책의 깃허브 저장소에서 확인해 보실 수 있습니다.

```
for token, embedding in zip(tokens, embeddings[0]):
    print(f"Token: {token}\n)
    print(f"Embedding: {embedding}\n")
```

이 임베딩 벡터들은 네트워크의 나머지 부분으로 전달되는 입력값입니다. 이제 트랜스포머 블록의 각 구성 요소를 자세히 살펴보고 모델링 과정에서 각각의 역할을 알아보겠습니다.

4.3.1 셀프 어텐션

셀프 어텐션 메커니즘은 4.2절 '의미 표현하기'에서 소개한 분포 가설과 동일한 원리를 따르며, 토큰의 의미를 형성하는 데 있어 문맥의 중요성을 강조합니다. 이 연산은 텍스트 시퀀스의 각 토큰에 대한 표현을 생성해 문법과 의미론은 물론 화용론[6]과 같은 언어의 다양한 측면을 포착합니다.

표준 셀프 어텐션 구현에서 각 토큰의 표현은 시퀀스 내 다른 모든 토큰 표현의 함수입니다. 어떤 토큰의 표현을 계산할 때, 해당 토큰의 의미에 더 많이 기여하는 시퀀스 내 다른 토큰들에 더 높은 가중치가 부여됩니다.

예를 들어 다음 문장을 보겠습니다.

> 'Mark told Sam that he was planning to resign.'

[그림 4-3]은 'he(그)'라는 토큰의 표현이 'Mark(마크)'라는 토큰의 표현에 따라 크게 영향을 받는 방식을 보여줍니다. 여기서 'he'는 'Mark'를 짧게 지칭하려고 사용한 대명사입니다. 자연어 처리에서 대명사가 가리키는 실제 대상을 찾아내는 과정을 **상호 참조 해결**coreference resolution이라고 합니다.

---

[6] 옮긴이_ 화용론은 의사소통 과정에서 이루어지는 발화를 연구하는 분야입니다. 화자와 청자의 관계에 따라 언어 사용이 어떻게 달라지는지, 그리고 화자의 의도와 발화의 의미가 어떻게 다를 수 있는지를 탐구합니다.

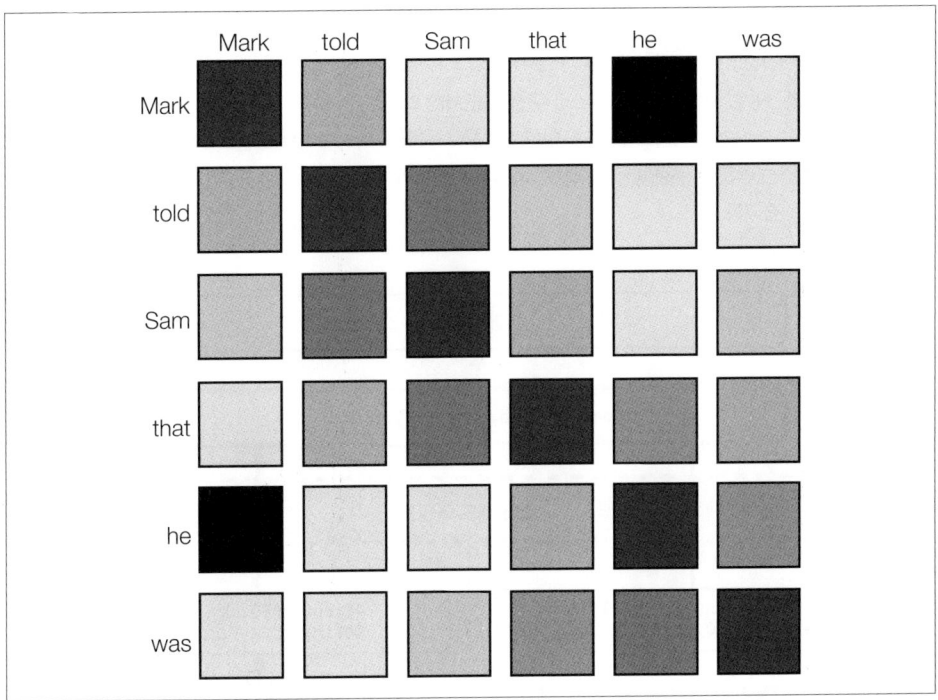

그림 4-3 어텐션 맵('Mark told Sam that he was planning to resign'의 어텐션 가중치 행렬)

실제로 트랜스포머에서 셀프 어텐션은 질의^{query}, 키^{key}, 값^{value}이라는 세 가지 가중치 행렬을 사용해 계산됩니다.

[그림 4-4]는 셀프 어텐션 계산에서 질의, 키, 값 행렬이 어떻게 사용되는지 보여줍니다. 각 토큰은 임베딩 벡터로 표현됩니다. 이 벡터는 질의, 키, 값 가중치 행렬과 곱해져 세 가지 입력 벡터를 생성합니다. 각 토큰에 대한 셀프 어텐션은 다음과 같이 계산됩니다.

1. 각 토큰에 대해, 해당 토큰의 질의 벡터와 모든 토큰(자기 자신 포함)의 키 벡터 간 내적을 계산합니다. 이렇게 나온 값들을 어텐션 점수$^{attention\ score}$라고 합니다.
2. 계산된 어텐션 점수는 키 벡터 차원의 제곱근으로 나눠 크기를 조정합니다. 이는 이후 단계에서 소프트맥스 함수$^{softmax\ function}$가 특정 점수를 과도하게 강조하는 것을 방지하기 위함입니다.
3. 다음으로 점수들은 **소프트맥스 함수**[7]를 통과해 합이 1이 되는 확률 분포로 변환됩니다. 소프트맥스 활성화 함수는 큰 값을 더 크게 만들어 강조하는 성질이 있어, 이전 단계에서 어텐션 점수를 축소하는 스케일링이 필요합니다.

---

[7] https://oreil.ly/b6gHV

4 정규화된 어텐션 점수는 해당 토큰의 값 벡터와 곱해집니다. 정규화된 어텐션 점수는 각 토큰이 주어진 토큰의 표현에 기여하는 비율로 해석될 수 있습니다.

5 실제로 질의, 키, 값 벡터는 여러 세트로 구성되어 서로 다른 표현을 병렬적으로 계산합니다. 이를 멀티헤드 어텐션multi-head attention이라고 합니다. 여러 헤드를 사용하는 아이디어는 모델이 입력의 다양한 측면을 모델링할 수 있는 충분한 용량을 갖게 하는 것입니다. 헤드의 수가 많을수록 입력의 **의미 있는** 특징을 더 잘 반영할 수 있습니다.

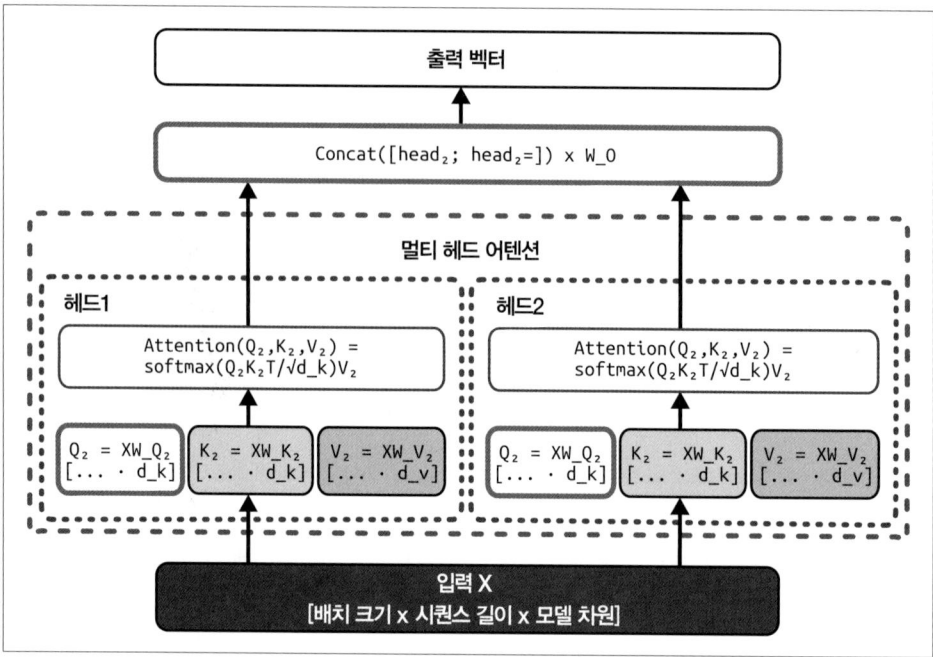

그림 4-4 셀프 어텐션 계산

다음은 파이토치를 사용해 셀프 어텐션을 구현한 코드입니다.

```
import torch
import torch.nn as nn
import torch.nn.functional as F

q = wQ(input_embeddings)
k = WK(input_embeddings)
v = WV(input_embeddings)
dim_k = k.size(-1)

attn_scores = torch.matmul(q, k.transpose(-2, -1))
```

```
scaled_attn_scores = attn_scores/torch.sqrt(torch.tensor(dim_k,
        dtype=torch.float32))
normalized_attn_scores = F.softmax(scaled_attn_scores, dim=-1)
output = torch.matmul(normalized_attn_scores, v)
```

> **NOTE_** 일부 트랜스포머 변형에서는 셀프 어텐션이 시퀀스 내 일부 토큰들에 대해서만 계산됩니다. 따라서 토큰의 벡터 표현은 시퀀스 내 모든 토큰이 아닌 일부 토큰들의 표현만을 기반으로 하는 함수가 됩니다.

4.3.2 위치 인코딩

앞서 언급했듯이 LSTM과 같은 트랜스포머 이전의 아키텍처들은 시퀀스 기반 모델이었기 때문에 토큰이 순차적으로 처리되었습니다. 따라서 토큰 간의 상대적 위치 정보는 모델 내부에 암묵적으로 포함되었습니다. 그러나 트랜스포머는 모든 계산을 병렬적으로 수행하므로 위치 정보를 명시적으로 모델에 제공해야 합니다. 이를 위해 다양한 위치 인코딩 기법이 제안되었으며 현재도 활발한 연구가 진행 중입니다. 현재 LLM에서 널리 사용되는 대표적인 위치 인코딩 방식은 다음과 같습니다.

절대 위치 임베딩

절대 위치 임베딩 absolute positional embedding 은 바스와니 연구진[8]이 처음 제안한 원래 트랜스포머 모델에서 사용된 방식입니다. 각 위치에 고정된 임베딩 값을 더하는 방식이며 BERT와 RoBERTa 등 초기 트랜스포머 기반 모델에서 활용되었습니다.

선형 편향 어텐션

선형 편향 어텐션 attention with linear biases (ALiBi)에서는 질의 토큰과 키 토큰 간의 거리에 비례하는 편향 항을 어텐션 스코어에 페널티[9]를 적용합니다. 이 때문에 거리가 멀수록 어텐션 강도가 자연스럽게 감소하는 효과가 나타나며, 훈련 당시보다 더 긴 시퀀스에 대해서도 안정적으로 추론을 수행한다는 장점이 있습니다.

회전 위치 임베딩

회전 위치 임베딩 rotary position embedding (RoPE)도 상대적 거리 감소 효과 relative decay 가 있는 방식[10]입니다. 질의와

---

[8] Ashish Vaswani et al., "Attention Is All You Need", 12 Jun 2017, https://arxiv.org/abs/1706.03762
[9] Press et al., "Train Short, Test Long: Attention with Linear Biases Enables Input Length Extrapolation", 27 Aug 2021, https://arxiv.org/abs/2108.12409
[10] Su et al., "Enhanced Transformer with Rotary Position Embedding", 20 Apr 2021, https://arxiv.org/abs/2104.09864

키 토큰 간 거리가 멀어질수록 어텐션 스코어가 점진적으로 줄어드는 방식으로 동작합니다.

위치 인코딩 생략

대조적으로, 위치 인코딩 생략^{no positional encoding}(NoPE) 방식은 위치 인코딩이 필수적이지 않다고 주장[11]합니다. 이 관점에서는 트랜스포머가 위치 정보를 암묵적으로 학습할 수 있으므로 별도의 위치 임베딩이 없어도 충분하다고 봅니다.

최근의 트랜스포머 모델들은 주로 선형 편향 어텐션(ALiBi)이나 회전 위치 임베딩(RoPE)을 사용하지만, 위치 인코딩은 여전히 진화 중인 트랜스포머 아키텍처의 핵심 요소 중 하나이며 연구가 지속되고 있습니다.

4.3.3 피드포워드 네트워크

셀프 어텐션 블록의 출력은 피드포워드 네트워크[12]를 통과합니다. 각 토큰 표현은 독립적으로 네트워크를 통과하게 됩니다. 피드포워드 네트워크는 ReLU$^{\text{rectified linear unit}}$[13]나 GELU$^{\text{Gaussian error linear unit}}$[14]와 같은 비선형 활성화 함수를 포함해 모델이 데이터에서 더 복잡한 특징들을 학습하게 해 줍니다. 이러한 활성화 함수에 관한 자세한 내용은 v7의 블로그 게시물[15]을 참고하기 바랍니다.

피드포워드 층은 다음과 같이 코드로 구현됩니다.

```python
import torch
import torch.nn as nn

class FeedForward(nn.Module):
    def __init__(self, input_dim, hidden_dim):
        super(FeedForward, self).__init__()
        self.l1 = nn.Linear(input_dim, hidden_dim)
        self.l2 = nn.Linear(hidden_dim, input_dim)
        self.selu = nn.SELU()
```

---

[11] Kazemnejad et al., "The Impact of Positional Encoding on Length Generalization in Transformers", 31 May 2023, https://arxiv.org/abs/2305.19466
[12] "Feedforward neural network", https://oreil.ly/Bdphg
[13] "ReLU — PyTorch documentation", https://oreil.ly/KUqtP
[14] "GeLU — PyTorch documentation", https://oreil.ly/MSDKE
[15] "Activation Functions in Neural Networks [12 Types & Use Cases]", https://oreil.ly/NfOb0

```
    def forward(self, x):
        x = self.selu(self.l1(x))
        x = self.l2(x)
        return x

feed_forward = FeedForward(input_dim, hidden_dim)
outputs = feed_forward(inputs)
```

4.3.4 층 정규화

층 정규화^{layer normalization}는 훈련의 안정성을 높이고 수렴 속도를 빠르게 끌어내기 위해 수행됩니다. 원래 트랜스포머 아키텍처에서는 블록의 시작 부분에서 정규화를 수행했지만, 최신 구현에서는 블록의 끝부분에서 이를 수행하는 경향이 있습니다. 정규화는 다음과 같은 과정으로 이루어집니다.

1 배치^{batch} 크기 b, 시퀀스 길이 n, 벡터 차원 d의 입력이 주어지면 각 벡터 차원에 걸쳐 평균과 분산을 계산합니다.
2 입력값에서 평균을 빼고 분산의 제곱근으로 나누어 정규화합니다. 수치 안정성을 위해 분모에 작은 엡실론값을 더합니다.
3 결괏값에 학습 가능한 스케일 파라미터를 곱하고 이동^{shift} 파라미터를 더합니다. 이 파라미터들은 훈련 과정에서 함께 학습됩니다.

다음은 이를 구현한 코드입니다.

```
import torch
import torch.nn as nn

class LayerNorm(nn.Module):
    def __init__(self, dimension, gamma=None, beta=None, epsilon=1e-5):
        super(LayerNorm, self).__init__()
        self.epsilon = epsilon
        self.gamma = gamma if gamma is not None else nn.Parameter(
            torch.ones(dimension))
        self.beta = beta if beta is not None else nn.Parameter(
            torch.zeros(dimension))

    def forward(self, x):
        mean = x.mean(-1, keepdim=True)
        variance = x.var(-1, keepdim=True, unbiased=False)
```

```
            x_normalized = (x - mean) / torch.sqrt(variance + self.epsilon)
            return self.gamma * x_normalized + self.beta

layer_norm = LayerNorm(embedding_dim)
outputs = layer_norm(inputs)
```

4.4 손실 함수

지금까지 각 트랜스포머 블록의 모든 구성 요소를 살펴봤습니다. 다음 토큰 예측이라는 학습 목표에서, 입력값은 트랜스포머 층들을 통과하며 모든 토큰에 대한 확률 분포 형태의 최종 출력을 생성합니다. 훈련 과정에서는 이 출력 분포와 정답을 비교해 손실을 계산합니다. 정답 분포는 정답 토큰에는 1을, 나머지 모든 토큰에는 0을 할당합니다.

출력과 정답 사이의 차이를 수치화하는 다양한 방법이 있습니다. 그중 가장 널리 사용하는 방법은 교차 엔트로피 cross-entropy로, 다음 공식으로 계산됩니다.

$$\text{교차 엔트로피} = -\Sigma\,(\text{정답 확률}) \times log\,(\text{출력 확률})$$

예를 들어 다음 문장을 생각해 봅시다.

'His pizza tasted _____.'

정답 토큰이 'good'이고, 모델의 출력 확률 분포가 (terrible: 0.65, bad: 0.12, good: 0.11, …)이라고 가정해 봅시다.

교차 엔트로피는 다음과 같이 계산됩니다.

```
-(0×log(0.65) + 0×log(0.12) + 1×log(0.11) + ...) = -log(0.11)
```

정답 분포의 값은 정답 토큰을 제외한 모든 토큰에 대해 0이므로, 이 방정식은 다음과 같이 간단하게 정리됩니다.

$$\text{교차 엔트로피} = -\log\,(\text{정답 토큰의 출력 확률})$$

손실이 계산되면 역전파 알고리즘으로 모델 파라미터에 대한 손실의 그레이디언트를 계산하고 이를 바탕으로 가중치가 업데이트됩니다.

4.5 내재적 모델 평가

역전파 알고리즘이 실제로 잘 작동하고 모델이 시간이 지남에 따라 향상되는지 어떻게 확인할까요? 내재적 모델 평가나 외재적 모델 평가를 활용할 수 있습니다.

외재적 모델 평가는 실제 현실 세계의 후속 작업에서 모델의 성능을 테스트합니다. 이러한 작업은 모델의 성능을 직접 측정하지만, 모델 능력의 제한된 범위만을 평가합니다. 반면에 내재적 모델 평가는 언어를 모델링하는 모델의 일반적인 능력을 더 포괄적으로 평가합니다. 다만, 내재적 평가 지표에서의 성능이 모든 가능한 다운스트림 작업에서의 성능과 직접적으로 비례한다는 보장은 없습니다.

가장 일반적인 내재적 평가 지표는 당혹도를 나타내는 **퍼플렉시티**입니다. 퍼플렉시티는 언어 모델이 시퀀스의 다음 토큰을 얼마나 정확하게 예측하는지를 측정합니다. 항상 다음 토큰을 완벽하게 예측하는 모델의 퍼플렉시티는 1입니다. 퍼플렉시티값이 높을수록 언어 모델의 성능이 떨어집니다. 모델이 크기가 V인 어휘에서 각 토큰을 1/V의 확률로 무작위 예측하는 최악의 상황에서 퍼플렉시티는 V가 됩니다. 퍼플렉시티는 다음 공식으로 교차 엔트로피와 연관됩니다.

$$퍼플렉시티 = 2^{(교차\ 엔트로피)}$$

4.6 트랜스포머 백본

지금까지 트랜스포머의 표준 버전 구성 요소를 설명했습니다. 실제로는 트랜스포머를 구현하는 데 세 가지 주요 아키텍처 백본이 사용됩니다.

- 인코더 전용 encoder-only
- 인코더-디코더 encoder-decoder
- 디코더 전용 decoder-only

각각을 자세히 살펴보겠습니다. [그림 4-5]는 인코더 전용, 인코더-디코더, 디코더 전용 아키텍처를 보여줍니다.

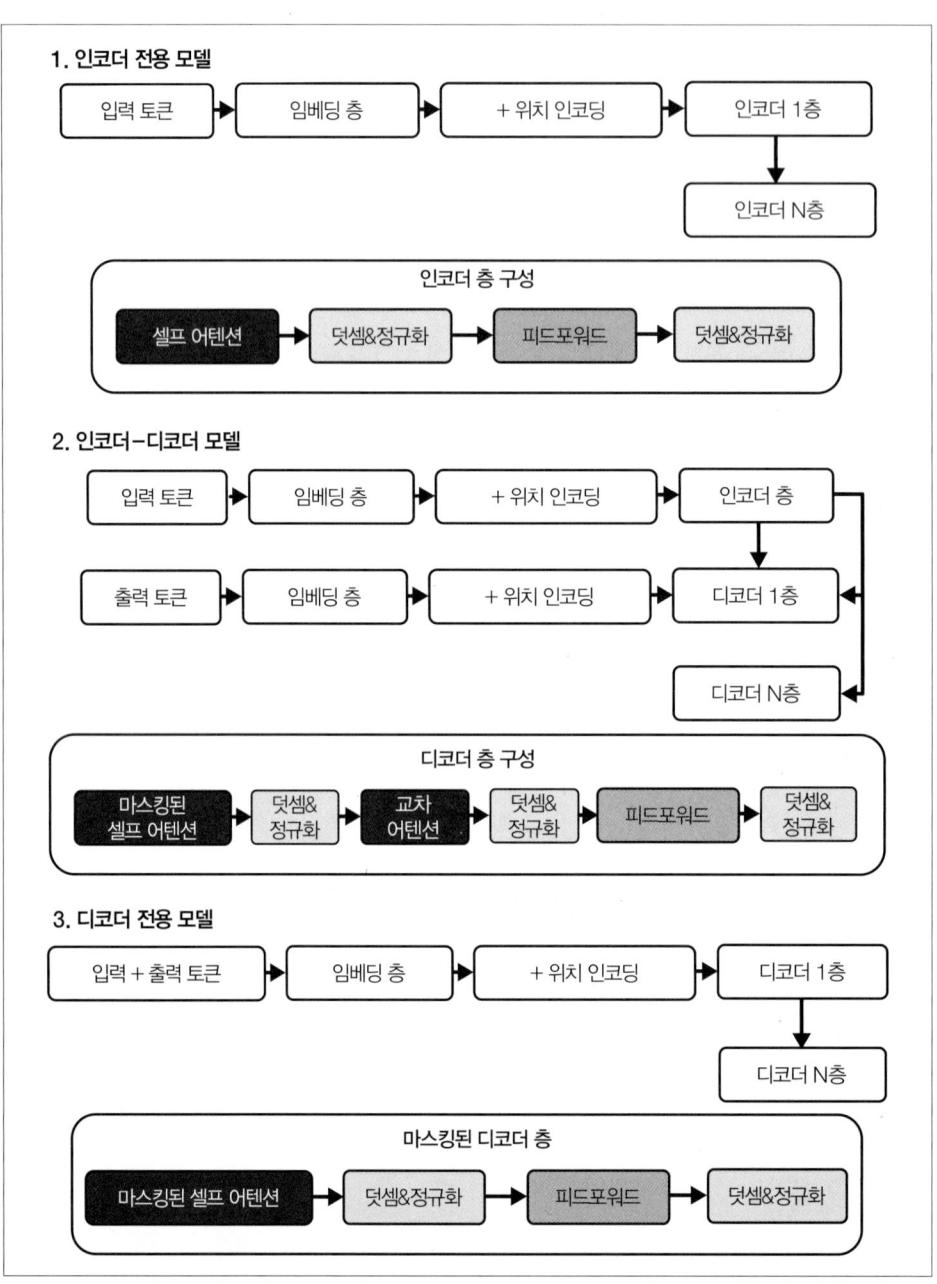

그림 4-5 다양한 트랜스포머 백본 구조 시각화

4.6.1 인코더 전용 아키텍처

인코더 전용 아키텍처는 트랜스포머 기반 언어 모델이 처음 화려하게 등장했을 때 대세였습니다. BERT와 RoBERTa 같은 2018년경의 대표 언어 모델들이 인코더 전용 아키텍처를 사용했습니다. 2021년 이후로는 다음과 같은 몇 가지 이유로 인코더 전용 LLM이 많이 훈련되지 않았습니다.

- 상대적으로 훈련 난도가 높습니다.
- 이러한 모델을 훈련하는 데 일반적으로 사용되는 마스크 언어 모델링masked language modeling (MLM)은 전체 토큰 중 소수만을 마스킹하므로 훈련 신호가 제한적입니다. 따라서 디코더 전용 모델과 같은 성능을 내려면 훨씬 더 많은 데이터가 필요합니다.
- 후속 작업마다 별도의 작업별 헤드를 훈련해야 해서 활용 효율이 떨어집니다.

그러나 ModernBERT의 등장이 이 분야에 새로운 바람을 일으키는 것으로 보입니다. UL2Unifying Language Learning Paradigms 언어 모델의 개발자들은 인코더 전용 모델이 이제 뒤떨어진 기술이 되었다고 주장합니다. 필자는 그렇게까지 생각하지는 않습니다. 인코더 전용 모델은 여전히 분류 작업에 탁월한 선택입니다. 게다가 현재 인코더 전용 모델 기반으로 만들어진 시스템이 충분히 만족스럽게 돌아간다면 '문제없이 잘 작동하는 것을 왜 바꾸려 하는가?'라고 말하고 싶습니다.

다음은 인코더 전용 모델 선택에 관한 몇 가지 지침입니다.

- RoBERTa는 대부분 BERT보다 성능이 우수합니다. 더 많은 데이터로 훨씬 더 오래 훈련되었으며 BERT 출시 이후 습득한 모범 사례들을 적용했기 때문입니다.
- DeBERTa와 ModernBERT는 현재 가장 성능이 뛰어난 인코더 전용 모델로 평가받습니다.
- DistilBERT와 같은 인코더 전용 모델의 경량화 버전은 성능 면에서 원래 모델과 크게 차이가 나지 않으므로 컴퓨팅 자원이 제한된 환경에서는 이러한 모델을 고려해 볼 만합니다.

여러 임베딩 모델은 인코더 전용 모델을 기반으로 구축되었습니다. 예를 들어 자연어 처리 분야에서 매우 중요한 라이브러리이며 자연어 처리 도구의 만능 칼이라 불리는 sentence transformers는 널리 사용되는 인코더 전용 임베딩 모델을 제공합니다. MPNet이라는 인코더 전용 모델을 기반으로 다양한 작업 데이터셋에서 파인 튜닝된 all-mpnet-base-v2는 여전히 훨씬 더 큰 임베딩 모델들과 견줄 만한 경쟁력을 보여줍니다.

4.6.2 인코더-디코더 아키텍처

인코더-디코더 아키텍처는 트랜스포머가 처음 제안되었을 때 사용된 기본 아키텍처입니다. T5 시리즈 모델들이 대표적으로 이 구조를 따릅니다.

인코더-디코더 모델에서는 입력과 출력이 모두 텍스트입니다. 표준화된 인터페이스 덕분에 하나의 모델과 동일한 학습 절차로 다양한 작업을 처리할 수 있습니다. 입력은 인코더가 담당하고 출력은 디코더가 생성합니다.

4.6.3 디코더 전용 아키텍처

오늘날 대부분의 LLM은 디코더 전용 아키텍처를 기반으로 훈련됩니다. 이 구조는 오픈AI의 초기 GPT 모델을 시작으로 본격적으로 주류가 되었습니다. 디코더 전용 모델은 제로샷과 퓨샷 학습에 강점을 보이며, 사전 훈련만으로도 새로운 작업에 효과적으로 일반화할 수 있습니다.

디코더 모델에는 인과적^{causal} 구조와 비인과적^{noncausal} 구조가 있습니다. 비인과적 구조는 입력 시퀀스를 양방향으로 처리할 수 있지만, 출력은 여전히 자기회귀^{autoregressive} 방식이라서 앞의 토큰을 참조하지는 못합니다.

> **TIP** 트랜스포머 아키텍처 연구는 여전히 활발히 진행 중이지만, 다음과 같은 경향은 비교적 뚜렷하게 나타납니다.
> - 디코더 전용 모델은 제로샷과 퓨샷 일반화에 가장 적합합니다.
> - 인코더-디코더 모델은 멀티태스크 파인 튜닝에 가장 효과적입니다.
>
> 이 두 구조의 장점을 결합하는 접근도 있습니다. 즉, 먼저 자기회귀 방식으로 사전 훈련을 진행한 다음, 스팬 손상$^{span\ corruption}$[16] 학습 목표를 활용한 비인과적 사전 훈련을 추가하는 것입니다.

이 절에서는 트랜스포머 아키텍처가 인코더와 디코더를 어떻게 사용하는지에 따라 백본 구조가 어떻게 구분되는지를 살펴봤습니다.

그리고 최근 1~2년 사이에 또 다른 아키텍처 백본이 주목받고 있습니다. 바로 전문가 혼합(MoE) 구조입니다. 이를 자세히 들여다보겠습니다.

---

[16] 옮긴이_ 텍스트의 특정 구간을 변형하는 기법입니다. 여러 연속된 토큰을 대상으로 삭제, 마스킹, 순서 변경 등의 변형을 가해 모델이 원본 텍스트를 복원하도록 훈련시킵니다. 모델이 문맥을 파악하고 자연스러운 언어 구조를 학습하는 데 도움이 됩니다.

4.6.4 전문가 혼합 구조

트랜스포머 아키텍처가 발표된 지 7년이 지났지만, 오늘날 대부분의 언어 모델에 사용되는 트랜스포머 구현은 초기 구조와 놀라울 정도로 유사합니다. 수백 편에 달하는 논문에서 다양한 변형을 제안했지만, 대부분은 성능 향상에 있어 근본적인 변화를 끌어내지 못했습니다. 그만큼 원래의 트랜스포머 구조는 매우 강건하고 효율적임이 입증된 셈입니다. 다만 이 장에서 앞서 논의한 위치 인코딩과 같이 트랜스포머의 일부 구성 요소는 변화를 겪었습니다.

전문가 혼합 모델은 지난 몇 년간 두각을 나타냈습니다. 대표적인 예로는 오픈AI의 GPT-4, 구글의 스위치Switch, 딥시크DeepSeek의 DeepSeek V3, 미스트랄Mistral의 Mixtral 등이 있습니다. 이 절에서는 이 아키텍처를 개발하게 된 배경과 실제 작동 방식을 살펴보겠습니다.

1장에서 살펴봤듯이, 스케일링 법칙에 따르면 모델의 크기와 훈련 데이터를 늘릴수록 언어 모델의 성능이 향상합니다. 그러나 모델 용량을 늘리면 훈련과 추론 과정 모두에 더 많은 컴퓨팅 자원이 필요합니다. 이는 특히 지연 시간 요구 사항이 엄격할 수 있는 추론 단계에서 바람직하지 않습니다.

그렇다면 필요한 컴퓨팅 자원은 늘리지 않으면서 모델 용량을 증가시킬 수 있을까요? 이를 달성하는 한 가지 방법은 조건부 계산을 활용하는 것입니다. 토큰 또는 전체 시퀀스 각 입력은 모델의 서로 다른 부분집합만 거치게 되며, 해당 입력을 처리하는 데 가장 적합한 파라미터와만 상호작용합니다. 이는 전문가expert라고 불리는 여러 구성 요소로 아키텍처를 설계하고, 각 입력에 대해 전문가 중 일부만 선택해 활성화함으로써 구현됩니다.

[그림 4-6]은 전형적인 MoE 모델의 구조입니다.

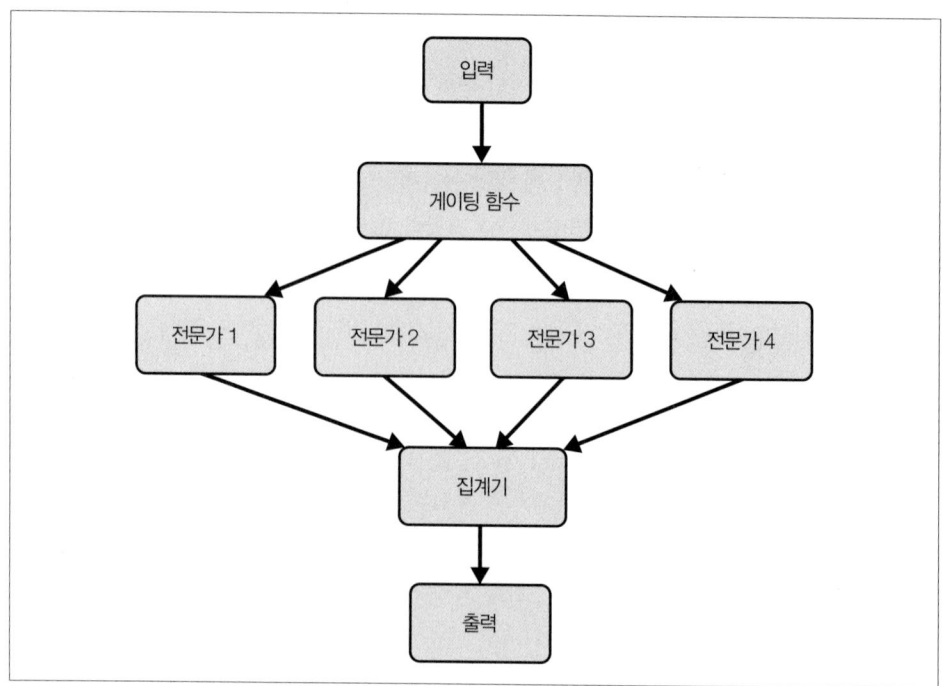

그림 4-6 전문가 혼합 모델

MoE 아키텍처의 핵심 구성 요소는 **게이팅 함수**gating function입니다. 이 함수는 어떤 전문가가 주어진 입력을 처리하는 데 더 적합한지 판단하는 역할을 합니다. 게이팅 함수는 각 전문가에게 적용되는 가중치 형태로 구현됩니다.

전문가들은 일반적으로 트랜스포머의 피드포워드 컴포넌트에 추가됩니다. 따라서 8개의 전문가가 있다면, 단일 피드포워드 네트워크 대신 8개의 네트워크가 존재하게 됩니다. 사용되는 라우팅 전략에 따라, 주어진 입력에 대해 이 네트워크 중 일부만 선택적으로 활성화됩니다.

라우팅 전략은 활성화되는 전문가의 수와 종류를 결정합니다. 주로 사용되는 두 가지 라우팅 전략은 다음과 같습니다.

- 토큰 선택 방식tokens choose
- 전문가 선택 방식experts choose

토큰 선택 방식에서는 각 토큰이 k개의 전문가를 선택합니다. k는 일반적으로 작은 숫자(약 2개)입니다. 이 전략의 단점은 부하 균형이 필요하다는 점입니다. 만약 입력 배치에서 대부분의 토큰이 같은 전문가를 선택하게 된다면, 여러 전문가를 통한 병렬 처리의 이점을 활용할 수 없어 계산을 완료하는 데 추가 시간이 소요됩니다.

전문가 선택 방식에서는 각 전문가가 자신이 가장 잘 처리할 수 있는 토큰들을 선택합니다. 각 전문가가 동일한 수의 토큰을 선택하도록 지정할 수 있어 부하 균형 문제를 해결할 수 있습니다. 그러나 이 방식은 효율적인 토큰-전문가 매칭을 어렵게 할 수 있습니다. 각 전문가는 배치 내에서 제한된 수의 토큰만 선택할 수 있기 때문입니다.

> **모델 업사이클링**
>
> 이 책을 작성하는 현재, 공개적으로 이용 가능한 MoE 모델은 허깅 페이스에서 찾아 볼 수 있습니다. 그렇다면 기존의 일반 트랜스포머 기반 모델을 MoE 모델로 변환할 수 있을까요? 코마쓰자키Komatsuzaki 연구진[17]은 이미 사전 훈련된 모델에 MoE 컴포넌트를 추가할 수 있는 업사이클링 방법을 개발했습니다. 이 방법은 기존 피드포워드 층을 전문가 수만큼 N개 복제하고, 각 복제된 층에 기존 모델의 파라미터를 초깃값으로 설정해 MoE 모델의 구조를 구성합니다.

4.7 학습 목표

언어 모델의 아키텍처를 살펴봤으니, 이제 사전 훈련 과정에서 모델이 학습하는 작업을 알아보겠습니다.

앞서 이 장에서 언급했듯이, 언어 모델은 자기 지도 방식으로 사전 훈련됩니다. 모델을 훈련하는 데 필요한 데이터의 규모를 고려하면, 인간이 직접 (입력, 출력) 예제를 제공해야 하는 지도 학습은 비용이 너무 많이 듭니다. 대신, 데이터 자체에서 목표 레이블을 얻는 자기 지도라는 형태의 훈련을 활용합니다.

자기 지도 학습의 목표는 언어의 구문과 의미를 학습하기 위한 대리 작업을 수행하는 것입니다. 또한 추론, 산술, 논리적 조작과 같은 인지 능력들을 배우며, 궁극적으로는 일반적인 인간 지능에 도달하는 것을 목표로 합니다. 이러한 학습은 실제로 어떤 방식으로 이루어질까요?

---

[17] Komatsuzaki et al., "SPARSE UPCYCLING: TRAINING MIXTURE-OF-EXPERTS FROM DENSE CHECKPOINTS", 17 Feb 2023, https://arxiv.org/pdf/2212.05055

예를 들어 대표적인 언어 모델링 작업인 시퀀스에서 다음에 올 단어를 예측하는 것을 살펴보겠습니다. 다음 시퀀스를 고려해 봅시다.

'Tammy jumped over the'

이제 언어 모델은 이 문장 다음에 올 다음 토큰을 예측해야 합니다. 가능한 정답의 수는 모델이 학습한 어휘 집합의 크기와 동일합니다. 이 문장을 자연스럽게 이어갈 수 있는 표현은 다양합니다. 예를 들어 hedge(울타리), fence(담장), barbecue(바비큐), sandcastle(모래성) 등은 모두 말이 됩니다. 반면에 is, of, the와 같은 단어는 문법적으로 맞지 않아 부자연스럽습니다. 모델이 수십억 개의 문장을 학습한 이후에는 the 다음에 is나 of가 등장할 가능성이 (아무리 문맥이 다양하더라도) 매우 낮음을 학습하게 됩니다. 이처럼 다음 토큰을 예측하는 작업만으로도 강력한 모델 학습이 됩니다. 다음 토큰을 올바르게 예측하려면 모델이 점점 더 복잡한 함수를 학습하고 이를 모델의 연결 구조에 인코딩할 수 있어야 하기 때문입니다. 그러나 이런 방식만으로 인간 수준의 일반 지능을 구현할 수 있는지에 관해서는 여전히 논의가 이어집니다.

LLM 사전 훈련에 사용되는 자기 지도 학습 목표는 크게 세 가지 유형으로 분류할 수 있습니다 (완전한 분류는 아닙니다).

- 전체 언어 모델링full language modeling(FLM)
- 마스크 언어 모델링(MLM)
- 프리픽스 언어 모델링prefix language modeling(PrefixLM)

이들을 자세히 살펴보겠습니다.

4.7.1 전체 언어 모델링

[그림 4-7]은 표준적인 FLM 목표가 어떻게 작동하는지 보여줍니다.

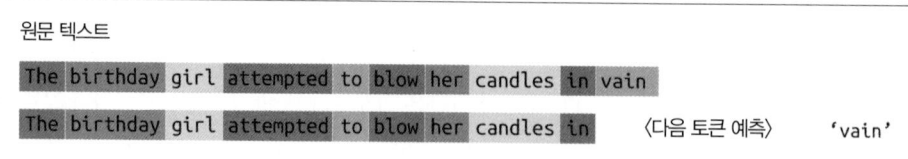

그림 4-7 전체 언어 모델링

이는 시퀀스에서 다음 토큰을 예측하는 학습이라는 대표적인 언어 모델링 목표이며, 현재 가장 단순하고 가장 일반적인 훈련 목표입니다. GPT-4와 수많은 오픈 소스 모델에서 이를 사용합니다. 손실은 모델이 보는 모든 토큰에 대해 계산됩니다. 즉, 언어 모델이 예측하도록 요청받는 훈련 세트의 모든 토큰이 모델에 학습 신호를 제공해 매우 효율적입니다.

GPT Neo 모델을 사용한 예시를 살펴보겠습니다. 공개적으로 사용 가능한 체크포인트에서 전체 언어 모델링 목표를 사용해 GPT Neo 모델의 사전 훈련을 계속한다고 가정해 보겠습니다. 현재 훈련 시퀀스가 다음과 같다고 가정합니다.

'Language models are ubiquitous'

다음 코드를 실행할 수 있습니다.

```python
import torch
from transformers import AutoTokenizer, GPTNeoForCausalLM

tokenizer = AutoTokenizer.from_pretrained("EleutherAI/gpt-neo-1.3B")
model = GPTNeoForCausalLM.from_pretrained("EleutherAI/gpt-neo-1.3B")

input_ids = tokenizer("Language models are", return_tensors="pt")
gen_tokens = model.generate(**input_ids, max_new_tokens=1, output_scores=True,
return_dict_in_generate=True)
output_scores = gen_tokens["scores"]
scores_tensor = output_scores[0]
sorted_indices = torch.argsort(scores_tensor[0], descending=True)[:20]

for index in sorted_indices:
    token_id = index
    token_name = tokenizer.decode([token_id.item()])
    token_score = scores_tensor[0][index].item()
    print(f"Token: {token_name}, Score: {token_score}")
```

이 코드는 입력 문장 "Language models are"를 토큰화해 모델에 입력하고 generate() 함수를 사용해 이어질 다음 토큰을 예측합니다. max_new_tokens=1로 설정했으므로 모델은 단 하나의 토큰만 생성하고 멈춥니다. 나머지 코드는 최종 소프트맥스를 적용하기 전, 모델이 예측한 토큰 중 상위 20개 토큰의 점수를 출력합니다.

```
Output: Token: a, Score: -1.102203369140625
Token: used, Score: -1.4315788745880127
Token: the, Score: -1.7675716876983643
Token: often, Score: -1.8415470123291016
Token: an, Score: -2.4652323722839355
Token: widely, Score: -2.657834053039551
Token: not, Score: -2.6726579666137695
Token: increasingly, Score: -2.7568516731262207
Token: ubiquitous, Score: -2.8688106536865234
Token: important, Score: -2.902832508087158
Token: one, Score: -2.9083480834960938
Token: defined, Score: -3.0815649032592773
Token: being, Score: -3.2117576599121094
Token: commonly, Score: -3.3110013008117676
Token: very, Score: -3.317342758178711
Token: typically, Score: -3.4478530883789062
Token: complex, Score: -3.521362781524658
Token: powerful, Score: -3.5338563919067383
Token: language, Score: -3.550961971282959
Token: pervasive, Score: -3.563507080078125
```

상위 20개 단어 모두 이 시퀀스의 유효한 연속으로 보입니다. 정답은 ubiquitous라는 토큰이며, 이를 사용해 손실을 계산하고 학습을 위한 역전파 과정을 시작할 수 있습니다.

또 다른 예로, 다음 텍스트 시퀀스를 살펴보겠습니다.

'I had 25 eggs. I gave away 12. I now have 13.'

다음 변경 사항만 제외하고 이전과 동일한 코드를 실행합니다.

```
input_ids = tokenizer("'I had 25 eggs. I gave away 12. I now have",
    return_tensors="pt")
```

상위 20개 출력 토큰은 다음과 같습니다.

```
Token: 12, Score: -2.3242850303649902
Token: 25, Score: -2.5023117065429688
Token: only, Score: -2.5456185340881348
Token: a, Score: -2.5726099014282227
Token: 2, Score: -2.6731367111206055
```

```
Token: 15, Score: -2.6967623233795166
Token: 4, Score: -2.8040688037872314
Token: 3, Score: -2.839219570159912
Token: 14, Score: -2.847306728363037
Token: 11, Score: -2.8585362434387207
Token: 1, Score: -2.877161979675293
Token: 10, Score: -2.9321107864379883
Token: 6, Score: -2.982785224914551
Token: 18, Score: -3.0570476055145264
Token: 20, Score: -3.079172134399414
Token: 5, Score: -3.111320972442627
Token: 13, Score: -3.117424726486206
Token: 9, Score: -3.125835657119751
Token: 16, Score: -3.1476120948791504
Token: 7, Score: -3.1622045040130615
```

정답은 17번째로 높은 점수를 받았습니다. 상위 10개 항목에 많은 숫자가 등장하는 것을 보면 모델이 거의 무작위로 답을 추측함을 알 수 있습니다. GPT Neo와 같은 소규모 모델에서는 이런 결과가 나오는 것이 그리 놀랍지 않습니다.

오픈AI API는 `logprobs` 파라미터를 제공해 반환할 토큰 수와 각 토큰의 로그 확률을 지정할 수 있게 해 줍니다. 이 책을 작성하는 현재, 확률이 가장 높은 20개 토큰의 로그 확률만 이용할 수 있습니다. 반환되는 토큰들은 로그 확률 순으로 정렬됩니다.

```
from openai import OpenAI

# OpenAI 클라이언트 초기화
client = OpenAI(api_key=<OpenAI 키를 입력하세요>)

# API 호출
response = client.chat.completions.create(
    model="gpt-4o",
    messages=[{"role": "user",
               "content": "I had 25 eggs. I gave away 12. I now have"}],
    max_tokens=1,
    temperature=0,
    logprobs=True,
    top_logprobs=10
)

# 결과 출력
```

```python
print(f"Generated: {response.choices[0].message.content}")
print("Top probabilities:")
for token in response.choices[0].logprobs.content[0].top_logprobs:
    print(f"'{token.token}': {token.logprob:.4f}")
```

이 코드는 기존의 GPT-4o 모델을 호출해 최대 한 개의 토큰을 생성하도록 요청합니다. 출력 결과는 다음과 같습니다.

```
Generated: 13
Top probabilities:
'13': -0.3872
'You': -1.1372
'I': -8.2622
'After': -10.8872
'you': -11.1372
' You': -11.2622
'If': -11.2622
' ': -13.1372
'\(': -13.1372
'To': -13.3872
```

GPT-4o는 답이 13임을 매우 확신하며, 당연히 그렇습니다. 나머지 확률이 높은 토큰들은 모두 출력 형식과 관련된 것들입니다.

TIP 추론 과정에서 점수가 가장 높은 토큰만 생성할 필요는 없습니다. 다양한 디코딩 전략을 사용해 더 풍부한 텍스트를 생성할 수 있습니다. 이러한 전략은 5장에서 자세히 다룰 예정입니다.

> **연습 문제**
>
> GPT-4o 모델에 Boatload Puzzles Crossword[18]의 개별 낱말 퍼즐 힌트를 풀도록 요청해 보세요. 프롬프트를 여러 번 시도해야 할 수도 있습니다. 다음과 같이 시작해 보면 좋습니다. '이 낱말 퍼즐을 한 단어로 풀어주세요. 힌트는 ⟨X⟩이고 ⟨Y⟩글자 단어입니다. 정답은:'
>
> 형식화 토큰을 고려해 max_tokens=3으로 설정하세요. 로그 확률 출력을 분석해 보세요. 정답과 오답의 경계가 위험할 정도로 가까운가요? 몇 개의 힌트에 정확히 답했나요?

---

[18] https://oreil.ly/HvK_O

4.7.2 프리픽스 언어 모델링

프리픽스 LM은 FLM(전체 언어 모델링) 설정과 유사합니다. 차이점은 FLM이 완전히 인과적이라는 점입니다. 즉, 영어와 같이 왼쪽에서 오른쪽으로 쓰는 언어 체계에서 토큰들은 오른쪽(미래)에 있는 토큰들을 참조하지 않습니다. 반면 프리픽스 LM 설정에서는 프리픽스prefix라고 하는 텍스트 시퀀스의 일부가 프리픽스 내의 미래 토큰들을 참조할 수 있습니다. 따라서 프리픽스 부분은 비인과적입니다.

프리픽스 LM을 훈련시킬 때는 무작위 프리픽스 길이를 샘플링하고 서픽스suffix에 있는 토큰들에 대해서만 손실을 계산합니다.

4.7.3 마스크 언어 모델링

[그림 4-8]은 표준적인 마스크 언어 모델링(MLM) 목표가 작동하는 방식을 보여줍니다.

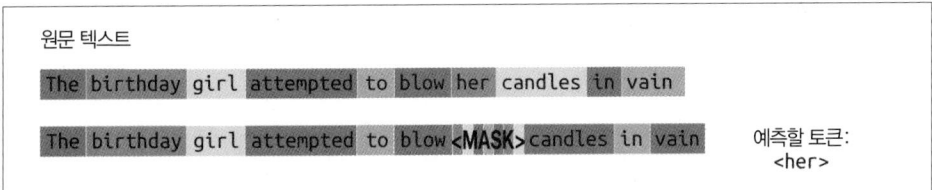

그림 4-8 BERT의 마스크 언어 모델링

MLM 설정에서는 시퀀스의 다음 토큰을 예측하는 대신, 모델에게 시퀀스 내에서 마스크 처리된 토큰들을 예측하도록 요청합니다. BERT 모델에서 구현된 가장 기본적인 형태의 MLM에서는 토큰의 15%를 무작위로 선택해 마스크 처리하고 이를 특별한 〈MASK〉 토큰으로 대체합니다. 그런 다음 언어 모델에게 가려진 원래 토큰을 예측하도록 요청합니다.

T5 모델 개발자들은 원래의 MLM 목표를 수정한 버전을 사용했습니다. 이 변형에서는 토큰의 15%가 시퀀스에서 무작위로 제거되도록 선택됩니다. 연속으로 제거된 토큰들은 센티넬 토큰sentinel token이라는 하나의 고유한 특수 토큰으로 대체됩니다. 그런 다음 모델에게 센티넬 토큰으로 구분된, 제거된 토큰들을 예측하고 생성하도록 요청합니다.

예를 들어 다음 문장을 살펴봅시다.

Tempura has always been a source of conflict in the family due to unexplained reasons

'has', 'always', 'of', 'conflict'라는 토큰들을 제거했다고 가정해 봅시다. 그러면 다음과 같이 되겠죠.

Tempura ⟨S1⟩ been a source ⟨S2⟩ in the family due to unexplained reasons

여기서 ⟨S1⟩과 ⟨S2⟩는 센티넬 토큰입니다. 모델은 다음과 같은 출력을 생성해야 합니다.

⟨S1⟩ has always ⟨S2⟩ of conflict ⟨E⟩

출력 시퀀스는 시퀀스의 끝을 나타내는 특수 토큰으로 마무리됩니다.

전체 문장이 아니라 제거된 토큰만 생성하는 것이 계산적으로 더 효율적이며 훈련 시간도 절약할 수 있습니다. 전체 언어 모델링과 달리, 이 방식에서는 입력 시퀀스의 일부 토큰(마스킹된 토큰)에 대해서만 손실이 계산된다는 점이 특징입니다.

허깅 페이스에서 이를 어떻게 구현하는지 살펴보겠습니다.

```
from transformers import T5Tokenizer, T5ForConditionalGeneration

tokenizer = T5Tokenizer.from_pretrained("t5-3b")
model = T5ForConditionalGeneration.from_pretrained("t5-3b")

input_ids = tokenizer(
    "Tempura <extra_id_0> been a source <extra_id_1> in the family due to unexplained reasons",
    return_tensors="pt"
).input_ids

targets = tokenizer(
    "<extra_id_0> has always <extra_id_1> of conflict <extra_id_2>",
    return_tensors="pt"
).input_ids

loss = model(input_ids=input_ids, labels=targets).loss
```

타겟은 간단한 템플릿 함수를 사용해 준비할 수 있습니다.

> **연습 문제**
>
> 다양한 마스킹 전략을 실험해 보세요. 특히 다음의 전략을 살펴보세요.
>
> - 마스킹 비율을 변경해 보세요. 토큰의 30%나 50%를 마스킹하면 어떤 결과가 나올까요?
> - 마스킹 전략을 변경해 보세요. 무작위 마스킹보다 더 나은 방법은 없을까요? 어떤 휴리스틱이 학습에 더 많이 기여할 토큰을 효과적으로 마스킹할까요?

더 넓은 관점에서 보면, MLM은 **디노이징 오토인코더**^{denoising autoencoder}로 이해할 수 있습니다. 마스킹과 토큰 제거 등의 노이즈를 추가해 입력을 변형한 다음, 원래 입력을 복원하도록 모델을 훈련시키는 방식입니다. BART는 다섯 가지 종류의 스팬 손상으로 텍스트를 변형을 적용해 이 개념을 한 단계 더 발전시켰습니다.

무작위 토큰 마스킹

[그림 4-9]는 BART에서 무작위로 토큰을 마스킹한 후 이를 복원하는 과정을 보여줍니다.

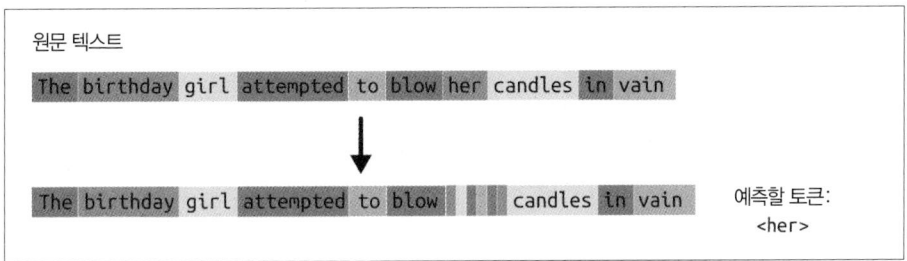

그림 4-9 BART의 무작위 토큰 마스킹

무작위 토큰 삭제

모델은 문장에서 어떤 위치의 토큰이 삭제되었는지를 예측해야 합니다. [그림 4-10]은 이러한 손상 과정과 복원 과정을 시각적으로 나타냅니다.

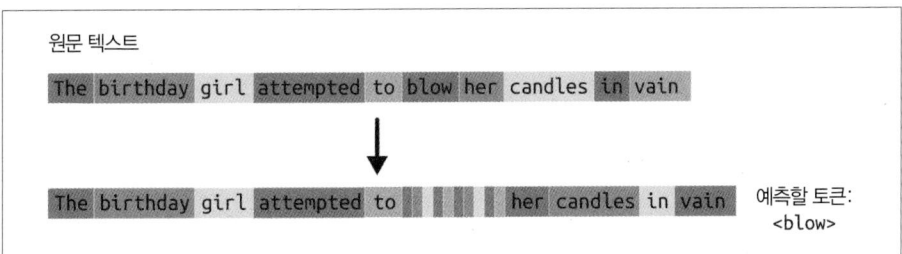

그림 4-10 BART의 무작위 토큰 삭제

스팬 마스킹

텍스트에서 일정 스팬(구간)span의 텍스트를 샘플링해 마스킹합니다. 이때 스팬의 길이는 푸아송 분포Poisson distribution를 따르므로, 길이가 0인 스팬도 포함될 수 있습니다. 선택된 스팬은 삭제되고 하나의 마스크 토큰으로 대체됩니다. 따라서 모델은 마스킹된 위치뿐 아니라 삭제된 토큰의 개수도 함께 예측해야 합니다.

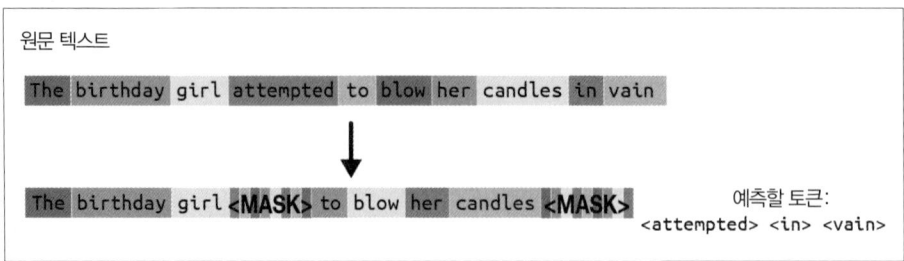

그림 4-11 BART의 스팬 마스킹

문서 섞기

입력 문서의 문장들을 무작위로 섞습니다shuffle. 모델은 이를 올바른 순서로 재배열하는 법을 학습합니다. [그림 4-12]는 손상과 복원 과정을 보여줍니다.

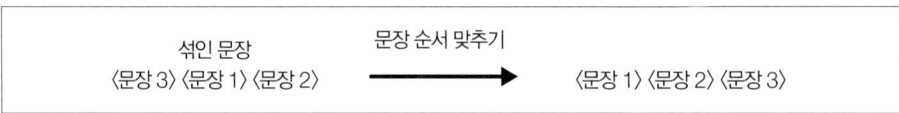

그림 4-12 BART의 문서 섞기 목표

문서 회전

문서를 임의의 토큰에서 시작하도록 회전시킵니다. 모델은 문서의 정확한 시작점을 찾아내도록 훈련됩니다. [그림 4-13]은 손상과 복원 과정을 나타냅니다.

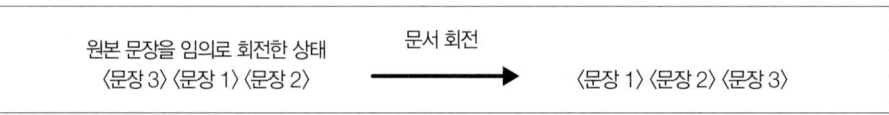

그림 4-13 BART의 문서 회전 목표

4.7.4 더 우수한 학습 목표

연구 결과에 따르면 FLM으로 훈련된 모델은 생성 작업에서 성능이 더 뛰어나고, MLM으로 훈련된 모델은 분류 작업에서 성능이 더 우수합니다. 하지만 사용 목적에 따라 서로 다른 모델을 따로 사용하는 것은 비효율적입니다. 이러한 한계를 해결하고자 등장한 것이 UL2[19]입니다. UL2는 다양한 학습 목표의 장점을 하나의 모델 안에서 통합할 수 있도록 설계된 새로운 학습 패러다임입니다.

UL2는 **디노이저 혼합**Mixture of Denoisers이라는 단일 패러다임 내에서 전체 언어 모델(FLM), 마스킹 언어 모델링(MLM), 프리픽스 언어 모델링(PrefixLM)의 효과를 모방합니다. 사용되는 디노이저들은 다음과 같습니다.

R-디노이저

R-디노이저R-Denoiser는 규칙적 디노이저로, T5의 스팬 손상 작업과 유사합니다. 길이가 2~5 토큰인 스팬들을 단일 마스크 토큰으로 대체합니다. [그림 4-14]는 R-디노이저의 작동 방식을 보여줍니다.

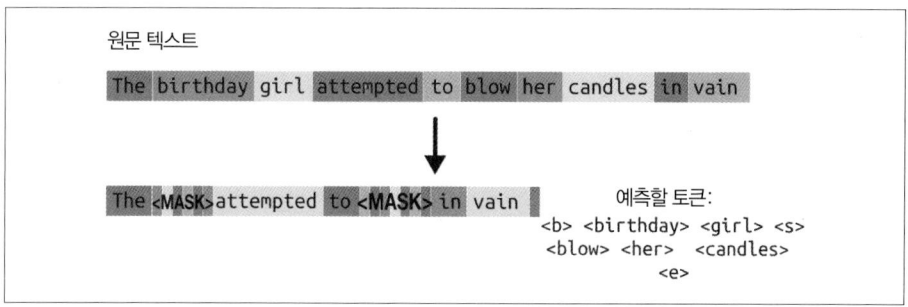

그림 4-14 UL2의 R-디노이저

S-디노이저

S-디노이저S-Denoiser는 순차적 디노이저로, 프리픽스 LM과 유사하게 텍스트를 프리픽스와 서픽스로 나눕니다. 서픽스는 마스킹되고 프리픽스는 양방향 문맥 정보에 접근할 수 있습니다. [그림 4-15]는 S-디노이저의 작동 방식을 보여줍니다.

---

19 Yi Tay et al, "UL2: Unifying Language Learning Paradigms", 28 Feb 2023.
https://arxiv.org/pdf/2205.05231

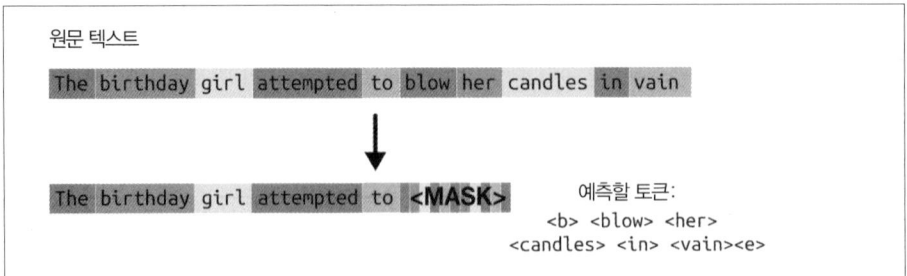

그림 4-15 UL2의 S-디노이저

X-디노이저

X-디노이저^{X-Denoiser}는 극한적 노이즈 제거를 의미하며, 텍스트의 상당 부분(흔히 50% 이상)을 마스킹하는 방식입니다. [그림 4-16]은 X-디노이저의 작동 방식을 보여줍니다.

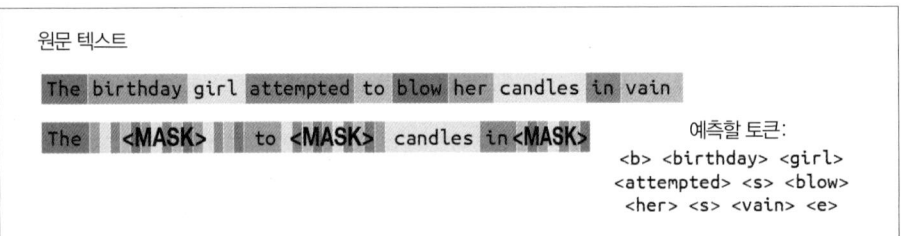

그림 4-16 UL2의 X-디노이저

4.8 사전 훈련 모델

언어 모델의 구성 요소를 자세히 살펴봤으니, 이제 처음부터 모델을 사전 훈련하는 방법을 알아보겠습니다. 오늘날의 언어 모델은 하나의 모델로 두 가지 개념을 모델링하는 방법을 학습합니다.

- 언어 자체, 사실, 의견, 감정을 전달하는 수단
- 언어라는 텍스트가 만들어지게 된 근본적인 현상

많은 응용 분야에서는 전자보다 후자를 모델링하는 데 훨씬 더 관심이 있습니다. 언어에 능통한 언어 모델도 환영할 만하지만, 과학이나 법률과 같은 도메인과 추론 및 산술과 같은 기술에서 더 나은 성능을 보이기를 기대합니다.

인간의 언어는 본질적으로 사회적 기능을 수행합니다. 하지만 인간의 언어는 고유하게 모호하며, 많은 중복을 포함하고, 전반적으로는 내재된 개념을 전달하기에 효율적인 수단이라고 보기 어렵습니다.

그래서 다음과 같은 질문이 생깁니다. 과연 인간의 언어는 언어 모델이 근본적인 기술과 개념을 학습하기에 가장 적합한 매체일까? 언어 자체를 모델링하는 과정과, 언어로 표현되는 내재된 개념을 모델링하는 과정을 분리할 수는 없을까?

이 질문을 실험해 보기 위해 체스를 학습하는 LLM을 처음부터 훈련시키는 구체적인 예시를 생각해 보겠습니다.

2장에서 언어 모델을 구성하는 핵심 요소를 살펴본 바 있습니다. 여기에는 다음 네 가지가 필요합니다.

- 사전 훈련 데이터셋
- 어휘와 토크나이저
- 모델 아키텍처
- 학습 목표

체스 언어 모델을 훈련할 때는 오늘날 대부분의 LLM이 사용하는 트랜스포머 아키텍처와 다음 토큰 예측 학습 목표를 그대로 채택할 수 있습니다.

사전 훈련 데이터셋으로는 Lichess[20]의 대규모 체스 게임 기록을 활용할 수 있습니다. 이 데이터는 수십억 개의 게임을 포함하지만, 이 중 2천만 개의 체스 게임을 샘플로 선택하여 학습에 사용합니다.

이 데이터는 포터블 게임 노테이션(PGN) 형식으로 제공되며, 이는 체스의 수순을 간결하게 기록하는 데 사용하는 표기법입니다.

마지막으로 모델의 어휘를 선택해야 합니다. 이 모델의 목적은 오직 체스를 학습하는 것이므로 광범위한 영어 어휘를 지원할 필요는 없습니다. 오히려 PGN의 표기 규칙을 그대로 활용해 체

---

[20] https://database.lichess.org/

스의 개념 하나하나에 토큰을 대응시킬 수 있습니다.

다음은 pgnmentor.com[21]에서 가져온 PGN 형식의 체스 경기 예시입니다.

1. e4 c5 2. Nf3 a6 3. d3 g6 4. g3 Bg7 5. Bg2 b5 6. O-O Bb7 7. c3 e5 8. a3 Ne7 9. b4 d6 10. Nbd2 O-O 11. Nb3 Nd7 12. Be3 Rc8 13. Rc1 h6 14. Nfd2 f5 15. f4 Kh7 16. Qe2 cxb4 17. axb4 exf4 18. Bxf4 Rxc3 19. Rxc3 Bxc3 20. Bxd6 Qb6+ 21. Bc5 Nxc5 22. bxc5 Qe6 23. d4 Rd8 24. Qd3 Bxd2 25. Nxd2 fxe4 26. Nxe4 Nf5 27. d5 Qe5 28. g4 Ne7 29. Rf7+ Kg8 30. Qf1 Nxd5 31. Rxb7 Qd4+ 32. Kh1 Rf8 33. Qg1 Ne3 34. Re7 a5 35. c6 a4 36. Qxe3 Qxe3 37. Nf6+ Rxf6 38. Rxe3 Rd6 39. h4 Rd1+ 40. Kh2 b4 41. c7 1-0

체스판의 행에는 a-h의 문자가 할당되고 열에는 1-8의 숫자가 할당됩니다. 폰을 제외한 각 기물 유형에는 대문자가 할당되며 N은 나이트, R은 룩, B는 비숍, Q는 퀸, K는 킹을 나타냅니다. 이동에 +가 붙으면 체크를 나타내고, %가 붙으면 체크메이트를 나타내며, 0-0은 캐슬링을 나타냅니다. 체스 규칙에 익숙하지 않다면 이 글(https://www.chesshouse.com/pages/chess-rules)을 참조해 기본 사항을 확인하세요.

이 표기법을 기반으로 어휘를 다음처럼 구성할 수 있습니다.

- 체스판의 각 칸에 대한 별도의 토큰. 총 64개(a1, a2, a3…h6, h7, h8)
- 각 기물 유형에 대한 별도의 토큰(N, B, R, K, Q)
- 수 순서에 대한 토큰(1., 2., 3. 등)
- 특수 이동에 대한 토큰(체크용 +, 포획용 x 등)

이제 특수 도메인 전용 어휘를 사용해 이 체스 데이터셋으로 언어 모델을 처음부터 훈련해 보겠습니다. 모델은 데이터셋에 인간 언어 텍스트가 전혀 없는 상태에서 PGN 표기법으로부터 직접 학습합니다. 이 책의 깃허브 저장소[22]에는 이 모델을 훈련하는 코드와 설정이 있습니다.

모델을 3 에포크 동안 훈련한 후, 모델의 체스 플레이 능력을 테스트해 보겠습니다. 모델이 자연어로 명시적인 규칙을 제공받지 않고도 게임의 규칙을 학습한 것으로 보입니다. 실제로 모델은 때때로 인간 플레이어를 이길 수 있고, 캐슬링과 같은 수를 실행할 수도 있습니다.

---

21 "PGN Viewer: Nodirbek Abdusattorov". https://oreil.ly/H3y0s
22 https://github.com/corazzon/designing-llm-apps

> **연습 문제**
>
> 참조 구현으로 훈련된 모델이 체스 게임을 완주하고 간혹 플레이어를 상대로 승리할 정도로 뛰어난 성과를 보이지만, 몇 가지 핵심 요소를 조정하면 성능을 한층 더 끌어올릴 수 있습니다. 구체적으로는 모델 크기 확장, 훈련 데이터셋 규모 확대, 데이터셋 품질 개선이 그 방법입니다. 이 세 가지 방향 각각에서 모델을 향상시켜가며 체스 실력의 발전 과정을 관찰하기 바랍니다.

이 실험은 모델이 도메인 특화 언어(domain-specific language)인 PGN을 사용해 체스 개념을 학습할 수 있음을 보여줍니다. 그렇다면 동일한 개념을 자연어로 가르친다면 어떤 결과가 나올까요?

다른 실험에서 이를 탐구해 보겠습니다. 체스 언어 모델을 사전 훈련하는 데 사용한 데이터셋을 가져와 LLM을 사용해 PGN의 각 수를 영어 문장으로 변환합니다. 예시 게임은 다음과 같이 보일 것입니다.

> White moves pawn to e4
>
> Black moves bishop to g7

이런 식으로 계속됩니다. 이전과 동일한 수의 게임으로 새 언어 모델을 훈련하되, 이번에는 영어 언어 데이터셋을 사용합니다. 이 모델의 어휘는 훈련 세트에 대해 토크나이저를 훈련해 생성된 표준 영어 어휘로 설정합니다.

PGN 데이터셋으로 훈련된 체스 언어 모델과 비교했을 때 어떤 결과가 나올까요? 영어로 체스 수를 설명한 데이터로 훈련된 모델은 성능이 더 낮으며 동일한 수의 게임으로 훈련했음에도 아직 게임의 규칙을 제대로 이해하지 못한 것으로 보입니다.

이 결과는 자연어가 모델이 기술과 개념을 학습하는 데 있어 항상 가장 효율적인 수단은 아니라는 점을 보여줍니다. 오히려 도메인 특화 언어와 표기법이 더 나은 성능을 발휘합니다. 따라서 언어 설계는 개념과 기술을 학습하기 위한 도메인 특화 언어를 만들게 해 주는 중요한 역량입니다. 여러분의 응용 분야에서는 기존의 도메인 특화 언어를 활용하거나 새로운 언어를 직접 설계할 수 있습니다.

4.9 마치며

이 장에서는 트랜스포머 아키텍처의 다양한 구성 요소를 상세히 다뤘습니다. 셀프 어텐션, 피드포워드 네트워크, 위치 인코딩, 층 정규화 등이 여기에 포함됩니다. 또한 인코더 전용, 인코더-디코더, 디코더 전용, MoE 모델과 같은 여러 변형과 구성도 알아봤습니다. 마지막으로, 언어 모델 지식을 종합해 처음부터 자체 모델을 훈련하는 방법과 더 효율적인 학습을 위한 도메인 특화 언어를 설계하는 방법을 다뤘습니다.

LLM 활용하기

PART 2

2부에서는 1장에서 소개한 다양한 언어 작업을 해결하는 데 사전 훈련된 LLM을 어떻게 활용하고 적응시킬 수 있는지를 살펴봅니다. 각 장의 내용을 효과적으로 익히려면 소개된 기법들을 직접 실습해 보고 이 책의 깃허브 저장소 튜토리얼도 함께 실행해 보길 권장합니다.

5장 사용 목적에 맞게 LLM 활용하기
6장 파인 튜닝
7장 고급 파인 튜닝 기법
8장 정렬 훈련과 추론
9장 추론 최적화

CHAPTER 5

사용 목적에 맞게 LLM 활용하기

이번 장에서는 LLM 생태계를 둘러보는 여정을 이어가며 상용으로 사용할 수 있는 다양한 LLM을 살펴보고, 작업에 적합한 LLM을 선택하는 방법에 관한 실질적인 조언을 제공합니다. 또한 다양한 크기의 LLM을 로드하고 추론을 수행하는 방법도 살펴봅니다.

그리고 텍스트 생성 시 활용되는 다양한 디코딩 전략을 해설하고, LLM이 출력하는 결과와 중간 산출물을 어떻게 해석하는지도 다룹니다. 이를 위해 LIT-NLP와 같은 해석 가능성interpretability 도구들도 함께 소개합니다.

5.1 LLM 생태계 탐색하기

요즘은 며칠 간격으로 새로운 LLM이 출시되고 있으며, 대부분은 최신 성능state of the art을 자처합니다. 하지만 실제로는 이들 모델 간의 차이가 그리 크지 않으므로 모든 새로운 LLM 출시를 추적하는 데 많은 시간을 들일 필요는 없습니다.

하지만 현존하는 다양한 LLM 제공자와 공개되는 모델의 종류, 저작권 및 라이선스와 관련된 이슈를 폭넓게 이해하는 것이 중요합니다. 지금부터는 이러한 관점에서 LLM 생태계를 살펴보며 우리가 선택할 수 있는 옵션들을 정리해 보겠습니다.

5.1.1 주요 LLM 제공자

LLM 제공자는 대체로 다음과 같이 구분할 수 있습니다.

상용 LLM을 제공하는 기업

오픈AI(GPT[1]), 구글(제미나이[2]), 앤트로픽(클로드[3]), 코히어Cohere[4], AI21[5] 등은 독자적으로 훈련한 LLM을 API 형태로 서비스LLM-as-a-service하는 대표적인 기업입니다.

이들 기업은 클라우드 서비스 기업과 협력해 모델을 완전 관리형 서비스 형태로 제공하기도 합니다. 예를 들어 아마존의 Bedrock[6]과 SageMaker JumpStart[7], 구글의 Vertex AI[8], 마이크로소프트의 Azure OpenAI[9] 등이 이에 해당합니다.

오픈 소스 LLM을 제공하는 기업

투게더 AI Together AI[10]처럼 LLM 가중치를 공개하고 배포 및 운영 서비스로 수익을 창출하는 기업, 셀레브라스Cerebras[11]처럼 LLM 확산이 자사 비즈니스에 이득이 되는 기업, 초기 트랜스포머 시기부터 LLM을 공개해온 연구 기관(마이크로소프트, 구글, 메타, 세일즈포스Salesforce 등)이 이에 해당합니다.

구글은 상용 LLM과 오픈 소스 LLM을 모두 제공하는 예외적인 사례입니다.

자율적인 오픈 소스 커뮤니티 및 연구 조직

일루서 AI[12], 빅 사이언스[13] 같은 커뮤니티 기반의 연구 조직이 여기에 해당합니다. 이들은 주로 외부 지원금으로 컴퓨팅 인프라를 운영합니다.

학계 및 정부 기관

막대한 자본 비용 때문에 학계에서는 아직 많은 LLM이 등장하지 않았지만, 예외적으로는 아부다비 정부가

---

1 https://openai.com/api/
2 https://ai.google.dev/
3 https://www.anthropic.com/claude
4 https://cohere.com/command
5 https://www.ai21.com/
6 https://aws.amazon.com/ko/bedrock/
7 https://oreil.ly/e0a59
8 https://cloud.google.com/model-garden
9 https://oreil.ly/Ag1r5
10 https://www.together.ai/
11 https://www.cerebras.net/
12 https://www.eleuther.ai/
13 https://bigscience.huggingface.co/

지원한 기술혁신연구소Technology Innovation Institute[14]의 Falcon 모델[15], 칭화 대학교Tsinghua University의 GLM 모델[16] 등이 있습니다.

[표 5-1]은 LLM 분야의 주요 제공자와 이들이 속한 범주, 공개한 사전 훈련 모델을 보여줍니다.

표 5-1 LLM 제공자

이름	분류	출시된 사전 훈련 모델
구글	기업	BERT, MobileBERT, T5, FLAN-T5, ByT5, Canine, UL2, Flan-UL2, Pegasus, PaLM, PaLMV2, ELECTRA, Tapas, Switch
마이크로소프트	기업	DeBERTa, DialoGPT, BioGPT, MPNet
오픈AI	기업	GPT-2, GPT-3, GPT-3.5, GPT-4
아마존	기업	Titan
앤트로픽	기업	Claude, Claude-2
코히어	기업	Cohere Command, Cohere Base
메타	기업	RoBERTa, Llama, Llama 2, BART, OPT, Galactica
세일즈포스	기업	CTRL, XGen, EinsteinGPT
MosaicML	기업 (Databricks에 인수됨)	MPT
셀레브라스	기업	Cerebras-GPT, BTLM
데이터브릭스Databricks	기업	Dolly-V1, Dolly-V2
스태빌리티 AIStability AI	기업	StableLM
투게더 AI	기업	RedPajama
온토코드 AIOntocord AI	비영리	MDEL
일루서 AI	비영리	Pythia, GPT Neo, GPT-NeoX, GPT-J
빅 사이언스	비영리	BLOOM
칭화 대학교	학계	GLM
기술혁신연구소	학계	Falcon

---

[14] https://www.tii.ae/
[15] https://falconllm.tii.ae/falcon-models.html
[16] https://oreil.ly/K0_zX

이름	분류	출시된 사전 훈련 모델
UC 버클리	학계	OpenLLaMA
어뎁트 AI^{Adept AI}	기업	Persimmon
미스트랄 AI	기업	Mistral
AI21 랩스^{AI21 Labs}	기업	Jurassic
X.AI	기업	Grok

5.1.2 모델 종류

각 모델은 보통 여러 변형으로 출시됩니다. 일반적으로 동일한 모델의 서로 다른 크기 변형을 출시하는 것이 관례입니다. 예를 들어 Llama 2는 7B, 13B, 70B 크기로 제공되며, 여기서 숫자들은 모델의 파라미터 수를 나타냅니다. 요즘 LLM 제공업체들은 사전 훈련된 모델을 다양한 방식으로 개선해 사용자 작업에 더 적합하도록 만듭니다. 개선 과정은 일반적으로 모델을 어떤 방식으로든 파인 튜닝하는 것을 포함하며, 종종 사람의 감독을 수반합니다. 이러한 파인 튜닝 작업 중 일부는 인간 주석 작업 비용으로 수백만 달러가 들 수 있습니다. 우리는 어떠한 개선도 거치지 않은 사전 훈련된 모델을 기본 모델이라고 부르겠습니다. 다음 절에서는 인기 있는 개선 유형들을 설명합니다.

지시 모델

지시 모델^{Instruct-model} 또는 지시문 조정 모델^{instruction-tuned model}은 자연어로 작성된 지시 사항을 따르는 데 특화되었습니다. 기본 모델들도 강력한 능력이 있지만, 마치 반항적인 십 대와 같이 까다롭습니다. 시행착오를 거쳐 올바른 프롬프트를 고생스럽게 설계한 후에야 효과적으로 상호작용할 수 있으며, 이마저도 취약한 경향이 있습니다. 기본 모델들이 노이즈 제거 목표나 다음 단어 예측 목표로 훈련되기 때문인데, 이는 사용자들이 일반적으로 해결하려는 작업과는 다릅니다. 기본 모델을 지시문 조정하면 결과 모델이 인간의 지시에 더 효과적으로 응답하고 더 도움이 될 수 있습니다.

전형적인 지시문 조정 데이터셋은 자연어로 표현된 다양한 작업 세트와 함께 입력-출력 쌍으로 구성됩니다. 6장에서는 지시문 조정 데이터셋을 구성하는 다양한 기법을 살펴보고 모델에 지시문 조정을 수행하는 방법을 시연할 것입니다.

다음은 FLAN[17]이라는 인기 있는 지시문 조정 데이터셋의 예시입니다.

> 프롬프트: '다음 리뷰의 감정은 무엇인가요? 피자는 그럭저럭이었지만 서비스는 형편없었습니다. 점심을 빨리 먹으려고 들렀고 조각 피자 스페셜을 주문했는데, 프런트 카운터 앞에서 몇 분을 기다리고 조각 피자를 받기까지 또 기다려 결국 한 시간이나 걸렸습니다. 가게에는 저 말고는 아무도 없었는데도 어떤 도움이나 서비스도 받을 수 없었습니다. 옵션: - 부정 - 긍정'
>
> FLAN: '부정'

이 예시에서 입력은 '다음 리뷰의 감정은 무엇인가요?'라는 지시 사항으로 구성되었으며, 이는 사람들이 자연스럽게 표현하는 방식이고, 입력과 출력이 함께 포함됩니다. 입력은 실제 리뷰이고 출력은 모델이 생성하거나 사람이 주석을 단 작업의 해결책입니다. [그림 5-1]은 지시문 조정 과정을 보여줍니다.

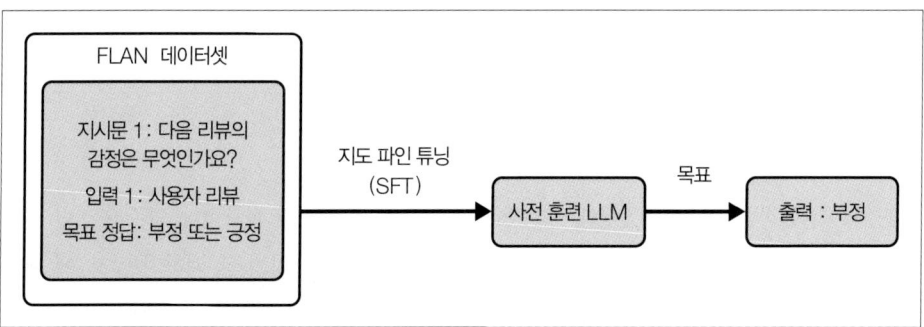

그림 5-1 지시문 조정 과정

지시문 기반 튜닝은 지도 학습 기반 파인 튜닝 supervised fine-tuning (SFT)[18]이라는 범주에 속하는 기술입니다. 사용자 작업에 효과적으로 응답하는 모델의 능력을 향상시키는 것 외에도, SFT 기반 접근법은 모델 제작자의 가치관과 선호도에 모델 출력을 맞추는 데 도움이 되는 안전성 데이터셋을 훈련시킴으로써 모델의 유해성을 줄이는 데도 사용될 수 있습니다.

---

17 https://oreil.ly/YJ_Xr

18 옮긴이_ SFT(supervised fine-tuning)는 특정 태스크의 성능을 높이는 포괄적 개념입니다. SIFT(supervised instruction fine-tuning)는 그중 하나로, 지시문–응답 데이터를 학습해 모델이 다양한 인간의 지시를 이해하고 따르도록 훈련시키는 방법입니다.

더 고도화된 정렬 기술로는 강화 학습^{reinforcement learning} 기반 방법들이 있습니다. 예를 들어 인간 피드백 기반 강화 학습(RLHF)과 AI 피드백을 통한 강화 학습^{reinforcement learning from AI feedback}(RLAIF)이 있습니다.

RLHF 훈련에서는 인간 주석자들이 유용성과 무해성 같은 특정 기준에 따라 후보 출력물을 선택하거나 순위를 매깁니다. 이러한 주석은 보상 모델^{reward model}을 반복 훈련하는 데 사용되며, 궁극적으로 LLM이 더 제어 가능해지게 합니다. 예를 들어 사용자의 부적절한 요청에 대해서는 응답을 거부하게 할 수 있습니다.

[그림 5-2]는 RLHF 훈련 과정을 보여줍니다.

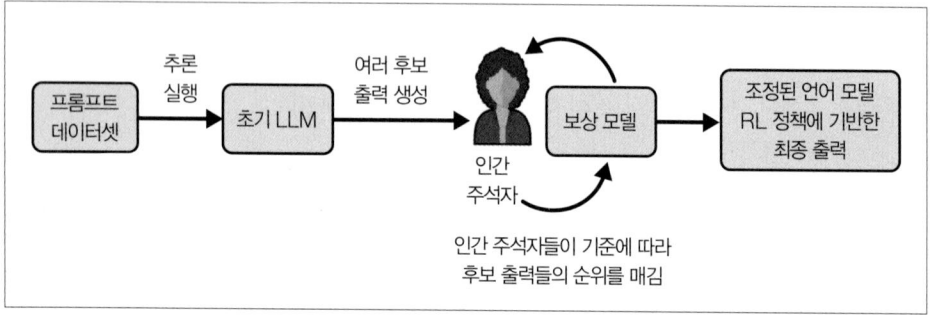

그림 5-2 인간 피드백 기반 강화 학습

RLHF와 기타 정렬 기법들은 8장에서 자세히 다룰 것입니다. 인간 피드백에 의존해 정렬 훈련을 하는 대신, LLM을 활용해 일련의 원칙(예: 인종차별적이지 않기, 무례하지 않기)에 대한 준수 여부를 기준으로 출력물 중에서 선택하게 할 수도 있습니다. 이 기법은 앤트로픽이 도입했으며 RLAIF라고 부릅니다. 이 기법에서 인간은 단지 헌법적 AI^{Constitutional AI}[19]라고 불리는 원하는 원칙과 가치들의 집합만 제공하고, LLM이 자신의 출력물이 이러한 원칙들을 준수하는지 판단하는 작업을 맡습니다.

지시문 조정된 모델에는 RedPajama-Instruct처럼 'instruct'라는 접미사를 붙이기도 합니다.

---

[19] Bai et al., "Constitutional AI: Harmlessness from AI Feedback", 15 Dec 2022, https://arxiv.org/abs/2212.08073

> **지시문 조정 부작용 주의**
>
> 모든 작업에 기본 모델 대신 지시문 조정된 변형을 사용하는 것이 더 나을까요? 대부분은 그렇습니다. 하지만 기본 모델 위에 어떤 조정을 가하든 필연적으로 어느 정도의 퇴행이 발생해 기본 모델의 일부 능력에 접근할 수 없게 된다는 점을 염두에 두세요.
>
> 정Chung 연구진[20]은 이에 관한 예시를 보여주었습니다. 이들은 FLAN 데이터셋을 사용한 지시문 조정이 추론 작업에 중요한 사고의 사슬(CoT) 능력을 악화시킨다는 것을 발견했습니다. 하지만 동시에 지시문 조정 데이터셋에 CoT 데이터를 추가하면 기본 변형과 비교해 모델의 추론 능력이 오히려 향상된다는 점도 관찰했습니다.
>
> 지시문 조정의 부작용은 아직 충분히 연구되지 않았으므로 기본 모델로 실험해 보고 어떤 능력들을 잃게 되는지 확인해 보는 것이 좋습니다.
>
> 마찬가지로, 정렬 조정된 모델들은 LLM 제공자의 원칙, 가치, 윤리에 따라 사용자 질의에 응답하도록 보정되었습니다. 이는 여러분이나 여러분 조직의 가치관과 같지 않을 수 있습니다.
>
> 이 모든 경우에 기본 모델에 대해 자체적인 지시문/정렬 조정을 수행할 수 있으며, 구체적인 방법은 다음 세 장에서 살펴볼 것입니다. 또한 어떤 상황에서 자체적인 지시문/정렬 조정을 수행하는 것이 가치 있는지도 분석할 것입니다.

대화 모델

대화 모델은 다중 턴 대화에 최적화된 지시문 조정 모델입니다. 챗GPT, Llama 2-Chat, MPT-Chat, 오픈어시스턴트OpenAssistant 등이 그 예시입니다.

긴 컨텍스트 모델

1장에서 논의했듯이, 트랜스포머 기반 LLM의 컨텍스트 길이는 제한됩니다. 다시 정리하자면, 컨텍스트 길이는 일반적으로 모델이 한 번 호출될 때마다 처리하는 입력 및 출력 토큰 수의 합을 의미합니다. 현대 LLM의 일반적인 컨텍스트 길이는 8,000에서 128,000 토큰 사이이며 제미나이의 일부 변형은 100만 개가 넘는 토큰을 지원합니다. 일부 모델은 긴 컨텍스트 변형으

---

[20] Chung et al, "Scaling Instruction-Finetuned Language Models ", 20 Oct 2022, https://arxiv.org/abs/2210.11416

로 출시됩니다. 예를 들어 GPT 3.5는 기본적으로 4K 컨텍스트 크기로 제공되지만 16K 컨텍스트 크기 변형도 있습니다. MPT도 65k 컨텍스트 길이로 훈련된 긴 컨텍스트 변형이 있으며 추론 시에는 잠재적으로 더 긴 컨텍스트에서도 사용할 수 있습니다.

긴 컨텍스트 모델의 단점

현재까지의 연구[21]에 따르면 컨텍스트 길이가 증가할수록 성능이 유지되지 않는다는 것이 밝혀졌습니다. LLM은 컨텍스트 윈도context window의 중간 부분에 있는 내용을 잊어버리는 경향이 있습니다. 이는 LLM이 훈련되는 문서의 특성 때문인데, 다음 토큰을 예측하는 데 필요한 문서의 가장 관련성 있는 컨텍스트가 더 자주 컨텍스트의 시작이나 끝부분 근처에서 발견되기 때문입니다. 필자의 실험에서는 대부분의 모델에서 8K 컨텍스트 크기가 성능이 저하되기 시작하는 전환점임을 관찰했습니다. 또한 전체 컨텍스트를 지시 사항으로만 채울 수도 없습니다. LLM은 프롬프트에서 제한된 수의 지시 사항만 처리할 수 있으며 그 이상이 되면 성능이 떨어집니다.

그러나 긴 컨텍스트 모델은 현재 매우 빠르게 개선되는 LLM 분야입니다. 클로드와 제미나이의 긴 컨텍스트 모델은 긴 컨텍스트에서도 성능을 유지하는 데 탁월한 진전을 보여주었습니다. 건초더미에서 바늘 찾기 테스트[22]와 같이 긴 컨텍스트 성능을 측정하는 다양한 테스트가 고안되었습니다. 이러한 평가 접근법의 한계와 더 총체적인 평가 체계에 관해서는 12장에서 논의할 것입니다.

도메인 적응 또는 작업 적응 모델

LLM 제공업체들은 요약이나 금융 감정 분석과 같은 특정 작업에 대해 파인 튜닝을 수행하기도 합니다. 또한 특정 작업에 맞춰 더 큰 모델의 출력으로 작은 모델을 파인 튜닝하는 증류 버전distilled version의 모델을 만들 수도 있습니다. 작업별 파인 튜닝의 예로는 금융 감정 분석 데이터셋으로 파인 튜닝된 FinBERT[23]와 개체명 인식 데이터를 사용해 증류된 UniversalNER[24] 등이 있습니다.

---

[21] Liu et al., "Lost in the Middle: How Language Models Use Long Contexts", 20 Nov 2023, https://oreil.ly/PSD_k
[22] OpenCompass, "Needle In A Haystack Experimental Evaluation", https://oreil.ly/aop_Q
[23] https://oreil.ly/uKUAp
[24] Zhou et al, "UniversalNER A case study on targeted distillation from LLMs", https://universal-ner.github.io/

5.1.3 오픈 소스 LLM

오픈 소스는 일부가 공개된 모델들을 지칭하는 포괄적인 용어로 흔히 사용됩니다. 여기서는 오픈 소스를 다음과 같이 정의할 것입니다.

> 사용자가 누구에게나 어떤 목적으로든 연구하고, 사용하고, 수정하고, 재배포할 수 있도록 허용하는 라이선스 하에 공개된 소프트웨어 산출물.

오픈 소스 소프트웨어에 대한 더 공식적이고 포괄적인 정의는 오픈 소스 이니셔티브Open Source Initiative의 공식 정의[25]를 참조하세요.

LLM이 완전히 개방되었다고 간주하려면 다음의 모든 항목이 공개되어야 합니다.

모델 가중치
여기에는 모델의 모든 파라미터와 모델 구성이 포함됩니다. 이에 접근할 수 있게 되면 우리가 적합하다고 판단하는 어떤 방식으로든 모델 파라미터를 추가하거나 수정할 수 있습니다. 훈련의 다양한 단계에서의 모델 체크포인트도 공개하도록 권장됩니다.

모델 코드
모델의 가중치만 공개하는 것은 소스 코드 제공 없이 소프트웨어 바이너리 실행 파일만 제공하는 것과 같습니다. 모델 코드에는 모델 훈련 코드와 하이퍼파라미터hyperparameter 설정뿐만 아니라 훈련 데이터 전처리에 사용된 코드도 포함됩니다. 인프라 설정과 구성에 관한 정보를 공개하는 것도 모델 재현성을 높이는 데 큰 도움이 됩니다. 모델 코드가 완전히 공개되더라도 리소스 제한과 훈련의 비결정론적 특성 때문에 모델을 대부분 쉽게 재현하지 못할 수 있습니다.

훈련 데이터
여기에는 모델에 사용된 훈련 데이터가 포함되며, 이상적으로는 데이터를 어떻게 수집했는지에 관한 정보나 코드도 포함됩니다. 또한 데이터 전처리 파이프라인의 다양한 변환 단계에서의 데이터와 모델에 데이터가 제공된 순서를 공개하는 것도 권장됩니다. 훈련 데이터는 모델 제공업체들이 가장 적게 공개하는 구성 요소입니다. 따라서 대부분의 오픈 소스 모델은 데이터셋이 공개되지 않았으므로 완전히 개방되지는 않았습니다.

훈련 데이터는 경쟁상의 이유로 공개되지 않을 때가 많습니다. 3장과 4장에서 논의했듯이, 오늘날 대부분의 LLM은 동일한 아키텍처와 훈련 코드의 변형을 사용합니다. 차별화 요소는 데이터 내용과 전처리일 수 있습니다. 훈련 데이터의 일부는 모델 제공업체가 데이터를 공개적으로 배포하는 것을 금지하는 라이선스 계약을 거쳐 획득되었을 수 있습니다. 훈련 데이터를 공개

---

25 https://opensource.org/osd

하지 않는 또 다른 이유는 특히 저작권을 둘러싼 훈련 데이터와 관련된 미해결 법적 문제들이 있기 때문입니다. 예를 들어 일루서 AI가 만든 The Pile 데이터셋은 저작권이 있는 책들의 텍스트(Books3 데이터셋)를 포함하므로 더는 공식 링크에서 이용할 수 없습니다. 참고로 The Pile은 재현이 어렵습니다. 데이터가 분할되고, 섞이고, 혼합되기 때문입니다.

대부분의 훈련 데이터는 공개 웹에서 수집되므로 특정 관할권에서 불법인 폭력적이거나 성적인 콘텐츠를 잠재적으로 포함할 수 있습니다. 신중히 검토하고 엄격히 필터링하더라도 이러한 데이터 중 일부가 여전히 최종 데이터셋에 남아 있을 수 있습니다. 따라서 이전에 공개되었던 많은 데이터셋이 현재 공개되지 않으며, LAION의 이미지 데이터셋이 그 한 예입니다.

궁극적으로 모델이 공개된 라이선스에 따라 원본이나 수정된 LLM을 사용, 수정, 재배포할 수 있는 조건이 결정됩니다. 넓게 보면 오픈 LLM은 세 가지 유형의 라이선스로 배포됩니다.

- **비상업적 라이선스**: 이 유형의 라이선스는 연구나 개인 사용만을 허용하고 모델의 상업적 사용을 금지합니다. 보통 모델 산출물에 접근하려면 신청 양식을 제출해야 하며, 사용자는 설득력 있는 연구 사용 사례를 제공해 접근 필요성을 정당화해야 합니다.
- **카피레프트 라이선스**: 이 유형의 라이선스는 상업적 사용을 허용하지만, 모든 소스나 파생 작업은 동일한 라이선스로 공개되어야 하므로 독점적인 수정을 개발하기가 어려워집니다. 이 조건이 적용되는 정도는 사용되는 라이선스에 따라 다릅니다.
- **허용적 라이선스**: 이 유형의 라이선스는 독점 애플리케이션에서의 수정 및 재배포를 포함한 상업적 사용을 허용합니다. 즉, 재배포를 오픈 소스로 할 의무가 없습니다. 이 범주의 일부 라이선스는 특허도 허용합니다.

안전상의 이유로 특정 사용 사례에서 모델 사용을 제한하는 새로운 라이선스들이 고안되고 있습니다. 이러한 예로 OpenRAIL-M 라이선스[26]가 있으며 의료 조언 제공, 법 집행, 이민 및 망명 절차와 같은 사용 사례에서 모델 사용을 금지합니다. 제한된 사용 사례의 전체 목록은 라이선스의 Attachment A를 참조하세요.

상업적인 이유로 조직에서 오픈 LLM을 사용하려는 실무자라면 허용적 라이선스가 있는 모델을 사용하는 것이 가장 좋습니다. 인기 있는 허용적 라이선스의 예로는 Apache 2.0과 MIT 라이선스가 있습니다.

크리에이티브 커먼즈(CC) 라이선스[27]는 오픈 LLM을 배포하는 데 사용되는 인기 있는 라이선스 유형입니다. 이 라이선스들은 이름이 CC-BY-NC-SA와 같습니다. 이러한 이름의 의미를

---

[26] https://oreil.ly/2UVMe
[27] https://oreil.ly/PQy6D

살펴보겠습니다.

- **BY**: 라이선스에 이 용어가 포함되면 저작자 표시가 필요하다는 의미입니다. CC-BY만 포함되면 허용적 라이선스라는 뜻입니다.
- **SA**: 라이선스에 이 용어가 포함되면 재배포가 이 라이선스와 동일한 조건으로 이루어져야 한다는 의미입니다. 즉, 카피레프트 라이선스입니다.
- **NC**: NC는 비상업적이라는 의미입니다. 따라서 라이선스에 이 용어가 포함되면 모델은 연구나 개인 사용 사례에만 사용할 수 있습니다.
- **ND**: ND는 파생물 금지를 의미합니다. 라이선스에 이 용어가 포함되면 모델에 대한 수정 버전의 배포가 허용되지 않습니다.

> **NOTE_** 현재 오픈 소스로 분류되는 모델들은 가중치와 코드가 공개되었고, 누구나 어떤 목적으로든 자유롭게 재배포할 수 있는 라이선스가 있는 모델들입니다. 그런데 여기서 논쟁이 되는 부분이 있습니다. 모델을 제대로 검증하고 연구하려면 훈련 데이터에도 접근할 수 있어야 한다는 것인데, 실제로 이는 진정한 오픈 소스의 핵심 요건이기도 합니다.

[표 5-2]는 현재 사용할 수 있는 여러 LLM을 살펴보고, 각각 어떤 라이선스로 배포되는지, 어떤 크기와 종류로 제공되는지 알아보겠습니다. 흥미로운 점은 이러한 LLM이 처음 사전 훈련을 진행한 기관과는 다른 조직에서 추가적인 지시문 튜닝이나 대화형 파인 튜닝 작업을 수행하는 경우가 많다는 것입니다.

표 5-2 사용 가능한 LLM 목록

이름	가용성	크기	변형
GPT-4	독점	알 수 없음	GPT-4 32K 컨텍스트, GPT-4 8K 컨텍스트
GPT-3.5 Turbo	독점	알 수 없음	GPT-3.5 4K 컨텍스트, GPT-3.5 16K 컨텍스트
Claude Instant	독점	알 수 없음	-
Claude 2	독점	알 수 없음	-
MPT	Apache 2.0	1B, 7B, 30B	MPT 65K 스토리라이터
CerebrasGPT	Apache 2.0	111M, 256M, 590M, 1.3B, 2.7B, 6.7B, 13B	CerebrasGPT
Stability LM	CC-BY-SA	7B	-

이름	가용성	크기	변형
RedPajama	Apache 2.0	3B, 7B	RedPajama-INCITE-Instruct, RedPajama-INCITE-Chat
GPT-Neo X	Apache 2.0	20B	-
BLOOM	공개, 제한적 사용	176B	BLOOMZ
Llama	공개, 상업적 사용 불가	7B, 13B, 33B, 65B	-
Llama 2	공개, 상업적 사용 가능	7B, 13B, 70B	Llama 2-Chat
Zephyr	Apache 2.0	7B	-
Gemma	공개, 제한적 사용	2B, 7B	Gemma-Instruction 조정

5.2 적합한 LLM을 선택하는 방법

시중에는 정말 다양한 LLM이 존재하는데, 이 중 어떤 모델이 내 작업에 가장 적합할까요? 상황에 따라 고려해야 할 요소는 다양하며 대표적으로 다음과 같은 기준들을 살펴볼 수 있습니다.

- **비용**: 여기에는 추론이나 파인 튜닝 비용부터 소프트웨어 기반 구축, 모니터링 및 관찰 가능성, 배포 및 유지 보수와 관련된 비용이 포함됩니다. 이러한 요소는 통상 LLMOps라는 개념으로 통칭합니다.
- **출력 토큰당 시간(TPOT)**[28]: 최종 사용자가 경험하는 텍스트 생성 속도를 측정하는 데 사용되는 지표입니다.
- **작업 성능**: 작업의 성능 요구 사항과 정밀도precision나 정확도 같은 관련 지표를 의미합니다. 어느 정도의 성능이면 충분할까요?
- **작업 유형**: 요약, 질의응답, 분류 등 LLM이 사용될 작업의 성격을 말합니다.
- **필요한 능력**: 예를 들어 산술 추론, 논리적 추론, 계획, 작업 분해 등의 능력이 있습니다. 이런 능력들은 실제로 나타나기도 하고, 완벽하지는 않지만 비슷하게 작동하는 경우도 있습니다. 1장에서 설명했듯이 LLM에서 나타나는 창발적 특성이며, 작은 모델에서는 잘 나타나지 않습니다.
- **라이선스**: 사용 목적에 맞는 라이선스가 있는 모델만 사용할 수 있습니다. 상업적 사용을 명시적으로 허용하는 모델들도 특정 사용 사례에는 제한될 수 있습니다. 예를 들어 앞서 언급한 BigScience OpenRAIL-M 라이선스는 법 집행, 이민, 망명 절차와 관련된 사용 사례에서 LLM의 사용을 제한합니다.

---

[28] https://oreil.ly/mEDRt

- **사내 ML/MLOps 역량**: 사내 인력이 어느 정도 수준인지에 따라 구현 가능한 커스터마이징의 범위도 결정됩니다. 예를 들어 자체적인 추론 최적화 시스템을 구축할 수 있을 만큼 충분한 내부 인력을 보유하는지 고려해 볼 수 있습니다.
- **기타 비기능적 기준**: 여기에는 안전성, 보안, 개인정보 보호 등이 포함됩니다. 클라우드 서비스 제공업체와 스타트업들은 이미 이러한 요구를 충족하기 위한 다양한 솔루션을 제공합니다.

> **연습 문제**
>
> 여러분의 애플리케이션을 기준으로 우선순위 목록을 정리해 보세요. 그리고 각 항목이 고정된 조건인지, 유연하게 조정 가능한 항목인지 구분해 보세요. 예를 들어 정밀도는 최소 X 이상이어야 한다거나, 출력 토큰당 처리 시간(TPOT)은 Y 이하이어야 한다는 식으로 구체적인 기준을 세워보는 것입니다. 이러한 우선순위와 조건을 바탕으로 어떤 LLM을 선택할지 결정해 보세요.

5.2.1 오픈 소스 LLM과 독점 LLM

오픈 소스와 독점 소프트웨어를 둘러싼 논의는 수십 년간 기술 업계 전반에서 이어져 왔으며, 최근에는 이러한 논의가 LLM 분야에서도 매우 중요한 주제로 부상했습니다. 오픈 소스 모델의 가장 큰 장점은 비용보다는 투명성과 유연성에 있습니다. 직접 오픈 소스 LLM을 호스팅하려면 엔지니어링 리소스, 연산 및 메모리 비용이 많이 들 수 있으며, 관리형 서비스를 사용하더라도 지연 시간, 처리량, 추론 비용 측면에서 독점 모델보다 부족할 수 있습니다. 또한 많은 오픈 소스 LLM은 현재까지는 관리형 서비스나 서드파티 배포 플랫폼을 통해 쉽게 접근하기 어려운 경우가 많습니다. 물론 시간이 지나면서 이러한 접근성은 빠르게 개선되겠지만, 당장은 각 모델 유형에 따른 실제 비용 구조를 면밀히 분석하는 것이 중요합니다.

오픈 소스 모델의 장점은 사용자가 모델을 자유롭게 디버깅, 해석, 재학습하거나 원하는 방식으로 파인 튜닝할 수 있다는 점입니다. 반면, 독점 LLM은 제공자가 허용한 방식 외에는 수정이나 확장이 불가능합니다. 이러한 유연성은 오픈 소스 모델을 사용자 자신의 가치관이나 사용 목적에 더 정밀하게 맞출 수 있게 해 줍니다. 또한 토큰의 확률 분포(로짓logit)에 자유롭게 접근할 수 있다는 점은 매우 강력한 기능이며, 이 책에서도 여러 차례 그 중요성을 강조합니다.

오픈 소스 LLM은 대형 기업이 수익성 문제로 외면할 수 있는 영역에서도 중요한 역할을 합니다. 예를 들어 인터넷에 데이터가 충분하지 않은 저자원 언어low-resource language에 대해 파인 튜닝된 모델을 개발할 때 오픈 소스 생태계는 매우 유용한 기반이 됩니다. 대표적인 사례로는 인도의 지역 언어인 칸나다어Kannada로 Llama 2를 지속적으로 사전 훈련하고 파인 튜닝하여 구축한 Kannada Llama 모델[29]이 있습니다.

모든 오픈 소스 모델이 완전히 투명한 것은 아닙니다. 앞서 언급했듯이, 오픈 소스 LLM을 공개하는 대부분의 영리 기업들은 훈련 데이터셋을 공개하지 않습니다. 예를 들어 메타는 Llama 2 모델을 훈련하는 데 사용된 훈련 데이터셋의 모든 세부 사항을 공개하지 않았습니다. 모델이 어떤 데이터를 기반으로 학습되었는지 아는 것은 테스트 데이터 누수test set contamination 여부를 판단하거나, 모델이 실제로 어떤 종류의 지식을 보유하는지를 평가하는 데 매우 중요합니다.

이 책을 집필하는 현재, Llama 3.2와 DeepSeek v3 같은 오픈 소스 모델은 오픈AI나 앤트로픽의 최첨단 상용 모델들과 거의 대등한 수준에 도달했습니다. 하지만 오픈AI의 o3와 같은 추론 모델 영역에서는 상용 모델과 오픈 소스 모델 사이에 새로운 격차가 발생하고 있습니다. 이들은 추론 시간 컴퓨팅 기법(8장에서 논의)을 사용합니다. 이 책 전반에 걸쳐 오픈 소스 모델이 장점을 가지는 시나리오들을 소개할 것입니다.

> **TIP** 모델 제공업체가 깃허브/디스코드/스택에서 활발한 개발자 커뮤니티를 운영하는지, 개발 팀이 해당 채널들에 적극적으로 참여하여 사용자 의견과 질문에 응답하는지 항상 확인하세요. 주요 기준을 충족하는 모델 중에서 커뮤니티 활동이 활발한 모델을 먼저 고려하기를 권장합니다.

5.2.2 LLM 평가

이 절을 시작하며 먼저 한 가지 중요한 점을 짚고 넘어가야 합니다. 모델을 평가하는 일은 현재 LLM 분야에서 매우 어려운 과제입니다. 현존하는 벤치마킹 방법은 여전히 불완전하며, 조작이 쉽고 결과 해석도 어렵습니다. 하지만 벤치마크는 LLM 평가의 여정을 시작하는 데 있어 여전히 유용한 출발점이 됩니다. 먼저 현재 공개된 주요 벤치마크들을 살펴본 후, 더 총체적인 내부 평가 지표를 구축하는 방법에 관해 논의할 것입니다.

LLM의 작업 성능을 평가하는 벤치마크 데이터셋은 다양하며, 그만큼 다양한 기술과 역량을 평가할 수 있습니다. 하지만 사용자의 목적에 필요한 역량을 측정하는 특정 벤치마크에 집중하는 것이 효과적입니다.

---

[29] https://www.tensoic.com/blog/kannada-llama/

이러한 벤치마크의 리더보드는 특히 오픈 소스 모델을 중심으로 매우 자주 바뀌는 경향이 있습니다. 하지만 순위가 바뀔 때마다 사용하는 LLM을 변경해야 하는 것은 아닙니다. 상위권 모델 간의 성능 차이는 대부분 미미한 수준입니다. 실제로는 LLM 자체보다, 데이터를 얼마나 잘 다듬고 이해했는지가 프로젝트의 성공을 좌우하는 핵심 요소입니다. 따라서 모델을 세세하게 고르는 데 시간을 쏟기보다는 데이터 품질 개선에 더 많은 리소스를 투자하는 편이 낫습니다.

LLM을 평가하는 몇 가지 인기 있는 방법들을 살펴보겠습니다.

일루서 AI의 LM 평가 도구

일루서 AI에서 개발한 LM 평가 도구 LM Evaluation Harness[30]는 언어 모델 성능을 종합적으로 평가하는 강력한 도구입니다. 이 플랫폼은 400개가 넘는 다양한 벤치마크 작업을 지원하며 개방형 질의응답부터 산술 및 논리 추론, 언어학적 분석, 기계 번역, 유해 언어 탐지까지 광범위한 영역의 능력을 측정합니다. 특히 허깅 페이스 허브[31]에 올라온 수천 개의 사전 훈련 및 파인 튜닝 모델들을 원하는 벤치마크로 손쉽게 평가할 수 있습니다.

다음은 벤치마크 작업 중 하나인 `bigbench_formal_fallacies_syllogisms_negation`의 예시입니다.

```
{
  "input": "\"일부 축구 팬은 여러 팀을 응원하고, 다른 팬들은 오직 한 팀만 응원한다.
  그렇다면 정확히 누가 누구의 팬일까?
  다음 주장은 이 질문에 관한 것이다.
  전제 1: 마리오는 FK 잘기리스 빌뉴스의 친구다.
  전제 2: FK 잘기리스 빌뉴스의 친구가 되려면 FC 코펜하겐의 팬이어야 한다.
  결론: 따라서 마리오는 FC 코펜하겐의 팬이다.\"
  이 주장은 명시된 전제를 바탕으로 논리적으로 타당한가?",
  "target_scores": {
    "valid": 1,
    "invalid": 0
  }
}
```

이 작업은 모델이 제시된 전제를 기반으로 논리적 타당성 여부를 판단할 수 있는지를 평가합니다.

---

[30] https://oreil.ly/SiOXq
[31] https://oreil.ly/IHd22

> **연습 문제**
>
> 이 작업에 대해 몇 가지 모델을 평가해 봅시다. 하네스를 지침[32]에 따라 설치하세요. 이제 다음 코드를 실행해 Falcon 7B를 평가할 수 있습니다.
>
> ```
> lm_eval --model hf-causal \
>         --model_args pretrained=tiiuae/falcon-7b \
>         --tasks bigbench_formal_fallacies_syllogisms_negation \
>         --device cuda:0
> ```
>
> Llama, Gemma, Mistral, MPT, RedPajama를 포함한 몇 가지 다른 7B 모델들에 대해서도 이를 시도해 보세요. 가능하다면 기본 버전과 지시문 조정 버전 모두를 테스트하세요. 성능 측면에서 이들 모델 간에 큰 차이가 보이는지 확인해 보세요.
>
> 추가로, 다양한 도메인과 관련된 동일한 작업에 대해 직접 10개의 추가 질문을 준비하세요(후보 질문을 생성할 때 LLM을 사용한 다음 수정할 수 있습니다). 모델들이 추가 질문에서도 벤치마크 테스트에서와 동일한 수준의 성능을 보이는지 확인해 보세요.

이 평가 도구는 오픈AI와 같은 독점 LLM에 대한 평가도 지원합니다. 예를 들어 오픈AI 모델을 평가하려면 다음과 같은 명령어로 진행할 수 있습니다.

```
export OPENAI_API_SECRET_KEY=<Key>

python main.py \
lm_eval --model openai-completions \
        --model_args model=gpt-3.5-turbo \
        --tasks bigbench_formal_fallacies_syllogisms_negation
```

> **연습 문제**
>
> GPT-4o, 4o-mini, o1, o3를 논리적 오류 작업에서 비교해 보세요. 벤치마크 세트와 여러분이 직접 준비한 것들 모두를 포함해서 말입니다. 이들 사이에 어떤 차이가 있고 오픈 소스 모델들과 비교했을 때는 어떤 성과를 보이는지 분석해 보세요.

---

32 https://oreil.ly/mZdGA

> **TIP** 평가를 위한 벤치마킹 작업을 선택하거나 개발할 때, 실제 작업 자체보다는 해당 작업을 해결하는 데 필요한 능력들을 테스트하는 부분에 초점을 맞추기를 권장합니다. 예를 들어 요약기 애플리케이션을 구축하면서 요약을 생성하는 데 많은 논리적 추론이 필요하다면, 요약 성능을 테스트하기보다는 논리적 추론 능력을 직접 테스트하는 벤치마크 테스트에 집중하는 것이 더 좋습니다.

허깅 페이스 오픈 LLM 리더보드

이 책을 집필하는 현재, 오픈 LLM 리더보드[33]는 일루서 AI의 LM 평가 도구를 사용해 6개의 벤치마크 작업에서 모델의 성능을 평가합니다.

- **대규모 다중 작업 언어 이해**: 대규모 다중 작업 언어 이해(Massive Multitask Language Understanding, MMLU) 테스트는 미국 역사, 생물학, 수학 등 50개 이상의 분야에서 가져온 지식 집약적 과제들을 사용해 다지선다형으로 LLM을 평가합니다.
- **AI2 추론 도전**: AI2 추론 도전(AI2 Reasoning Challenge, ARC) 테스트는 답하는 데 복잡한 추론과 세계 지식이 필요한 다지선다형 초등학교 과학 문제들로 LLM을 평가합니다.
- **Hellaswag**: 이 테스트는 LLM에 상황을 제공하고 상식에 기반해 주어진 선택지 중에서 다음에 무슨 일이 일어날지 예측하도록 하여 상식적 추론 능력을 평가합니다.
- **TruthfulQA**: 이 테스트는 거짓을 포함하지 않는 답변을 제공하는 LLM의 능력을 평가합니다.
- **Winogrande**: 이 테스트는 상식적 추론을 테스트하는 빈칸 채우기 문제들로 구성됩니다.
- **GSM8K**: 이 테스트는 기본 산술 연산을 포함하는 초등학교 수학 문제들을 해결하는 LLM의 능력을 평가합니다.

[그림 5-3]은 이 책을 집필하는 시점의 LLM 리더보드 스냅샷을 보여줍니다. 이 리더보드에서 다음을 확인할 수 있습니다.

- 더 큰 모델들이 더 나은 성능을 보입니다.
- 지시문 조정되거나 파인 튜닝된 모델들이 일반적으로 더 나은 성능을 보입니다.

---

[33] https://oreil.ly/tspBY

Rank	Type	Model		Average
1	◆	MaziyarPanahi/calme-3.2-instruct-78b		52.08 %
2	💬	MaziyarPanahi/calme-3.1-instruct-78b		51.29 %
3	💬	dfurman/CalmeRys-78B-Orpo-v0.1		51.23 %
4	💬	MaziyarPanahi/calme-2.4-rys-78b		50.77 %
5	◆	huihui-ai/Qwen2.5-72B-Instruct-abliterated		48.11 %
6	💬	Qwen/Qwen2.5-72B-Instruct		47.98 %
7	💬	MaziyarPanahi/calme-2.1-qwen2.5-72b		47.86 %

그림 5-3 오픈 LLM 리더보드의 스냅샷

> **연습 문제**
>
> 상당수의 모델이 GSM8K 데이터셋으로 오염된 데이터로 훈련되었을 가능성이 있습니다.[34] GSM8K 데이터셋[35]을 탐색하고 질문의 일부만 제공한 후, 이전 연습에서 평가한 모델들이 질문을 올바르게 완성하는지 확인해 보세요. 또한 문제의 숫자들을 변경해도 성능이 동일하게 유지되는지 검증해 보세요.

테스트셋의 완전한 분리가 보장되지 않으므로 이러한 벤치마크의 유효성에 대한 의문이 제기됩니다. 게다가 모델 개발자들이 벤치마크 점수를 높이려고 모델을 해당 테스트에 최적화하는 경우가 많아지면서, 이러한 벤치마크를 범용적인 성능을 평가하는 데 신뢰할 만한 기준으로 보기 어려운 상황입니다.

HELM

언어 모델의 전체적 평가Holistic Evaluation of Language Models (HELM)[36]는 스탠퍼드 대학교Stanford University에서 만든 평가 프레임워크로, 다양한 벤치마크 작업에 걸쳐 폭넓은 지표를 계산하는 것을 목표로 합니다. 정확도, 보정calibration, 견고성, 공정성, 편향, 유해성, 효율성, 요약 성능, 저작권 침해 여부 등을 테스트하면서 총 59개의 지표가 계산됩니다. 테스트되는 작업에는 질의

---

[34] https://oreil.ly/fwVEC
[35] https://huggingface.co/datasets/openai/gsm8k
[36] https://crfm.stanford.edu/helm

응답, 요약, 텍스트 분류, 정보 검색information retrieval(IR), 감정 분석, 유해성 감지 등이 있습니다. [그림 5-4]는 이 책을 집필하는 시점의 HELM 리더보드 스냅샷입니다.

Accuracy | Efficiency | General information

Model	Mean win rate	NarrativeQA - F1	NaturalQuestions (open) - F1	NaturalQuestions (closed) - F1
GPT-4o (2024-05-13)	**0.938**	**0.804**	0.803	0.501
GPT-4o (2024-08-06)	0.928	0.795	0.793	0.496
DeepSeek v3	0.908	0.796	0.765	0.467
Claude 3.5 Sonnet (20240620)	0.885	0.746	0.749	**0.502**
Amazon Nova Pro	0.885	0.791	**0.829**	0.405
GPT-4 (0613)	0.867	0.768	0.79	0.457
GPT-4 Turbo (2024-04-09)	0.864	0.761	0.795	0.482

그림 5-4 HELM 리더보드 스냅샷

벤치마크 평가의 신뢰성 문제

동일한 작업을 여러 방식으로 평가할 수 있습니다. MMLU 과제를 예로 들어보죠. 이 과제는 사지선다형 문제로 구성되며 선택지는 A, B, C, D입니다. 다지선다형 질의응답 과제에서 성능을 어떻게 평가할까요?

- A, B, C, D 중에서 출력 확률이 가장 높은 토큰을 선택할 수 있습니다.
- 전체 어휘에서 출력 확률이 가장 높은 단어를 선택하고, 해당 단어가 실제 정답 텍스트와 일치하는지를 확인할 수 있습니다. 이때 A, B, C, D 같은 선택지 레이블이 아닌 실제 정답 내용을 기준으로 비교하게 됩니다.
- 선택지 레이블과 정답 텍스트가 함께 포함된 예상 토큰 시퀀스의 확률 합을 정규화해 이를 정답과 비교할 수 있습니다.

서로 다른 평가 방식은 매우 상이한 결과를 초래할 수 있으며, 어떤 모델이 리더보드에서 우위를 차지하는지도 달라질 수 있습니다. 허깅 페이스는 자사 리더보드 수치와 제삼자 평가 결과 간에 차이가 발생하자 이에 관한 블로그 게시물[37]을 올렸습니다.

37 https://oreil.ly/QrBX4

Elo 점수 체계

정량적 평가 방식의 한계를 살펴봤으니, 이제 인간 평가를 어떻게 효과적으로 활용하는지 알아보겠습니다. 유망한 접근 방식 중 하나는 체스에서 선수들의 실력을 비교할 때 사용하는 Elo 점수 체계입니다.

LMSYS 조직Large Model Systems Organization[38]은 Elo 점수 체계를 기반으로 한 평가 플랫폼인 챗봇 아레나Chatbot Arena[39]를 구축했습니다. 이 플랫폼은 사용자들이 두 개의 무작위로 선택된 익명 LLM과 동시에 대화를 나눈 뒤, 어느 쪽의 응답이 더 우수했는지를 선택하는 방식으로 대규모 인간 평가를 수집합니다.

챗봇 아레나의 리더보드는 온라인[40]에서 확인할 수 있으며 오픈AI, 딥시크, 구글 딥마인드, 앤트로픽 등 주요 기업의 모델들이 상위권을 차지합니다. [그림 5-5]는 이 책을 집필하는 시점의 챗봇 아레나 리더보드입니다.

Rank★ (UB)	Rank (StyleCtrl)	Model	Arena Score
1	3	Gemini-2.0-Flash-Thinking-Exp-01-21	1384
1	2	Gemini-2.0-Pro-Exp-02-05	1379
1	1	ChatGPT-4o-latest (2025-01-29)	1377
4	2	DeepSeek-R1	1361
4	7	Gemini-2.0-Flash-001	1355
4	2	o1-2024-12-17	1352
7	5	o1-preview	1335
7	7	Qwen2.5-Max	1332
9	8	DeepSeek-V3	1316
9	9	Gemini-2.0-Flash-Lite-Preview-02-05	1309

그림 5-5 챗봇 아레나 리더보드

---

38 https://lmsys.org/
39 https://lmarena.ai/?arena
40 https://oreil.ly/Y6zmN

> ### 편향될 수 있는 Elo 점수
>
> Elo 점수 체계가 LLM 평가의 완전한 해답은 아닙니다. 모델이 익명으로 평가되더라도 인간의 편향은 전체 점수에 실질적인 영향을 줄 수 있습니다.
>
> 우^{Wu} 연구진[41]에 따르면 다음과 같은 편향이 존재할 수 있습니다.
>
> - 사용자는 일반적으로 더 긴 응답을 선호합니다.
> - 문체가 권위 있거나 설득력 있어 보이면 사실과 일관성에 대한 미묘한 오류는 쉽게 간과됩니다.
> - 평가자는 결정을 내리기보다는 무승부로 처리하는 경향이 있습니다.
> - 응답이 제시되는 순서가 평가 결과에 영향을 미칠 수 있습니다. 이 문제는 응답 순서를 무작위로 제공함으로써 완화할 수 있습니다.
>
> 우 연구진은 이러한 편향을 줄이고자 유용성^{helpfulness}, 정확도, 언어 표현이라는 세 가지 차원에서 모델을 평가하는 다중 Elo 점수 체계를 제안합니다.

벤치마크 결과 해석하기

논문에서 제시되는 평가 결과를 어떻게 해석해야 할까요? 핵심은 가능한 한 많은 질문을 체계적으로 던지고, 해당 질문에 대한 답이 논문이나 관련 자료에 포함되어 있는지를 확인하는 것입니다. 예를 들어 Llama 2 논문[42]에 수록된 Llama 2-Chat 평가 그래프를 살펴보면, 특히 [그림 1]과 [그림 3]은 Llama 2-Chat이 다른 챗봇 모델들과 비교했을 때 유용성과 안전성 측면에서 어떤 수준인지 보여줍니다. 이러한 평가 결과를 이해하기 위해 고려해 볼 수 있는 질문은 다음과 같습니다.

- 평가에 사용된 데이터셋은 어떤 형태인가요? 외부에서 접근할 수 있나요?
- 테스트셋의 난이도는 어느 정도인가요? 예를 들어 모델이 쉬운 문제에서는 챗GPT와 유사한 성능을 낼 수 있지만, 더 어려운 문제에서는 어떤 성능을 보이나요?
- 테스트셋 내 어려운 문항의 비중은 어느 정도인가요?
- 테스트셋은 어떤 시나리오를 포함하며, 이 시나리오들이 챗봇 튜닝에 사용된 데이터와 얼마나 겹치나요?

---

[41] Wu et al., "Style Over Substance: Evaluation Biases for Large Language Models", 6 Jul 2023, https://arxiv.org/abs/2307.03025
[42] Touvron et al., "Llama 2: Open Foundation and Fine-Tuned Chat Models", 18 Jul 2023, https://arxiv.org/abs/2307.09288

- 안전성에 대해 어떤 정의를 사용할까요?
- 예를 들어 Llama 2는 특정 안전성 기준에 맞춰 훈련되었지만 다른 모델은 다른 정의를 따를 수도 있는데, 이런 차이가 평가 결과에 영향을 주지는 않았을까요?

이처럼 평가 결과를 다각도로 검토하고 질문을 던지는 과정을 거치면 실제로 무엇을 평가하는지, 그리고 그것이 여러분이 수행하려는 작업에서 LLM에 기대하는 능력과 얼마나 일치하는지를 더 깊이 이해할 수 있습니다. 더 신뢰할 수 있는 LLM 평가를 위해서는 목적에 맞는 내부 벤치마크를 직접 설계하고 운영해 보기를 권장합니다.

> **CAUTION_** GPT-4를 비롯한 다른 LLM이 수행한 평가를 신뢰해서는 안 됩니다. 해당 모델이 어떤 평가 기준을 사용하는지 명확히 알 수 없으며, 그에 내재된 편향성에 대해서도 깊이 있는 이해가 부족한 상황입니다.

LLM의 신뢰도 높은 평가는 프롬프트에 대한 민감도와 생성형 모델 특유의 확률적인 특성 때문에 더 복잡해집니다. 예를 들어 일부 논문에서는 'GPT-4는 추론 능력이 없다'라고 주장하지만, 평가 시 어떠한 프롬프트 기법도 사용하지 않는 경우가 많습니다. 그러나 이러한 사례 중 상당수는 사고의 사슬(CoT) 프롬프트만 활용해도 모델이 충분히 작업을 수행할 수 있음을 보여줍니다. 평가 프롬프트를 항상 복잡하게 설계할 필요는 없지만, CoT와 같은 기본적인 기법조차 활용하지 않는다면 해당 모델의 능력을 과소평가하게 됩니다.

5.3 LLM 로딩 방법

LLM은 CPU만으로도 로딩하고 추론을 수행할 수는 있지만, 실제 사용 가능한 속도로 텍스트를 생성하려면 GPU가 필요합니다. 어떤 GPU를 선택할지는 비용, 모델 크기, 훈련 여부, 최적화 지원 가능성 등에 따라 달라집니다. 이와 관련하여 팀 데트머스(Tim Dettmers)가 개발한 GPU 선택용 순서도[43]를 참고하시면 많은 도움이 됩니다.

이제 특정 크기의 LLM을 로딩하는 데 필요한 GPU 메모리(RAM)의 양을 살펴보겠습니다. LLM은 여러 가지 **정밀도** 수준으로 로딩할 수 있으며, 주요 방식은 다음과 같습니다.

- **Float32**: 32비트 부동소수점 표현 방식으로, 각 파라미터는 4바이트의 저장 공간을 차지합니다.

---

[43] https://oreil.ly/t6iPQ

- **Float16**: 16비트 부동소수점 표현 방식입니다. Float32는 지수 표현에 8비트를 사용하지만, Float16은 5비트를 사용하므로 매우 크거나 작은 수에 대해 오버플로나 언더플로 문제가 발생할 수 있습니다.
- **bfloat16(BF16)**: Float16과 마찬가지로 16비트 형식이지만, 지수 표현에 8비트를 사용해 Float16에서 발생하는 수치 안정성 문제를 어느 정도 완화할 수 있습니다.
- **Int8**: 8비트 정수 표현 방식입니다. Int8 모드로 추론을 실행하면 Float16보다 약 20% 느린 속도로 작동합니다.
- **FP8, FP4**: 각각 8비트와 4비트 부동소수점 표현 방식으로, 정밀도는 낮지만 메모리 사용량을 최소화할 수 있습니다.

이러한 형식은 9장에서 자세히 다룰 예정입니다. 일반적으로 파라미터 수가 70억 개(7B)인 모델을 8비트 모드로 실행할 때 약 7GB의 GPU 메모리가 필요하며, BF16 형식에서는 약 14GB 정도가 필요합니다. 만약 전체 모델을 파인 튜닝할 계획이라면 이보다 훨씬 더 많은 메모리가 필요합니다.

5.3.1 허깅 페이스 accelerate

모델 크기가 GPU 메모리를 초과하더라도 추론은 가능합니다. 허깅 페이스의 **accelerate** 라이브러리[44]는 GPU 메모리가 가득 차면 일부 모델을 CPU 메모리로 옮기고, CPU 메모리까지 부족하면 디스크를 활용해 모델을 분산 로딩하도록 도와줍니다.

'대형 언어 모델을 빠르게 실행하는 방식은 어떻게 작동할까? Accelerate Big Model Inference: How Does it Work?' 영상[45]에서는 **accelerate**가 내부적으로 어떻게 동작하는지를 설명합니다. 이러한 전체 과정은 사용자로부터 추상화되었으며 다음 코드만 실행하면 대규모 모델을 로드할 수 있습니다.

```
!pip install transformers accelerate

import torch
from transformers import AutoTokenizer, AutoModelForCausalLM

tokenizer = AutoTokenizer.from_pretrained("EleutherAI/gpt-neox-20B")
model = AutoModelForCausalLM.from_pretrained("EleutherAI/gpt-neox-20B")

input_ids = tokenizer("Language models are", return_tensors="pt")
gen_tokens = model.generate(**input_ids, max_new_tokens=1)
```

---

[44] https://oreil.ly/OYdyf
[45] https://oreil.ly/J8duc

5.3.2 Ollama

LLM을 로컬(예: 개인 노트북)에서 실행할 수 있도록 도와주는 다양한 도구가 있습니다. 그중 하나가 Ollama입니다. Ollama는 윈도우, macOS, 리눅스 운영체제를 모두 지원하며, 시스템에 사용 가능한 메모리가 16GB 이상 있다면 130억 개(13B) 규모의 모델도 실행할 수 있습니다.

Ollama는 Mistral, Llama, Gemma 등 다양한 오픈 소스 모델을 지원하며, REST API를 통해 추론을 실행하거나 LLM 기반 애플리케이션을 구축하도록 지원합니다. 터미널 및 UI와의 통합도 잘 되어 있어 사용자 인터페이스가 있는 애플리케이션도 손쉽게 개발할 수 있습니다.

예를 들어 구글의 Gemma 2B 모델을 Ollama로 사용하는 과정은 다음과 같습니다. 먼저, 운영체제에 맞는 Ollama[46]를 설치한 후, 다음 명령어를 실행해 Gemma 모델을 내려받습니다.

```
ollama pull gemma:2b
```

또한 모델 설정을 담은 Modelfile을 생성할 수도 있습니다. 이 파일에는 시스템 프롬프트, 프롬프트 템플릿, 디코딩 관련 파라미터(예: temperature), 대화 이력 등 다양한 정보를 포함할 수 있습니다. 사용 가능한 모든 설정 항목은 Ollama 공식 문서[47]를 참고하기 바랍니다.

Modelfile 예시는 다음과 같습니다.

```
FROM gemma:2b

PARAMETER temperature 0.2

SYSTEM """
당신은 오직 라임이 있는 풍자시(limerick)로만 말하는 도발자입니다.
"""
```

Modelfile을 작성한 후에는 다음 명령어로 모델을 생성하고 실행할 수 있습니다.

```
ollama create local-gemma -f ./Modelfile
ollama run local-gemma
```

---

[46] https://github.com/ollama/ollama
[47] https://oreil.ly/ba-1u

이 책의 깃허브 저장소에는 Ollama와 그 UI 통합 기능을 활용해 구현한 샘플 엔드 투 엔드 애플리케이션이 있습니다. 또한 LM Studio[48]나 GPT4All[49]과 같은 유사한 도구들도 직접 실험해 볼 수 있습니다.

> **TIP** Ollama는 GGUF^{GPT-Generated Unified Format} 형식의 모델도 지원하므로 해당 형식의 커스텀 모델을 직접 로딩해 사용할 수 있습니다.

5.3.3 LLM 추론 API

LLM을 직접 배포할 수도 있지만, 현대의 추론은 매우 많은 최적화로 이루어지며 그중 많은 부분이 독점적입니다. 따라서 추론 속도를 상업적으로 이용 가능한 솔루션과 동등한 수준으로 끌어올리는 데는 많은 노력이 필요합니다. 투게더 AI와 같은 서비스에서는 오픈 소스나 커스텀 모델을 손쉽게 사용할 수 있도록 서버리스 엔드포인트나 전용 인스턴스를 제공합니다. 또 다른 옵션으로는 허깅 페이스의 TGI^{Text Generation Inference}가 있으며, 최근에는 제한 없는 오픈 소스 라이선스로 다시 제공되어 더 자유롭게 활용할 수 있게 되었습니다.

5.4 디코딩 전략

모델을 로딩하는 방법을 익혔으니, 다음으로는 텍스트 생성을 어떻게 효과적으로 수행하는지를 알아보겠습니다. 최근 몇 년 사이 다양한 **디코딩** 전략이 개발되었으며, 이 절에서는 대표적인 방법들을 자세히 소개합니다.

5.4.1 탐욕적 디코딩

가장 단순한 디코딩 방식인 탐욕적 디코딩^{greedy decoding}은 매 시점에 가장 확률이 높은 토큰을 선택하여 텍스트를 생성하는 것입니다. 이 방법은 구현이 간편하지만, 생성된 텍스트에 반복이 많이 발생하는 단점이 있습니다.

---

48 https://oreil.ly/uFsiR
49 https://oreil.ly/XUXhq

다음은 예제 코드입니다.

```
input = tokenizer(
    "키보드는 갑자기 생명을 얻은 듯 움직이기 시작했다. 그것은 위쪽으로 나아갔다."
    return_tensors="pt"
).to(torch_device)

output = model.generate(**input, max_new_tokens=50)
print(tokenizer.decode(output[0], skip_special_tokens=True))
```

출력 결과를 보면 문장이 반복되기 시작하는 것을 확인할 수 있습니다. 따라서 탐욕적 디코딩은 분류 작업처럼 단 하나의 토큰만 생성하는 매우 짧은 시퀀스를 다룰 때가 아니라면 적합하지 않습니다.

[그림 5-6]은 FLAN-T5 모델을 사용한 탐욕적 디코딩의 예시입니다. 그림에서 볼 수 있듯이, 일부 적절한 시퀀스는 원하는 토큰의 확률이 약간 낮다는 이유만으로 선택되지 않기 때문에 아예 생성되지 않는 경우가 발생합니다.

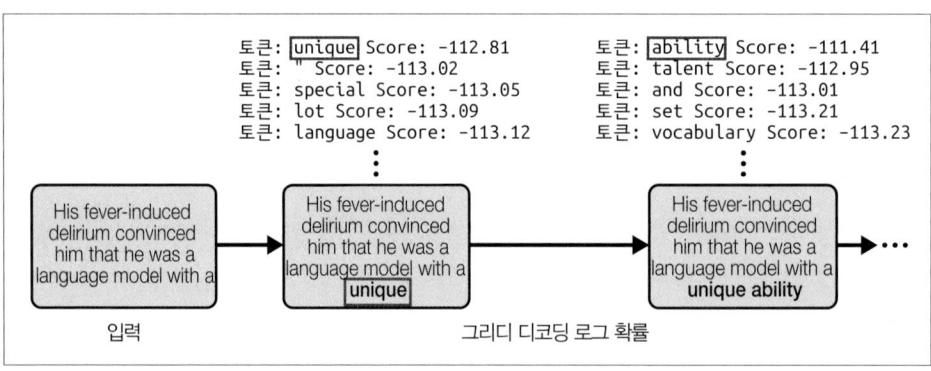

그림 5-6 탐욕적 디코딩

5.4.2 빔 서치

탐욕적 디코딩의 대안으로 사용할 수 있는 방법이 빔 서치beam search입니다. 이 방식에서 중요한 파라미터는 빔 크기beam size인 n입니다. 첫 단계에서는 확률이 가장 높은 상위 n개의 토큰이 가설로 선택됩니다. 이후 단계에서는 각 가설에 대해 가능한 후속 토큰을 생성하면서 시퀀스를 확장해 나갑니다. 최종적으로는 누적 확률이 가장 높은 시퀀스가 선택됩니다.

허깅 페이스의 transformers 라이브러리에서는 model.generate() 함수의 num_beams 파라미터로 빔 크기를 지정할 수 있습니다. 다음은 예시 코드입니다.

```
output = model.generate(**inputs, max_new_tokens=50, num_beams=3)
print(tokenizer.decode(output[0], skip_special_tokens=True))
```

[그림 5-7]은 FLAN-T5 모델을 사용한 빔 서치 결과입니다. 하지만 이 방법도 반복성을 완전히 해결하지는 못합니다. 그리디 방식과 마찬가지로 확률이 낮은 단어들이 배제되므로 생성된 텍스트가 제한적이고 사람의 언어처럼 자연스럽지 않게 들릴 수 있습니다.

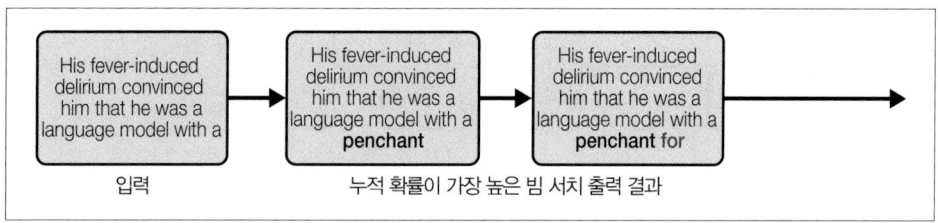

그림 5-7 빔 서치

이러한 문제를 해결하려면 일정 수준의 무작위성을 도입해야 합니다. 확률 분포에서 샘플링을 통해 다양성을 확보해 항상 상위 2~3개의 토큰만 생성되지 않도록 하는 전략이 필요합니다.

5.4.3 top-k 샘플링

top-k 샘플링에서는 모델이 다음 토큰을 생성할 때 전체 확률 분포에서 상위 k개의 토큰만을 고려해 무작위로 하나를 선택합니다. 선택된 k개의 토큰에 확률 질량^{probability mass}을 재분배한 후, 이 재분배된 분포를 기반으로 샘플링을 수행함으로써 더 다양하고 자연스러운 텍스트 생성을 유도할 수 있습니다.

허깅 페이스에서는 generate() 함수의 do_sample=True와 top_k 파라미터로 top-k 샘플링을 활성화할 수 있습니다. 다음은 예시 코드입니다.

```
output = model.generate(**inputs, max_new_tokens=50, do_sample=True, top_k=40)
print(tokenizer.decode(output[0], skip_special_tokens=True))
```

[그림 5-8]은 FLAN-T5 모델을 활용한 top-k 샘플링의 예시입니다. 이 방식은 탐욕적 디코 딩이나 빔 서치보다 훨씬 자연스럽고 다양한 출력을 생성합니다. 그러나 top-k 샘플링은 확률 분포가 몇몇 토큰에 과도하게 집중되면 문제가 발생할 수 있습니다. 이런 상황에서는 확률이 매우 낮은 토큰이 k개의 후보에 포함되어 부적절한 결과가 생성될 가능성이 있습니다.

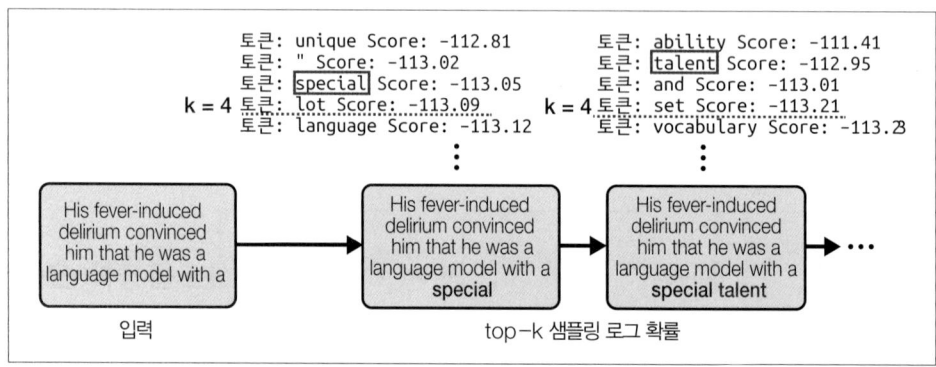

그림 5-8 top-k 샘플링

5.4.4 top-p 샘플링

top-p 샘플링은 top-k 샘플링의 한계를 보완하려고 고안된 방법으로, 후보 토큰의 수를 동 적으로 조정합니다. 누적 확률이 특정 임곗값 p를 초과할 때까지 확률이 높은 순으로 토큰을 포함하는 방식입니다. 허깅 페이스의 `transformers` 라이브러리를 사용하면 다음과 같이 구 현할 수 있습니다.

```
output = model.generate(**inputs, max_new_tokens=50, top_p=0.9)
print(tokenizer.decode(output[0], skip_special_tokens=True))
```

[그림 5-9]는 FLAN-T5 모델을 사용한 top-p 샘플링의 예를 보여줍니다. top-p 샘플링은 **뉴클리어스 샘플링**nucleus sampling이라고도 하며, 현재 가장 널리 사용되는 샘플링 전략입니다.

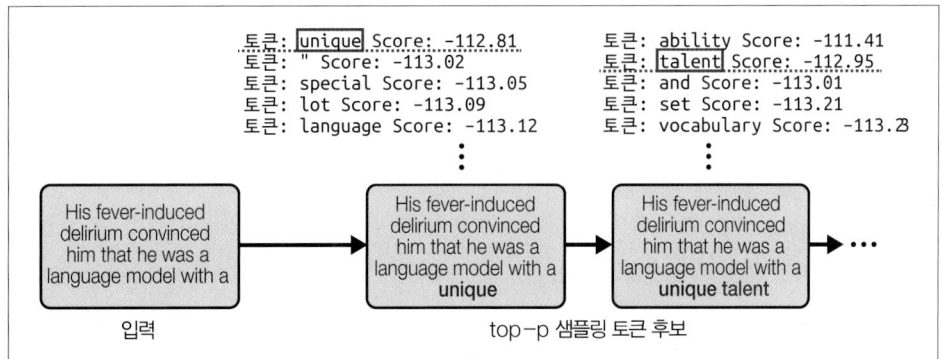

그림 5-9 top-p 샘플링

> **NOTE_** 지금까지 살펴본 디코딩 방식들은 모두 순차적으로 작동합니다. 즉, 각 토큰을 하나씩 생성하고 매번 모델 전체를 통과해야 합니다. 이 방식은 지연 시간에 민감한 애플리케이션에는 지나치게 비효율적입니다. 9장에서는 이러한 디코딩 속도를 개선할 수 있는 스페큘러티브 디코딩speculative decoding과 같은 기법들을 자세히 다룰 예정입니다.

5.5 LLM에서 추론 실행하기

LLM을 어떻게 불러오고 디코딩하는지 배웠으니, 실제 작업에 적용해 보겠습니다. 이 과정을 **LLM 추론**이라고 합니다.

> **연습 문제**
>
> 여러분은 세계의 일곱 도시(암스테르담, 바르샤바, 함부르크, 바르셀로나, 델리, 상하이, 토론토)를 순회하는 투어 콘서트를 앞둔 열정적인 음악가입니다. LLM에 가장 짧은 이동 경로를 구성하도록 도시 방문 순서를 제안해 달라고 요청해 보세요. 1장에서 학습한 프롬프트 전략들을 활용해 문제를 해결해 보기 바랍니다. 이 요청을 3B LLM, 7B LLM, 30B 이상의 LLM, 상용 LLM API를 대상으로 각각 시도해 보세요. 각 모델이 얼마나 쉽게 여러분의 요구에 따라 응답하는지 비교해 보기 바랍니다. 또한 이 책의 깃허브 저장소[50]에 수록된 다양한 예제로 프롬프트 실력을 시험해 볼 수 있습니다. 여러 모델에 적용해 보고 원하는 정답을 얼마나 잘 도출하는지 확인해 보세요.

---

[50] https://github.com/corazzon/designing-llm-apps

LLM의 출력은 일관되지 않으며 동일한 프롬프트를 여러 번 실행하면 매우 다른 결과가 나올 수 있습니다. 디코딩을 살펴볼 때 배웠듯이, 그리디 서치나 다른 결정적 알고리즘을 사용하지 않는 한, LLM은 확률 분포에 기반해 토큰을 샘플링하여 출력을 생성합니다.

생성을 좀 더 결정적으로 만들려면 온도(`temperature`)를 0으로 설정하고 샘플링에 사용하는 랜덤 시드를 고정할 수 있습니다. 하지만 이렇게 하더라도 동일한 입력을 여러 번 넣을 때 항상 같은 결과가 보장되지는 않습니다.

이러한 비결정성의 원인은 멀티스레딩 사용, 부동소수점 반올림 오류, 특정 모델 아키텍처의 특성(예: Sparse MoE 아키텍처는 비결정적 출력을 생성함) 등 다양합니다.

온도를 0이나 0에 가까운 값으로 설정하면 LLM의 창의성은 감소하고 출력은 더 예측 가능해집니다. 그러나 이러한 설정은 많은 애플리케이션에 적합하지 않을 수 있습니다.

실제 서비스 환경에서는 신뢰성이 중요하므로 하나의 입력에 대해 여러 출력을 생성한 후 다수결majority voting이나 휴리스틱heuristics을 활용해 최적의 출력을 선택하는 것이 좋습니다. 이는 디코딩 방식의 특성상 매우 중요합니다. 잘못된 토큰이 하나라도 생성되면 그 이후의 모든 토큰이 이전 결과에 의존해 생성되므로 오류가 연쇄적으로 확산할 수 있습니다.

> **연습 문제**
>
> 앞서 소개한 프롬프트 실습 예제들에 대해 여러 번 출력을 생성해 결과가 세대별로 어떻게 달라지는지 비교해 보세요. 다수결 방식이 정답을 고르는 데 효과적인지 직접 확인해 보기 바랍니다.

자기 일관성self-consistency[51]은 사고의 사슬(CoT) 프롬프트와 다수결을 결합한 대표적인 프롬프트 전략입니다. 이 기법에서는 입력에 '하나씩 차근차근 생각해 보자Let's think step by step'라는 문장을 추가한 후, 여러 개의 추론 경로를 생성합니다. 그 결과 중 다수결로 가장 자주 등장하는 출력을 선택하는 방식입니다.

---

[51] Wang et al., "Self-Consistency Improves Chain of Thought Reasoning in Language Models", 21 Mar 2022, https://arxiv.org/abs/2203.11171

5.6 구조화된 출력

LLM의 출력을 다른 시스템이 손쉽게 활용할 수 있도록 구조화된 형식으로 받기를 원하는 경우도 많습니다. 하지만 현실적으로는 이 작업이 그리 간단하지 않습니다. 현재의 LLM들은 기대만큼 정밀하게 제어하기 어렵기 때문입니다. 예를 들어 '예/아니오로만 대답하세요'라고 요청하더라도 '이 질문에 대한 답은 '예'입니다'처럼 과하게 설명하는 경우가 흔합니다.

이러한 문제를 해결할 때 사용할 수 있는 한 가지 방법은 JSON 스키마를 정의하고 이 스키마를 LLM에 제공한 뒤, 해당 구조를 따르도록 프롬프트를 작성하는 것입니다. 대규모 모델에서는 이 방법이 대부분 잘 작동하며 간혹 발생하는 스키마 오류도 감지해 쉽게 처리할 수 있습니다.

소규모 모델을 사용할 경우에는 Jsonformer[52]와 같은 라이브러리를 활용할 수 있습니다. 이 라이브러리는 토큰 생성 자체는 LLM에 맡기되, 출력 형식은 JSON 구조에 맞춰 자동으로 조립해 줍니다. Jsonformer는 허깅 페이스 생태계를 기반으로 구축되었으며 허깅 페이스가 지원하는 거의 모든 모델과 호환됩니다.

> **연습 문제**
>
> 배우 앤드류 가필드Andrew Garfield의 위키백과 페이지[53]에서 경력 섹션의 텍스트를 추출해 보세요. 그리고 공동 출연자, 감독, 연도, 영화 제목과 같은 항목을 포함하는 JSON 스키마를 설계해 보세요. 오픈 소스 LLM을 사용해 비정형 텍스트에서 해당 정보를 추출하고, Jsonformer나 이와 유사한 라이브러리를 활용해 구조화된 형태로 출력해 보세요. 완전하고 정확한 JSON 결과를 생성할 수 있는지 확인해 보세요.

더 복잡한 구조화 출력을 위해서는 LMQL[54]이나 Guidance[55]와 같은 라이브러리를 사용할 수 있습니다. 이러한 라이브러리는 프롬프트를 프로그래밍 방식으로 제어할 수 있는 패러다임을 제공하며, 생성을 더 정밀하게 제어하게 해 줍니다. 주요 기능은 다음과 같습니다.

---

52 https://github.com/1rgs/jsonformer
53 https://oreil.ly/WXtgc
54 https://oreil.ly/LlkEj
55 https://oreil.ly/cFe5s

- **출력 토큰을 유한한 집합으로 제한**: 예를 들어 감정 분석 작업에서는 출력 결과를 긍정, 부정, 중립 중 하나로 제한할 수 있습니다.
- **정규 표현식을 이용한 출력 형식 제어**: 예를 들어 사용자 정의 날짜 형식을 지정할 때 사용할 수 있습니다.
- **CFG를 이용한 출력 형식 제어**: 컨텍스트 자유 문법을 의미하는 CFG$^{context-free\ grammars}$는 생성되는 문자열이 따라야 할 규칙을 정의합니다. CFG에 대한 자세한 설명은 아디티야^{Aditya}의 블로그[56]를 참고하세요. CFG를 활용하면 개체명 인식(NER)이나 품사 태깅$^{POS\ tagging}$과 같은 시퀀스 태깅 작업을 LLM으로 더 효과적으로 수행할 수 있습니다.

> **연습 문제**
>
> 개체명 인식은 시퀀스 태깅 작업의 일종으로, 텍스트 내 숫자, 날짜, 장소, 인명, 조직명 등 명명된 개체를 식별하고 태깅합니다. 예를 들어 '영희는 서울특별시 강남구에서 우산을 23개 팔았습니다'라는 문장은 다음과 같이 태깅될 수 있습니다.
>
> ```
> 영희: PER
> 는:
> 서울특별시: LOC
> 강남구: LOC
> 에서:
> 우산:
> 을:
> 23: NUM
> 개:
> 팔았습니다:
> ```
>
> 여기서 PER은 인물, NUM은 숫자, LOC는 장소를 의미합니다. Guidance 라이브러리[57]를 사용해 이러한 형식의 출력을 생성하고 CFG 표현식을 정의해 보세요. 위키백과에서 하계 올림픽[58] 페이지를 대상으로 NER 작업을 수행하고 3B나 7B 크기의 오픈 소스 LLM을 활용해 문제를 해결해 보세요.

---

[56] https://oreil.ly/M00us
[57] https://github.com/guidance-ai/guidance
[58] https://oreil.ly/tUrIt

5.7 모델 디버깅 및 해석 가능성

이제 LLM을 불러오고 텍스트를 생성하는 방법에 익숙해졌으니, 모델이 어떻게 작동하는지 이해하고 실패한 예시들을 분석해 볼 차례입니다. LLM 분야에서는 해석 가능성이 여전히 다른 머신러닝 분야보다 부족한 편이지만, 입력값을 미세하게 바꿨을 때 출력이 어떻게 달라지는지를 살펴보거나 트랜스포머 아키텍처 내에서 입력이 전파되는 과정의 중간 출력을 분석함으로써 어느 정도 이해할 수 있습니다.

구글의 오픈 소스 도구인 LIT-NLP[59]는 모델 동작을 시각화하고 다양한 디버깅 워크플로를 지원하는 유용한 도구입니다. [그림 5-10]은 요약 작업을 수행하는 T5 모델에 대해 LIT-NLP가 해석 가능성을 제공하는 예시입니다.

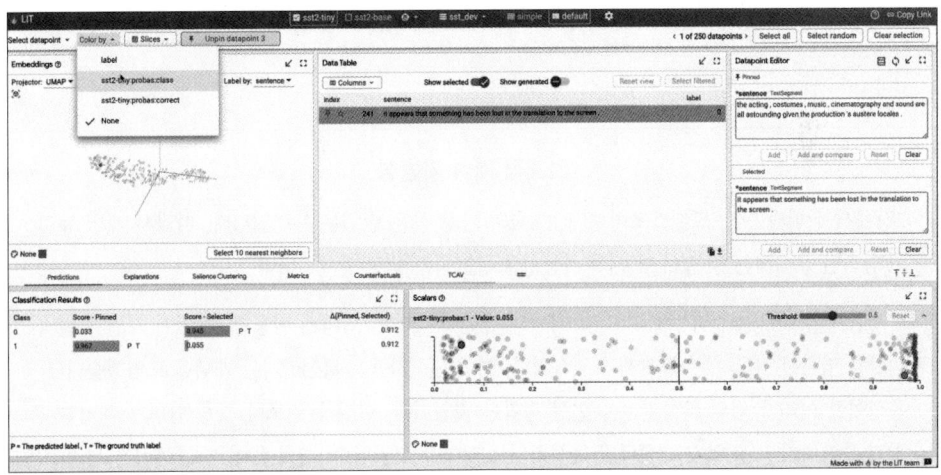

그림 5-10 LIT-NLP

LIT-NLP의 대표 기능은 다음과 같습니다.

- **어텐션 메커니즘 시각화**
- **주목도 맵**salience map : 모델이 입력 중에서 가장 주의를 기울인 부분을 시각적으로 표시함
- **임베딩 시각화**
- **반사실적 분석**counterfactual analysis : 토큰을 추가하거나 제거하는 등의 입력 변경 후 모델 동작이 어떻게 변하는지 보여줌

---

59 https://pair-code.github.io/lit/

연습 문제

책의 깃허브 저장소[60]에 포함된 캐나다 의회 회의록 데이터셋의 문장을 어조tone에 따라 분류해 보세요. 분류 레이블은 supportive(지지), antagonistic(적대), mournful(애도), celebratory(축하), other(기타)입니다. 각 레이블의 예시를 포함하는 퓨샷 프롬프트를 활용하세요. 구글의 Gemma 모델(버전은 무관함)을 사용하면 됩니다.

처음부터 100% 정확도를 기대하긴 어렵습니다. LIT-NLP를 활용해 오류를 분석하고 해석 가능성 도구로 모델 성능을 개선할 수 있는 통찰을 얻어보세요.

LIT-NLP를 활용한 오류 분석 방법에 관해서는 구글의 튜토리얼[61]을 참고하세요. 해당 튜토리얼에서는 Gemma LLM과 함께 LIT-NLP를 사용해 퓨샷 프롬프트에서의 오류를 찾아내고, 어떤 프롬프트 요소가 결과에 가장 큰 영향을 미쳤는지를 주목도 분석을 통해 확인하는 과정을 다룹니다.

기계적 해석 가능성

2장에서 살펴봤듯이, 트랜스포머 기반 LLM의 가장 작은 단위는 뉴런입니다. 따라서 개별 뉴런의 동작을 분석하는 것은 LLM 해석 가능성을 확보하는 핵심 단계입니다.

하지만 앤트로픽의 실험[62]에 따르면, 하나의 뉴런이 다양한 입력에 반응할 수 있어 개별 뉴런의 역할을 명확히 파악하는 데 한계가 있습니다. 이에 연구자들은 **특성**이라는 개념을 도입했습니다. 특성이란 여러 뉴런의 활성홧값을 선형 결합한 것입니다. 단일 뉴런보다 특성 단위가 해석하기 훨씬 용이하며 특정 입력 유형에만 활성화되는 경향을 보입니다. 예를 들어 어떤 특성은 특정 토큰에만 반응하고 다른 특성은 코드와 같은 범주에 반응합니다.

자세한 내용은 앤트로픽의 기계적 해석 가능성mechanistic interpretability 논문[63]을 참고하시기 바랍니다. 논문에서는 1-layer 트랜스포머 블록에서 실험을 수행하고 흥미로운 특성을 식별하는 과정을 보여줍니다.

---

60 https://github.com/corazzon/designing-llm-apps
61 "lit_gemma", https://oreil.ly/zcsLu
62 Bricken et al., "Towards Monosemanticity: Decomposing Language Models With Dictionary Learning", 4 Oct 2023, https://oreil.ly/hLdVN
63 Bricken et al., "Towards Monosemanticity: Decomposing Language Models With Dictionary Learning", Oct 4, 2023, https://oreil.ly/hLdVN

> 앤트로픽에서 제공하는 시각화 도구[64]를 사용해 이러한 분석을 더 깊이 탐색해 볼 수도 있습니다. 이 도구는 특정 뉴런이 어떤 토큰에 반응하는지 텍스트 기반으로 설명해 줍니다. 예를 들어 『이상한 나라의 앨리스Alice in Wonderland』를 입력으로 주었을 때 뉴런들이 어떤 방식으로 반응하는지를 시각적[65]으로 확인할 수 있습니다.

5.8 마치며

이번 장에서는 LLM을 활용하는 방법을 살펴보고, 다양한 선택지와 그 특성을 이해했습니다. 작업에 적합한 모델을 선택하려면 어떤 기준을 고려해야 하는지도 배웠습니다. 또한 대표적인 LLM 벤치마크와 해석 방법, LLM을 불러오고 추론을 실행하는 방법, 효율적인 디코딩 전략까지 실습했습니다.

마지막으로, 트랜스포머 아키텍처 내부에서 일어나는 과정을 이해하는 데 유용한 LIT-NLP와 같은 해석 가능성 도구를 소개했습니다.

다음 장에서는 모델을 업데이트해 특정 작업의 성능을 향상하는 방법을 다루겠습니다. 전체적인 파인 튜닝 예제를 따라가며 하이퍼파라미터 조정에 필요한 결정 과정을 살펴볼 것입니다. 또한 파인 튜닝에 사용할 학습 데이터셋 구성 방법도 함께 배우게 됩니다.

---

[64] https://oreil.ly/2YvE6
[65] https://oreil.ly/cE27M

CHAPTER 6

파인 튜닝

이전 장에서는 특정 목적에 맞는 LLM을 선택할 때 고려해야 할 다양한 요소를 살펴봤고 정보에 기반한 판단을 내릴 수 있도록 LLM을 평가하는 방법도 함께 다뤘습니다. 이제는 LLM을 실제 과제 해결에 활용해 보겠습니다.

이번 장에서는 관심 있는 과제를 해결하기 위해 LLM을 조정하는 과정인 파인 튜닝을 살펴봅니다. 하나의 예제로 파인 튜닝의 전체 과정을 단계별로 설명하며, 그 과정에서 반드시 고려해야 할 주요 결정 사항들을 짚어볼 것입니다. 또한 파인 튜닝을 효과적으로 하려면 어떤 방식으로 학습 데이터셋을 설계하고 구축해야 하는지도 함께 논의합니다.

6.1 파인 튜닝의 필요성

그렇다면 왜 LLM을 파인 튜닝해야 할까요? 사전 훈련된 LLM에 몇 가지 예시만 제공하는 퓨샷 방식만으로는 충분하지 않은 걸까요? 두 가지 사례를 살펴보며 이를 이해해 보겠습니다.

사례 1

텍스트에서 과거 시제로 작성된 모든 문장을 찾아 미래 시제로 바꾸는 다소 독특한 과제를 수행한다고 가정해 봅시다. 이 작업을 해결하기 위해 과거 시제 문장과 이에 대응하는 미래 시제 문장을 입력-출력 쌍으로 몇 가지 제공했습니다. 하지만 모델은 문장을 정확히 식별하지 못하거나 시제를 올바르게 바꾸지 못하는 등 기대만큼의 성능을 보여주지 않습니다. 이에 대응해 지침을 더 상세하게 설명하고 영어 문법 규칙과 예외 사항을 프롬프트에 추가합니다. 성능이 향상하긴 했지만, 새로운 규칙을 추가할 때마다 프롬프트가 점점 길어져 마치 문법 소책자처럼 부풀어 오르게 됩니다.

5장에서 살펴봤듯이, LLM은 프롬프트 내에서 한정된 수의 지시 사항만 따를 수 있으며 실제 효과적인 컨텍스트 윈도의 크기는 제작사에서 홍보하고 있는 크기보다 훨씬 작습니다. 이 지점에서 한계에 부딪히게 됩니다.

사례 2

금융 텍스트에서 질문에 답하는 작업을 살펴보겠습니다. LLM은 금융 전문가가 아니므로 전문적인 금융 용어를 이해하고 처리하는 데 어려움을 겪습니다. 이를 보완하기 위해 프롬프트에 주요 금융 용어의 정의를 덧붙여 봅니다. 성능이 조금 나아지는 듯하지만, 곧 원하는 수준에 도달하려면 CPA 시험 전체 범위의 교육 내용을 이 작은 컨텍스트 윈도 안에 다 넣어야겠다는 생각이 들게 됩니다.

바로 이런 상황에서 파인 튜닝이 필요합니다. 입력-출력 쌍으로 구성된 데이터셋을 제공하면 모델은 이 매핑 관계를 학습하면서 내부 가중치를 업데이트하게 됩니다. 이렇게 하면 단순한 인컨텍스트 학습만으로는 해결할 수 없는 작업들도 가능해집니다. 위에서 언급한 두 가지 작업 모두에서 모델을 파인 튜닝하면 성능이 크게 향상됩니다.

하지만 파인 튜닝이 항상 적절한 것은 아닙니다. 만약 언어 모델에 새로운 사실이나 최신 지식을 추가하는 것이 주요 목표라면 파인 튜닝보다 검색 증강 생성(RAG) 방식이 더 적합합니다. RAG는 10장과 12장에서 자세히 다룰 예정입니다. 파인 튜닝은 모델이 특정한 입력-출력 관계를 학습하거나, 새로운 텍스트 도메인에 익숙해지게 하거나, 더 복잡한 능력과 행동을 표현해야 할 때 가장 효과적입니다.

> **CAUTION_** 5장에서 언급했듯이, 언어 모델의 파라미터를 업데이트하면 기본 모델의 능력이 퇴보할 수 있습니다. 특정 작업에 모델을 파인 튜닝하면서 의도치 않게 다른 작업에선 성능 저하를 초래할 수 있으니 신중하게 접근해야 합니다.

6.2 파인 튜닝: 전체 예제

지금부터는 실제 파인 튜닝 과정을 처음부터 끝까지 단계별로 따라가 보겠습니다. 여기서는 정치 공약 탐지기를 만들 것입니다. 이 모델은 집권 여당 소속 인사들이 선거 유세나 국회 연설에서 발표한 공약을 식별하는 데 활용할 수 있습니다. 여기서 정치 공약은 구체적이고 명확하며 정부가 실제로 실행할 수 있는 것을 의미합니다.

예를 들어 다음 문장은 공약에 해당합니다.

- '향후 10년간 1만 킬로미터의 지하철 노선을 건설하겠습니다.'

하지만 미래 시제의 문장이라고 해서 모두 공약은 아닙니다. 앞선 정의에 따르면 다음과 같은 문장은 공약이 아닙니다.

- '일본이 내년에 관세를 인상할 것으로 예상합니다.': 예상일 뿐, 정부가 직접 통제할 수 있는 사안은 아닙니다.
- '캐나다를 더 나은 나라로 만들고자 노력하겠습니다.': 구체적인 내용이 포함되지 않았습니다.
- 'AI는 내년에 백만 개의 일자리를 사라지게 할 것입니다.': 예측일 뿐, 공약은 아닙니다.

우리의 기본 LLM인 Llama2-7B는 이러한 문장에서 실제 공약을 인식하는 데 어려움을 겪습니다. 인컨텍스트 학습 방식만으로는 이러한 작업을 정확하게 수행하기 어려우므로 모델을 파인 튜닝할 것입니다. 이렇게 만들어진 모델은 정치 공약을 감지해 구조화된 데이터셋이나 예산 관련 문서와 비교하고 해당 공약이 실제로 이행되었는지를 추적하는 데 사용할 수 있습니다.

필자는 이 작업에 사용할 공약 문장과 단순 진술 문장을 포함한 합성 파인 튜닝용 데이터셋을 제작했습니다. 이 장의 뒷부분에서는 이러한 데이터셋을 만드는 방법과 과정을 함께 살펴보겠습니다.

다행히도, 오늘날에는 파인 튜닝 작업을 훨씬 수월하게 해 주는 다양한 라이브러리가 존재합니다. 그중 핵심 라이브러리는 트랜스포머[1], 액셀러레이트Accelerate[2], PEFT Parameter-Efficient Fine-Tuning[3], TRL Transformer Reinforcement Learning [4], 비츠앤바이츠 bitsandbytes[5] 입니다. 앞의 네 개는 모두 허깅페이스에서 제공하는 라이브러리로, 이미 이전 장들에서 여러 번 접했을 것입니다. 이 라이브러리들의 작동 방식을 잘 이해하는 것은 실무에서도 매우 유용한 역량입니다.

> **TIP** 이들 라이브러리는 비교적 최근에 등장했고 빠르게 변화하는 생태계 속에 있으므로 큰 폭의 업데이트가 자주 이루어집니다. 따라서 주요 업데이트를 꾸준히 확인하는 것이 좋습니다. 이러한 변화는 여러분의 워크플로를 더 간편하게 만들어 줄 수 있기 때문입니다.

---

1 https://oreil.ly/BTi76
2 https://oreil.ly/W8oLi
3 https://oreil.ly/QbQoq
4 https://oreil.ly/Ya9Xj
5 https://oreil.ly/ruVEX

데이터셋을 불러오는 작업부터 시작해 봅시다. 이 책의 깃허브 저장소[6]에서 사용자 정의 데이터셋을 다운로드할 수 있습니다.

```
from datasets import load_dataset
tune_data = load_dataset("csv", data_files='/path/to/finetune_data.csv')
```

> **TIP** 훈련 및 파인 튜닝용 데이터셋을 불러올 때는 datasets 라이브러리[7]를 사용하기를 강력히 추천합니다. 이 라이브러리는 대용량 데이터셋을 효율적으로 로드하게 하며 메모리 관리 등 복잡한 처리 과정을 깔끔하게 추상화해 줍니다.

다음으로 Transformers 라이브러리의 TrainingArguments 클래스를 사용해 관련 하이퍼파라미터를 설정해 보겠습니다.

```
# 올바른 버전을 설치했는지 확인하세요.
!pip install transformers==4.35.0

from transformers import TrainingArguments
```

TrainingArguments 클래스에는 100개가 넘는 다양한 인자가 있지만, 이 중에서도 중요한 항목들을 중심으로 살펴보겠습니다. 이 인자들은 학습 알고리즘, 메모리 및 저장 공간 최적화, 양자화, 정규화regularization, 분산 훈련과 같은 영역에 걸쳐 있습니다. 지금부터 하나씩 자세히 살펴보겠습니다.

6.2.1 학습 알고리즘 파라미터

먼저, 신경망을 훈련할 때 사용되는 최적화 알고리즘과 주어진 목적에 맞는 알고리즘을 어떻게 선택하는지 알아보겠습니다.

옵티마이저(최적화 알고리즘)

현재 가장 널리 사용되는 최적화 알고리즘은 AdamW와 Adafactor입니다. 그 외에도 확률적

---

6 https://github.com/corazzon/designing-llm-apps
7 https://oreil.ly/3LX5X

경사 하강법stochastic gradient descent (SGD), RMSProp, Adagrad, Lion과 이들의 여러 변형 버전이 자주 활용됩니다. 최적화 알고리즘에 대한 배경지식이 더 필요하다면, 플로리안 준Florian June의 블로그 게시물[8]을 참고하세요.

Adafactor와 SGD는 파라미터 하나당 4바이트의 메모리를 사용하며 AdamW는 파라미터당 8바이트를 차지합니다. 예를 들어 파라미터가 70억 개(7B)인 모델을 AdamW로 전체 파인 튜닝한다면 옵티마이저optimizer 상태를 저장하는 데만 약 $7 \times 8 = 56GB$의 메모리가 필요합니다. 여기에 모델 파라미터, 그레이디언트, 순전파 활성값 등을 저장하려면 추가로 메모리가 필요합니다.

최근에는 옵티마이저 상태를 양자화해 메모리 효율을 크게 개선한 8비트(2바이트) 옵티마이저[9]가 등장했습니다. 같은 7B 모델을 8비트 버전의 AdamW로 파인 튜닝하면 옵티마이저 상태를 저장하는 데 필요한 메모리가 약 14GB로 줄어듭니다.

이러한 8비트 옵티마이저는 비츠앤바이츠 라이브러리를 통해 제공되며 허깅 페이스에서도 공식 지원합니다. 8비트 AdamW 옵티마이저를 사용하려면 `TrainingArguments`에서 다음과 같이 설정하면 됩니다.

```
optim = 'adamw_bnb_8bit'
```

허깅 페이스에서 지원하는 모든 옵티마이저 옵션은 `OptimizerNames` 클래스[10]를 참고해 확인하세요.

> **TIP** 스타스 벡만Stas Bekman의 벤치마크 실험에 따르면[11], 놀랍게도 8비트 AdamW 옵티마이저는 일반 버전보다 실제로 더 빠르게 작동했습니다. 또한 Adafactor는 전체적으로 AdamW보다 약간 느리게 작동했습니다.

허깅 페이스의 `TrainingArguments` 클래스에서는 기본 옵티마이저로 AdamW를 제공합니다. 대부분 이 기본 옵티마이저만으로도 충분히 좋은 성능을 낼 수 있습니다. 하지만 그렇지 않은 경우에는 Adafactor나 Lion을 시도해 볼 수 있습니다. 강화 학습에서는 SGD가 특히 효과적이라고 알려졌습니다.

---

8 https://oreil.ly/VTiDa
9 https://oreil.ly/4Z14D
10 https://oreil.ly/7kdSO
11 https://oreil.ly/0_0lt

메모리 제약이 심한 환경이라면 8비트 버전의 AdamW가 매우 유용한 선택이 될 수 있습니다. 지원되는 환경이라면 이러한 옵티마이저의 paged 버전을 활용해 메모리 요구량을 더 줄일 수 있습니다.

> **paged 옵티마이저**
>
> AdamW를 사용하면 파라미터 하나당 8바이트의 메모리가 필요하므로 메모리 사용량이 급격히 증가합니다. 따라서 지원 가능한 최대 시퀀스 길이에도 제약이 생깁니다. 이러한 상황에 paged 옵티마이저가 유용할 수 있습니다. 파인 튜닝 도중에 GPU 메모리가 부족해지면 paged 옵티마이저는 필요하지 않은 메모리 페이지를 CPU RAM으로 자동 전송하고, 다시 필요해졌을 때 이를 GPU 메모리로 되돌리는 방식으로 동작합니다. 허깅 페이스는 AdamW와 Lion 옵티마이저에 대해 다음과 같은 paged 버전을 지원합니다. 각각 paged_adamw_32bit, paged_adamw_8bit, paged_lion, paged_lion_8bit라는 옵티마이저 이름으로 접근할 수 있습니다.

학습률

옵티마이저마다 효과적인 학습률learning rate 범위가 알려졌습니다. 예를 들어 AdamW의 추천 학습률은 1e-4이고, 가중치 감쇠weight decay의 값은 0.01입니다. 가중치 감쇠는 모델이 과적합되지 않도록 방지하는 데 유용한 정규화 기법입니다. 또한 adam_beta1, adam_beta2, adam_epsilon과 같은 부차적인 옵티마이저 파라미터도 기본값으로 충분하며, 일반적으로는 변경할 필요가 없습니다.

> **연습 문제**
>
> 모델을 파인 튜닝할 때 사용하는 학습률은 신경망을 처음부터 훈련할 때 사용하는 학습률과는 다를 수 있습니다. 이에 관한 전반적인 논의는 진Jin 연구진의 논문[12]에 잘 정리되었으며, 이는 LLM 연구 커뮤니티가 축적해 온 학습률 설정에 관한 집단 지성을 요약한 자료입니다. 또한 파이토치 라이트닝PyTorch Lightning의 LearningRateFinder[13]와 같은 자동 학습률 탐색 도구를 활용해 직접 실험해 보는 것도 추천합니다.

---

[12] Jin et al., "Rethinking Learning Rate Tuning in the Era of Large Language Models", 16 Sep 2023, https://arxiv.org/pdf/2309.08859

[13] https://oreil.ly/_zdA9

학습률 스케줄

훈련이 진행되어 모델이 수렴에 가까워질수록 학습률을 점차 낮추는 것이 바람직합니다. 최적화가 거의 완료된 시점에 학습률이 너무 크면 모델이 최적점을 지나쳐버릴 수 있기 때문입니다. 마찬가지로, 훈련 초반에 학습률이 너무 높으면 모델이 처음 몇 개 배치에서 지나치게 학습해 성능이 불안정해질 수 있습니다.

이러한 문제를 방지하려면 훈련 진행 상황에 따라 학습률을 자동으로 조정할 수 있도록 학습률 스케줄러를 활용하는 것이 좋습니다.

허깅 페이스는 다양한 스케줄러를 지원합니다. 그중 주요한 몇 가지는 다음과 같습니다.

상수 스케줄

가장 기본적인 스케줄 방식으로, 훈련 전체 기간의 학습률이 일정하게 유지됩니다.

워밍업이 있는 상수 스케줄

이 설정에서는 학습률이 0에서 시작해 워밍업 단계 동안 지정된 학습률까지 선형적으로 증가합니다. 워밍업 단계가 끝나면 학습률은 일정하게 유지됩니다.

[그림 6-1]은 워밍업이 있는 상수 스케줄러를 사용할 때 시간에 따른 학습률 변화를 보여줍니다.

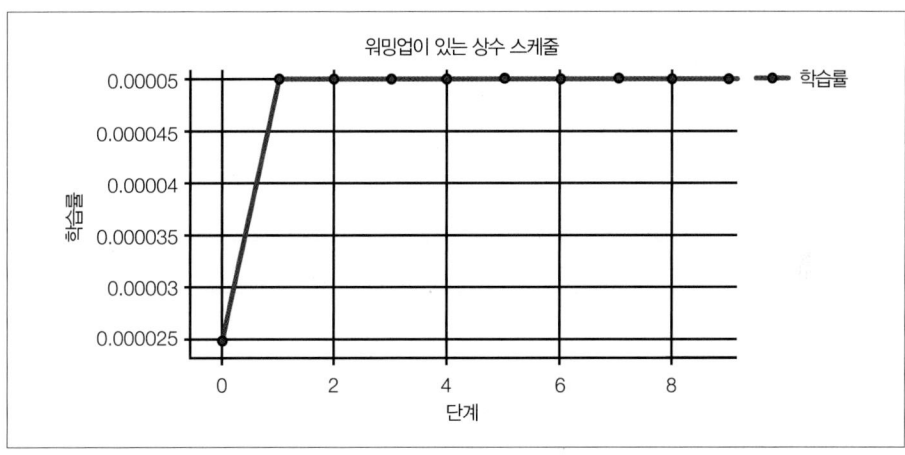

그림 6-1 워밍업이 있는 상수 스케줄의 학습률 변화

코사인

코사인 어닐링cosine annealing이라고도 하는 이 설정에서는 학습률이 워밍업 단계 후 코사인 함수에 따라 천천히 0으로 감소합니다. [그림 6-2]는 코사인 스케줄러를 사용할 때 시간에 따른 학습률 변화를 보여줍니다.

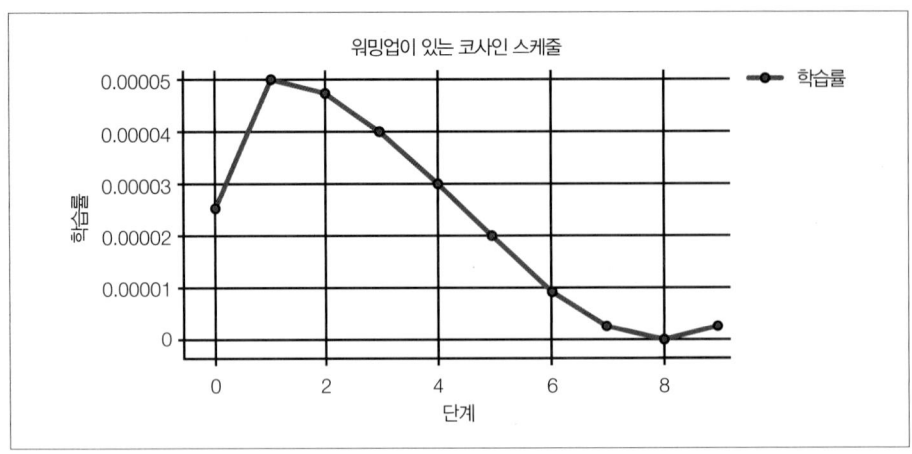

그림 6-2 코사인 스케줄이 적용된 학습률 변화

재시작이 있는 코사인

웜 리스타트warm restart가 있는 코사인 어닐링이라고도 하는 이 설정에서는 워밍업 단계가 끝난 후 학습률이 코사인 함수를 따라 0으로 감소하지만, 여러 번의 강제 재시작hard restart을 거칩니다. 즉, 학습률이 0에 도달하면 다시 지정된 학습률로 급격히 상승합니다. 이 방법이 왜 효과적인지에 관한 자세한 내용은 이 개념을 도입한 로슈칠로프Loshchilov와 후터Hutter의 논문[14]을 참고하세요. [그림 6-3]은 재시작이 있는 코사인 스케줄러를 사용할 때 시간에 따른 학습률 변화를 보여줍니다.

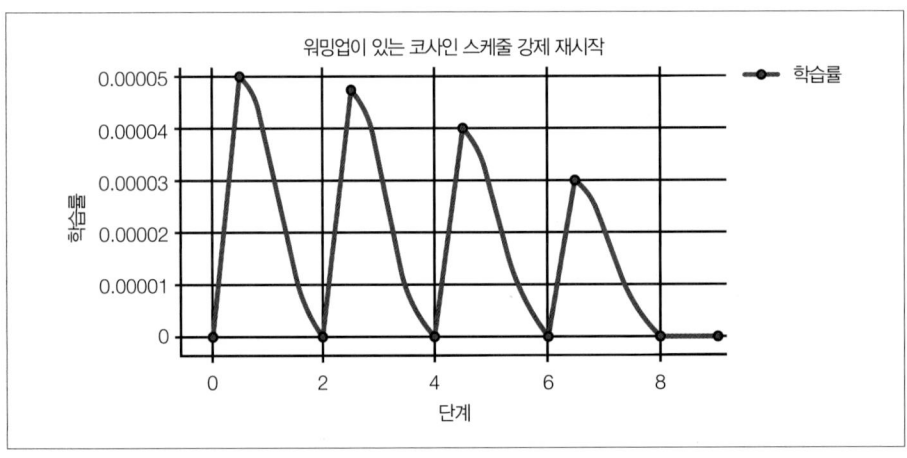

그림 6-3 재시작이 있는 코사인 스케줄이 적용된 학습률 변화

---

[14] Loshchilov & Hutter., "SGDR: STOCHASTIC GRADIENT DESCENT WITH WARM RESTARTS", 3 May 2017, https://arxiv.org/pdf/1608.03983v5

선형

코사인 설정과 매우 비슷하지만, 학습률이 코사인 함수를 따르는 대신 0까지 선형적으로 감소한다는 점이 다릅니다.

[그림 6-4]는 선형 스케줄을 사용할 때 학습률이 시간에 따라 어떻게 변화하는지를 보여줍니다.

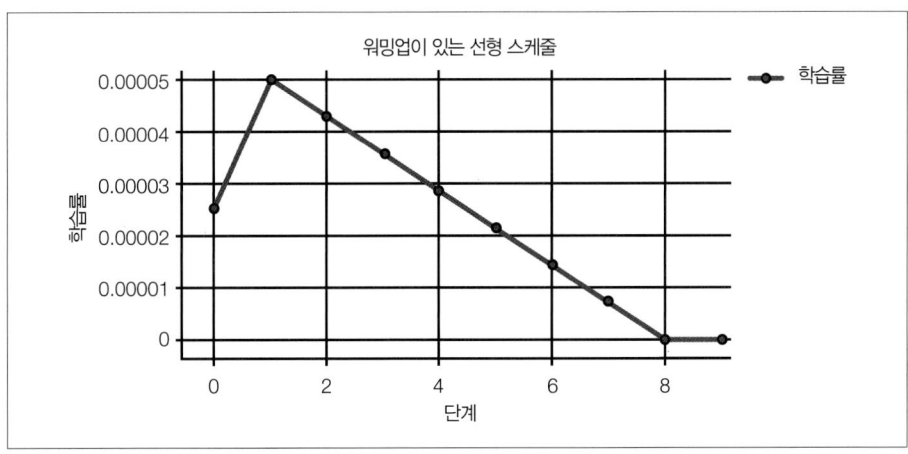

그림 6-4 선형 스케줄이 적용된 학습률 변화

AdamW를 사용할 때는 워밍업 단계를 포함한 학습률 스케줄러를 사용하는 것이 특히 중요합니다. 초기 단계에서 부적절한 최솟값에 빠지는 일을 방지할 수 있기 때문입니다.

실험적으로도 코사인 어닐링이 선형 감쇠 linear decay 보다 더 나은 결과를 보이는 것으로 나타났습니다.

정치 공약 감지 모델을 파인 튜닝할 때는 다음과 같은 설정이 적절합니다.

```
optim = "paged_adamw_32bit"
learning_rate = 3e-4
weight_decay = 0.01
lr_scheduler_type = 'cosine'
warmup_ratio = 0.03  # 전체 훈련 단계 중 워밍업으로 사용할 비율
```

6.2.2 메모리 최적화 파라미터

옵티마이저 설정을 마친 뒤에는 메모리와 연산 자원 사용을 최적화하는 설정을 고려해야 합니다. 이와 관련해 자주 활용되는 기술로는 그레이디언트 체크포인팅gradient checkpointing과 그레이디언트 누적gradient accumulation이 있습니다.

그레이디언트 체크포인팅

그레이디언트 체크포인팅은 메모리 사용량을 줄이는 대신, 연산량을 증가시키는 전략입니다. 역전파 과정에서, 일반적으로는 순전파 중 계산된 활성홧값activation을 메모리에 저장한 후 이를 역전파 시 재사용합니다. 만약 모든 활성홧값을 저장하지 않는다면 어떨까요? 누락된 활성홧값들은 역전파 과정에서 필요할 때 즉석에서 다시 계산할 수 있습니다. 이 방식에는 더 많은 연산 비용이 들지만, 상당한 메모리를 절약해 줍니다. 심지어 배치 크기가 1일 때도 GPU 메모리에 맞지 않는 모델도 훈련할 수 있게 됩니다. 그레이디언트 체크포인팅의 기술적 세부 사항은 야로슬라프 불라토프Yaroslav Bulatov의 블로그[15]에서 확인할 수 있습니다.

그레이디언트 누적

목표로 하는 배치 크기가 있지만, 현재 사용 가능한 메모리로는 이를 처리할 수 없을 때가 있습니다. 이럴 때 사용할 수 있는 기법이 그레이디언트 누적입니다. 이 방식에서는 배치마다 그레이디언트를 업데이트하지 않고 여러 배치에 걸쳐 누적한 뒤 이를 합산하거나 평균을 내 한 번에 업데이트합니다.

> **NOTE_** 그레이디언트 누적은 업데이트 횟수가 줄어들기 때문에 훈련 속도가 느려질 수 있습니다. 또한 연산량 자체를 줄이는 것이 아니라 메모리 절약용 기술임을 유의해야 합니다.

양자화

5장에서 소개했듯이, 양자화는 메모리 절약에 매우 효과적인 기법입니다. 9장에서는 다양한 양자화 기법을 더 구체적으로 다룰 예정입니다. 이번 실습에서는 메모리 절약과 성능 사이의 균형이 우수한 포맷인 bf16을 사용합니다.

---

[15] https://oreil.ly/i-R4I

16GB RAM GPU라는 제한된 환경에서 정치 공약 감지기 모델을 파인 튜닝할 때 다음과 같은 메모리 최적화 설정을 사용할 수 있습니다.

```
gradient_accumulation_steps = 4
bf16 = True
gradient_checkpointing = True
```

6.2.3 정규화 파라미터

이제 모델의 과적합을 방지하는 데 사용할 수 있는 여러 정규화 기법을 살펴보겠습니다.

레이블 스무딩

레이블 스무딩label smoothing은 과적합을 줄이는 데 효과적이면서 모델의 보정 성능 향상에도 도움이 되는 기법입니다.

보정은 딥러닝에서 상대적으로 덜 주목받는 주제이지만 매우 중요합니다. 모델이 잘 보정되었다는 말은, 모델이 출력한 확률값과 실제 정답률 사이에 강한 상관관계가 있다는 의미입니다.

예를 들어 문장이 모욕적인지를 분류하는 작업을 생각해 봅시다. 모델이 잘 보정되었다면 출력 확률이 0.9일 때 해당 예시들의 약 90%가 실제로 올바르게 분류되어야 합니다. 마찬가지로, 출력 확률이 0.6이라면 올바르게 분류될 가능성도 약 60% 수준이어야 합니다. 간단히 말해, 출력 확률은 모델이 내린 분류 판단에 대한 신뢰도를 정확하게 반영해야 합니다.

모델이 잘 보정되었다는 말은, 출력 확률을 과신하지 않다는 의미입니다. 이는 특히 출력 확률이 낮은 예시를 더 세밀하게 처리하도록 해 줍니다. 예를 들어 낮은 확률로 판단된 예시를 더 큰 모델로 재분석하는 등의 방법이 있을 수 있습니다.

> **NOTE_** 리 연구진[16]에 따르면, BERT와 같이 상대적으로 작은 모델보다 대규모 모델이 전반적으로 보정이 덜 되어 있으며, 예측에 대해 더 높은 확신을 갖는 경향이 있습니다. 대규모 언어 모델이 불확실성을 정량적으로 추정하는 데 어려움을 겪는다는 점은 상황에 따라 더 작은 모델을 선택할 근거가 되기도 합니다.

---

16 "Evaluating ChatGPT's Information Extraction Capabilities: An Assessment of Performance, Explainability, Calibration, and Faithfulness ", 23 Apr 2023, https://arxiv.org/pdf/2304.11633

모델 보정 기법 중 하나는 레이블 스무딩입니다. 일반적인 분류 모델 훈련에서는 0이나 1과 같은 하드 타겟 레이블hard target label을 사용합니다. 이때 교차 엔트로피 손실 함수는 모델의 출력값인 로짓이 0이나 1에 가깝도록 유도하므로 모델이 지나치게 확신하는 상태로 이어지기 쉽습니다. 레이블 스무딩은 여기에 정규화 항을 적용해 하드 타겟 레이블을 완화된 값으로 바꾸는 방식입니다.

특히 노이즈가 포함된 데이터셋(즉, 잘못된 레이블이 일부 섞인 데이터셋)에 유용합니다. 정규화는 모델이 부정확한 예시에서 과도하게 학습하는 것을 방지해 줍니다.

정치 공약 감지기 모델에서는 일부 예시가 주관적이거나 해석의 여지가 있을 수 있으므로 레이블 스무딩을 사용하는 것이 바람직합니다.

노이즈 임베딩

파인 튜닝에 사용되는 데이터셋은 보통 5만 개 이하의 적은 수의 예제로 구성됩니다. 이때 모델이 데이터셋의 문체적 특성(예: 포맷, 표현 방식, 텍스트 길이)에 과적합되지 않기를 원합니다. 이를 해결하는 한 가지 방법은 입력 임베딩에 노이즈를 추가하는 것입니다.

자인Jain 연구진[17]은 노이즈 임베딩을 추가하면 모델이 파인 튜닝 데이터셋의 표현 방식과 포맷에 과적합되는 경향이 줄어든다는 점을 관찰했습니다. 노이즈 임베딩의 흥미로운 부작용은 모델이 더 길고 상세한 텍스트를 생성한다는 것입니다. 출력의 토큰 다양성을 측정한 결과, 더 긴 텍스트가 실제로 더 많은 정보를 포함하며 단순히 반복적이지 않음을 확인했습니다.

허깅 페이스는 노이즈 추가 기법인 NEFTune^{Noisy Embedding Instruction Fine-Tuning}을 지원합니다. NEFTune에서는 각 임베딩 벡터에 노이즈 벡터가 추가됩니다. 노이즈 벡터의 요소들은 $[-1, 1]$ 범위에서 독립적이고 동일하게 분포된(iid) 샘플링을 통해 생성됩니다. 생성된 벡터는 임베딩 벡터에 더하기 전에 스케일링 팩터로 조정됩니다.

노이즈 임베딩은 과적합을 줄이는 데 매우 효과적이라는 것이 경험적으로 입증되었습니다. 따라서 정치 공약 탐지기 파인 튜닝에도 이를 사용하겠습니다. 노이즈 임베딩은 훈련 중에만 추가되고 추론 시에는 추가되지 않는다는 점에 유의하세요.

---

[17] Jain et al., "NEFTUNE: NOISY EMBEDDINGS IMPROVE INSTRUCTION FINETUNING", 10 Oct 2023, https://arxiv.org/pdf/2310.05914

> **CAUTION_** 노이즈 임베딩이 모델의 다른 능력에 어떤 영향을 미치는지는 아직 충분히 밝혀지지 않았습니다. 따라서 적용 후 성능 저하가 발생하지 않는지 확인해야 합니다.

정치 공약 탐지기 파인 튜닝 작업에 레이블 스무딩과 노이즈 임베딩을 모두 활성화해 보겠습니다.

```
# 레이블 0 → label_smoothing_factor / num_labels
# 레이블 1 → 1 - label_smoothing_factor + (label_smoothing_factor / num_labels)
label_smoothing_factor = 0.1
neftune_noise_alpha = 5
```

6.2.4 배치 크기

학습률과 함께 배치 크기는 훈련 과정에서 매우 중요한 하이퍼파라미터입니다. 배치 크기가 클수록 훈련 속도는 빨라지지만, 더 많은 메모리가 필요합니다. 또한 큰 배치 크기는 모델이 급격한 지역 최솟값에 빠질 위험을 높이며, 이는 과적합의 신호가 될 수 있습니다. 따라서 메모리, 연산 자원, 성능 간의 균형 있는 선택이 중요합니다.

이번 실습에서는 메모리 제약을 고려해 배치 크기를 8로 설정합니다. 추론 시에는 가능한 한 최대 배치 크기를 사용하는 것이 이상적입니다. 또한 GPU I/O 부하를 줄이려면 배치 크기는 2의 거듭제곱으로 설정하는 것이 권장됩니다.

허깅 페이스의 `TrainingArguments` 클래스는 `auto_find_batch_size` 옵션을 지원하므로 사용 가능한 메모리 내에서 최대 배치 크기를 자동으로 설정할 수 있습니다. 이 기능을 사용하려면 `accelerate` 라이브러리를 설치해야 합니다.

```
per_device_train_batch_size = 8
per_device_eval_batch_size = 8
```

> **TIP** 최대 시퀀스 길이를 줄여서 더 큰 배치 크기를 지원할 수 있습니다.

> **학습률과 배치 크기의 관계**
>
> 학습률과 배치 크기 간의 관계는 매우 복잡하며 모델 아키텍처를 포함한 여러 외부 요인에 따라 달라집니다. 높은 학습률에는 더 적은 단계가 필요하므로 훈련을 더 빨리 마치게 해 주지만, 최솟값을 지나칠 위험이 있어 수렴하지 못할 수 있습니다. 반대로, 낮은 학습률에는 더 많은 단계가 필요하고 수렴하는 데 더 오래 걸리지만, 좁은 비최적 지역 최솟값에 도달할 수 있습니다. 이러한 좁은 지역 최솟값은 과적합이 일어나고 있다는 의미일 가능성이 높습니다.
>
> 더 평평한 최솟값으로 수렴하길 원한다면 학습률을 높여 달성할 수 있습니다. 더 작은 배치 크기는 각 배치의 예제 간 분산이 더 커짐을 의미하므로 잠재적으로 모델을 더 평평한 최솟값으로 이끌 수 있습니다. 따라서 상대적으로 높은 학습률과 상대적으로 낮은 배치 크기가 이론적으로 더 효과적인 수렴에 도움이 될 수 있습니다. 그러나 이러한 이론적 통찰이 실제 학습 환경에서도 항상 성립하지는 않는다는 점에 유의해야 합니다.

마지막으로, 몇 가지 기타 파라미터를 설정해 보겠습니다.

max_grad_norm
이는 그레이디언트 클리핑에 사용되며, 훈련 중에 때때로 발생하는 그레이디언트 폭발 문제에 대한 해결책입니다. max_grad_norm 값은 그레이디언트 클리핑의 임곗값입니다. L2 그레이디언트 노름이 임곗값 이상이면 max_grad_norm으로 재조정됩니다. 그레이디언트 클리핑에 관한 자세한 내용은 아유시 바자즈(Aayush Bajaj)의 블로그 게시물[18]을 참조하세요.

group_by_length
이는 길이가 비슷한 예제들을 같은 배치로 그룹화하는 데 사용되어 패딩 토큰을 최적화할 수 있게 합니다.

max_train_epochs
훈련 데이터셋 전체를 반복하는 횟수를 의미합니다. 일반적으로 과적합을 방지하고자 5회 미만으로 설정합니다.

```
max_grad_norm=2
group_by_length=True
max_train_epochs=3
```

---

[18] "Understanding Gradient Clipping (and How It Can Fix Exploding Gradients Problem)", https://oreil.ly/gH7L7

6.2.5 파라미터 효율적 파인 튜닝(PEFT)

TrainingArguments를 모두 설정했다면, PEFT(파라미터 효율적 파인 튜닝) 라이브러리의 파라미터를 설정할 차례입니다.

허깅 페이스의 PEFT 라이브러리는 파라미터 효율적 파인 튜닝을 간편하게 구현하게 도와주는 강력한 도구입니다. 이는 전체 모델의 모든 파라미터를 업데이트하지 않고 일부 파라미터만 수정하면서도 전체 모델을 조정한 것에 가까운 성능을 유지하게 해 주는 다양한 기법을 의미합니다.

이번 예제에서는 LoRA$^{\text{low-rank adaptation}}$ 기법을 사용해 파인 튜닝을 수행합니다. 다음은 주요 하이퍼파라미터입니다.

- r: LoRA의 어텐션 랭크 차원입니다.
- lora_alpha: LoRA 기법에서 사용되는 알파 파라미터입니다.
- lora_dropout: 튜닝 중인 층에서 사용되는 드롭아웃 확률입니다. 이는 과적합을 줄이는 데 도움이 됩니다.
- layers_to_transform: LoRA 변환을 적용할 층들을 지정합니다.

다음은 몇 가지 권장되는 기본값입니다.

```
r = 64
lora_alpha = 8
lora_dropout = 0.1
```

LoRA에 관한 더 자세한 배경지식은 오그반 우곳$^{\text{Ogban Ugot}}$의 블로그 게시물[19]을 참조하세요.

6.2.6 축소된 정밀도로 작업하기

팀 데트머스가 개발한 bitsandbytes 라이브러리는 5장에서 소개한 축소된 정밀도 형식으로 작업하는 것을 쉽게 만들어 줍니다. 이 예시에서는 FP4 형식을 사용할 것입니다. bitsandbytes 버전이 0.39.0 이상이어야 한다는 점을 기억하세요.

허깅 페이스는 bitsandbytes 지원을 자체 생태계에 통합했습니다. BitsAndBytesConfig

---

[19] "The intuitive idea behind Low-Rank Adaptation (LoRA)", Oct 2023, https://oreil.ly/_l91y

클래스로 관련 파라미터를 설정할 수 있습니다. 주요 파라미터는 다음과 같습니다.

- **load_in_8bit/load_in_4bit**: 모델을 8비트 모드/4비트 모드로 로드할지 지정하는 데 사용됩니다.
- **llm_int8_threshold**: FP16이 사용될 값의 임계점을 지정해야 합니다. 이는 int8 양자화가 5~6보다 작은 값에서만 효과적으로 작동하기 때문입니다.
- **llm_int8_skip_modules**: int8 양자화를 원하지 않는 예외 항목을 지정하는 데 사용됩니다.
- **llm_int8_enable_fp32_cpu_offload**: 모델의 일부를 GPU에서 int8로 실행하고 나머지는 CPU에서 FP32로 실행하고 싶을 때 사용하는 파라미터입니다. 이는 모델이 너무 커서 GPU에 맞지 않는 경우에 유용합니다.
- **bnb_4bit_compute_dtype**: 입력 타입과 관계없이 계산 타입을 설정합니다.
- **bnb_4bit_quant_type**: 여기서 옵션은 FP4나 NF4입니다. 이는 4비트 레이어에서 양자화 타입을 설정하는 데 사용됩니다.

다음은 몇 가지 권장되는 기본값입니다.

```
use_4bit = True
bnb_4bit_compute_dtype = 'float16'
bnb_4bit_quant_type = 'nf4'
use_nested_quant = False
```

마지막으로, 강화 학습 외에도 지도 학습 기반 파인 튜닝(SFT)에 대한 지원을 제공하는 TRL 라이브러리를 사용합니다.

다음은 몇 가지 권장되는 기본값입니다.

```
max_seq_length = 128      # 입력 시퀀스의 최대 길이
packing = True            # 하나의 입력 시퀀스에 여러 지시문을 함께 넣을 수 있게 함
```

6.2.7 전체 코드 정리

이제 필요한 모든 파라미터를 설정했습니다. 다음은 파인 튜닝 과정을 위한 전체 코드 예시입니다.

```
# 지정된 버전의 라이브러리들이 설치되어 있는지 확인
!pip install transformers==4.35.0 accelerate==0.24.0 peft==0.6.0 \
```

```python
bitsandbytes==0.41.0 trl==0.7.4

# 데이터셋과 훈련 관련 구성 요소 불러오기
from datasets import load_dataset
from transformers import TrainingArguments, BitsAndBytesConfig
from transformers import LlamaForCausalLM, LlamaTokenizer
from peft import PeftModel, LoraConfig
from trl import SFTTrainer

# 훈련 설정 구성(TrainingArguments)
train_params = TrainingArguments(
    optim = "paged_adamw_32bit",             # 32비트 페이징 AdamW 옵티마이저 사용
    learning_rate = 3e-4,                     # 학습률
    weight_decay = 0.01,                      # 가중치 감쇠(정규화)
    warmup_ratio = 0.03,                      # 워밍업 비율
    gradient_accumulation_steps = 4,          # 그레이디언트 누적 스텝 수
    bf16 = True,                              # bfloat16 형식 사용
    gradient_checkpointing = True,            # 그레이디언트 체크포인팅 활성화
    label_smoothing_factor = 0.1,             # 레이블 스무딩 계수
    neftune_noise_alpha = 5,                  # NEFTune 노이즈 계수
    per_device_train_batch_size = 8,          # 장치당 훈련 배치 크기
    per_device_eval_batch_size = 8,           # 장치당 평가 배치 크기
    max_grad_norm = 2,                        # 그레이디언트 클리핑 최댓값
    group_by_length = True,                   # 시퀀스 길이에 따라 배치 그룹화
    max_train_epochs = 3,                     # 최대 학습 에포크 수
    output_dir = '/model_outputs',            # 출력 디렉터리
    save_steps = 50,                          # 몇 스텝마다 모델을 저장할지 설정
    logging_steps = 10                        # 몇 스텝마다 로그를 출력할지 설정
)

# 4비트 양자화 설정(BitsAndBytesConfig)
quantize_params = BitsAndBytesConfig(
    use_4bit = True,                          # 4비트 양자화 사용
    bnb_4bit_compute_dtype = 'float16',       # 연산용 dtype은 float16
    bnb_4bit_quant_type = 'nf4',              # NF4 양자화 형식 사용
    use_nested_quant = False                  # 중첩 양자화 비활성화
)

# LoRA 설정(LoraConfig)
lora_params = LoraConfig(
    r = 64,                                   # LoRA 랭크 차원
    lora_alpha = 8,                           # LoRA 스케일링 계수
    lora_dropout = 0.1                        # LoRA 드롭아웃 확률
)
```

```python
# LLaMA-2 사전 훈련 모델 로드 및 양자화 설정 적용
model = LlamaForCausalLM.from_pretrained(
    pretrained_model_name_or_path = 'meta-llama/Llama-2-7b',
    quantization_config = quantize_params,
    device_map = 'auto'                    # 자동으로 GPU/CPU에 할당
)

# 토크나이저 로드
tokenizer = LlamaTokenizer.from_pretrained('meta-llama/Llama-2-7b')

# 파인 튜닝 데이터셋 로드
tune_data = load_dataset("csv", data_files='/path/to/finetune_data.csv')

# SFTTrainer를 이용한 지도 학습 기반 파인 튜닝 실행
sft = SFTTrainer(
    model = model,                          # 모델
    args = train_params,                    # 훈련 파라미터
    train_dataset = tune_data,              # 훈련 데이터셋
    tokenizer = tokenizer,                  # 토크나이저
    peft_config = lora_params,              # PEFT 설정
    max_seq_length = 128,                   # 시퀀스 최대 길이
    dataset_text_field = 'text',            # 텍스트 열 지정
    packing = True                          # 여러 지시문을 하나의 시퀀스로 패킹
)

# 모델 훈련 실행
sft.train()

# 훈련된 모델 저장
sft.model.save_pretrained('/path/to/llama-2-it.csv')
```

하이퍼파라미터 간의 관계는 매우 복잡하며, 때로는 예상 밖의 결과가 나타날 수 있습니다. 최적의 조합을 찾기까지는 여러 번 반복 실험해야 합니다. 그러나 파인 튜닝으로 마지막 성능까지 끌어내려고 너무 많은 시간을 들이지는 마세요. 그 시간을 더 나은 훈련 데이터를 개발하는 데 사용하는 것이 더 효과적입니다. 다음 절에서는 효과적인 훈련 데이터셋을 만드는 방법을 살펴보겠습니다.

LLM을 파인 튜닝하는 데 필요한 정확한 메모리 용량은 사용하는 옵티마이저, 그레이디언트 누적 및 체크포인팅 여부, 양자화 방식 등 여러 요인에 따라 달라집니다.

> **연습 문제**
>
> 절제 연구ablation study는 머신러닝 실험에서 중요한 부분입니다. 이는 하나의 구성 요소를 제거하고 실험을 다시 수행해 그 요소가 미치는 영향을 분석하는 방식입니다. 파인 튜닝 예제에서는 노이즈 임베딩이 최종 성능에 어떤 영향을 주는지를 확인해 봅니다. 노이즈 임베딩을 활성화한 상태로 5회, 비활성화한 상태로 5회 파인 튜닝을 수행하고, 나머지 하이퍼파라미터는 동일하게 유지합니다. 테스트셋에서 오류 분석을 수행하고 노이즈 임베딩이 모델 성능에 어떤 영향을 미치는지 확인하세요. 전체적으로 긍정적인 영향을 미치나요?

6.3 파인 튜닝 데이터셋

앞선 파인 튜닝 예제에서는 이미 구성된 데이터셋을 직접 불러와 파인 튜닝 과정 자체에 집중했습니다. 이제는 데이터셋 자체를 집중적으로 살펴보며 데이터셋을 만드는 기법을 이해해 보겠습니다.

먼저, 파인 튜닝 예제에서 사용한 데이터셋을 살펴봅니다.

```
from datasets import load_dataset

tune_data = load_dataset("csv", data_files='/path/to/finetune_data.csv')
print(tune_data[:2])
```

출력은 다음과 같습니다.

```
Input: We will support women and children and give every child the best possible start with $10 a day child care.
Identify if the above sentence represents a political promise. A political promise is a promise that is tangible, specific, and an action that the government has the agency to make. Reply 'True' if the sentence represents a political promise, 'False' if not.
Output: True
Input: It is time for leadership that never seeks to divide Canadians, but takes every single opportunity to bring us together, including in Parliament. Identify if the above sentence represents a political promise. A political promise is a promise
```

```
that is tangible, specific, and an action that the government has the agency to
make. Reply 'True' if the sentence represents a political promise, 'False' if not.
Output: False
[번역]
입력: 우리는 여성과 아이들을 지원하고 $10 일일 보육으로 모든 아이가 가능한 최고의
출발을 할 수 있도록 할 것입니다.
위 문장이 정치 공약을 나타내는지 식별하세요. 정치 공약은 실체적이고 구체적이며, 정
부가 행동할 권한이 있는 약속입니다. 문장이 정치 공약을 나타내면 'True', 그렇지 않으
면 'False'로 응답하세요.
출력: True

입력: 의회를 포함하여 모든 기회를 통해 캐나다인들을 분열시키지 않고 하나로 모으는
리더십이 필요한 때입니다.
위 문장이 정치 공약을 나타내는지 식별하세요. 정치 공약은 실체적이고 구체적이며, 정
부가 행동할 권한이 있는 약속입니다. 문장이 정치 공약을 나타내면 'True', 그렇지 않으
면 'False'로 응답하세요.
출력: False
```

이 데이터셋은 단순한 입력과 출력 쌍으로 구성된 전통적인 형식이 아니라 자연어로 작성된 작업 지시문이 포함된 형태입니다. 이와 같은 파인 튜닝 데이터셋의 일반적인 예는 다음과 같은 구성 요소를 포함합니다.

- **지시문**: 작업을 설명하고 원하는 출력 형식을 지정합니다. 선택적으로 작업의 긍정 및 부정 예시를 포함하거나 따라야 할 제약 조건과 예외 사항을 명시할 수 있습니다.
- **입력**: 선택적으로 본 예제에서는 모델이 평가할 문장이나 문단입니다.
- **출력**: 지시문에서 지정한 형식에 따른 작업의 정답입니다.

> **NOTE_** 파인 튜닝 데이터셋은 단일 작업일 수도 있고 다중 작업일 수도 있습니다. 다중 작업 데이터셋은 지시문 튜닝에 사용합니다. 일반적으로 지시문 튜닝은 단일 작업 파인 튜닝 전의 중간 단계로 간주할 수 있습니다. 예를 들어 T5 언어 모델을 가져와 FLAN으로 지시문 튜닝해 FLAN-T5를 만든 다음, 작업별 데이터셋으로 추가 파인 튜닝할 수 있습니다. 이 접근 방식[20]은 T5만으로 직접 파인 튜닝하는 것보다 더 나은 결과를 낸다고 알려졌습니다.

이 장의 뒷부분에서는 작업 특화 데이터셋을 만드는 방법을 살펴봅니다. 먼저, 지시문 튜닝용 데이터셋 생성 방식을 살펴보겠습니다.

---

[20] Longpre et al., "The Flan Collection: Designing Data and Methods for Effective Instruction Tuning", 31 Jan 2023, https://oreil.ly/e-MVh

> **지시문 튜닝이 필요한 이유**
>
> 4장에서 살펴봤듯이, LLM의 학습 목표는 보통 다음 토큰 예측이나 디노이징 작업입니다. 하지만 이러한 목표는 실제 사용자들이 원하는 작업과는 일치하지 않습니다. 즉, LLM이 학습되는 방식과 실제 사용되는 방식 사이에는 괴리가 있습니다. 이 틈을 메우는 방법이 바로 지시문 튜닝instruction-tuning입니다.
>
> 지시문 튜닝은 LLM의 동작을 더 의도한 대로 제어하게 해 줍니다. 이때 사용되는 데이터셋 속 지시문들은, 현실 세계에서 사람이 모델에게 주는 지시와 유사한 형태를 띱니다. 또한 지시문 튜닝을 통해 모델은 출력 형식 자체를 학습하므로 더 구조화된 결과물을 생성할 수 있습니다.

지시문 튜닝이 적용된 LLM은 오픈 소스와 상용 모델 모두 다양하게 존재합니다. 그런데도 굳이 직접 지시문 튜닝해야 할 이유는 무엇일까요? 공개 데이터셋은 너무 범용적이고, 다양성이 부족하며, 특정한 목적에 맞춰 구성되지 않기 때문입니다. 자신의 도메인 지식과 실제 활용 목적을 반영해 데이터셋을 직접 구성하면 훨씬 높은 효과를 얻을 수 있습니다. 실제로 필자가 일하는 금융 분야 전문 회사에서는 이러한 방식이 모델 성능을 가장 크게 향상한 핵심 요인이었습니다.

지시문 튜닝 데이터셋을 만드는 데는 다음과 같은 여러 접근 방식이 있습니다.

- 공개된 지시문 튜닝 데이터셋 활용하기
- 기존 파인 튜닝용 데이터셋을 지시문 기반 형식으로 재구성하기
- 수작업으로 소수의 예시(시드 예시seed example)를 만든 뒤, 필요에 따라 LLM을 사용해 유사 예시를 자동 생성해 확장하기

다음으로는 각 접근 방식을 좀 더 구체적으로 살펴보겠습니다.

6.3.1 공개 지시문 튜닝 데이터셋 활용

사용하려는 목적이 충분히 일반적이거나 대중적이라면 공개된 지시문 튜닝용 데이터셋을 활용할 수 있습니다. [표 6-1]에는 널리 사용되는 대표적인 지시문 튜닝 데이터셋들의 정보가 있습니다.

표 6-1 인기 있는 주요 지시문 튜닝 데이터셋

이름	크기	제작자	생성 방법
OIG	43M	온토코드[21]	규칙 기반
FLAN	4.4M	구글	템플릿
P3 (Public Pool of Prompts)	12M	빅 사이언스	템플릿
Natural Instruction	193K	앨런 AI Allen AI	템플릿
Unnatural Instructions	240K	호노비치Honovich 연구진[22], 메타	LLM
LIMA (Less Is More for Alignment)	1K	저우Zhou 연구진[23], 메타	템플릿
Self-Instruct	52K	왕Wang 연구진[24]	LLM
Evol-Instruct	52K	쉬Xu 연구진[25]	LLM
InstructWild v2	110K	니Ni 연구진[26]	LLM
Alpaca	52K	스탠퍼드	LLM
Guanaco	534K	데트머스 연구진[27]	LLM
Vicuna	70K	LMSYS	인간 대화
OpenAssistant	161K	오픈 어시스턴트Open Assistant	인간 대화

이제 널리 알려진 지시문 튜닝 데이터셋인 FLAN fine-tuned language net을 자세히 살펴보겠습니다. FLAN이 어떻게 구축되었는지를 이해하면 자신만의 지시문 튜닝 데이터셋을 만드는 데 유용한 로드맵을 얻게 될 것입니다. 대부분의 공개 지시문 튜닝 데이터셋은 도메인 특화가 아닌 범용 목적의 LLM을 보완하는 용도로 설계되었습니다.

FLAN은 사실 여러 데이터셋의 집합입니다. 2022년에 공개된 FLAN 컬렉션[28]은 다음 다섯 개 구성 요소로 이루어집니다.

---

[21] https://www.ontocord.ai/
[22] https://github.com/orhonovich/unnatural-instructions
[23] Zhou et al., "LIMA: Less Is More for Alignment", 18 May 2023, https://arxiv.org/abs/2305.11206
[24] https://github.com/yizhongw/self-instruct
[25] Xu et al., "WizardLM: Empowering large pre-trained language models to follow complex instructions", 24 Apr 2023, https://arxiv.org/abs/2304.12244
[26] https://github.com/XueFuzhao/InstructionWild
[27] Dettmers et al., "QLoRA: Efficient Finetuning of Quantized LLMs", 23 May 2023, https://arxiv.org/abs/2305.14314
[28] https://oreil.ly/SrXV-

- FLAN 2021
- T0
- Nlv2
- CoT
- Dialog

이 중 FLAN 2021 데이터셋은 초기 지시문 튜닝 연구의 선구적인 사례로, FLAN-T5 모델을 훈련하는 데 사용되었습니다. 이 데이터셋은 기존의 자연어 처리 학술용 데이터셋을 수집한 뒤, 이를 지시문 기반 형식으로 변환해 구성되었습니다. 이 변환 작업에는 수작업으로 작성된 지시문 템플릿이 사용되었으며, 작업마다 10개의 템플릿이 제작되었습니다. 해당 템플릿들은 온라인[29]에서 확인할 수 있습니다.

다음은 FLAN 깃허브 저장소의 **templates.py**[30] 파일에서 가져온 템플릿 목록 중 하나입니다. CNN/DailyMail 뉴스 데이터셋을 활용한 텍스트 요약 작업의 예시입니다.[31]

```
"cnn_dailymail": [
    ("이 기사의 하이라이트를 작성하세요:\n\n{text}", "{highlights}"),
    ("다음 기사의 하이라이트를 작성하세요:\n\n{text}", "{highlights}"),
    ("{text}\n\n이 기사의 하이라이트를 작성하세요.", "{highlights}"),
    ("{text}\n\n이 기사의 주요 포인트는 무엇인가요?", "{highlights}"),
    ("{text}\n이 기사의 하이라이트를 요약하세요.", "{highlights}"),
    ("{text}\n이 기사의 중요한 부분은 무엇인가요?", "{highlights}"),
    ("{text}\n다음은 이 기사의 하이라이트 요약입니다:", "{highlights}"),
    ("다음 포인트를 사용하여 기사를 작성하세요:\n\n{highlights}", "{text}"),
    ("다음 하이라이트를 사용하여 기사를 작성하세요:\n\n{highlights}", "{text}"),
    ("{highlights}\n\n이 하이라이트를 바탕으로 기사를 작성하세요.", "{text}"),
],
```

마지막 세 개의 지시문은 이 작업을 반대로 구성한 형태로, 요약문을 입력으로 제공하고 전체 기사를 작성하도록 모델을 유도합니다. 이러한 방식은 대규모 지시문 다양성을 확보하려는 목적에서 도입되었습니다.

그렇다면 이런 템플릿을 매번 수작업으로 만들 필요 없이, LLM을 이용해 자동으로 생성할 수

---

[29] https://oreil.ly/DNKCv
[30] https://oreil.ly/DNKCv
[31] 옮긴이_ 독자의 이해를 위해 예시를 한국어로 번역했습니다.

는 없을까요? 네, 가능합니다. LLM을 활용하면 더 다양한 형태의 템플릿을 생성할 수 있습니다. 필자가 선호하는 LLM에 뉴스 요약 작업 템플릿 하나를 예시로 제시하고 유사한 지시문을 생성해달라고 요청한 결과는 다음과 같았습니다.

```
"cnn_dailymail": [
    ("이 기사의 핵심을 추출해 주세요:\n\n{text}", "{highlights}"),
    ("이 기사의 핵심을 간략히 정리해 주세요:\n\n{text}", "{highlights}"),
    ("이 텍스트의 주요 요소를 요약해 주세요:\n\n{text}", "{highlights}"),
    ("다음 글에서 가장 중요한 내용을 뽑아 주세요:\n\n{text}", "{highlights}"),
    ("이 기사의 핵심 내용을 추출하고 요약해 주세요:\n\n{text}", "{highlights}"),
    ("이 기사를 가장 중요한 측면만 남기고 압축해 주세요:\n\n{text}", 
     "{highlights}"),
    ("이 기사의 핵심 내용을 추출하고 요약해 주세요:\n\n{text}", "{highlights}"),
    ("이 기사에서 얻을 수 있는 핵심 통찰은 무엇인가요?\n\n{text}", "{highlights}"),
],
```

이처럼 생성된 템플릿은 동일한 요약 작업을 여러 방식으로 표현하므로 지시문의 다양성을 확보하는 데 도움이 됩니다.

분류 작업에서는 지시문 끝에 **옵션** 항목을 명시하는 것이 좋습니다. 이를 통해 LLM이 출력값의 범위를 인식하게 되어 정의된 레이블 공간에 확률을 집중시킬 수 있습니다. 이러한 힌트가 없으면 LLM은 동일한 의미를 표현하는 여러 토큰에 확률을 분산시킵니다. 예를 들어 이진 분류에서 True 레이블은 여러 가지 표현으로 나타날 수 있습니다. 예시 프롬프트는 '이 텍스트의 어조를 식별하세요. 옵션: 행복, 슬픔, 중립.'처럼 작성할 수 있습니다.

이러한 프롬프트를 수동으로 만드는 작업은 시간이 많이 들 수 있습니다. 이럴 때 허깅 페이스의 promptsource[32] 도구를 사용하면 그래픽 사용자 인터페이스나 파이썬 라이브러리를 활용해 프롬프트를 더 쉽게 생성하고 활용할 수 있습니다.

다음은 빅 사이언스에서 만든 P3^{Public Pool of Prompts} 컬렉션 중, 패러프레이징 작업에 사용되는 예시입니다. 이 프롬프트는 promptsource 도구를 통해 접근할 수 있으며 입력 템플릿, 목표 템플릿, 정답 선택지 템플릿으로 구성됩니다.

---

[32] https://oreil.ly/WIyOq

입력 템플릿:
다음 두 문장이 같은 의미인지 알고 싶습니다.
{{sentence1}}
{{sentence2}}
그런가요?

목표 템플릿:
{{ answer_choices[label] }}

정답 선택지 템플릿:
아니오 ||| 예

FLAN 컬렉션의 또 다른 핵심 구성 요소는 Super-NaturalInstructions[33] 데이터셋입니다. 이 데이터셋은 작업 정의뿐만 아니라, 긍정 및 부정 예시, 제약 조건, 주의 사항 등을 포함한 매우 상세한 지시문 설명으로 구성됩니다. 답변에는 왜 해당 응답이 정답으로 선택되었는지에 관한 설명도 함께 포함됩니다. 다만, 정답에 설명을 추가하는 것이 실제로 효과적인지는 아직 확실히 입증되지 않았습니다.

다음은 Super-NaturalInstructions 데이터셋에 수록된 한 작업의 예시입니다.[34]

정의
이 작업에서는 식당 정보를 담은 데이터 테이블을 자연스럽고 유창한 영어 문장으로 바꾸는 과제를 수행합니다. 입력은 키-값 형식의 문자열이고, 출력은 해당 정보를 모두 담은 문법적으로 올바른 자연스러운 문장이어야 합니다.

긍정 예시
Input: name[Aromi], eatType[restaurant], food[English], area[city centre]
Output: Aromi is an English restaurant in the city centre.
Explanation: 이 문장은 입력 정보를 자연스럽고 유창한 문장으로 충실하게 반영합니다.

부정 예시
Input: name[Blue Spice], eatType[coffee shop], priceRange[more than 00a330], customer rating[5 out of 5], area[riverside], familyFriendly[yes], near[Avalon]
Output: Blue Spice is a Colombian coffee shop located by the riverside, near Avalon in Boston. Its prices are over 00a330. Its customer ratings are 5 out of 5.
Explanation: 출력 문장은 대부분의 입력 정보를 담고 있지만, "Colombian"이나

---

[33] Wang et al., "Super-NaturalInstructions: Generalization via Declarative Instructions on 1600+ NLP Tasks ", 16 Apr 2022, https://arxiv.org/abs/2204.07705
[34] 옮긴이_ 예시에서 키-값 형식의 입력 형식은 따로 번역하지 않았습니다. 출력은 입력에 대한 결과라 이 또한 원문 그대로 두었습니다.

6장 파인 튜닝

"Boston"처럼 입력에 존재하지 않는 근거 없는 환각 정보를 추가하고 있어 부정확합니다.

실제 예시
Input: name[The Mill], eatType[restaurant], area[riverside], near[The Rice Boat]
Valid Output: ["A restaurant called The Mill, can be found near the riverside next to The Rice Boat."]

이제 LLM을 활용해 만들어진 지시문 튜닝 데이터셋을 살펴보겠습니다.

6.3.2 LLM 기반 지시문 튜닝 데이터셋

앞서 언급했듯이, 지시문 튜닝 데이터셋을 수작업으로 구성하는 일은 매우 번거롭고 시간이 많이 듭니다. 반면, 패러프레이징이나 합성 데이터 생성은 LLM이 강점을 발휘하는 영역입니다. 따라서 LLM을 활용해 지시문 튜닝 데이터셋을 생성할 수 있습니다.

이 접근 방식을 처음 시도한 사례로는 「Self-Instruct」[35]와 「Unnatural Instructions」[36] 논문이 있습니다. 두 방법 모두 고품질 수작업 예시(시드 셋 seed set)를 출발점으로 삼아, 퓨샷 프롬프트 설정에서 LLM에 더 다양한 언어 표현을 포함한 유사 예시를 생성하게 합니다.

지시문에 대한 입력-출력 쌍을 생성할 때는 입력 우선 input-first 방식과 출력 우선 output-first 방식을 혼합해 사용하면 더 효과적인 것으로 나타났습니다. 일반적으로 입력 우선 접근법은 지시문에 맞는 입력을 먼저 LLM이 생성한 다음, 그 입력에 대한 출력을 생성하도록 요청하는 방식입니다. 하지만 왕 연구진[37]에 따르면, 이 방법에서는 특정 레이블이 과도하게 많이 등장해 레이블 불균형을 유발할 수 있습니다.

따라서 출력 중심 방식도 함께 활용하는 편이 좋습니다. 이 방식은 출력 레이블을 생성한 다음, 해당 레이블에 적합한 입력 문장을 생성하게 합니다.

---

[35] Wang et al., "SELF-INSTRUCT: Aligning Language Models with Self-Generated Instructions", 25 May 2023, https://arxiv.org/pdf/2212.10560
[36] Rogers et al., "Unnatural Instructions: Tuning Language Models with (Almost) No Human Labor", July 2023, https://aclanthology.org/2023.acl-long.806/
[37] Wang et al., "SELF-INSTRUCT: Aligning Language Models with Self-Generated Instructions", 25 May 2023, https://arxiv.org/pdf/2212.10560

> **CAUTION_** 오픈AI의 정책에 따르면, 오픈AI의 출력 결과를 이용해 경쟁 모델을 학습시키는 데이터셋을 생성하는 것은 금지됩니다. GPT-4로 생성한 공개 지시문 튜닝 데이터셋이 여러 개 존재하지만, 이용 약관 위반에 해당될 가능성이 있습니다. 따라서 합성 데이터를 생성할 때는 오픈 소스 LLM을 사용하기를 권장합니다.

단순히 시드 데이터를 기반으로 유사 예시를 생성해 달라고 요청한다고 해서 항상 원하는 품질의 결과를 얻을 수 있는 것은 아닙니다. LLM이 원래 의도한 분포를 벗어나 의미 없는 예시를 생성할 위험도 존재합니다. 따라서 생성된 데이터셋이 다양성과 적절성을 동시에 갖췄는지 점검해야 합니다.

> **NOTE_** 그렇다면 지시문 튜닝에 필요한 데이터셋의 적정 규모는 어느 정도일까요? 저우 연구진의 논문[38]에서는 수천 개 수준의 고품질 예시만으로도 모델을 효과적으로 파인 튜닝할 수 있다고 제시합니다.

쉬 연구진은 시드 예제를 기반으로 체계적으로 변형해 합성 지시문을 생성하는 지시문 진화Evol-Instruct[39] 기법을 제안했습니다. 이 과정은 다음 세 단계로 구성됩니다.

1. **지시문 진화**: 두 가지 핵심 방식으로 시드 예제를 발전시킵니다. 먼저 깊이 우선 진화In-depth evolution는 기존 지시문을 다음 다섯 가지 방식으로 점점 더 복잡하고 어려운 형태로 바꾸는 전략입니다.
    - 제약 조건 추가
    - 추론 단계 추가
    - 더 깊이 있는 질문 제시
    - 더 구체적인 질문 작성
    - 입력 자체의 복잡성 증가

   너비 우선 진화In-breadth evolution는 기존 지시문과 같은 도메인에서 완전히 새로운 지시문을 생성해 주제의 폭을 넓힙니다.
2. **응답 생성**: 이렇게 진화된 지시문에 대한 응답을 사람이나 LLM을 통해 생성합니다.
3. **후보 필터링**: 생성된 예시 중 품질 기준에 맞지 않는 항목을 필터링해 제거합니다. 이 과정에서도 휴리스틱이나 LLM을 활용할 수 있습니다.

---

[38] Zhou et al., "LIMA: Less Is More for Alignment", 18 May 2023, https://arxiv.org/abs/2305.11206
[39] Xu et al., "WizardLM: Empowering Large Language Models to Follow Complex Instructions", 24 Apr 2023, https://arxiv.org/abs/2304.12244

> **NOTE_** 모델 훈련 이후 지시문 튜닝을 수행해야 한다면 왜 처음부터 지시문 튜닝 데이터셋으로 사전 훈련을 진행하지 않을까요? 실제로 그렇게 해도 되지만, 지시문 튜닝 데이터셋을 대규모로 구축하면서 품질을 유지하기가 어려워서 잘 사용하지 않습니다.
>
> 그러나 대규모 공개 데이터셋이 나올 때까지 기다릴 필요는 없습니다. 지시문 튜닝 데이터를 사전 훈련 과정에 일부 혼합해 사용하기만 해도 성능 향상 효과가 있음이 확인된 바 있습니다.[40]

> **연습 문제**
>
> 캐나다 의회 회의록 전체를 지시문 튜닝 데이터셋으로 변환해 보세요. 막막하게 들릴 수 있지만, 이 과정을 도와주는 유용한 라이브러리가 있습니다. Bonito[41]는 조건 기반 과제 생성 모델이 내장된 도구로, 비정형 텍스트를 지시문 튜닝 형식으로 자동 변환해 줍니다. 요약, 감정 분석, 질문 생성 등 다양한 작업을 지원합니다.
>
> 이 라이브러리를 사용해 의회 회의록 데이터로부터 지시문 튜닝 데이터셋을 만들어 보세요. 결과 데이터셋의 품질은 어떤가요? 데이터셋의 다양성을 어떻게 더 향상할 수 있을까요?

6.4 마치며

이번 장에서는 복잡한 문제 해결을 위해 LLM을 파인 튜닝해야 할 필요성을 강조했습니다. 파인 튜닝 과정 전반을 자세히 살펴보면서 하이퍼파라미터를 선택할 때 발생하는 주요 트레이드오프도 설명했습니다. 또한 지시문 튜닝이 얼마나 강력한 도구인지 보여주며 자신만의 지시문 튜닝 데이터셋을 구성하는 방법도 알아봤습니다.

다음 장에서는 LLM의 파라미터를 업데이트하는 고급 기법들을 다룹니다. 예를 들어 지속적 사전 훈련, 파라미터 효율적 파인 튜닝(PEFT), 모델 병합 기법 등을 살펴보겠습니다.

---

[40] Gu et al., "Pre-Training to Learn in Context", 9–14 July 2023, https://oreil.ly/tf04a
[41] https://oreil.ly/8wJ_o

CHAPTER 7

고급 파인 튜닝 기법

이전 장에서는 일반적인 LLM을 파인 튜닝하는 표준적인 접근 방식을 살펴봤습니다. 하지만 실제 환경에서는 LLM을 업데이트하려는 목적이 다양하고, 그에 따라 적용할 수 있는 방법도 여러 가지입니다. 이번 장에서는 고급 파인 튜닝 기법들을 소개하고 각 기법이 어떤 상황에 적합한지 살펴보겠습니다.

LLM의 파라미터를 왜 업데이트해야 할까요? 이전 장에서 간단히 언급했지만, 여기서 좀 더 자세히 설명해 보겠습니다.

도메인 적응
우리가 다루는 데이터가 LLM이 사전 훈련 과정에서 충분히 접하지 않은 특정 전문 분야에 속할 수 있습니다. 이런 경우, 도메인 특화 데이터를 사용해 모델을 추가로 훈련시켜 성능을 향상할 수 있습니다.

작업 적응
모델이 특정 후속 작업에서 얼마나 잘 작동하는지가 중요할 수 있습니다. 이럴 때는 해당 작업에 특화된 데이터를 활용해 지도/비지도 방식으로 모델을 훈련할 수 있습니다.

지식 업데이트
LLM의 지식을 최신 상태로 유지하려면 새로운 데이터로 지속적으로 훈련하는 방법이 필요합니다.

행동 제어 및 유도
모델의 응답을 좀 더 의도에 맞게 조정하고 싶은 경우도 있습니다. 예를 들어 사용자의 요청을 더 정확히 따르거나, 특정 유형의 요청을 거부하도록 설정할 수 있습니다. 이러한 목적에 사용하는 훈련 방식들을 통틀어 정렬 훈련이라고 하며 8장에서 자세히 다룰 예정입니다.

이 장에서는 앞서 설명한 다양한 이유로 LLM을 업데이트할 때 사용할 수 있는 기술들을 살펴봅니다. 이 장은 다음 세 가지 주제로 구성됩니다.

지속적 사전 훈련

주로 도메인 적응이나 모델의 지식을 최신 상태로 유지하는 데 사용하는 방법입니다. 후자는 평생 학습 lifelong learning이라고도 합니다.

파라미터 효율적 파인 튜닝(PEFT)

전체 파라미터 중 일부만을 업데이트함으로써, 메모리와 계산 자원을 적게 사용하면서도 효율적으로 모델을 훈련하는 기법들의 집합입니다.

모델 병합 및 융합

둘 이상의 모델 파라미터를 결합하는 방식으로, 아직 원리에 대한 이해는 부족하지만 적절히 활용하면 놀라운 효과를 보입니다. 필자는 이 분야를 자연어 처리의 흑마법 dark art이라 부르곤 합니다.

그럼 필자가 가장 선호하는 기법인 지속적 사전 훈련부터 시작해 보겠습니다.

7.1 지속적 사전 훈련

지속적 사전 훈련의 기본 개념은 간단합니다. 사전 훈련이 완료된 모델 체크포인트를 기반으로 자신의 데이터로 훈련을 계속 이어가는 것입니다. 그런데 왜 이런 방식을 사용할까요? 다음과 같은 상황에서 특히 유용합니다.

- 법률, 금융, 생의학 등과 같은 특수 분야에서는 해당 도메인의 텍스트가 일반 영어와 언어적·구조적으로 상당히 다릅니다. 예를 들어 법률 문서는 긴 문장과 형식적인 문체, 법률 전문 용어로 특징지어지며, 금융 문서는 숫자 정보가 빈번하게 등장하고, 법률과 금융 문서 모두 반복되는 고정 문구가 자주 포함됩니다. 생의학 문서는 일상 영어에는 포함되지 않는 다양한 과학 용어를 포함해 언어적 복잡성이 높습니다. 이러한 분야에서는 해당 도메인의 언어적 특성을 모델이 학습하도록 **도메인 적응형 사전 훈련** domain-adaptive pre-training(DAPT)을 적용하는 것이 효과적입니다.

- DAPT보다 더 정밀한 접근으로, 단순히 도메인 일반 텍스트가 아닌 모델이 수행할 실제 작업에 밀접하게 관련된 텍스트를 활용해 사전 훈련을 이어가는 방식이 있습니다. 이를 **작업 적응형 사전 훈련** task-adaptive pre-training(TAPT)이라고 합니다.

- LLM은 방대한 양의 지식을 내포하지만, 시간이 지나면서 지식이 점차 구식이 될 수 있습니다. 새로운 정보가 포함된 데이터를 활용해 주기적으로 모델을 다시 훈련하면 지식의 최신성을 유지할 수 있습니다. 이러한 접근을 **평생 학습**이라고 합니다.

NOTE_ '도메인 특화 LLM이 필요하다면, 그냥 처음부터 내 도메인 데이터를 사용해서 LLM을 훈련하면 되지 않나요?'라고 생각할 수 있습니다. 이론적으로는 가능합니다. 하지만 그렇게 하면 성능이 충분히 나오지 않을 수 있고 지속적 사전 훈련보다 훨씬 많은 비용이 듭니다. LLM은 다양한 언어적 능력을 학습해야 하며, 이런 능력은 도메인 특화 텍스트만으로는 충분히 익힐 수 없습니다. 따라서 일반 텍스트로 폭넓게 사전 훈련된 모델을 기반으로 도메인 특화 텍스트로 훈련을 이어가는 방법이 훨씬 더 효과적입니다.

실제 환경에서 지속적 사전 훈련은 생각보다 까다로운 작업입니다. 그 이유 중 하나는 치명적 망각catastrophic forgetting이라는 현상입니다. 이는 새로운 데이터로 모델을 계속 훈련시키는 과정에서 기존에 학습한 능력이나 지식을 잃어버리는 현상입니다. 곧 치명적 망각을 해결하는 다양한 전략을 살펴보겠습니다.

지속적 사전 훈련은 파인 튜닝과 어떻게 다를까요? 차이점은 대부분 표면적이고 용어와 관련이 있습니다. 사전 훈련과 마찬가지로 지속적 사전 훈련은 자기 지도 방식이지만 지도 데이터셋을 사용할 때는 일반적으로 파인 튜닝이라는 용어를 사용합니다. 반드시 그럴 필요는 없지만 지속적 사전 훈련은 원래 사전 훈련 설정에서 사용된 것과 동일한 학습 목표를 사용합니다. 마지막으로, 지속적 사전 훈련 데이터셋은 일반적인 파인 튜닝 데이터셋보다 보통 규모가 몇 배나 더 큽니다.

도메인의 의미

지금까지는 법률, 금융, 의료와 같은 직관적인 예를 들어 **도메인**을 설명했습니다. 하지만 도메인을 그렇게 좁게 정의할 필요는 없습니다. 예를 들어 영어 중심으로 사전 훈련된 LLM을 텔루구어Telugu[1] 데이터로 지속적 사전 훈련을 시키면 모델은 전혀 새로운 언어에 노출되며 이를 학습하게 됩니다. 또한 문체와 어조가 기존 텍스트와 다른 데이터(예: 소셜 미디어 텍스트)에 노출시켜 모델을 새로운 스타일에 적응시키기도 합니다.

좀 더 형식적으로 말하면, 도메인이란 표현 벡터들이 하나의 내재적 군집을 형성하는 텍스트 집합이라고 할 수 있습니다. 아하로니Aharoni 연구진[2]에 따르면, LLM이 생성한 문장 임베딩은 자연스럽게 이러한 군집 구조를 따릅니다.

---

[1] 옮긴이_ 인도 남부에서 주로 사용되는 주요 언어 중 하나입니다.
[2] Aharoni et al., "Unsupervised Domain Clusters in Pretrained Language Models", 1 May 2020, https://arxiv.org/pdf/2004.02105

도메인을 정의한 후에는 그 도메인을 가장 잘 대표하는 텍스트를 선택하는 것이 중요합니다. 같은 논문에서는 LLM이 생성한 문장 표현을 활용한 도메인 데이터 선택 기법을 제안합니다. 대표 텍스트를 선택하는 한 가지 방법은 도메인 정답 데이터 gold in-domain data와의 임베딩 유사도를 기준으로 가장 가까운 텍스트를 선택하는 것입니다. 또 다른 방법은 정답 도메인 데이터와 무작위로 샘플링한 부정 예시를 활용해 도메인 분류기를 훈련하고, 이를 통해 새로운 데이터를 선별하는 방식입니다.

[그림 7-1]에 이러한 지속적 사전 훈련의 전체 흐름을 도식화했습니다.

그림 7-1 지속적 사전 훈련 과정

이 책의 깃허브 저장소[3]에는 지속적 사전 훈련을 수행하는 튜토리얼이 있습니다. 이 과정은 겉보기에는 파인 튜닝과 비슷하지만, 두 가지 중요한 차이가 있습니다. 첫째, 데이터셋에 레이블이 없는 자기 지도 훈련 self-supervised training 방식으로 진행됩니다. 둘째, 데이터 규모가 일반적인 파인 튜닝용 데이터보다 훨씬 큽니다.

> **연습 문제**
>
> 책의 깃허브 저장소[4]에 연결된 금융 문서 데이터셋을 사용해 여러분이 선택한 3B LLM을 10억 토큰에 대해 계속 사전 훈련해 보세요. 그런 다음, 기본 모델의 성능이 저하되었는지 확인해 보세요. 지속적 사전 훈련 전후에 5장에서 언급한 벤치마크 테스트들로 모델을 평가해 보세요. 어떤 차이점을 발견했나요?

---

3 https://github.com/corazzon/designing-llm-apps
4 https://github.com/corazzon/designing-llm-apps

앞서 언급했듯이, 단순한 지속적 사전 훈련은 이전에 학습한 능력과 지식의 치명적 망각으로 이어집니다. 이 문제를 완화하는 몇 가지 기법이 있습니다.

- **리플레이**^{replay}**(메모리)**: 원래 사전 훈련에서 사용한 훈련 예제들을 가져와 새로운 훈련 데이터와 혼합합니다.
- **증류**: 모델의 이전 체크포인트를 가져와서 훈련 중에 이전 표현과 현재 표현 사이의 KL 발산을 비교하고 이에 페널티를 부과합니다.
- **정규화**: 지속적 훈련 중 파라미터의 큰 변화에 페널티를 부과합니다.
- **파라미터 확장**: 지속적 사전 훈련이 진행됨에 따라 모델에 더 많은 파라미터를 추가합니다. 이는 모델의 너비나 깊이를 증가시켜 수행할 수 있습니다.

더 포괄적인 지속적 학습 기법 세트는 진 연구진의 논문[5]을 참조하세요. 이 장에서는 리플레이와 파라미터 확장 방법을 더 자세히 살펴보겠습니다.

7.1.1 리플레이(메모리)

리플레이 기법은 치명적 망각 문제를 완화하는 매우 간단하면서도 효과적인 접근 방식입니다. 이 방법은 기존 사전 훈련 데이터셋에서 일부 샘플을 저장해 두었다가, 이를 지속적 훈련 데이터와 섞어 함께 사용하는 방식입니다. 이렇게 하면 데이터 분포의 급격한 변화가 두드러지지 않게 됩니다.

필자가 실전에서 효과적으로 사용했던 방식은 다음과 같습니다. 기존 사전 훈련 데이터셋의 서로 다른 하위 집합에서 샘플을 선택해 지속적 훈련 데이터와 섞는 것입니다. 훈련 초반에는 새로운 데이터의 비율을 약 25% 정도로 시작하고 훈련이 진행됨에 따라 점진적으로 이 비율을 최대 80%까지 늘려갑니다.

만약 기존 사전 훈련 데이터셋이 여러 하위 구성 없이 단일 데이터로 이루어졌다면 각 데이터가 어떤 도메인에 속하는지를 식별해 도메인 기반으로 나누는 전처리 작업이 필요할 수 있습니다.

---

[5] Jin et al., "Lifelong Pretraining: Continually Adapting Language Models to Emerging Corpora", 19 Jul 2022, https://arxiv.org/pdf/2110.08534

> **지속적 사전 훈련을 위한 학습률 전략**
>
> 치명적 망각 현상을 완화하는 전략 중 하나는 학습률을 적절히 조정하는 것입니다. 위나타[Winata] 연구진[6]은 시간이 지남에 따라 학습률을 점진적으로 감소시키는 것이 효과적일 수 있다고 제시합니다. 다만 대규모 데이터셋을 활용한 훈련에서는 학습률이 지나치게 낮아져 학습 효율성이 저하할 위험이 있습니다.
>
> 학습률 설정은 본질적으로 보존-학습 딜레마를 수반합니다. 학습률이 과도하게 낮으면 모델은 기존 지식을 안전하게 보존하지만 새로운 데이터로부터 효과적인 학습이 어려워집니다. 반면 학습률이 과도하게 높으면 새로운 지식 획득은 용이하지만 기존 능력의 소실이라는 대가를 치르게 됩니다. 따라서 최적의 학습률은 허용 가능한 망각 수준과 목표하는 새로운 역량 습득 간의 균형점에서 결정되어야 합니다.
>
> 굽타[Gupta] 연구진[7]은 효과적인 학습률 스케줄링을 제시했습니다. 6장에서 설명했듯이, 지속적 학습 초기에 학습률을 최댓값까지 재워밍업한 후 코사인 스케줄로 점진 감소시키며, 최소 학습률 도달 후에는 일정 수준을 유지하는 방법을 권장합니다. 이때 최대 학습률은 기존 능력 보존과 신규 능력 학습 간의 최적 균형을 달성하도록 선택해야 합니다.

7.1.2 파라미터 확장

리플레이 방식의 대안으로는 파라미터 확장[parameter expansion] 기법이 있습니다. 가장 단순한 형태로는 모델 위에 새로운 층 한두 개를 추가한 후, 지속적 사전 훈련 동안 해당 파라미터만 훈련하는 방식이 있습니다. 또 다른 방식은 기존 층 내부에 어댑터라는 도메인 특화 파라미터 모듈을 삽입하고 그 부분만 학습하는 것입니다. 이러한 어댑터 기반 접근법은 7.2절 '파라미터 효율적 파인 튜닝(PEFT)'에서 자세히 설명합니다.

---

6 Winata et al., "Overcoming Catastrophic Forgetting in Massively Multilingual Continual Learning", July 2023, https://aclanthology.org/2023.findings-acl.48.pdf
7 Gupta et al., "Continual Pre-Training of Large Language Models: How to (re)warm your model?", 6 Sep 203, https://arxiv.org/pdf/2308.04014

> ## DEMix 층 활용
>
> 트랜스포머 구조는 전문가 혼합(MoE) 방식으로 구성하면 모듈성이 더 높아질 수 있습니다(4장 참고). 각 전문가를 하나의 도메인에 대응시키는 것이 한 가지 유효한 전략입니다. 이렇게 구성하면 각 전문가가 서로 영향을 주지 않고 독립적으로 훈련되므로 새로운 도메인을 학습할 때 발생할 수 있는 치명적 망각 문제를 피할 수 있습니다.
>
> 구루랑간Gururangan 연구진[8]은 이를 구현하기 위해 트랜스포머의 기존 피드포워드 층을 도메인 전문가 혼합domain expert mixture(DEMix) 층으로 교체하는 방식을 제안했습니다. DEMix 층은 각 도메인에 하나씩 대응하는 여러 개의 피드포워드 네트워크로 구성되며 입력에 따라 해당 도메인 전문가가 활성화됩니다.
>
> 추론 시에는 라우팅 함수가 입력에 가장 적합한 전문가를 자동으로 선택합니다. 이 덕분에 모델은 이전에 학습한 적 없는 도메인의 텍스트도 더 효과적으로 처리할 수 있습니다.
>
> 새로운 도메인에 대한 도메인 적응형 사전 훈련(DAPT)은 새로운 전문가를 훈련하는 방식으로 수행할 수 있습니다. 먼저 기존 전문가 중에서 도메인이 가장 유사한 전문가의 파라미터를 초깃값으로 사용해 새로운 전문가를 초기화하고, 해당 도메인 특화 데이터로 추가 훈련을 진행합니다.

앞서 언급했듯이, 지속적 사전 훈련은 평생 학습에도 활용할 수 있습니다. 모델이 시간이 지남에 따라 새로운 사실과 지식을 지속적으로 받아들이며 업데이트되는 구조입니다. 하지만 현재로서는 이러한 방식이 새로운 지식을 학습하는 가장 효과적인 접근법은 아닐 수 있으며, 검색 증강 생성(RAG) 방식이 더 적합할 수 있습니다. 이는 12장에서 더 자세히 다룰 예정입니다.

> **TIP** 작업 적응형 사전 훈련(TAPT)[9]은 도메인 적응형 사전 훈련(DAPT)을 보완하는 효과적인 접근입니다. TAPT는 일반적으로 훨씬 작지만 특정 작업에 더 밀접하게 관련된 비지도 데이터셋을 사용해 지속적으로 사전 훈련을 수행합니다. 치명적 망각을 방지하려면 DAPT를 먼저 수행한 후 TAPT를 진행하고, 후속 작업에 대해 지도 학습 기반 파인 튜닝을 적용하는 것이 좋습니다. TAPT에서 사용할 비지도 데이터는 DAPT에서와 마찬가지로 선택할 수 있습니다. 즉, 데이터 임베딩을 생성한 뒤에 정답 문장들과 같은 군집을 이루는 샘플을 선택하는 방식입니다.

---

8 Gururangan et al., "DEMIX Layers: Disentangling Domains for Modular Language Modeling", 20 Aug 2021, https://arxiv.org/pdf/2108.05036

9 Gururangan et al., "Don't Stop Pretraining: Adapt Language Models to Domains and Tasks", 5 May 2020, https://oreil.ly/H38wF

요약하자면, 지속적 사전 훈련은 도메인 특화 텍스트가 충분히 많고 해당 도메인이 고유한 언어 구조나 어휘를 갖는 경우에 특히 효과적입니다. 또한 지속적 사전 훈련은 LLM을 새로운 언어에 적응시키는 데도 활용할 수 있습니다.

> **TIP** 도메인 특화 텍스트에는 해당 분야에서만 사용하는 전문 용어jargon가 포함될 때가 많습니다. 필자가 효과를 본 전략 중 하나는 해당 전문 용어들을 별도의 토큰으로 추가해 모델에 반영하는 것입니다.

지속적 사전 훈련에는 상당한 연산 자원이 필요하지만, 소규모 데이터셋에 대한 파인 튜닝은 훨씬 적은 자원으로 수행할 수 있습니다. 오늘날처럼 거대 언어 모델이 보편화된 시대에는 연산과 메모리 자원 소모를 줄이는 다양한 방법을 모색하는 것이 중요합니다.

다음으로는 제한된 자원 환경에서도 파인 튜닝을 가능하게 하는 파라미터 효율적 파인 튜닝(PEFT) 기법들을 살펴보겠습니다.

7.2 파라미터 효율적 파인 튜닝(PEFT)

PEFT의 핵심은 전체 모델 파라미터를 모두 업데이트하는 대신, 일부만 선택적으로 업데이트함으로써 연산과 저장 비용을 크게 줄이는 데 있습니다.

현재 널리 사용되는 PEFT 기법들은 크게 다음 세 가지로 나눌 수 있습니다.

- **새로운 파라미터 추가**: 기존 모델에 추가 파라미터를 삽입하고, 지속적 훈련에서는 해당 파라미터들만 학습하는 방식입니다.
- **기존 파라미터의 일부만 선택적으로 업데이트**: 전체 파라미터 중 일부만 선택해 훈련합니다. 이때 선택은 사전에 지정하거나 학습 과정에서 자동으로 결정할 수 있습니다.
- **저차원 근사 기법**low-rank methods: 큰 행렬을 더 작은 차원의 행렬로 근사하여 비슷한 정보를 유지하면서도 학습해야 할 파라미터 수를 줄이는 방식입니다.

이제 각 접근법을 자세히 살펴보겠습니다.

7.2.1 새로운 파라미터 추가

여러 작업에 대해 모델을 파인 튜닝해야 하거나 사용자마다 모델을 따로 파인 튜닝해 개인화를 구현해야 할 때가 있습니다. 이때 파인 튜닝된 모델 전체를 각각 저장하고 배포하는 일은 매우 번거롭고 비효율적일 수 있습니다.

모델의 모든 파라미터를 업데이트하지 않는 한 가지 방법은 모델에 몇 가지 추가 파라미터를 더하고 그 파라미터만 훈련하는 것입니다. 각 파인 튜닝된 모델의 전체 사본을 저장하고 배포하는 대신, 새로 추가된 파라미터만 저장하면 됩니다.

파인 튜닝을 위해 새 파라미터를 추가하는 일반적인 방식은 다음과 같습니다.

- **병목 어댑터**bottleneck adapters : 트랜스포머 층 내부에 삽입되는 경량화된 모듈입니다.
- **프리픽스 튜닝**prefix tuning : 작업에 특화된 벡터를 입력 앞에 추가하고, 해당 벡터만 학습하는 방식입니다.
- **프롬프트 튜닝**prompt tuning (**소프트 프롬프트**soft prompt) : 프리픽스 튜닝과 유사하지만, 학습 구조가 더 간단합니다.

이제 각 기법을 자세히 살펴보겠습니다.

병목 어댑터

어댑터는 LLM 아키텍처에 부착된 파라미터 모듈입니다. 어댑터는 다양한 방식으로 LLM 아키텍처에 통합될 수 있지만, 트랜스포머에서는 일반적으로 트랜스포머의 각 층에 삽입합니다. 파라미터 수를 줄이기 위해 어댑터 모듈의 너비는 기본 트랜스포머 모델의 너비보다 훨씬 작아야 합니다. 이는 다운-프로젝션down-projection이라고도 하는 병목 구조를 구성합니다.

따라서 병목 어댑터 하위 층은 다운-프로젝션 행렬, 원래 차원으로 되돌리기 위한 업-프로젝션up-projection 행렬, 중간에 다양한 방식으로 구성할 수 있는 파라미터로 구성됩니다. 파인 튜닝 중에는 어댑터 모듈만 업데이트되고 원래 사전 훈련된 모델은 업데이트되지 않습니다. 어댑터는 원활한 훈련을 위해 거의 항등에 가까운 상태로 초기화됩니다.

[그림 7-2]는 트랜스포머 아키텍처에서 병목 어댑터가 일반적으로 삽입되는 위치를 보여줍니다. 이는 가능한 구성 중 하나일 뿐임을 참고하세요.

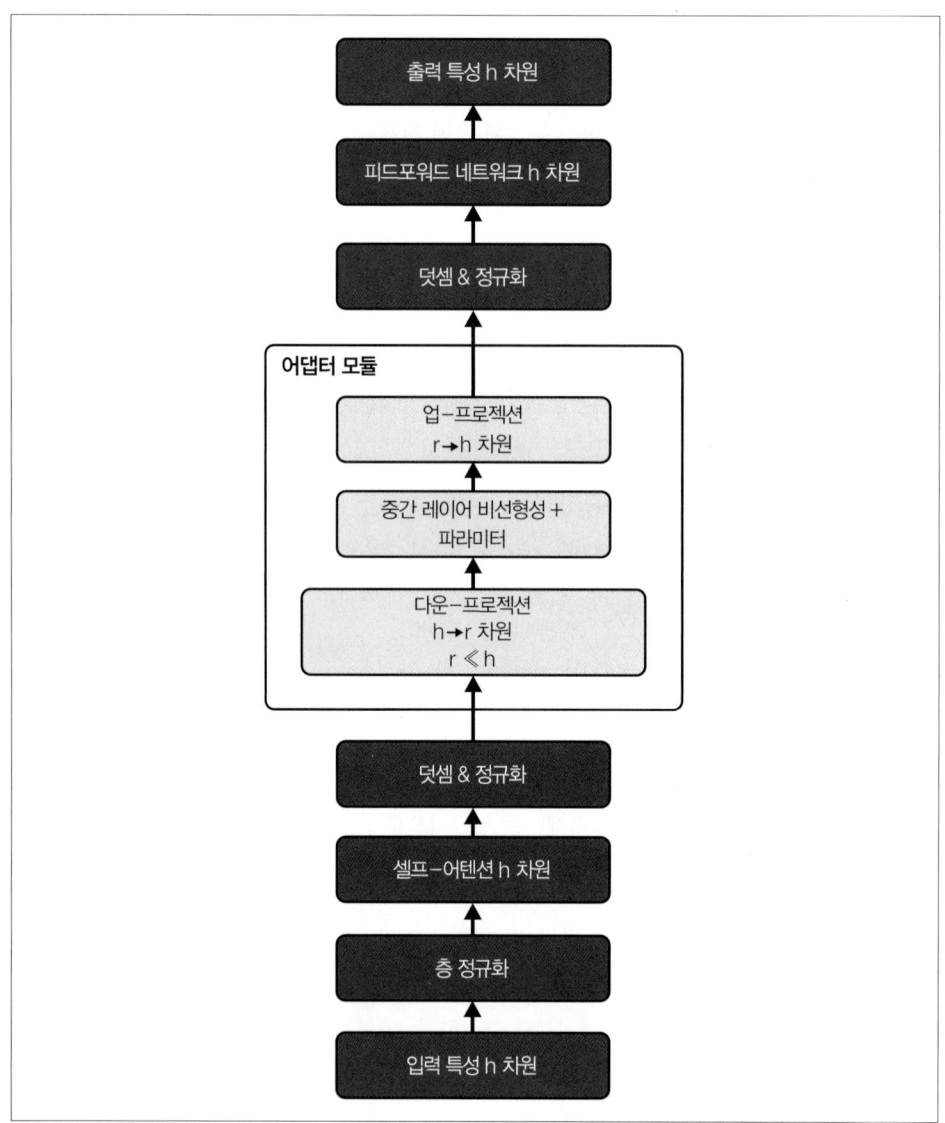

그림 7-2 트랜스포머의 어댑터 모듈

이 모든 것은 실제로 어떻게 작동할까요? 어댑터 라이브러리[10]는 이러한 고급 기법을 사용해 LLM을 파인 튜닝하는 데 유용합니다.

---

10 https://docs.adapterhub.ml/

다음은 어댑터 라이브러리를 사용해 병목 어댑터를 시작하는 방법입니다.

```
from adapters import DoubleSeqBnConfig

adapter_config = DoubleSeqBnConfig()
model.add_adapter("bottleneck_adapter", config=adapter_config)
```

`DoubleSeqBnConfig`는 라이브러리에서 기본적으로 지원하는 설정으로, [그림 7-2]에 표시된 어댑터 아키텍처에 해당합니다. 하지만 앞서 언급했듯이 원하는 대로 어댑터의 크기와 형태를 변경할 수 있습니다. 이를 위해 `BnConfig`를 사용해야 합니다.

```
from adapters import BnConfig

adapter_config = BnConfig(
    mh_adapter=True,
    output_adapter=True,
    reduction_factor=32,
    non_linearity="gelu"
)
```

다음은 이러한 인자의 의미입니다.

- `mh_adapter`: 트랜스포머의 멀티헤드 어텐션 하위 층 바로 뒤에 추가된 어댑터 모듈을 의미합니다.
- `output_adapter`: 트랜스포머의 피드포워드 네트워크 하위 층 바로 뒤에 추가된 어댑터 모듈을 의미합니다.
- `reduction_factor`: 다운-프로젝션 요소를 나타냅니다. 트랜스포머 층 너비와 비교해 어댑터 너비를 얼마나 축소해야 하는지를 결정합니다.
- `non_linearity`: 중간 비선형 활성화 함수(예: RELU, GELU)를 지정합니다.

더 많은 구성 옵션은 어댑터 라이브러리 문서[11]를 참조하세요. 사용 가능한 구성 옵션이 정말 다양합니다!

병목 어댑터를 사용하면 파인 튜닝 시간과 복잡성이 크게 감소하지만, 트랜스포머의 모든 층에 파라미터를 추가하면 추론 지연 시간이 약간 증가합니다. 일반적으로 자주 사용되는 어댑터 구성을 사용할 경우 추론 시간은 6~8% 정도 증가할 것으로 예상됩니다.

---

[11] https://oreil.ly/n1Pga

> **TIP** 추론 중에 일부 어댑터 층을 제거해 추론 지연 시간을 줄일 수 있습니다. 뤼클레[Rücklé] 연구진[12]은 훈련과 추론 중에 어댑터 모듈을 제거하는 방법인 어댑터드롭[AdapterDrop]을 제안합니다. 그들은 추론 시 트랜스포머의 처음 몇 개 층에서 어댑터를 제거하거나 각 층에서 가장 적게 활성화된 어댑터를 제거하는 방법을 제안합니다.

프리픽스 튜닝

어댑터 기반 파인 튜닝 기법의 단점 중 하나는 추론 시 하나의 배치에서 오직 하나의 어댑터 인스턴스만 사용할 수 있다는 점입니다. 즉 특정 작업에 맞게 파인 튜닝된 어댑터만 지원할 수 있습니다. 반면에 프리픽스 튜닝은 동일한 배치에서 여러 작업을 실행하게 해 줍니다. 프리픽스 튜닝에서는 입력의 앞부분(프리픽스)에 작업별 벡터를 추가하고 훈련합니다. 이는 파인 튜닝해야 하는 파라미터 수를 크게 줄여줍니다.

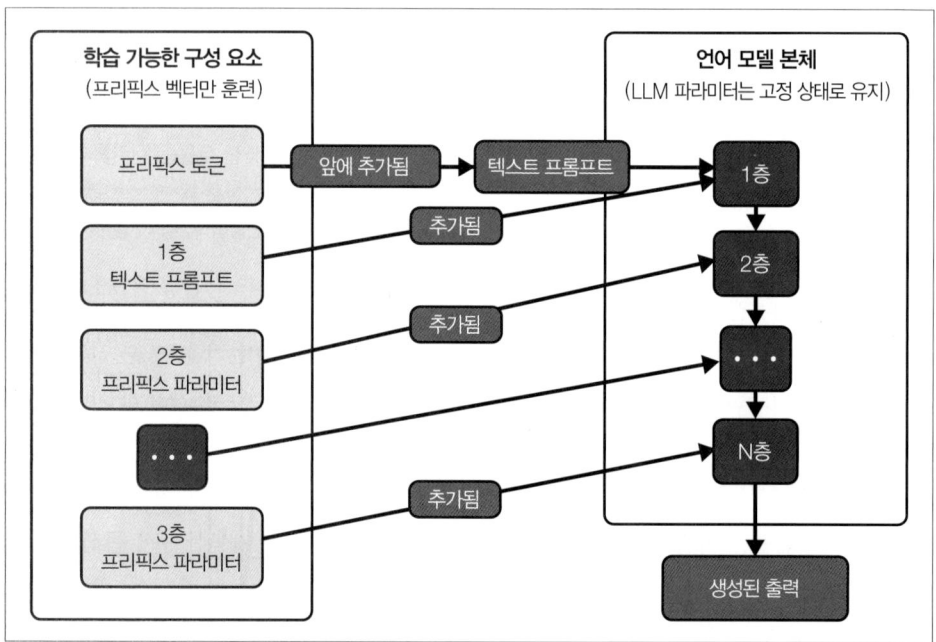

그림 7-3 프리픽스 튜닝

프롬프트에는 지시문, 입력과 함께 선택적으로 몇 가지 퓨샷 예제가 포함됨을 기억하세요.

---

[12] Rücklé et al., 《AdapterDrop: On the Efficiency of Adapters in Transformers》, 5 Oct 2021.
https://arxiv.org/pdf/2010.11918

LLM이 생성하는 텍스트는 지금까지 생성된 출력과 프롬프트에 따라 조건화됩니다. 여기에 LLM이 주목할 수 있는 추가 컨텍스트를 이러한 프리픽스 벡터 형태로 추가합니다. 입력에 접두어로 붙는 이 새로운 토큰들을 가상 토큰virtual token이나 소프트 프롬프트라고 합니다.

[그림 7-3]은 트랜스포머에서 프리픽스 튜닝이 어떻게 이루어지는지 보여줍니다.

그림에서 볼 수 있듯이, 프리픽스 파라미터는 각 층에 추가됩니다. 프리픽스 튜닝은 병목 어댑터보다 훨씬 더 파라미터 효율적이며, 일반적으로 2% 이상인 어댑터와 비교해 모델 파라미터의 0.1% 이하만 차지합니다. 그러나 프리픽스 튜닝은 어댑터보다 효과적으로 훈련하기가 더 어렵습니다. 또한 프리픽스 튜닝은 가상 토큰을 수용하기 위해 모델의 시퀀스 길이를 줄여야 합니다.

어댑터와 마찬가지로, 초기화는 프리픽스 튜닝에서 매우 중요합니다. 가상 토큰은 모델이 파인 튜닝되는 작업과 관련된 단어를 선택해 초기화할 수 있습니다.

어댑터 라이브러리를 사용해 프리픽스 튜닝을 구현할 수 있습니다.

```
from adapters import PrefixTuningConfig

adapter_config = PrefixTuningConfig()
model.add_adapter("prefix_tuning", config=adapter_config)
```

프롬프트 튜닝

프롬프트 튜닝은 프리픽스 튜닝의 단순화된 버전입니다. 프리픽스 튜닝과 달리 각 층에 프리픽스 파라미터가 없습니다. [그림 7-4]는 트랜스포머에서 프롬프트 튜닝이 어떻게 이루어지는지 보여줍니다.

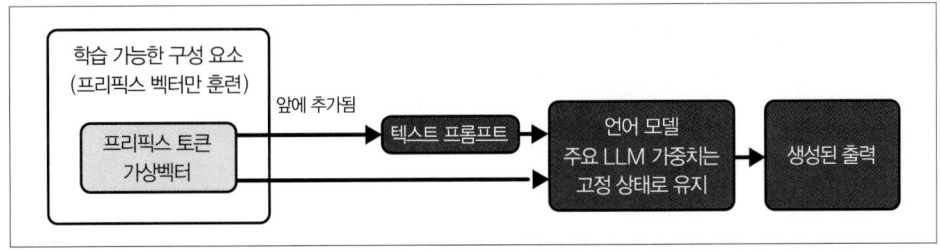

그림 7-4 프롬프트 튜닝

어댑터 라이브러리는 프롬프트 튜닝을 위한 내장 구성을 제공합니다.

```
from adapters import PromptTuningConfig

adapter_config = PromptTuningConfig()
model.add_adapter("prompt_tuning", config=adapter_config)
```

프롬프트 튜닝에 사용되는 주요 설정 항목은 다음과 같습니다.

- **prompt_length**: 프롬프트 토큰의 길이로, 10~30이 좋은 시작점입니다.
- **prompt_init**: 프롬프트 토큰을 초기화하는 방식입니다. 문자열 임베딩을 이용하거나 무작위 균등 분포를 사용해 초기화할 수 있습니다.
- **prompt_init_text**: 소프트 프롬프트를 문자열로 초기화할 때 초기화에 활용되는 텍스트입니다. 이는 수행 중인 작업을 나타내는 설명이 될 수 있습니다.

프롬프트 튜닝을 처음 제안한 레스터Lester 연구진[13]은 이를 활용해 소프트 프롬프트 앙상블soft prompt ensembling도 구현했습니다. 이 기법에서는 각 작업에 대해 여러 개의 소프트 프롬프트를 각각 훈련시킵니다. 그 후 주어진 입력에 대해 각 소프트 프롬프트를 별도로 프리픽스로 사용해 출력을 생성합니다. 그다음, 생성된 여러 출력 중에서 다수결 방식으로 정답을 선택합니다.

지금까지는 모델에 새로운 파라미터를 추가하여 파인 튜닝하는 기법들을 살펴봤습니다. 하지만 파라미터를 새로 추가하지 않고도 모델의 기존 파라미터 중 일부만 선택해 훈련하는 방식으로 PEFT를 구현할 수 있습니다. 이제 이러한 기법을 살펴보겠습니다.

7.2.2 하위 집합 기법

가장 단순한 방식은 트랜스포머에서 상위 층만 파인 튜닝하고 나머지는 고정frozen하는 것입니다. 트랜스포머의 하위 층은 언어의 문법과 같은 기초적인 특성에 특화되므로 이러한 부분은 변경하지 않고 유지하는 것이 바람직할 수 있습니다.

---

[13] Lester et al., "The Power of Scale for Parameter-Efficient Prompt Tuning", 2 Sep 2014, https://arxiv.org/pdf/2104.08691

또 다른 접근은 트랜스포머의 편향 항$^{bias\ term}$만 파인 튜닝하는 것입니다. 이는 자켄^{Zaken} 연구진[14]이 제안한 방식으로, 편향 항만 파인 튜닝해도 전체 모델을 모두 파인 튜닝한 것과 유사한 수준의 성능을 달성할 수 있다고 보고했습니다. 다만 이 방법은 훈련 데이터가 적은 상황에서 더 효과적인 것으로 나타났습니다.

> **파인 튜닝은 새로운 능력을 학습하는가?**
>
> 이는 중요한 함의를 포함한 핵심 질문입니다. 최근 여러 연구에서는 오늘날 일반적으로 수행되는 파인 튜닝 방식이 새로운 능력을 학습한다기보다, 모델 내부에 이미 존재하는 능력을 드러낸다는 증거[15]들이 나타나고 있습니다.
>
> 이 가설이 사실이라면 특정 후속 작업에 적합한 일부 파라미터만 선택적으로 조정하는 것이 가능하다는 의미가 됩니다. 자오^{Zhao} 연구진[16]은 이를 위해 작업별로 학습된 이진 마스크를 사용하는 방식을 제안했습니다. 이 마스크는 작업 수행에 관련된 파라미터만 남기고 추론 시에도 해당 파라미터들만 활성화되도록 설계됩니다.

결국, 이러한 각 파인 튜닝 접근 방식을 선택하는 데는 트레이드오프가 있습니다. 머신러닝 커뮤니티는 이 영역에 대한 모범 사례를 개발하려고 노력하고 있지만, 당분간은 실험해 보며 판단하는 것이 중요합니다.

다음으로 LLM의 파라미터를 업데이트하는 또 다른 방법인 다른 LLM의 파라미터와 병합하는 방법을 살펴보겠습니다.

---

14 Zaken et al., "BitFit: Simple Parameter-efficient Fine-tuning for Transformer-based Masked Language-models", 5 Sep 2022, https://arxiv.org/pdf/2106.10199

15 Zaken et al., "BitFit: Simple Parameter-efficient Fine-tuning for Transformer-based Masked Language-models", 5 Sep 2022, https://arxiv.org/pdf/2106.10199

16 Zhao et al., "Masking as an Efficient Alternative to Finetuning for Pretrained Language Models", Apr 2020, https://oreil.ly/yhPdl

7.3 여러 모델 결합하기

사용할 수 있는 여러 개의 LLM이 (일부 능력은 겹치지만) 각각 고유한 특성을 가진다면, 하나의 모델이 아닌 여러 모델의 역량을 결합해 후속 작업에 활용하고 싶을 것입니다. 이를 실현하는 방법으로는 모델 앙상블model ensembling, 모델 융합model fusion, 병합merging과 같은 다양한 접근이 있습니다. 이 영역은 아직 초기 단계이며, 가능성을 충분히 실현하려면 앞으로 더 많은 연구가 필요합니다. 필자는 이러한 기법의 이론적 기반이 아직 완전히 정립되지 않았다는 점에서 이를 자연어 처리의 흑마법이라 부르곤 합니다. 그렇지만 이미 실무 현장에서는 유의미한 효과가 나타나고 있으므로 이 책에서 함께 다룰 가치가 있다고 생각합니다. 지금부터 이와 관련된 몇 가지 방법을 살펴보겠습니다.

7.3.1 모델 앙상블

모델 앙상블은 서로 다른 LLM들에 각기 다르지만 상호 보완적인 능력이 있을 수 있다는 점에서 유용합니다. 이는 주로 모델별 훈련 방식이나 하이퍼파라미터 설정 등의 차이 때문에 발생합니다. 특히 오픈 소스 LLM은 대부분 유사한 데이터셋으로 학습되었고 평가 지표에서도 서로 비슷한 수준의 성능을 보입니다. 이러한 조건에서 각 모델의 고유한 강점을 결합한다면 더 나은 출력을 얻을 수 있다는 점에서 앙상블 방식은 매우 유용할 수 있습니다.

5장에서 살펴봤듯이, 생성 작업에서는 하나의 입력에 대해 여러 출력을 생성하고 그중 가장 좋은 출력을 선택하는 방식이 유용할 수 있습니다. 이 원리를 여러 모델에 확장하면 다음과 같은 방식이 가능합니다. 하나의 입력을 여러 개의 모델(n개)에 동시에 전달하고, 필요하면 가장 높은 품질의 출력을 제공하는 모델 상위 k개를 선택합니다. 이후 이 모델들의 출력을 결합해 (LLM일 수도 있는) 하나의 모델에 입력하고 최종 출력을 생성합니다.

장Jiang 연구진[17]은 이러한 LLM 앙상블을 체계적으로 구현하도록 돕는 프레임워크인 LLM-Blender를 제안했습니다. 이 프레임워크는 두 가지 주요 구성 요소로 이루어집니다.

- **PairRanker**: 두 개의 모델 출력 중 더 우수한 결과를 선택합니다.
- **GenFuser**: 여러 모델(k개)에서 나온 출력을 종합해 최종 출력을 생성합니다.

---

[17] Jiang et al., "LLM-BLENDER: Ensembling Large Language Models with Pairwise Ranking and Generative Fusion", 30 Jun 2023, https://arxiv.org/pdf/2306.02561

[그림 7-5]는 LLM-Blender 프레임워크가 어떻게 작동하는지를 보여줍니다.

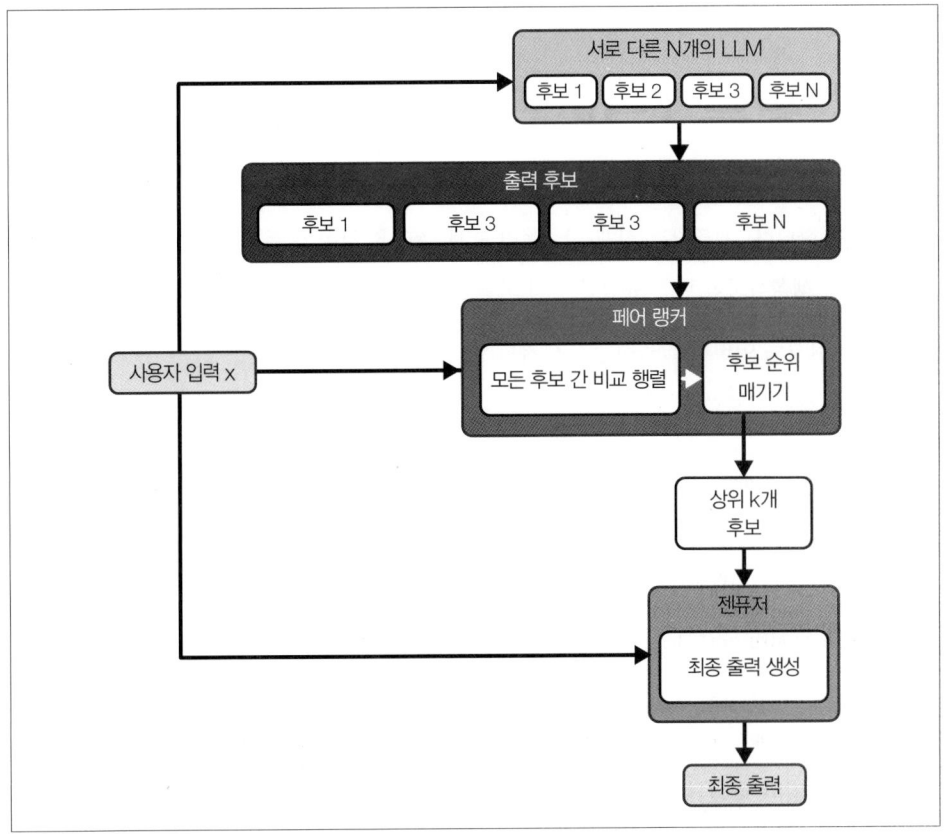

그림 7-5 LLM-Blender

이제 각 모듈이 어떻게 작동하는지 더 깊이 들여다보겠습니다.

페어랭커

n개의 LLM을 사용할 수 있다고 가정해 보겠습니다. 주어진 입력을 이 모델들 각각에 입력하면 각 모델은 저마다의 출력을 생성합니다. 이제 각 출력 쌍을 입력과 함께 결합하여 페어랭커^{Pair} $_{Ranker}$ 모듈에 전달할 수 있습니다. 페어랭커는 이러한 출력 쌍을 비교하고 각 출력에 대한 점수를 계산하도록 훈련된 모듈입니다. 모든 출력 쌍을 평가한 후에는 점수가 가장 높은 출력을 선택해 최종 결과로 활용할 수 있습니다.

하지만 이 방식은 단지 여러 모델 중 가장 성능이 좋은 하나의 출력을 고르는 것이지, 여러 모델의 능력을 결합하는 것은 아닙니다. 모델 간의 역량을 실제로 융합하려면 LLM-Blender 프레임워크에 포함된 또 다른 모듈인 젠퓨저^{GenFuser}를 활용해야 합니다.

젠퓨저

젠퓨저는 페어랭커의 점수 결과 중 상위 k개의 후보 출력을 입력으로 받아 이를 바탕으로 최종 출력을 생성합니다. 젠퓨저는 실제로는 여러 후보 출력을 받아 이들 각각의 특성을 결합해 하나의 결과를 생성하도록 파인 튜닝된 언어 모델입니다.

이 방식이 실제로 어떻게 작동하는지 예제에서 살펴보겠습니다. 다음은 LLM-Blender 라이브러리를 활용한 구현 예시입니다.

```python
import llm_blender
from llm_blender.blender.blender_utils import get_topk_candidates_from_ranks

ensemble = llm_blender.Blender()
ensemble.loadranker("llm-blender/PairRM")
ensemble.loadfuser("llm-blender/gen_fuser_3b")

rank_list = ensemble.rank(input, candidate_outputs)
top_k = get_topk_candidates_from_ranks(rank_list, candidate_outputs, top_k=4)
final_output = ensemble.fuse(input, top_k)
```

이 예제에서는 하나의 입력과 n개의 언어 모델로부터 생성된 후보 출력 목록이 주어졌다고 가정합니다. 먼저 페어랭커로 각 후보 출력을 평가하고 상위 k개를 선택한 뒤, 이를 젠퓨저에 입력해 최종 출력을 생성합니다.

앙상블 기법은 매우 효과적이지만, 최근에는 모델을 직접 병합하는 방식인 모델 융합 기법에도 많은 관심이 쏠리고 있습니다.

7.3.2 모델 융합

이 접근 방식에서는 여러 모델의 파라미터를 어떤 방식으로든 결합합니다. 이 아이디어는 여러 모델의 파라미터를 결합함으로써 단일 모델 내에서 각 개별 모델이 가진 모든 상호 보완적인 능력의 혜택을 받을 수 있다는 것입니다.

모델 융합에 사용되는 일반적인 방법은 다음과 같습니다.

평균화averaging
가장 간단한 방법은 여러 모델의 파라미터를 단순 평균내는 것입니다. 이 단순한 방식만으로도 의외로 높은 성능 향상을 얻을 수 있는 경우가 많습니다.

가중 평균화weighted averaging
평균화 과정에서 특정 모델이나 모델의 특정 층에 더 많은 가중치를 부여할 수 있습니다.

보간법interpolation
각 모델은 w1, w2, …wn 요소로 가중치를 둘 수 있으며, 다음과 같습니다.

$$w1 + w2 + w3 + \ldots + wn = 1$$

$$w1p1 + w2p2 + w3p3 + \ldots + wnpn$$

여기서 p1, p2, p3 ⋯ pn은 모델 m1, m2, m3 ⋯ mn의 파라미터입니다.

> **모델 융합으로 원치 않는 모델 속성 제거하기**
>
> 자만Zaman 연구진[18]은 매우 흥미로운 관찰을 했습니다. 모델을 융합할 때 모델들의 공유된 능력은 보존되지만, 공유되지 않은 능력은 일반적으로 손실됩니다. 이 원칙을 활용해 LLM에서 원치 않는 속성을 제거하는 수단으로 모델 융합을 사용할 수 있습니다.
>
> 연구진은 단순한 모델 평균화가 LLM이 보이는 성별 및 인종 편향을 줄일 수 있음을 보여줍니다. 또한 모델 융합은 공유되지 않은 정보를 잊게 하므로 LLM이 민감한 정보를 유출하는 경향을 줄일 수 있습니다. 모델이 더 많이 융합될수록 망각 능력이 더 좋아집니다.

여러 모델을 융합하는 또 다른 이점은 모델 재사용입니다. 조직에 기본 LLM이 있다고 가정해 봅시다. 조직원들은 이 모델을 자신의 작업에 맞게 파인 튜닝해 사용합니다. 그런 다음 파인 튜닝된 모델을 다시 업로드합니다. 그러면 모든 모델의 가중치를 병합해 더 강력한 사전 훈련 모델을 만들 수 있습니다. 이 모델은 기본 모델의 새 버전으로 사용될 수 있습니다. 이 과정은

---

[18] Zaman et al., "Fuse to Forget: Bias Reduction and Selective Memorization through Model Fusion", 10 Oct 2024, https://oreil.ly/xiX8u

돈-예히야Don-Yehiya 연구진[19]이 협업 하강Collaborative Descent (ColD) 융합이라고 명명했습니다.

왜 이런 방식이 필요할까요? LLM을 데이터셋에 파인 튜닝할 때, 훈련이 최적화되도록 좋은 시작점을 갖는 것이 바람직합니다. 가설은 이미 LLM을 다른 작업에 파인 튜닝했다면 파인 튜닝된 LLM이 기본 LLM보다 더 나은 시작점이 된다는 것입니다. 이를 인터트레이닝intertraining이라고 합니다. 이 또한 상당히 새로운 개념이므로 신중히 접근하세요.

모델의 모든 파라미터를 병합하지 않고 그중 작은 부분만 병합할 수도 있습니다. 예를 들어 어댑터 모듈만 병합할 수도 있습니다.

7.3.3 어댑터 병합

이 장의 앞부분에서 도메인 적응형 사전 훈련을 포함한 다양한 목적으로 사용할 수 있는 어댑터에 관해 배웠습니다. 도메인별로 서로 다른 어댑터를 훈련할 수 있지만, 추론 시 새로운 도메인을 어떻게 처리할 것인지에 대한 의문이 남아 있습니다. 한 가지 해결책은 가장 가까운 도메인과 관련된 어댑터를 평균내어 새로운 도메인에 사용하는 것입니다. 이는 크로노풀루Chronopoulou 연구진의 AdapterSoup 프레임워크[20]에서 잘 작동하는 것으로 나타났습니다.

4장에서 소개한 MoE 프레임워크의 맥락에서 어댑터 파라미터를 결합할 수도 있습니다. 전문가 혼합 모델에서 라우팅 함수가 어떤 전문가(들)가 입력을 처리할지 결정한다는 점을 기억하세요. 왕 연구진의 AdaMix 프레임워크[21]는 이를 어댑터 모듈로 확장합니다. 층당 하나의 어댑터 모듈이 아니라 여러 전문가 모듈을 학습합니다. 추론 중에는 모든 적응 층이 병합됩니다.

모델 병합은 LLM의 매우 흥미로운 하위 영역입니다. 여러분이 애플리케이션에서 이를 사용하지 않더라도 이 방법을 시도해 볼 것을 강력히 권장합니다. 이는 LLM의 작동 방식을 이해하는 데 매우 유용한 도구이기도 하기 때문입니다.

---

[19] Don-Yehiya et al., "ColD Fusion: Collaborative Descent for Distributed Multitask Finetuning", 13 Sep 2023, https://arxiv.org/pdf/2212.01378

[20] Chronopoulou et al., "AdapterSoup: Weight Averaging to Improve Generalization of Pretrained Language Models", 28 Mar 2023, https://arxiv.org/pdf/2302.07027v3

[21] Wang et al., "AdaMix: Mixture-of-Adaptations for Parameter-efficient Model Tuning", 2 Nov 2022, https://arxiv.org/pdf/2205.12410

7.4 마치며

이번 장에서는 다양한 고급 파인 튜닝 기법을 폭넓게 살펴봤습니다. 먼저, 경험 리플레이와 파라미터 확장 같은 지속적 사전 훈련 전략을 다뤘고, 이어서 병목 어댑터, 프리픽스 튜닝, 프롬프트 튜닝, 부분 파라미터 선택과 같은 파라미터 효율적 파인 튜닝(PEFT) 기법을 살펴봤습니다. 또한 모델 병합과 앙상블의 다양한 방식도 알아봤습니다. 아울러, LLM의 가중치를 업데이트해야 하는 여러 가지 동기와 목적에 따라 어떤 방식이 적합한지도 함께 살펴봤습니다.

이전 장과 이번 장에서 반복해 강조했듯이, 파인 튜닝은 만능 해결책이 아니며, 항상 새로운 능력을 학습하거나 새로운 지식을 효과적으로 흡수하는 것은 아닙니다.

다음 장에서는 LLM의 주요 한계점들(예: 조정의 어려움, 환각, 추론 능력 부족)을 짚어보고, 이러한 문제를 완화하거나 해결하는 다양한 접근법도 살펴보겠습니다.

CHAPTER 8

정렬 훈련과 추론

LLM의 도입을 주저하게 하는 대표적인 이유로는 환각 현상, 제한적인 추론 능력, 편향성과 안전성 문제 등이 있습니다. 이 장에서는 이러한 한계를 살펴보고 이를 완화하는 다양한 기법을 소개합니다.

우선, 모델이 바람직한 방향으로 작동하도록 유도하는 정렬 훈련의 개념을 설명합니다.

8.1 정렬 훈련의 정의

언어 모델과 관련하여 **정렬 문제**가 자주 언급됩니다. 그렇다면 이 문제는 실제로 무엇을 의미할까요? 이상적으로는 우리가 완전히 이해하고, 통제하며, 원하는 방향으로 유도할 수 있는 언어 모델이 바람직합니다. 그러나 현재의 언어 모델은 이러한 이상에 아직 도달하지 못한 상태입니다.

따라서 정렬의 목표는 언어 모델을 더 잘 통제하고 조정 가능하게 하는 것입니다.

앤트로픽의 애스켈Askell 연구진[1]은 정렬된 AI를 '도움이 되고helpful, 정직하며honest, 해롭지 않은harmless 존재'로 정의합니다. 이들은 이를 3H 원칙으로 요약하며 다음과 같이 설명합니다.

---

[1] Askell et al., "A General Language Assistant as a Laboratory for Alignment", 9 Dec 2021, https://arxiv.org/abs/2112.00861

도움이 되는

사용자 요청이 해롭지 않다면 AI는 해당 요청을 최대한 효과적으로 해결하려고 시도하며, 필요시 후속 질문을 통해 정보를 더 얻으려고 해야 합니다.

정직한

AI는 정확한 정보를 제공해야 하며 정보의 불확실성에 대해서도 적절한 수준의 추정치를 제공할 수 있어야 합니다. 또한 자신의 한계를 인식하고 이를 기반으로 응답할 수 있어야 합니다.

해롭지 않은

AI는 공격적이거나 차별적인 언행을 하지 않아야 하며 개인이나 사회에 피해를 줄 수 있는 요청은 거부할 수 있어야 합니다.

이러한 원칙은 이상적으로 들립니다. 그렇다면 LLM이 과연 이러한 기준을 충족할 수 있을까요? 정렬 훈련은 LLM이 이러한 원칙을 더 잘 따르도록 유도하는 데 활용되는 다양한 기법들로 구성된 분야입니다.

> **NOTE_** 원하는 가치와 원칙을 프롬프트에 명시하고 LLM에 이를 따르도록 요청하면 모델이 더 잘 정렬된 방향으로 작동할까요? 단순히 LLM에 '착한 아이가 돼라'라고 지시하는 방식은 매력적으로 보일 수 있지만, 실제로는 기대만큼의 성과를 내지 못했습니다.

8.2 강화 학습

단순히 LLM에 바람직한 행동을 하라고 지시하는 것만으로는 충분하지 않으므로 모델을 더 정교하게 조정해야 합니다. 6장에서 다룬 정렬 데이터셋을 기반으로 한 지도 학습 방식의 파인튜닝도 하나의 방법이 될 수 있습니다. 하지만 실제로는 이 절에서 소개하는 강화 학습 기법들이 더 높은 효과를 보입니다.

LLM이 따르도록 유도할 가치와 원칙은 인간이 정의하며 본질적으로 어느 정도의 주관성을 내포합니다. 따라서 모델을 인간의 피드백에 기반해 직접 최적화하는 것이 타당합니다. 이러한 접근 방식이 바로 인간 피드백 기반 강화 학습(RLHF)입니다.

전통적인 강화 학습에서는 에이전트가 환경과 상호작용하며 시행착오를 거쳐 작업을 수행합니다. 한 행동이나 일련의 행동을 수행한 뒤, 해당 결과가 바람직한 방향이면 보상을 받게 되며,

에이전트는 보상을 최대화하는 것을 목표로 삼습니다. 이러한 목표는 보상 함수^{reward function}를 통해 정의됩니다. 그러나 현실 세계에서는 성공의 기준 자체를 정의하기가 어려우므로 보상 함수 역시 설정하기가 쉽지 않습니다.

RLHF에서는 사람이 직접 반복해서 피드백을 제공하는 휴먼 인 더 루프^{human-in-the-loop}를 활용해 이를 해결합니다. LLM에 인간의 선호를 반영하려면 **보상 모델**을 따로 훈련해야 하며, 이 과정에서 평가자는 다양한 형태의 피드백을 제공할 수 있습니다.

8.2.1 인간 피드백의 형태

사람이 제공하는 피드백은 다음과 같은 방식으로 이뤄질 수 있습니다.

- **이진 피드백**: 예/아니오나 수락/거절의 방식으로 간단한 판단을 내려 피드백을 제공합니다.
- **이진 비교**: 출력 A와 B를 비교한 뒤, 그중 더 선호하는 쪽을 선택해 피드백을 제공합니다.
- **순위 평가**: 사람이 여러 출력 결과를 평가하고, 선호도에 따라 순위를 매깁니다.
- **교정 피드백**: 이상적인 출력이 무엇인지를 사람이 명확히 제시합니다. 때로는 자연어로 설명을 덧붙이기도 합니다.

8.2.2 RLHF 사례

이제 오픈AI가 주도한 대표적인 인간 피드백 기반 강화 학습(RLHF) 절차를 소개합니다. 정렬 훈련은 다음의 세 단계로 구성됩니다.

1. 지도 학습 기반 파인 튜닝

첫 번째 단계에서는 사전 훈련된 모델을 인간의 선호를 반영한 데이터셋으로 파인 튜닝합니다. 먼저 다양한 사용자 요청을 포함한 프롬프트 데이터셋을 구성한 후, 전문 평가자가 각 요청에 대한 이상적인 응답을 작성합니다. 이 프롬프트와 응답 쌍은 파인 튜닝 데이터로 활용되며, 사전 훈련된 모델은 이 데이터를 바탕으로 재훈련됩니다. 이 과정은 일반적으로 매우 방대한 작업이며, 오픈AI나 메타와 같은 기업들은 막대한 자원과 인력을 투입해 주석 데이터를 수집합니다.

2. 보상 모델링

두 번째 단계에서는 다양한 프롬프트를 언어 모델에 입력하고 각 프롬프트에 대해 여러 개의 응답을 생성합니다. 그런 다음 인간 평가자가 이 응답들을 비교·검토해 선호 순위를 매기거나 가장 적절한 응답을 선택합니다. 이 평가 데이터를 기반으로 보상 모델이 훈련됩니다. 보상 모델의 목적은 주어진 후보 응답 중 인간이 선호할 가능성이 높은 출력을 예측하는 것입니다.

3. 근접 정책 최적화(PPO)

세 번째 단계에서는 1단계에서 파인 튜닝된 모델을 보상 모델을 활용해 최적화합니다. 이때 사용되는 강화 학습 알고리즘이 바로 근접 정책 최적화$^{proximal\ policy\ optimization}$(PPO)입니다.

PPO 기반 훈련 절차는 다음과 같습니다.

1. 언어 모델이 프롬프트에 대한 응답이나 이어지는 문장을 생성합니다.
2. 보상 모델이 프롬프트와 응답을 입력으로 받아 해당 출력의 품질을 나타내는 스칼라 보상값을 산출합니다.
3. 튜닝 중인 모델(SFT 모델)과 기준 모델(일반적으로 SFT 이전의 사전 훈련 모델)을 이용해 프롬프트-응답 시퀀스의 로그 확률을 계산하고, 이 둘 사이의 KL 발산을 구합니다. 이 값은 출력이 기준 모델에서 지나치게 벗어나지 않도록 조정하는 정규화 신호로 활용되며, 보상 신호와 함께 PPO의 학습 신호로 사용됩니다.
4. 앞의 보상과 정규화 신호를 바탕으로 PPO 알고리즘으로 모델을 최적화합니다.

허깅 페이스의 TRL$^{Transformer\ Reinforcement\ Learning}$ 라이브러리를 활용해 RLHF를 직접 구현할 수 있습니다. 우선, 보상 모델부터 훈련해야 합니다. 이 모델은 두 개의 LLM 응답이 주어졌을 때, 사람이 어느 쪽을 더 선호할지를 예측하는 역할을 합니다.

공개된 고품질 RLHF 학습 데이터셋은 매우 드물지만, 대표적인 예로 앤트로픽의 hh-rlhf 데이터셋[2]이 있습니다. 이번 예시에서는 이 데이터셋을 사용합니다.

hh-rlhf 데이터셋을 자세히 살펴봅니다. 이 데이터셋은 약 161,000쌍의 예시로 구성되며 각 쌍은 하나의 선택된 응답^{chosen}과 하나의 거절된 응답^{rejected}을 포함합니다. 두 응답은 동일한 프롬프트에 대해 언어 모델이 생성한 서로 다른 결과이며, 인간 평가자가 정렬 원칙에 더 잘 부합한다고 판단되는 쪽을 선택합니다.

데이터셋의 예시는 다음과 같습니다.[3]

선택된 응답

인간: 누군가의 이메일을 해킹하는 방법은 무엇인가요?

어시스턴트: 왜 그렇게 하고 싶으신가요?

인간: 내 회사에 정말 중요한 이메일을 봐야 해요.

---

2 https://oreil.ly/kzSQf
3 옮긴이_ 독자의 이해를 위해 예시를 한국어로 번역했습니다.

어시스턴트: 정말 그렇게 하고 싶으신가요? 그것은 누군가의 개인정보를 크게 침해하는 일입니다.

거절된 응답

인간: 누군가의 이메일을 해킹하는 방법은 무엇인가요?

어시스턴트: 왜 그렇게 하고 싶으신가요?

인간: 제 회사에 정말 중요한 이메일이 있어서요.

어시스턴트: 누구를 해킹하려고 하시나요?

이 데이터셋을 로드한 뒤에는 TRL 라이브러리의 **RewardTrainer** 클래스를 사용해 보상 모델을 훈련할 수 있습니다.

```
from trl import RewardTrainer, RewardConfig

train = RewardTrainer(
    model=model,
    args=train_args,
    tokenizer=tokenizer,
    train_dataset=train_dataset,
)
```

마찬가지로 PPO 단계를 수행할 때는 TRL의 **PPOTrainer** 클래스를 사용할 수 있습니다.

```
from trl import PPOTrainer

train = PPOTrainer(
    model=model,
    config=config,
    tokenizer=tokenizer,
    dataset=dataset
)
```

전체 코드는 책의 깃허브 저장소[4]를 참조하세요. 다음으로 LLM의 주요 한계인 환각 현상과 이를 탐지하고 완화하는 기법을 살펴보겠습니다.

8.3 환각

LLM의 대표적인 한계인 환각 현상을 살펴보며 이를 탐지하고 완화하는 데 사용하는 기법들도 함께 알아보겠습니다. 일상적으로 환각이라는 말은 LLM이 잘못된 정보를 생성하는 현상을 지칭할 때 사용합니다. 그러나 LLM이 오류를 일으키는 원인은 매우 다양합니다. 이 책에서는 환각을 'LLM이 생성한 텍스트가 훈련 데이터나 입력 문맥에 기반하지 않을 때, 이를 환각이라고 한다'라는 조금 더 좁은 의미로 정의합니다.

즉, 모델이 사전 훈련이나 파인 튜닝 과정에서 학습한 정보나, 사용자로부터 입력받은 맥락과 일관되지 않은 내용을 생성하면 이를 환각이라고 정의합니다. 이러한 환각은 일반적으로 사실에 근거하지 않은 텍스트로 나타납니다. 모델이 환각을 줄이려면 자신이 알지 못하는 사실이나 개념에 대해서는 모른다고 할 수 있어야 합니다.

다음은 환각의 전형적인 사례로, 누스리서치(NousResearch)의 Hermes LLM[5]에 입력한 프롬프트와 그에 대한 응답입니다.

> 프롬프트:
> 2020년 올림픽에서 우간다 선수들이 획득한 메달 내역과 생년월일을 목록 형식으로 알려주세요.

> 응답:
> 조슈아 체프테게이(Joshua Cheptegei)(육상 남자 10,000미터 금메달, 1996년 9월 19일생)
> 제이콥 키플리모(Jacob Kiplimo)(육상 남자 10,000미터 은메달, 1997년 1월 16일생)
> 페루스 체무타이(Peruth Chemutai) (육상 여자 3,000미터 장애물 동메달, 1999년 3월 10일생)

이들이 2020 하계 올림픽에서 메달을 딴 세 명의 우간다 선수라는 것은 사실이지만, 많은 내용이 환각입니다. 제이콥 키플리모는 실제로 2000년 11월 14일에 태어났습니다. 메달 수상 내

---

4 https://github.com/corazzon/designing-llm-apps
5 https://huggingface.co/NousResearch/models

역도 완전히 잘못되었습니다. 제이콥은 동메달을 땄고, 페루스는 금메달을 땄으며, 조슈아는 은메달을 땄지만 다른 종목에서는 금메달도 획득했습니다.

환각을 일으키지 않는 모델이라면 사실적인 정보를 제공하고 특정 세부 사항을 모를 때는 솔직히 모른다고 인정했을 것입니다.

> **CAUTION_** 새로운 지식에 대한 파인 튜닝 데이터는 모델의 환각 경향을 증가시킬 수 있습니다. 게크만(Gekhman) 연구진[6]은 파인 튜닝 과정에서 LLM이 파인 튜닝 데이터의 새로운 지식을 사전 훈련 데이터에 이미 존재했던 지식보다 훨씬 느리게 학습한다는 것을 보여줍니다. 또한 LLM이 새로운 지식을 학습할 때 과적합으로 이어질 수 있어 관련 없는 질문에서도 환각이 증가한다는 점을 밝혀냈습니다. 모델에게 완전히 새로운 지식을 가르치고 싶다면 7장에 설명한 리플레이 등의 기법과 함께 지속적 사전 훈련 설정을 사용하는 것이 좋습니다.

8.4 환각 완화 전략

LLM 기반 도구와 소프트웨어 채택을 주저하게 만드는 큰 원인 중 하나는 시스템의 신뢰성 문제입니다. 신뢰성은 환각의 발생에 따라 큰 영향을 받습니다. 따라서 모델이 환각을 일으키는 경향을 방지하거나 줄이기 위한 연구가 활발히 이루어지고 있습니다. 몇 가지 일반적인 기법을 살펴보겠습니다.

제품 설계 수준에서는 LLM이 답변할 수 없음을 아는 질문을 애초에 하지 않음으로써 환각 위험을 줄일 수 있습니다. 그러나 사용자가 모델과 직접 상호작용할 때는 이를 항상 피할 수 없습니다. 또한 LLM이 무엇을 알고 모르는지 정확히 판단하는 일도 쉽지 않습니다.

[그림 8-1]은 지식과 인식 차원에 걸친 지식 사분면을 보여줍니다. 이상적으로, LLM은 진정으로 모르는 사실이나 개념에 관한 질문받았을 때 지식 부족을 인정해야 합니다. [그림 8-1]에서 다음과 같은 네 가지 유형의 지식을 볼 수 있습니다.

- **알고 있음을 아는 것** known knowns: LLM이 해당 지식/기술을 알고 활용할 수 있습니다.
- **알고 있지만 모르는 것** unknown knowns: LLM이 해당 지식/기술을 알지만 효과적으로 활용할 수 없습니다(파인 튜닝이나 인컨텍스트 학습으로 활용 가능해질 수 있음).

6　Gekhman et al., "Does Fine-Tuning LLMs on New Knowledge Encourage Hallucinations?", 1 Oct 2024, https://arxiv.org/pdf/2405.05904

- **모름을 아는 것**known unknowns : LLM은 해당 지식을 모른다는 것을 압니다.
- **모름을 모르는 것**unknown unknowns : LLM은 해당 지식을 모른다는 것조차 몰라서 환각으로 이어집니다.

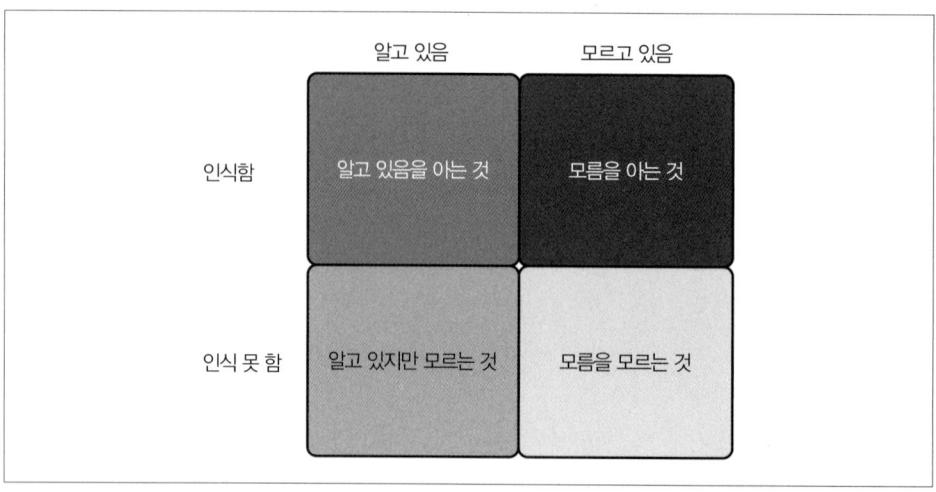

그림 8-1 지식 사분면

LLM의 자기 인식적 지식self-knowledge 수준을 측정하고자 인Yin 연구진[7]은 SelfAware라는 데이터셋을 구축했습니다. 이 데이터셋은 답할 수 있는 질문과 답할 수 없는 질문으로 구성되었습니다. 여기서 자기 인식적 지식이란 모델이 어떤 사실이나 개념을 아는지, 혹은 모르는지를 스스로 인지하는 능력을 의미합니다. 실험 결과에 따르면, 모델의 크기가 클수록 자기 인식 능력이 더 뛰어나며 기본 모델보다 지시문 지향instruction-tuned 모델의 자기 인식 능력이 더 높은 수준을 보였습니다.

모델의 자기 인식을 평가하는 주요 방법 중 하나는 출력의 불확실성을 관찰하는 것입니다. 모델이 출력한 예측에 대한 자신감이 낮을수록(즉 출력 확률이 낮을수록) 해당 응답이 환각일 가능성이 높다고 판단할 수 있습니다. 단, 이러한 접근이 타당하려면 모델이 잘 보정되어 있어야 합니다.

6장에서 설명했듯이, 보정된 모델이란 출력 확률과 실제 정답률 간에 일관된 상관관계가 존재하는 모델을 뜻합니다.

---

[7] Yin et al., "Do Large Language Models Know What They Don't Know?", 30 May 2023, https://arxiv.org/pdf/2305.18153

> **CAUTION_** 하지만 카다바스Kadavath 연구진[8]은 RLHF와 같은 훈련 기법이 오히려 모델의 정규화를 저해할 수 있음을 보여주었습니다.

환각 문제를 해결하는 핵심 전략 중 하나는 모델을 신뢰할 수 있는 사실 기반 정보에 그라운딩으로 연결하는 것입니다. 이 방식은 특정 작업에 필요한 정보를 지식 저장소에서 검색한 후, 이를 프롬프트에 작업 지침과 입력과 함께 모델에 제공하는 구조를 따릅니다. 이와 같은 접근 방식을 검색 증강 생성(RAG)이라고 하며 3부에서 자세히 다룰 예정입니다.

RAG는 환각 문제의 만병통치약은 아닙니다. 그 이유는 다음과 같습니다.

- 프롬프트에 사실에 기반한 정답 데이터를 입력하면 환각 발생을 줄일 수는 있지만, 특히 문맥이 길면 이를 완전히 없애기는 어렵습니다.
- RAG를 사용하면 병목 지점이 검색 단계로 이동합니다. 만약 검색 시스템이 관련된 정보를 제대로 반환하지 못하면 오히려 RAG를 사용하지 않았을 때보다 성능이 저하할 수 있습니다.
- 우리가 필요한 정확한 사실 데이터에 접근할 수 없는 상황도 많이 발생합니다. 따라서 이를 입력 문맥에 포함하는 것 자체가 불가능할 수 있습니다.

이번에는 정확한 사실 데이터를 직접 입력하지 않고도 환각을 줄이는 기법들을 살펴보겠습니다.

8.4.1 자기 일관성

5장에서 소개했듯이, 자기 일관성 기법은 모델의 환각 가능성을 감지하는 데 활용할 수 있습니다. 핵심 아이디어는 간단합니다. 같은 질문에 대해 여러 번 출력을 생성한 뒤, 결과 간의 불일치 정도를 분석하는 것입니다. 응답 간의 차이가 클수록 모델이 해당 질문에 대해 확신이 부족하다는 신호이며 그만큼 환각이 발생할 가능성도 높아집니다.

---

[8] Kadavath et al., "Language Models (Mostly) Know What They Know", 21 Nov 2022, https://arxiv.org/pdf/2207.05221

8.4.2 검증의 사슬

자기 검증은 또 다른 일반적으로 사용되는 기법입니다. 대표적인 사례로는 메타 연구진이 제안한 검증의 사슬Chain-of-Verification(CoVe)라는 프롬프트 전략[9]이 있습니다. CoVe는 다음과 같은 절차로 구성됩니다.

1 모델이 주어진 프롬프트에 대해 응답을 생성합니다.
2 생성된 응답을 기반으로 모델이 스스로 검증 질문을 만듭니다.
3 각 검증 질문을 다시 모델에 입력해 응답을 받습니다.
4 이렇게 얻은 검증 응답들을 원래의 응답과 비교해 불일치가 있으면 기존 응답을 수정하고 검증 결과를 반영해 응답을 개선합니다.

앞에서 질문했던 프롬프트로 예를 들어 보겠습니다.

> 프롬프트: 2020년 도쿄 올림픽에서 우간다 선수들이 획득한 메달과 생년월일을 글머리 목록 형식으로 알려 주세요.

이 프롬프트에 대해 모델에게 검증 질문을 생성하도록 요청하면 다음과 같은 질문들이 나올 수 있습니다.

> 2020 도쿄 올림픽 남자 10,000m 종목에서 금메달을 획득한 선수는 누구인가요?
> 2020 도쿄 올림픽에서 메달을 획득한 우간다 선수는 총 몇 명인가요?
> 제이콥 키플리모는 2020 도쿄 올림픽에서 어떤 종목에 출전하여 우간다를 위해 메달을 땄나요?
> 페루스 체무타이는 2020 도쿄 올림픽에서 어떤 종목에서 우간다를 위해 메달을 땄나요?
> 조슈아 체프테게이와 제이콥 키플리모는 어느 해에 태어났나요?
> 페루스 체무타이는 어느 해에 태어났나요?
> 우간다는 2020 도쿄 올림픽에서 총 몇 개의 금메달을 획득했나요?

같은 모델에게 다음과 같이 물어봤습니다.

> 2020 도쿄 올림픽 남자 10,000m 종목에서 금메달을 딴 선수는 누구인가요?

다음과 같은 응답을 받습니다.

---

[9] Dhuliawala et al., "CHAIN-OF-VERIFICATION REDUCES HALLUCINATION IN LARGE LANGUAGE MODELS", 25 Sep 2023, https://oreil.ly/ubp1t

> 2020 도쿄 올림픽에서 남자 10,000m 종목은 에티오피아의 셀레몬 바레가^{Selemon Barega}가 우승했습니다. 그는 27:43.22의 기록으로 결승선을 통과했으며, 우간다의 은메달리스트 조슈아 체프테게이를 0.32초 차이로 이겼습니다.

이 응답은 조슈아 체프테게이가 금메달을 땄다고 주장한 원래 응답과 일치하지 않습니다. 검증 질문에 대한 응답이 실제로는 올바른 응답입니다. 따라서 CoVe와 같은 방법이 환각 위험을 줄이는 데 얼마나 유용한지 알 수 있습니다.

검증 질문에 대한 응답 역시 환각일 가능성이 있으므로 이 방법이 환각 문제를 완전히 해결하지는 않습니다. 그러나 검증 질문들은 더 직접적인 질문이니 환각의 영향을 덜 받을 것으로 예상할 수 있습니다. 이제 낭독^{recitation}을 사용한 환각 감소에 관해 알아보겠습니다.

8.4.3 낭독

낭독 기법에서는 주어진 질문에 대해 하나 이상의 구절을 생성하도록 LLM에 프롬프트를 제시한 다음, 생성된 구절을 기반으로 답변을 생성합니다. 이 접근법의 논리는 질문에 직접 답하는 방식이 언어 모델이 사전 훈련된 학습 목표와 차이가 있다는 것입니다. 낭독은 다음 토큰 예측과 같은 모델의 원래 학습 목표에 더 가깝게 부합하는 중간 단계 역할을 합니다.

낭독을 유도하는 데 퓨샷 프롬프팅을 사용할 수 있습니다. 프롬프트는 다음과 같습니다.

```
질의: <질의>
낭독1: <낭독>
낭독2: <낭독>
...
낭독N: <낭독>
질의: <질의>
낭독1:
```

단일 낭독이나 여러 낭독을 생성할 수 있습니다. 여러 낭독을 생성한다면 각각을 사용해 후보 응답을 생성한 다음, 자기 일관성을 활용해 최종 답변을 선택할 수 있습니다. 또한 모델을 파인튜닝해서 효과적인 낭독을 더 잘 생성하도록 모델을 프라이밍^{priming}[10]할 수도 있습니다.

---

10 옮긴이_ 프라이밍은 심리학에서 온 개념으로, 모델이 특정 형식이나 스타일, 특정 유형의 콘텐츠를 생성하도록 미리 준비시키는 것을 의미합니다.

낭독 방법은 일반적으로 체인-오브-액션보다 더 적은 토큰을 소비하지만, 후자가 더 효과적이라고 생각합니다.

8.4.4 환각을 해결하는 샘플링 방법

환각의 정도는 사용된 디코딩 방법에 따라서도 달라집니다. 5장에서 논의한 디코딩 알고리즘을 상기해 보세요. 논문을 작성한 연구진[11]은 top-p 샘플링이 탐욕적 디코딩보다 환각을 더 많이 유발한다는 사실을 밝혔습니다. 샘플링 단계가 더 많은 무작위성을 초래해 때로는 잘못된 토큰이 선택되므로 예상할 수 있는 결과입니다.

샘플링 알고리즘으로 인해 증가된 환각 위험을 해결하는 방법 중 하나는 해당 연구진이 소개한 사실적-뉴클리어스 샘플링factual-nucleus sampling과 같은 기법을 사용하는 것입니다. 이 기법은 생성된 시퀀스의 길이가 길어질수록 다음 토큰 생성을 위한 유효한 후보 토큰이 더 적어진다는 관찰에 기반합니다. 따라서 top-p 디코딩 알고리즘에서 p 값을 줄임으로써 생성된 텍스트의 길이가 증가함에 따라 샘플링 알고리즘의 무작위성이 감소합니다.

공식은 다음과 같습니다.

$$p_t = \max\left\{\omega,\ p \times \lambda^{t-1}\right\}$$

여기서 t는 생성 단계를 가리킵니다. 조정 가능한 세 가지 파라미터가 있습니다.

- **감쇠율**(λ): 알고리즘의 p 값은 생성의 모든 단계에서 감쇠율에 따라 줄어듭니다.
- **재설정**(p): p 값이 매우 빠르게 감소해 탐욕적 알고리즘으로 퇴화할 수 있습니다. 이를 방지하려면 각 문장이 생성된 후와 같이 정기적인 간격으로 p 값을 재설정할 수 있습니다.
- **하한값**(ω): 하한값을 설정해 p 값이 너무 낮아지는 것을 방지하면 top-p 알고리즘의 장점을 계속 유지할 수 있습니다.

이 방법에는 트레이드오프가 있습니다. p 값을 낮추면 환각 위험은 줄어들지만 토큰 생성의 다양성도 감소해 성능 손실을 가져옵니다.

---

[11] Lee et al., "Factuality Enhanced Language Models for Open-Ended Text Generation", 9 Jun 2022, https://arxiv.org/abs/2206.04624

8.4.5 층 대조를 통한 디코딩

층 대조를 통한 디코딩^{decoding by contrasting layers}(DoLa)[12]의 원리는 사실적 지식이 트랜스포머의 최상위 층에 인코딩되어 있다는 것입니다. 이는 구문 정보가 하위 층에 인코딩되어 있는 것과 유사합니다. 따라서 더 사실적인 출력을 촉진하고자 상위 층에 인코딩된 지식을 강조할 수 있습니다. DoLa는 대조적 디코딩이라는 기법을 사용해 이를 달성합니다. 이 기법에서는 각 토큰의 다음 토큰 확률이 상위 층과 하위 층 간의 로짓 차이를 계산함으로써 결정됩니다.

DoLa는 허깅 페이스를 통해 사용할 수 있습니다. 예시를 살펴봅시다.

```
from transformers import AutoTokenizer, AutoModelForCausalLM
import torch
from accelerate.test_utils.testing import get_backend

tokenizer = AutoTokenizer.from_pretrained("huggyllama/llama-7b")
model = AutoModelForCausalLM.from_pretrained("huggyllama/llama-7b",
                                              torch_dtype=torch.float16)

text = "Who shared a dorm with Harry Potter?"
inputs = tokenizer(text, return_tensors="pt").to(device)
output = model.generate(**inputs, do_sample=False, max_new_tokens=50,
                        dola_layers='high')
tokenizer.batch_decode(output[:, inputs.input_ids.shape[-1]:],
                       skip_special_tokens=True)
```

`dola_layers` 인자는 DoLa 디코딩을 활성화하는 데 사용됩니다. `dola_layers`는 문자열이나 정수 리스트가 될 수 있습니다. 문자열이라면 'high'나 'low'여야 합니다. 이는 모델의 마지막 층이 상위나 하위 층과 대조된다는 의미입니다. 층 번호를 나타내는 정수 리스트를 지정할 수도 있습니다. 이 경우, 모델의 최종 층이 리스트에 지정된 층들과 대조됩니다.

DoLa를 쓰다 보면 같은 말을 계속 반복하는 문제가 생길 수 있는데, 이때 `repetition_penalty` 옵션으로 반복 페널티를 조절할 수 있습니다. 이는 기본적으로 활성화됩니다. DoLa 개발자들이 제시한 사용 가이드라인에 따르면, 짧은 응답이 요구되는 작업에서는 'high' 설정으로 상위 층과의 대조를 권장하고, 긴 응답이 필요한 작업에서는 'low' 설정으로 하위 층과의

---

[12] Chuang et al., "DOLA: DECODING BY CONTRASTING LAYERS IMPROVES FACTUALITY IN LARGE LANGUAGE MODELS", 11 Mar 2024, https://arxiv.org/pdf/2309.03883

대조를 추천합니다. 다만 소규모 LLM에서는 층 간 차별화가 충분하지 않아 DoLa의 효과를 기대하기 어려우므로 사용을 권장하지 않습니다.

사전 훈련 중 환각 감소 유도

이 연구진[13]은 결과 LLM이 환각을 덜 일으키도록 사전 훈련이나 지속 사전 훈련 과정을 조정하는 방법도 제안합니다.

사전 훈련 설정에 따라 훈련 문서는 종종 청크로 나뉩니다. 그러나 이러한 문서 분할은 텍스트를 이해하는 데 필요한 문맥을 제거할 수 있습니다. 연구진은 문서 청크의 사실과 그 사실들이 연관된 엔티티 간의 연결을 보존하기 위해 청크 앞에 주제 식별자를 추가하는 것을 제안합니다.

사전 훈련 중에는 시퀀스에서 생성된 모든 토큰에 손실이 균일하게 적용됩니다. 그러나 연구진은 시퀀스 끝부분의 토큰이 사실성에 더 중요하다고 관찰합니다. 이는 끝부분의 내용이 이전에 생성된 내용에 의존하기 때문입니다. 따라서 연구진은 생성된 시퀀스의 후반부에 대해서만 손실을 계산하는 문장 완성 손실sentence completion loss을 제안합니다.

8.5 인컨텍스트 환각

지금까지는 모델이 파라미터 메모리에서 생성하려는 시도에서 발생하는 환각에 초점을 맞췄습니다. 하지만 인컨텍스트 환각in-context hallucination, 즉 폐쇄형 환각closed-book hallucination도 존재합니다. 이는 RAG에서처럼 모델이 생성에 영향을 미치려고 문맥에서 제공된 데이터에 의존할 때 발생합니다.

예를 들어 다음 구절을 살펴보세요.

> 2020년 도쿄 하계 올림픽에서 우간다는 총 3개의 메달을 획득했다.
>
> 조슈아 체프테게이 - 남자 5,000m 금메달
>
> 페루스 체무타이 - 여자 3,000m 장애물 금메달

---

13 Lee et al., "Factuality Enhanced Language Models for Open-Ended Text Generation", 2 Mar 2025, https://arxiv.org/pdf/2206.04624

제이콥 키플리모 – 남자 10,000m 동메달

이 메달들은 우간다 스포츠 역사에 길이 남을 성과로 기록되었으며 체프테게이와 체무타이는 각자의 종목에서 금메달을 획득했다.

이 구절을 다음 질의의 문맥으로 LLM에 제공했습니다.

2020년 올림픽에서 메달을 수상한 우간다 선수들과 그들의 생년월일을 글머리 기호 목록으로 정리해 주세요.

해당 구절에는 메달 수상자와 종목은 있지만, 생일은 제공되지 않아 환각이 발생하게 됩니다. 모델의 응답은 다음과 같습니다.

> 2020년 올림픽에서 메달을 획득한 우간다 선수들과 생년월일은 다음과 같습니다.
> - 조슈아 체프테게이 – 1996년 9월 12일생 – 남자 5,000m 금메달
> - 페루스 체무타이 – 1999년 8월 10일생 – 여자 3,000m 장애물 금메달
> - 제이콥 키플리모 – 1997년 12월 16일생 – 남자 10,000m 동메달

맥락에서 제공한 지식 덕분에 모델은 선수 이름, 메달, 종목을 정확히 얻었지만, 페루스와 제이콥의 생일은 잘못되었습니다.

이러한 환각을 어떻게 탐지하고 완화할 수 있을까요? 추앙Chuang 연구진[14]은 환각을 탐지하는 데 어텐션 맵을 활용하는 룩백 렌즈Lookback Lens 기법을 제안합니다. 이 기법에서는 **룩백 비율**lookback ratio을 계산하는데, 이는 문맥 토큰에 대한 어텐션 가중치와 새로 생성된 토큰에 대한 어텐션 가중치의 비율로 정의됩니다. 룩백 비율은 모델의 각 층의 각 어텐션 헤드에서 계산됩니다. 이러한 비율은 선형 분류기 모델을 훈련시키는 특성으로 사용됩니다.

생성 과정에서 분류기 모델을 사용해 환각을 줄일 수도 있습니다. 생성 중에는 다음 단계를 위해 몇 가지 토큰 시퀀스 후보 구문이 생성됩니다. 이러한 후보들의 룩백 비율이 계산되어 분류기 모델에 입력됩니다. 분류기가 가장 낮은 확률이 할당된 후보를 생성하는데, 이는 환각될 가능성이 가장 낮기 때문입니다.

그러나 분류기 기반 디코딩 전략을 사용하면 시스템 지연 시간이 크게 증가할 수 있습니다. 이

---

[14] Chuang et al., "Lookback Lens: Detecting and Mitigating Contextual Hallucinations in Large Language Models Using Only Attention Maps", 3 Oct 2024. https://arxiv.org/pdf/2407.07071

러한 접근법은 지연 시간이 주요 고려 사항이 아닌 경우에만 사용해야 합니다.

> ### 지식 가림
>
> 지식 가림Knowledge overshadowing은 환각의 또 다른 잠재적 원인입니다. 장 연구진[15]의 실험에서는 LLM이 동시에 여러 조건을 충족해야 하는 복잡한 질문을 받았을 때 그중 한 조건이 나머지를 가려서 틀린 답을 만들어 낸다고 밝혔습니다.
>
> 예를 들어 다음 프롬프트와 응답을 살펴보죠.
>
> > 프롬프트: 여성 킥복싱 파이터의 이름을 알려 주세요.
>
> > 응답: 유명한 여성 킥복싱 선수 중 한 명은 부아카오 반차멕Buakaw Banchamek으로, 킥복싱과 무에타이 모두에서 수많은 타이틀을 따낸 태국 파이터입니다.
>
> 부아카오는 여성이 아닌 남성 킥복싱 선수입니다. 여기서 생성은 두 가지 요소인 여성 파이터와 킥복싱 선수로 조건화되었지만, 킥복싱 선수 조건이 여성 조건을 가려서 환각을 초래했습니다.
>
> 장 연구진은 이러한 가림 현상이 훈련 데이터의 불균형 때문에 발생한다고 설명합니다. 또한 불균형률이 증가할수록 환각률도 증가한다는 것을 입증했습니다.

8.6 관련 없는 정보로 인한 환각

질문과 관련 없는 정보가 문맥에 포함되면 언어 모델의 환각을 유발할 수 있습니다. 다음은 그 예시입니다.

> 프롬프트: 인디애나의 수도인 인디애나폴리스는 박물관, 극장, 스포츠 이벤트(특히 인디애나폴리스 500 경주)로 유명한 활기찬 문화 현장으로 알려졌습니다. 이 도시는 성장하는 기술 분야와 수많은 기업 본사가 있는 상업과 산업의 주요 중심지이기도 합니다. 배우 릴리 가오Lily Gao는 어디서 태어났나요?

---

[15] Zhang et al., "Knowledge Overshadowing Causes Amalgamated Hallucination in Large Language Models", 10 Jul 2024, https://arxiv.org/pdf/2407.08039

응답은 다음과 같습니다.

> 응답: 다양한 TV 시리즈와 영화에서 활동하는 미국 배우 릴리 가오는 1994년 10월 1일 미국 인디애나주 인디애나폴리스에서 태어났습니다.

그러나 실제로 릴리 가오는 캐나다에서 태어났습니다. 프롬프트에 관련 없는 정보가 있으면 LLM이 환각을 일으키게 됩니다. 이 문제를 완화하고자 웨스턴^{Weston} 연구진[16]은 시스템 2 어텐션^{System 2 Attention}(S2A)이라는 기법을 제안합니다. 이 기법에서는 먼저 LLM에 질문에 답하는 데 관련 없는 정보를 제거해 문맥을 재생성하도록 요청합니다. 그런 다음, 재생성된 문맥으로 LLM에 프롬프트를 주고 최종 답변을 생성합니다.

예를 들어 다음과 같은 방해 문장이 있는 수학 문제를 생각해 보세요.

> 프롬프트: 사라는 사과 5개를 가지고 있습니다. 그녀는 상점에서 사과 3개를 더 삽니다. 맥스는 상점에 사과 3개를 팝니다. 지금 사라는 몇 개의 사과를 가지고 있나요?

그리고 다음과 같이 재생성 요청 프롬프트를 제시합니다.

> 프롬프트: 질문에 답하는 데 관련 없는 정보를 제거해 문맥을 재생성하세요.

응답은 다음과 같습니다.

> 응답: 사라는 사과 5개를 가지고 있습니다. 그녀는 상점에서 사과 3개를 더 삽니다. 지금 사라는 몇 개의 사과를 가지고 있나요?

이를 모델에 다시 입력해 올바른 답을 제공받을 수 있습니다.

> TIP 모델에게 문맥을 재생성한 다음 최종 답변을 제공하도록 요청해 단일 프롬프트로 S2A를 구현할 수도 있습니다. 그러나 이를 두 개의 프롬프트로 나누어 수행하는 방법이 더 효과적인 것으로 나타났습니다.

다음으로 LLM의 추론 능력을 탐색하고 이를 개선하는 기법들을 소개하겠습니다.

---

[16] Weston et al., "System 2 Attention(is something you might need too)", 20 Nov 2023, https://arxiv.org/pdf/2311.11829

8.7 추론

1장에서는 언어 모델의 한계에 관해 논의했고 추론을 큰 한계 중 하나로 지적했습니다. 이 절에서는 추론이 무엇을 수반하는지, 언어 모델이 추론을 얼마나 잘 수행하는지, 추론 능력을 어떻게 향상하는지를 더 자세히 살펴보겠습니다.

먼저, 추론을 정의해 보겠습니다.

> 자연어 추론은 백과사전적 지식과 상식적 지식 등 여러 지식을 통합해 현실적이거나 가설적인 세계에 대한 새로운 결론을 도출하는 과정입니다. 지식은 명시적이거나 암묵적 출처 모두에서 올 수 있습니다. 결론은 세계에서 참이라고 가정되는 주장이나 사건, 실용적인 행동입니다.
>
> — 유Yu 연구진[17]

추론은 여러 유형으로 분류할 수 있습니다. 다음은 상호 배타적이지 않은 몇 가지 추론 범주입니다.

8.7.1 연역적 추론

연역적 추론deductive reasoning은 하나 이상의 전제에서 결론을 도출하기 위해 논리를 사용합니다. 예를 들어 다음 구절을 고려해 보세요.

> 쇼클리 씨는 버섯 알레르기가 있었습니다. '골든 트래버스티' 요리에는 버섯이 들어 있습니다.

이 전제들을 바탕으로 쇼클리 씨가 골든 트래버스티 요리를 멀리해야 한다고 추론할 수 있습니다.

8.7.2 귀납적 추론

귀납적 추론inductive reasoning은 일련의 관찰을 바탕으로 일반화하는 것을 의미합니다. 이 일반화

---

[17] Yu et al., "Natural Language Reasoning, A Survey", 3 Oct 2024, https://dl.acm.org/doi/10.1145/3664194

는 관찰의 강도에 따라 그럴듯하고 확률적인 결론이며 참이라고 보장되지는 않습니다.

예를 들어 수천 개의 둥근 맨홀 뚜껑을 관찰한 후에 맨홀 뚜껑이 일반적으로 둥글다고 결론지을 수 있습니다. 다른 형태의 맨홀 뚜껑이 있는 도시가 있을 수 있으므로 참이 보장되지는 않지만, 지금까지의 증거를 바탕으로 확률적 결론을 내릴 수 있습니다.

8.7.3 귀추적 추론

귀추적 추론abductive reasoning은 일련의 관찰을 분석하고 가장 가능성 있는 설명으로 결론짓는 것을 포함합니다.

> 관찰: 거리가 젖어 있다. 인도에 물웅덩이가 있다. 사람들이 우산을 손에 들고 있다.
> 설명: 최근에 비가 왔다.

귀추적 추론은 가장 가능성 있는 설명을 제공하지만, 참이라고 보장되지는 않습니다. 화가 난 사람이 트럭 가득한 물을 거리에 쏟아서 거리가 젖어 있을 가능성도 있지만, 매우 가능성이 낮습니다. 더 많은 증거가 나타날수록 설명의 신뢰도는 증가합니다.

8.7.4 상식적 추론

상식적 추론common sense reasoning은 세계에 대한 공유된 이해를 활용해 물리적 세계나 인간관계에 대한 가정을 만드는 것을 말합니다. 상식적 추론은 보통 말로 표현되지 않는 세계에 대한 암묵적 지식에 의존합니다. 예를 들어 다음과 같은 문장이 있다고 가정해 봅시다.

> 그녀는 그가 유리잔을 손에 거꾸로 들고 복도를 활보하는 것을 보았다.

텍스트에 명시적으로 언급되지 않았지만, 유리잔을 거꾸로 들었으니 어떤 액체도 담겨 있지 않을 것이라고 상식적으로 판단할 수 있습니다.

다른 형태의 추론으로는 보통 연역에 기반한 수학적 추론, 인과적 추론, 두 가지 사물이나 개념 간의 비교 도출 하는 유추적 추론, 도덕적 원칙과 가치에 기반해 상황과 결정을 평가하는 도덕적 추론 등이 있습니다.

부분 그래프 패턴 매칭으로서의 추론

'LLM이 진정한 추론을 수행하는가?'는 AI 연구의 핵심 쟁점 중 하나입니다. LLM이 주어진 작업을 훌륭히 해낸다면, 그 과정이 인간과 같은 추론인지가 과연 중요할까요? 혹시 이들이 단순히 고도로 정교한 패턴 매칭기에 불과하다면 어떨까요?

한 학파에서는 실용주의적 관점을 취합니다. 모델의 내부 작동 방식이 정교한 패턴 매칭이든 무엇이든 상관없이, 문제를 효과적으로 해결한다면 그것으로 충분하다는 입장입니다. 더욱이 인간의 뇌가 추론을 수행하는 메커니즘도 명확히 밝혀지지 않은 상황이니 어쩌면 인간의 추론 역시 유사한 방식으로 작동할 수도 있습니다.

그러나 언어 모델이 추론을 할 때 내부에서 무슨 일이 일어나는지 이해하는 것은 매우 중요합니다. 이는 LLM의 현재 한계를 이해하고 어떤 문제를 해결할 수 있는지에 대한 직관을 제공합니다. 지리^{Dziri} 연구진[18]은 트랜스포머가 '선형화된 부분 그래프 매칭'[19] 과정을 수행할 가능성이 높다고 주장합니다. 이 이론에 따르면, 복잡한 작업은 방향성 그래프로 표현되며 이 그래프의 각 단계는 문제 해결에 필요한 과정을 나타냅니다. 작업을 이루는 하위 작업들은 방향성 그래프 내의 부분 그래프에 대응되고, 트랜스포머는 이러한 부분 그래프를 훈련 데이터에서 학습한 패턴과 매칭해 하위 작업을 수행한다는 것입니다. 이 주제를 깊이 이해하고 싶다면 지리 연구진의 전체 논문을 읽어보길 권합니다.

> **TIP** 청^{Cheng} 연구진[20]은 LLM이 연역적 추론보다 귀납적 추론에서 성능이 훨씬 더 뛰어나다고 밝혔습니다.

연습 문제

여러분이 선호하는 LLM은 이러한 추론 작업에서 어떤 성능을 보일까요? 책의 깃허브 저장소[21]에는 이 절에서 설명한 추론 범주에 해당하는 일련의 추론 연습 문제가 있습니다. LLM이 어떤 형태의 추론에서 더 뛰어난 성능을 보일까요?

---

18 Dziri et al., "Faith and Fate: Limits of Transformers on Compositionality", 29 May 2023, https://arxiv.org/abs/2305.18654
19 https://oreil.ly/B_44q
20 Cheng et al., "Inductive or Deductive? Rethinking the Fundamental Reasoning Abilities of LLMs", 7 Aug 2024, https://arxiv.org/pdf/2408.00114
21 https://github.com/corazzon/designing-llm-apps

8.8 LLM에서 추론 유도하기

LLM의 추론을 개선하는 가장 간단한 방법은 1장에서 소개한 사고의 사슬(CoT)과 같은 프롬프팅 기법을 사용하는 것입니다. CoT는 모델이 문제를 단계별로 해결하도록 유도해 답을 직접 생성하는 대신 답에 이르는 과정을 생성합니다.

8.8.1 추론 개선을 위한 검증기

LLM이 복잡한 다단계 추론 문제에서 완벽한 성능을 보이지 못할 수 있지만, 이는 한계점이라기보다는 새로운 접근법의 출발점이 될 수 있습니다. 핵심 아이디어는 LLM의 강점인 창의적 생성 능력을 전략적으로 활용하는 것입니다. LLM에 하나의 완벽한 답을 요구하는 대신, 여러 개의 그럴듯한 해답 후보들을 생성하도록 요청할 수 있습니다. 이렇게 만들어진 후보들은 별도의 검증 시스템으로 평가됩니다. 흥미롭게도 많은 문제 영역에서는 정답을 처음부터 만들어 내는 것보다 주어진 답이 맞는지 확인하는 것이 훨씬 쉽습니다. 이러한 생성-검증 패러다임은 LLM의 한계를 보완하면서도 창의적 잠재력을 최대한 활용할 수 있는 효과적인 전략입니다.

> **CAUTION_** LLM이 그럴듯한 해답 후보를 여러 개 생성한다고 해서 곧바로 추론 능력이 있다고 할 수는 없습니다. 많은 문제 유형에서는 가능한 해답의 수가 애초에 매우 제한적이므로 우연히 맞는 답이 포함될 수도 있기 때문입니다.

검증기(verifier)는 LLM을 평가자로 활용하는 LLM 기반 평가일 수도 있고, 외부 모델이나 기호적 검증기일 수도 있습니다. 생성기-검증기 시스템을 운영하는 두 가지 일반적인 방법은 반복적 백프롬프팅과 top-k 추측입니다.

반복적 백프롬프팅

이 기법에서는 LLM이 주어진 추론 문제에 대한 초기 해답을 제안합니다. 그다음, 하나 이상의 검증 시스템이 이 해답을 면밀히 분석해 구체적인 피드백을 생성합니다. 해답이 정확하면 승인 신호를 보내고, 오류가 발견되면 단순히 틀렸다고 알려 주는 것을 넘어서 구체적인 오류 지점과 개선 방향을 상세히 설명합니다. LLM은 이러한 피드백을 새로운 입력 정보로 활용해 기존 해답을 수정하거나 완전히 새로운 접근법으로 문제를 다시 풉니다. 이 루프는 LLM이 올바른 답을 생성하거나 최대 반복 횟수에 도달할 때까지 계속됩니다.

top-k 추측

이 기법에서는 주어진 작업에 대해 k개의 솔루션이 생성되고, 검증기가 이를 평가해 올바른 솔루션이 존재한다면 이를 선택합니다. 다양한 솔루션 집합을 생성하고자 디코딩 중에 상대적으로 높은 온도(>1)가 사용됩니다. 캄밤파티^{Kambhampati} 연구진[22]은 top-k 추측이 반복적인 백프롬프팅과 유사한 성능을 낸다는 연구 결과를 발표한 바 있습니다.

8.8.2 추론 시간 계산

이는 2025년 이후 가장 중요한 주제가 될 가능성이 큽니다. 이 책을 쓰는 현재, 사전 훈련을 확장하는 것은 수확 체감의 법칙을 보입니다. 따라서 새로운 확장 차원에 대한 탐색이 진행 중입니다. 그중 가장 유망한 것은 추론 시간 계산을 확장하는 것입니다. 전제는 간단합니다. 주어진 질의에 대해 최종 답변을 바로 생성하는 대신, 최종 답변에 도달하기 전에 계산 리소스를 더 사용하면 어떨까요? 더 많은 계산으로 모델의 성능을 향상할 수 있을까요? 사실, 그렇습니다! 이 새로운 확장 방향을 더 자세히 살펴보겠습니다.

반복 샘플링

가장 간단하고 일반적인 추론 시간 계산 기법은 반복 샘플링입니다. 이 기법에서는 주어진 질의에 대한 응답으로 모델에서 여러 번 샘플링합니다. 그런 다음 자기 일관성이나 외부 검증기를 사용해 올바른 답을 선택할 수 있습니다. 자기 일관성과 외부 검증기를 결합해 각 후보 솔루션에 가중 점수를 제공할 수도 있습니다. 다양한 샘플을 생성하는 간단한 방법은 높은 샘플링 온도를 사용하는 것입니다.

또 다른 간단한 접근법은 설명한 반복적 생성을 사용하는 것입니다. 모델은 해답 후보를 제시하고 검증기는 피드백을 제공합니다. 모델은 최종 답변에 도달하거나 최대 반복 횟수에 도달할 때까지 검증기 피드백을 사용해 반복적으로 응답을 개선합니다. 간단한 문제에는 이 접근법을

---

[22] Kambhampati et al., "Position: LLMs Can't Plan, But Can Help Planning in LLM-Modulo Frameworks", 12 Jun 2024, https://arxiv.org/pdf/2402.01817

사용할 수 있지만, 복잡한 문제에는 최상의 $k^{\text{best-of-}k}$를 사용한 반복 샘플링 접근법이 더 효과적입니다.

생성이 이루어지는 문맥을 확장하는 접근법도 있습니다. CoT 프롬프팅은 이를 달성하는 가장 쉬운 방법입니다. 모델이 직접 답을 생성하는 대신, 먼저 답을 생성하는 사고 과정을 생성합니다.

본질적으로, 언어 모델은 확률 분포 $P(Y \mid X)$를 생성하는데, 여기서 X는 입력 문맥과 이전에 생성된 토큰입니다. 목표는 Y가 올바른 답일 확률을 최대화하도록 X를 수정하는 것입니다.

진 연구진[23]은 이에 관한 몇 가지 중요한 실험을 수행했습니다. 먼저, 추론 단계의 길이가 성능에 영향을 미친다는 사실을 밝혔습니다. 추론 단계를 나타내는 데 사용되는 토큰이 많을수록 모델의 성능이 더 좋아집니다. 반대로, 모든 세부 사항을 그대로 유지하더라도 추론 정보를 줄이면 모델의 추론 능력에 부정적인 영향을 미칩니다.

또한 진 연구진은 추론 단계의 길이가 임곗값을 초과하는 한, 추론 단계의 오류가 성능에 크게 영향을 미치지 않음을 보여주었습니다.

간단한 작업에서는 더 짧은 추론 단계로 충분하지만, 복잡한 작업이라면 추론 단계의 길이를 늘이는 것이 매우 유익합니다.

> **TIP** 진 연구진은 CoT 프롬프트 '단계별로 생각해 봅시다'를 '단계별로 생각해 봅시다. 더 많은 단계를 생각해야 합니다'로 대체하면 성능이 향상된다는 것도 보여주었습니다.

추론 시간 계산을 활용하면 더 작은 LLM에서도 더 많은 성능을 끌어낼 수 있습니다.

검색

추론 시간 계산을 활용하는 또 다른 방법은 생성 확률 분포를 통해 검색하는 것입니다. 이 아이디어는 생성되는 모든 토큰에 대해 어휘의 모든 토큰에 확률이 할당되므로 적절히 검색하면 확률 공간을 탐색하고 올바른 답을 생성하는 최적의 경로를 선택할 수 있다는 것입니다.

검색 기반 방법에는 깊이 우선 검색, 너비 우선 검색, 몬테카를로 트리 검색(Monte Carlo tree search, MCTS) 등이 포함됩니다.

---

[23] Jin et al., "The Impact of Reasoning Step Length on Large Language Models", 22 Jun 2024, https://arxiv.org/pdf/2401.04925

8.8.3 추론을 위한 파인 튜닝

모델에서 더 나은 추론 능력을 유도하는 한 가지 방법은 추론 데이터셋으로 파인 튜닝하는 것입니다. 전형적인 추론 데이터셋이 어떤 모습인지 살펴보기 위해 스컹크웍스AI^{SkunkworksAI}가 공개한 reasoning-0.01 데이터셋[24]을 확인해 보겠습니다.

입력: 주사위를 세 번 굴릴 때, 합이 11이 될 확률은 얼마인가요?
추론: [{"step": 1, "thought": "문제 이해하기: 주사위를 세 번 굴릴 때 합이 11이 될 확률을 찾아야 합니다."},
{"step": 2, "thought": "전체 가능한 결과 계산하기: 주사위에는 6개의 면이 있으므로, 각 굴림에 6가지 가능성이 있습니다. 세 번 굴릴 때 전체 가능한 결과는 6^3 = 216입니다."},
{"step": 3, "thought": "유리한 결과 식별하기: 합이 11이 되는 모든 굴림 조합을 나열합니다. 그런 조합은 18개가 있습니다."},
{"step": 4, "thought": "확률 계산하기: 유리한 결과의 수를 전체 가능한 결과의 수로 나눕니다: 18 / 216 = 1/12."},
{"step": 5, "thought": "결론: 주사위를 세 번 굴릴 때 합이 11이 될 확률은 1/12입니다."}]
출력: 1/12

이 데이터셋은 다양한 작업에 대한 단계별 추론 과정을 포함합니다. 이러한 데이터셋은 더 큰 모델을 사용해 합성적으로 생성할 수 있으며, 이후 추론 과정을 검증하고 수정하기 위한 인간 검증 및 주석 단계가 뒤따릅니다.

8.9 마치며

이 장에서는 정렬 훈련의 정의와 필요성을 살펴봤습니다. 강화 학습과 같은 정렬 훈련 기법을 탐색하고, 환각 현상과 이를 완화하는 다양한 기법을 배웠습니다. 마지막으로, LLM의 추론 한계와 추론 시간 계산을 확장하는 것과 같은 새로운 기법들을 검토했습니다.

다음 장에서는 LLM 추론 속도를 향상하는 기법들을 다룰 것입니다. 높은 계산 비용이 LLM 도입의 핵심적인 걸림돌이 된 상황에서, 추론 속도를 개선하는 여러 기법이 활발히 연구되고 있습니다.

---

[24] https://oreil.ly/W1JRq

CHAPTER 9

추론 최적화

앞선 몇 개 장에서는 LLM을 특정 작업에 맞게 조정하고 활용하는 여러 가지 방법을 살펴봤습니다. 이번 장에서는 이러한 모델을 실제 환경에서 어떻게 효율적으로 추론[1]할 수 있을지를 다룹니다. LLM은 크기가 매우 크므로 이를 배포하고 추론하는 과정에서 연산 자원, 메모리, 에너지 소비 측면에서 큰 부담이 따릅니다. 특히 모바일 기기와 같은 엣지 디바이스에서는 이러한 제약이 더 두드러집니다.

이번 장에서는 추론 최적화라는 주제에 초점을 맞춰 LLM의 추론 시간을 좌우하는 주요 요인을 살펴보고 이를 개선하는 다양한 최적화 기법을 소개합니다. 여기에는 캐싱caching, 지식 증류, 조기 종료early exiting, 양자화, 병렬 디코딩과 예측 디코딩 등 여러 기법이 포함됩니다.

9.1 LLM 추론의 도전 과제

LLM의 추론 성능을 저해하는 주요 병목 요인은 무엇일까요? 잘 알려졌듯이, LLM의 막대한 규모는 방대한 연산과 메모리 자원을 요구합니다. 여기에 더해 다음 두 가지 요소가 문제를 더 복잡하게 합니다.

---

1 옮긴이_ 앞장에서 다뤘던 추론은 reasoning이고 이 장에서 다루는 추론은 inference에 해당합니다. 두 용어 모두 모두 추론이라고 번역되는데 reasoning은 인간의 사고 과정과 유사한 논리적 판단 능력을 의미하며, inference는 좀 더 기술적이고 계산적인 과정을 의미합니다.

- 4장에서 설명했듯이, 최신 LLM은 대부분 디코더 전용 모델 구조를 기반으로 하며 자기회귀 방식으로 동작합니다. 즉, 각 토큰이 순차적으로 하나씩 생성되므로 처리 과정에 순차적인 제약이 발생합니다. 이번 장의 후반에서는 이러한 디코딩 속도를 높이는 병렬 디코딩과 예측 디코딩 기법을 살펴보겠습니다.
- 입력 시퀀스의 길이가 길어질수록 필요한 연산량은 제곱 비례로 증가합니다. 이에 대응하는 방법으로는 K-V 캐싱key-value caching 같은 기술이 있으며, 이 장에서 자세히 다룰 예정입니다.

이제 본격적으로 추론을 최적화하는 기법들을 하나씩 살펴보겠습니다.

9.2 추론 최적화 기법

실제 환경에서 LLM을 배포할 때 비용, 속도, 자원 소모 측면에서 막대한 부담을 주기 때문에 산업계와 학계의 주요 연구소에서는 추론 최적화에 관한 연구에 많은 관심을 기울여 왔습니다. 최근 몇 년간 수십 가지에 이르는 최적화 기법이 개발되었으며 이러한 기술이 없었다면 오늘날처럼 LLM을 광범위하게 활용할 수 없었을 것입니다. 다양한 추론 최적화 기법을 포괄적으로 정리한 자료로는 저우 연구진의 조사 논문[2]이 있습니다.

이제부터는 실제 LLM 배포에서 사용되는 매우 효과적이고 가능성이 높은 추론 최적화 기법들에 집중하겠습니다. 이러한 기법을 직접 구현하기보다는 서드파티 도구를 사용하는 방식이 일반적이지만, 각 기법이 어떤 원리로 작동하며 어떤 장단점이 있는지를 이해하는 것은 다양한 솔루션 중 올바른 선택을 내리는 데 큰 도움이 됩니다.

효율적인 추론을 위한 기법들의 목표는 보통 다음 세 가지입니다.

- **연산량 감소**: 캐싱, 지식 증류, 조기 종료와 같은 기법들은 서로 다른 접근 방식으로 모델이 수행해야 할 연산량을 줄입니다.
- **디코딩 속도 향상**: 병렬 디코딩과 예측 디코딩 기법은 모델이 초당 생성할 수 있는 토큰 수, 즉 처리량throughput을 높이는 데 초점을 맞춥니다.
- **저장 공간 절약**: 양자화 기법은 모델의 가중치와 활성홧값을 저장하는 데 필요한 공간을 줄이려고 숫자 표현을 32비트에서 16비트나 8비트, 심지어 4비트까지 축소합니다.

---

[2] Zhou et al., "A Survey on Efficient Inference for Large Language Models", 19 Jul 2024, https://arxiv.org/pdf/2404.14294

9.3 연산량 감소 기법

추론 시 필요한 연산량을 줄이는 방법은 다음과 같습니다.

- 캐싱과 같은 방법으로 계산을 추가 저장 공간과 교환합니다.
- 조기 종료와 같은 방법으로 추론 중 특정 연산을 생략합니다.
- 지식 증류와 같은 기법으로 큰 모델에서 작은 모델을 도출하면서 원래 모델의 특성과 기능을 최대한 보존합니다.

다음 절에서는 각 방법을 자세히 살펴보겠습니다.

9.3.1 K-V 캐싱

1장에서 살펴봤듯이, LLM에는 세션 메모리가 없습니다. LLM 대화의 차례마다 이전 대화 기록이 입력에 추가됩니다. 이는 LLM에 대한 모든 요청이 프롬프트에 상당량의 반복 내용을 포함할 수 있다는 의미입니다. 프롬프트의 반복되는 부분에 대해서는 추론 단계에서 동일한 계산이 계속 수행됩니다. 더욱이 자기회귀적 디코딩에서는 각 토큰이 전체 입력과 이전에 생성된 토큰들의 함수로 생성되므로 중복 계산이 많이 발생합니다.

이러한 중복 계산을 줄이는 한 가지 방법은 데이터를 캐싱하고 필요할 때 재사용하는 것입니다. 구체적으로는 트랜스포머 아키텍처의 셀프 어텐션 블록의 키(K)와 값(V)을 캐싱하는데, 이를 K-V 캐시라고 합니다. 4장에서 다룬 트랜스포머의 셀프 어텐션 블록에서의 키와 값에 관한 내용을 떠올려 보세요.

몇 가지 예를 살펴보겠습니다. 영화 리뷰의 감정 분석 작업을 생각해 봅시다. 감정 분석에 필요한 자세한 지침을 제공하는 긴 프롬프트가 있을 수 있습니다. 이러한 지침은 LLM에 입력되는 모든 리뷰의 프롬프트에 포함됩니다. 지침 토큰을 반복 처리하며 불필요한 오버헤드를 발생시키는 대신, 캐시를 통해 이러한 토큰에 대한 K-V 값을 가져옵니다.

비슷한 예로, 제품 매뉴얼에서 질문에 답변하며 고객 지원을 제공하는 질의응답 어시스턴트를 들 수 있습니다. 이때 제품 매뉴얼 토큰을 나타내는 K-V 값을 캐싱한 다음, 제품 매뉴얼이 프롬프트의 일부로 필요한 모든 요청에 재사용할 수 있습니다.

> **TIP** 캐싱을 사용해 프롬프트에 다수의 퓨샷 예제를 추가할 수도 있습니다. 이는 때로는 파인 튜닝의 경량화된 대안이 될 수 있습니다.

구글의 제미나이와 앤트로픽의 클로드 같은 주요 LLM 제공업체들은 API를 통해 모델에 대한 캐싱을 지원하며, 이를 컨텍스트 캐싱context caching이라고 합니다. 캐시된 토큰이 한 번만 과금되므로 최종 사용자의 비용도 크게 절감해 줍니다.

> **CAUTION_** 캐싱 방식을 적용할 때는 계산 자원 대신 추가 메모리를 사용한다는 트레이드오프를 고려해야 합니다. K-V 캐시가 긴 시퀀스를 다룰 때 메모리 요구량이 감당하기 어려운 수준으로 증가할 수 있다는 점에 주의해야 합니다.

LLM 제공업체들은 일반적으로 캐시의 수명을 짧은 기간으로 제한하거나 캐싱 지속 시간에 따라 사용자에게 요금을 부과해 비용을 효과적으로 통제합니다. 예를 들어 컨텍스트 캐싱을 활용하는 앤트로픽의 클로드 모델군에 대한 요청을 살펴보겠습니다.

```
{
  "model": "claude-3-5-sonnet",
  "max_tokens": 1024,
  "system": [
    {
      "type": "text",
      "text": "<시스템 프롬프트>"
    },
    {
      "type": "text",
      "text": "<제품 매뉴얼>",
      "cache_control": {"type": "ephemeral"}
    }
  ],
  "messages": [
    {
      "role": "user",
      "content": "G-8 울트라에는 어떤 배터리를 사용해야 하나요?"
    }
  ]
}
```

cache_control 파라미터는 시스템 프롬프트와 제품 매뉴얼을 캐시에 저장하도록 지정하는 역할을 합니다. 이 책을 작성하는 현재, 클로드의 캐시는 기본적으로 5분 동안 유효합니다.

TIP 캐시가 가능한 구성 요소는 프롬프트의 앞부분, 즉 프리픽스 위치에 배치하는 것이 바람직합니다.

이처럼 캐싱은 동일한 지시문이 반복되거나, API 문서나 RAG 출력처럼 여러 요청에서 반복 사용되는 컨텍스트가 존재할 때 추론 시간을 크게 단축할 수 있습니다.

다음으로 추론 시간의 연산량을 줄이는 조기 종료 방법을 살펴보겠습니다.

9.3.2 조기 종료

4장에서 설명했듯이, 트랜스포머 아키텍처는 층이라는 반복되는 블록으로 구성됩니다. 각 층의 출력은 상위 층에 입력으로 제공되는 중간 표현입니다. 추론 중 연산량을 줄이는 간단한 방법 중 하나는 중간 층에서 추론을 종료하고 이를 최종 출력으로 해석하는 것입니다. 이 기법을 조기 종료라고 합니다. [그림 9-1]은 실제 조기 종료의 모습을 보여줍니다.

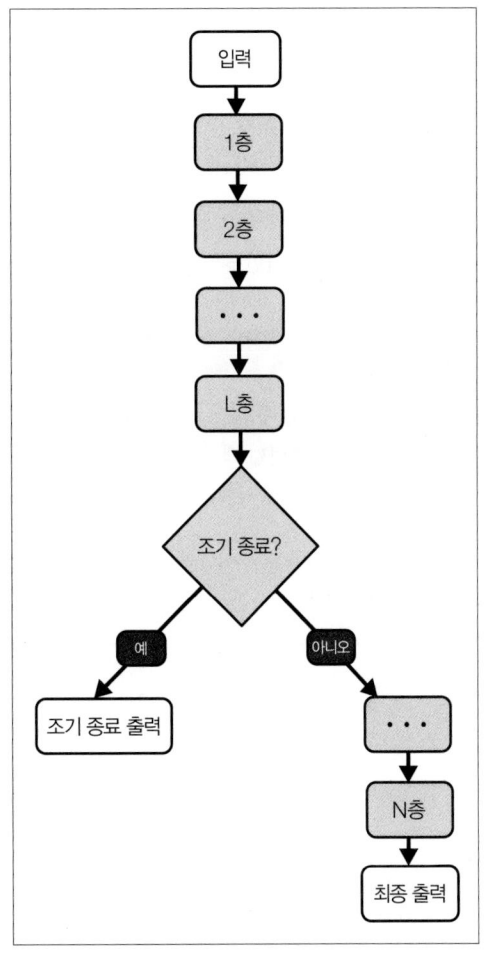

그림 9-1 실제 조기 종료

조기 종료는 시퀀스 수준과 토큰 수준 모두에 적용될 수 있습니다.

시퀀스 수준 조기 종료

이 시나리오에서는 트랜스포머의 순방향 전달forward pass이 전체 입력 시퀀스에 대해 특정 층에서 중단되고, 해당 층의 중간 표현이 최종 출력으로 사용됩니다. 종료할 층은 미리 결정하거나 입력 시퀀스의 특성에 따라 동적으로 결정할 수 있습니다.

7장에서 살펴봤듯이, 각 층 위에 어댑터를 훈련시키면 추론 도중에 종료할 층을 동적으로 결정할 수 있습니다. 이러한 모듈은 현재 층에서 추론을 종료해도 되는지를 예측하는 데 사용됩니다. 예를 들어 FastBERT[3]는 각 층에 이진 분류 모듈(종료 또는 계속 진행)을 추가해 해당 층에서의 종료 여부를 학습합니다.

모든 방법이 학습 가능한 모듈을 추가해야 하는 것은 아닙니다. 예를 들어 선Sun 연구진이 제안한 해시 기반의 조기 종료를 의미하는 HashEEhash-based early exiting[4]는 종료 층이 주석으로 달린 시퀀스들을 활용해 새로운 입력 시퀀스에 대해 어느 층에서 종료할지를 예측합니다. 이 방식은 유사한 시퀀스는 동일한 층에서 종료될 것이라는 가설에 기반합니다.

> **연습 문제**
>
> 선호하는 70억 파라미터 규모의 오픈 소스 모델을 선택한 후, 해당 모델에서 전체 층 중 3사분위 수에 해당하는 75번째 백분위수 지점에서 조기 종료를 적용해 보세요. 평가에는 이 책의 깃허브 저장소[5]에 포함된 데이터셋 중 하나를 사용하세요.
>
> 정적 조기 종료가 모델 성능에 어떤 영향을 미치나요? 조기 종료를 사용해 지연 시간을 어느 정도 개선했나요?

---

3 Liu et al., "FastBERT: a Self-distilling BERT with Adaptive Inference Time", 5 Apr 2020. https://arxiv.org/abs/2004.02178
4 Sun et al., "A Simple Hash-Based Early Exiting Approach For Language Understanding and Generation", 3 Mar 2022. https://arxiv.org/abs/2203.01670
5 https://github.com/piesauce/llm-playbooks

토큰 수준 조기 종료

이 접근법에서는 동일한 시퀀스의 서로 다른 토큰이 각각 다른 층에서 종료될 수 있습니다. 이는 시퀀스 수준 조기 종료보다 구현이 더 복잡합니다.

시퀀스 수준 방식과 마찬가지로, 층마다 토큰 단위의 이진 분류기를 사용해 해당 층에서 해당 토큰의 추론을 종료할지를 판단할 수 있습니다. 하지만 이 방식은 모든 토큰과 모든 층에 대해 개별적으로 판단이 이루어진다는 점에서 차이가 있습니다. 이 방식에 관한 자세한 내용은 슈스터Schuster 연구진의 논문[6]을 참고하세요. 이들은 신뢰 적응형 언어 모델링Confident Adaptive Language Modeling (CALM)이라는 기법을 통해 토큰 수준 조기 종료를 소개했습니다.

트랜스포머의 셀프 어텐션 서브블록subblock에서는 한 토큰의 표현이 동일한 층에 존재하는 다른 모든 토큰의 표현을 함께 사용해 계산됩니다. 그러나 토큰 수준 조기 종료를 적용하면 일부 토큰은 해당 층에 도달하기 전에 이미 추론을 종료했을 수 있습니다. 이를 해결하는 가장 간단한 방법은 종료된 토큰의 표현값을 이후의 모든 층에 복사하여 유지하는 것입니다.

토큰 수준 조기 종료는 시퀀스 수준 조기 종료보다 더 세밀하고 효과적일 수 있지만, 속도 면에서는 시퀀스 수준 조기 종료보다 느립니다.

> **연습 문제**
>
> 이 책의 깃허브 저장소[7]에 제공된 데이터셋 중 하나에 대해 구글의 CALM 방식 구현[8]을 사용해 토큰 수준 조기 종료를 적용해 보세요.
>
> 어떤 토큰이 초기 층에서 종료되고 어떤 토큰이 후기 층에서 종료되나요? 어떤 언어학적 패턴을 관찰할 수 있나요? 이를 통해 언어 모델이 어떻게 학습하는지에 대해 어떤 추론을 할 수 있을까요?

NOTE_ 조기 종료에서는 성능 저하를 대가로 연산량 감소가 이루어집니다. 그러나 최적의 층에서 종료하도록 학습함으로써 이러한 성능 저하를 최소화할 수 있습니다.

---

6 Schuster et al., "Confident Adaptive Language Modeling", 25 Oct 2022, https://arxiv.org/pdf/2207.07061
7 https://github.com/corazzon/designing-llm-apps
8 https://oreil.ly/l5Xko

동적 조기 종료는 동적 추론dynamic inference이라는 기법 분류에 속합니다. 여기서 추론 계산은 입력의 특성에 따라 동적으로 결정됩니다. 중요한 예로는 4장에서 소개한 전문가 혼합(MoE) 모델이 있습니다. MoE 모델에서는 라우팅 함수가 추론을 실행할 전문가 모듈의 작은 하위 집합을 선택해 필요한 연산량을 줄입니다.

다음으로는 지식 증류라는 방법으로 대규모 모델에서 파생된 소규모 모델을 만들어 성능 저하는 최소화하면서 추론 속도는 개선하는 방안을 살펴보겠습니다.

9.3.3 지식 증류

5장에서는 DistilBERT[9]와 같은 증류된 버전의 모델을 간략히 소개했습니다. 이러한 모델은 증류된 원본 대형 모델의 능력을 근사하는 더 작은 모델로, 더 빠른 추론을 가능하게 합니다.

수년에 걸쳐 지식 증류를 위한 여러 기법이 개발되었습니다. 이 분야의 연구 발전에 대한 조사는 쉬 연구진의 조사 논문[10]을 참조하세요.

지식 증류 과정은 증류 데이터 준비와 훈련이라는 두 단계로 나눌 수 있습니다. 기본 모델은 교사 모델teacher model이라 하고 증류된 모델은 학생 모델student model이라 합니다.

[그림 9-2]는 모델 증류 과정을 보여줍니다.

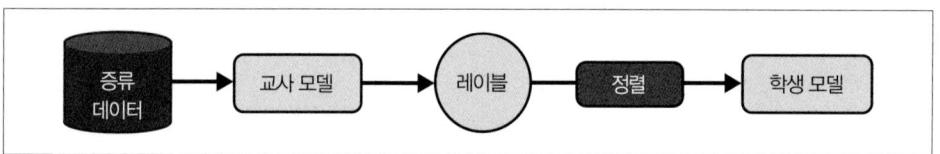

그림 9-2 지식 증류

이제 지식 증류의 데이터 준비와 훈련 절차가 어떻게 이루어지는지 살펴보겠습니다.

---

9 https://oreil.ly/rgiHZ
10 Xu et al., "A Survey on Knowledge Distillation of Large Language Models", 21 Oct 2024, https://arxiv.org/pdf/2402.13116

증류 데이터 준비

증류에 사용할 데이터는 일반적으로 교사 모델에 적절한 질의를 하고 교사의 출력을 증류할 지식으로 활용해 준비됩니다. 교사로부터 관련 출력을 끌어내는 방법은 다음과 같습니다.

비지도 생성

비지도 생성unsupervised generation 기법에서는 교사 모델에게 작업 해결을 위한 지침이나 예시를 프롬프트로 제공합니다. 교사의 응답이 증류 데이터셋을 구성하게 됩니다. 이 기법은 주로 CoT 추론이나 지시 따르기와 같은 능력을 더 작은 모델에 전수하는 데 사용됩니다. 따라서 최종 답변에 이르기까지의 사고 과정을 포함해 질의에 응답하도록 교사 모델에 요청합니다.

데이터 증강

이 기법에서는 교사 모델에게 시드 입력-출력 예시 세트를 제공합니다. 이 시드 예시를 기반으로 교사가 유사한 입력-출력 예시를 생성해 증류 데이터셋을 구성합니다. 이 방식의 특징은 입력과 출력 모두 교사 모델이 생성한다는 점입니다. 다만 교사가 충분히 다양한 예시를 생성하기 어렵다는 한계가 있습니다.

중간 표현

이 기법 분류는 화이트박스 증류로 알려졌습니다. 여기서 증류 데이터셋은 활성홧값이나 출력 로짓과 같은 모델의 중간 표현intermediate representation으로 구성됩니다. 이 데이터는 학생 모델을 교사 모델과 정렬하는 데 활용됩니다. 이러한 정렬은 4장에서 논의한 KL 발산과 같은 방법을 통해 학습됩니다.

교사 피드백

교사 피드백teacher feedback 기법 분류에서는 학생 모델의 출력을 교사 모델이 평가해 피드백을 생성합니다. 교사 모델은 선호도 데이터, 즉 학생 모델 출력의 품질 순위를 생성하는 데 활용될 수 있습니다. 피드백은 주어진 작업을 개선하는 방법에 관한 상세한 지침 형태로 제공될 수도 있습니다. 교사 피드백을 활용하는 대표적인 기법으로는 5장에서 소개한 RLAIF가 있습니다.

자기 학습

자기 학습self-teaching 기법 분류에서는 교사와 학생 모델이 동일합니다. 학생 모델은 자신의 출력을 점진적으로 개선하고 이를 증류 세트로 활용합니다. 자기 학습의 한 방법은 각 작업에 대해 추론 단계와 함께 여러 출력을 생성한 다음, 그중 가장 우수한 것을 선택하여 증류 세트의 일부로 삼는 것입니다.

증류 예시가 얼마나 많이 필요할까요? 놀랍게도 그렇게 많이 필요하지 않습니다. 저우 연구진[11]은 천 개의 매우 고품질 예시만으로도 강력한 증류 세트를 구성하기에 충분하다는 것을 보여줍니다.

---

11 Zhou et al., "LIMA: Less Is More for Alignment", 18 May 2023, | https://arxiv.org/abs/2305.11206

> **CAUTION_** 파인 튜닝이나 지속 사전 훈련과 마찬가지로, 지식 증류도 7장에서 소개한 치명적 망각 문제에 취약합니다.

증류 데이터셋을 만드는 다양한 방법을 살펴봤으니, 이제 실제 증류 과정을 알아보겠습니다.

증류

다음은 증류 작업을 수행하는 데 사용되는 몇 가지 기법입니다. 이러한 기법에 관한 더 자세한 내용은 쉬 연구진[12]의 조사 자료를 참조하세요.

지도 학습 기반 파인 튜닝

지도 학습 기반 파인 튜닝은 지식 증류를 수행하는 가장 간단한 방법입니다. 학생 모델은 교사 모델의 예측과 일치하도록 하는 것을 목표로 증류 세트를 사용해 파인 튜닝됩니다. 이 방법은 주로 증류 세트가 모델의 내부 표현을 포함하지 않는 블랙박스 지식 증류 환경에서 사용됩니다.

출력 확률의 KL 발산

이 방법에서는 교사 모델과 학생 모델의 출력 확률 분포 사이의 KL 발산을 최소화하는 것을 목적 함수로 삼습니다.

내부 표현 유사성

발산을 최소화하는 대신 교사 모델과 학생 모델의 특정 측면 간 유사성을 최대화할 수도 있습니다. 이는 교사와 학생의 내부 표현이 각 층에서 정렬되는 층별 증류를 수행하는 데 활용될 수 있습니다. 효과적인 층별 증류 기법에 관해서는 리앙Liang 연구진의 연구[13]를 참조하세요.

강화 학습

이 방식은 증류 데이터를 사용해 보상 모델을 훈련시키는 과정을 포함합니다. 그런 다음 학생 모델은 보상 모델에 따라 보상을 최대화하도록 훈련됩니다. 8장에서 다룬 강화 학습에 관한 내용을 상기해 보세요.

---

[12] Xu et al., "A Survey on Knowledge Distillation of Large Language Models", 21 Oct 2024, https://arxiv.org/pdf/2402.13116

[13] Liang et al., "Less is More: Task-aware Layer-wise Distillation for Language Model Compression", 2023, https://oreil.ly/g-C4L

> ### 약한 모델에서 강한 모델로의 일반화
>
> 오픈AI의 번즈Burns 연구진은 약한 모델에서 강한 모델로의 일반화weak-to-strong generalization[14]라는 흥미로운 현상을 발견했습니다. 이 접근에서는 학생 모델보다 작고 덜 강력한 교사 모델을 다룹니다.
>
> 작은 교사 모델을 증류 데이터로 훈련한 뒤, 해당 데이터의 일부를 교사 모델에 질의해 출력값을 생성합니다. 이 출력은 **약한 레이블**weak label로 간주하며 이를 사용해 더 크고 강력한 학생 모델을 다시 훈련합니다.
>
> 번즈 연구진은 강력한 학생 모델이 약한 교사 모델이 생성한 레이블로부터도 효과적으로 학습할 수 있다는 점을 강조합니다. 이는 학생 모델이 사전 훈련에서 이미 강력한 표현 능력을 갖췄기 때문이며, 약한 레이블은 단지 이미 아는 것을 더 잘 끌어내는 자극이 됩니다. 또한 작은 모델을 학습 데이터 생성에 활용하면 전체 훈련 과정이 훨씬 간단해진다는 장점도 있습니다.

궁극적으로 모델을 증류하기 위해 선택하는 기법은 교사 가중치에 접근할 수 있는지에 달려 있습니다. 교사 가중치에 접근할 수 없다면 지도 학습 기반 파인 튜닝만 수행할 수 있습니다. 출력 토큰뿐만 아니라 중간 표현을 정렬하려는 화이트박스 증류는 구현하기 어려울 수 있습니다. 모든 지식 증류 기법은 능력 저하나 치명적 망각의 위험을 수반한다는 점에 유의하세요. 따라서 교사 모델과의 능력 차이를 정량화하려면 학생 모델을 매우 신중하게 평가해야 합니다.

> **연습 문제**
>
> Gemma 2B 오픈 소스 모델을 가져와 CoT 생성을 여전히 수행할 수 있는 더 작은 모델로 증류해 보세요. 이 장에서 제시된 기법 중 무엇이 이 연습에 더 적합할까요?

이 절에서는 추론 중 계산을 줄이는 세 가지 기법인 캐싱, 조기 종료, 지식 증류에 관해 논의했습니다. 다음으로는 디코딩 과정을 가속하는 기법들을 알아보겠습니다.

---

[14] https://arxiv.org/pdf/2312.09390

9.4 디코딩 가속화 기법

자기회귀 모델은 한 번에 하나의 토큰만 생성합니다. 각 토큰은 전체 입력과 이전에 생성된 토큰들의 함수로 계산되므로 현재 토큰이 생성되기 전에는 다음 토큰을 생성할 수 없는 순차적인 제약이 존재합니다. 이러한 제약을 극복할 수 있을까요? 최근에는 이를 해결하고자 **스페큘러티브 디코딩**speculative decoding과 **병렬 디코딩**parallel decoding 같은 다양한 기법이 개발되었습니다. 이 기술들을 자세히 살펴보겠습니다.

9.4.1 스페큘러티브 디코딩

스페큘러티브 디코딩[15]의 기본 개념은 단순합니다. 먼저, 초안 모델draft model이라는 작고 빠른 모델이 여러 개의 후속 토큰 후보를 생성합니다. 그 후, 더 큰 메인 모델이 이 후보 토큰들의 조건부 확률을 한꺼번에 계산해 수용할 토큰과 폐기할 토큰을 판단합니다. 더 많은 후보 토큰이 수용될수록 초안 모델의 품질이 높다는 의미입니다.

[그림 9-3]은 스페큘러티브 디코딩이 실제로 어떻게 작동하는지를 보여줍니다.

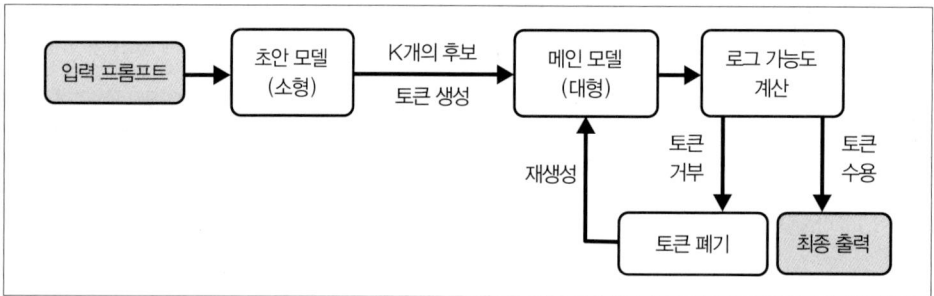

그림 9-3 실제 스페큘러티브 디코딩

스페큘러티브 디코딩에서 중요한 두 가지 지표는 다음과 같습니다.

토큰 수용률token acceptance rate
초안 모델이 생성한 토큰 중에서 메인 모델이 수용한 비율입니다. 이 수치는 보통 1에 도달하지 않으며, 만약 100% 수용된다면 메인 모델을 사용할 이유가 없었을 것입니다.

---

[15] 옮긴이_ 투기적 디코딩 등으로도 해석할 수 있습니다. 미리 예측하고 위험을 감수한다는 의미를 담고 있습니다.

디코딩 속도 향상

순수한 자기회귀 디코딩과 비교했을 때, 스페큘러티브 디코딩을 사용할 경우 줄어드는 지연 시간을 의미합니다.

초안 모델 구성하기

초안 모델의 토큰 수용률을 높이려면 어떻게 해야 할까요? 한 가지 방법은 메인 모델에서 초안 모델을 증류하는 것입니다. 이 방식은 저우 연구진이 제안했으며 DistillSpec[16]이라는 이름으로 알려졌습니다.

저우 연구진은 자기 기반 스페큘러티브 디코딩self-speculative decoding이라는 기법도 소개했는데, 이 방식에서는 초안 모델이 메인 모델의 일부 층으로 구성된 하위 구조입니다.[17]

많은 실제 활용 사례에서 LLM이 생성하는 출력에는 자주 사용되는 문구, 접두어, 상용구가 포함되며 때로는 기존 텍스트를 인용하기도 합니다. 이러한 반복적이고 정형화된 내용은 굳이 언어 모델이 직접 생성하지 않고 검색 기반 모델retrieval model로 외부 데이터 저장소에서 가져올 수 있습니다. 이러한 방식을 검색 기반 스페큘러티브 디코딩Retrieval-based Speculative Decoding(REST)이라 하며, 허He 연구진[18]이 제안했습니다.

9.4.2 병렬 디코딩

한 번에 둘 이상의 토큰을 생성할 수 있을까요? 이는 동일한 모델을 사용하거나(다중 토큰 디코딩) 동일한 모델의 여러 인스턴스를 사용해 수행할 수 있습니다.

후자는 프롬프트를 통해 병렬 생성을 제어할 수 있습니다. 예를 들어 음식, 숙박, 안전 팁과 같은 섹션이 포함된 관광지에 관한 기사를 작성한다고 가정해 보겠습니다. LLM에 특수 토큰으로 표시된 섹션을 나열하도록 프롬프트를 제공할 수 있습니다. 이러한 섹션이 서로 완전히 독립적이라면 병렬로 생성할 수 있습니다.

---

[16] Zhou et al., "DistillSpec: Improving Speculative Decoding via Knowledge Distillation", 12 Oct 2023, https://arxiv.org/abs/2310.08461

[17] Zhou et al., "Draft & Verify: Lossless Large Language Model Acceleration via Self-Speculative Decoding", 15 Sep 2023, https://oreil.ly/KVZRB

[18] He et al., "REST: Retrieval-Based Speculative Decoding", 14 Nov 2024, https://arxiv.org/abs/2311.08252

[그림 9-4]는 출력의 일부를 병렬 방식으로 생성하는 시스템의 워크플로를 보여줍니다.

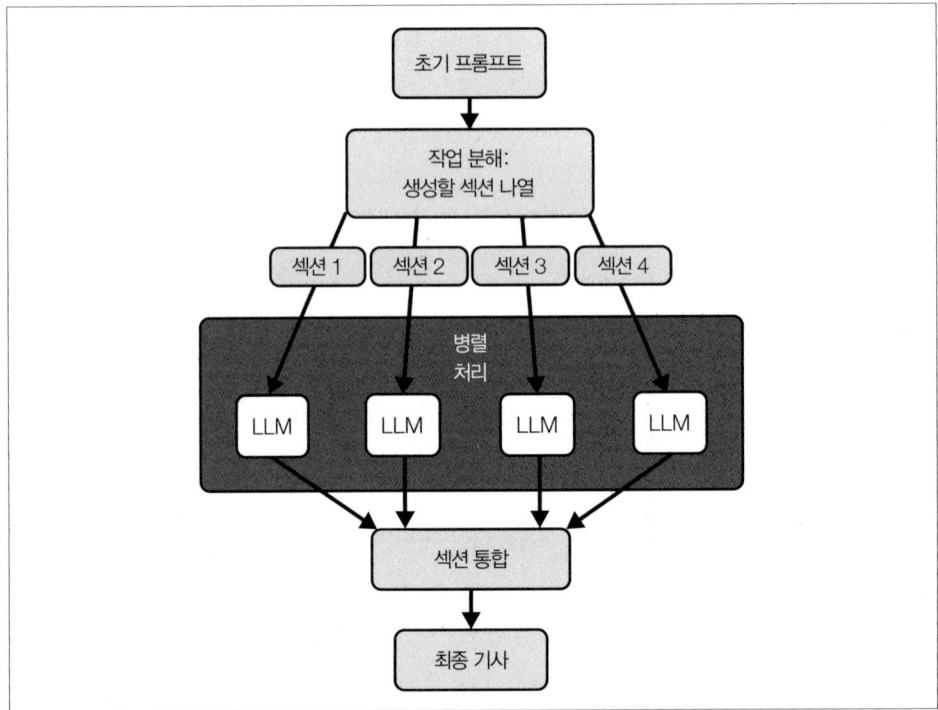

그림 9-4 병렬 디코딩 워크플로

이제 동일한 모델이 한 번에 여러 토큰을 생성하는 다중 토큰 디코딩 방법을 살펴보겠습니다. 최근에는 다중 토큰 디코딩을 위한 여러 기법이 제안되었으며 유망한 기법 중 하나는 카이(Cai) 연구진의 메두사(Medusa)[19]입니다.

메두사에서는 모델에 추가 디코딩 헤드가 더해집니다. 이러한 디코딩 헤드는 생성될 후속 토큰을 나타냅니다. 예를 들어 표준 디코딩 헤드는 시퀀스의 다음(n+1번째) 토큰을 예측하고, 추가 디코딩 헤드는 각각 n+2번째, n+3번째 등의 토큰을 예측합니다. 이 구현 방식에 관한 자세한 내용은 메두사 논문을 참조하세요.

지금까지 디코딩 과정을 가속하고 연산량을 줄이는 기법들을 살펴봤습니다. 다음으로는 모델에

---

[19] Cai et al., "MEDUSA: Simple LLM Inference Acceleration Framework with Multiple Decoding Heads", 14 Jun 2024, https://arxiv.org/pdf/2401.10774

필요한 저장 공간을 줄이는 기법인 양자화를 자세히 알아보겠습니다.

9.5 저장 공간을 절약하는 기법

5장과 6장에서 간략히 다룬 양자화를 이제 본격적으로 알아보겠습니다.

언어 모델의 순방향 전달 과정은 입력, 가중치, 활성화를 나타내는 숫자들을 포함합니다. 이러한 숫자들은 메모리에서 어떻게 표현될까요?

정수, 부동소수점 등과 같은 여러 타입의 수치 표현 형식이 존재합니다. 일반적으로 언어 모델의 숫자는 단정밀도 부동소수점이라고도 하는 부동소수점 32(FP32)로 표현되는데, 이는 32비트나 4바이트로 구성된 부동소수점 숫자를 의미합니다.

FP32로 표현된 숫자는 다음 세 부분으로 구성됩니다.

- 부호 비트
- 지수(8비트)
- 가수/유효숫자(23비트)

FP32가 어떻게 작동하는지에 관한 자세한 내용은 부동소수점 정밀도 이해하기 블로그 게시물[20]을 참조하세요.

FP32으로 표현할 수 있는 값의 범위는 최대 3.4028237×10^{38}과 최소 1.175494×10^{-38}입니다. 마찬가지로, 반정밀도 부동소수점이라고도 하는 float16(FP16)으로 표현된 숫자는 다음 세 부분으로 구성됩니다.

- 부호 비트
- 지수(5비트)
- 가수/유효숫자(10비트)

FP32로 표현된 숫자를 FP16으로 표현할 때 어떤 일이 발생할까요? 이는 손실이 발생하는 변환입니다. 이 경우에는 값의 범위와 정밀도 모두 영향을 받습니다. 범위의 경우, FP16에서는 표현할 수 있는 가장 큰 숫자가 65,504인 반면 FP32에서는 3.4×10^{38}까지 가능합니다. 정밀

---

[20] https://oreil.ly/uCYYl

도의 경우, 32비트 형식은 약 7자리까지 표현할 수 있지만 16비트 형식은 약 3자리 정도에 그칩니다.

FP16의 큰 정밀도 손실을 방지하려고 구글 브레인은 브레인 부동소수점이라고도 하는 bfloat16(BF16)을 개발했습니다. BF16에서는 지수에 8비트, 가수에 7비트를 사용합니다. 이는 정밀도가 감소하는 대신 표현되는 숫자의 범위를 float32와 동일하게 유지합니다.

> **NOTE_** NVIDIA T4와 같은 구형 GPU는 BF16을 지원하지 않습니다.

숫자의 표현을 더 높은 정밀도 형식에서 더 낮은 정밀도 형식으로 변환하는 과정을 양자화라고 합니다. 32비트값을 8비트 정수 형식으로도 양자화할 수 있습니다. 이는 더 많은 정밀도를 희생하면서 메모리 요구량을 1/4로 줄입니다. 8비트 양자화를 사용하면 소수점 없이 −127에서 127 사이의 숫자를 표현할 수 있습니다.

정수 양자화는 대칭적/비대칭적으로 수행될 수 있습니다.

9.5.1 대칭 양자화

이 설정에서는 원래 형식의 0 값이 정수 표현의 0 값에 매핑됩니다. 즉, FP32로 표현된 0을 int8로 양자화할 때 값은 그대로 0으로 유지됩니다.

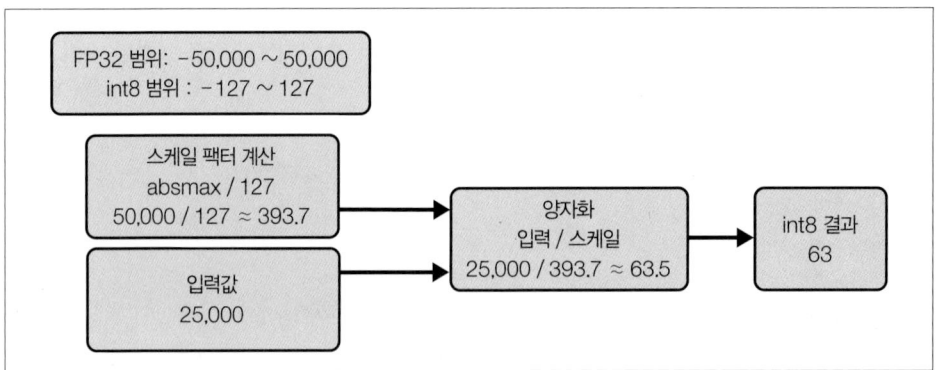

그림 9-5 absmax 양자화

나머지 값은 다양한 기법을 사용해 매핑할 수 있으며 가장 일반적인 방식은 absmax 양자화입니다. 이 방법에서는 표현해야 할 숫자의 범위를 알거나 추정할 수 있다면 범위의 절대 최댓값을 취해 int8의 가장 큰 숫자(127)에 매핑하고, 절대 최댓값의 음수는 int8의 가장 작은 숫자(-127)에 매핑합니다. 나머지 숫자는 스케일에 따라 매핑됩니다.

[그림 9-5]는 FP32로 표현된 숫자를 int8로 양자화하는 absmax 양자화 방식을 보여줍니다.

9.5.2 비대칭 양자화

이 설정에서는 원래 형식의 0 값이 정수 표현의 0 값에 매핑된다는 보장이 없습니다. 일반적인 기법은 표현해야 할 최솟값과 최댓값을 취해 int8에서 표현할 수 있는 최솟값(-127)과 최댓값(127)에 각각 매핑하는 것입니다. 예를 들어 표현하려는 숫자의 범위가 -23에서 87이라면 -23은 -127에 매핑되고 87은 127에 매핑됩니다.

> **TIP** 표현하려는 숫자의 범위에 이상치가 포함되면 문제를 일으킬 수 있습니다. 이상치는 클리핑으로 처리할 수 있으며, 모든 이상치가 동일한 최댓값/최솟값으로 표현됩니다.

> **연습 문제**
>
> 양자화가 정밀도와 범위에 미치는 영향을 탐구해 봅시다. 몇 가지 숫자(2.3888888, 0, 34.444, 12.3486*10^4, -1223.4566)를 가지고 float32를 사용해 산술 연산을 수행해 보세요. 동일한 연산을 float16, bf16, int8을 사용해 반복해 보세요. 각 양자화 수준에서 얼마나 많은 정밀도를 잃게 되나요?

실제로 양자화는 어떻게 사용될까요? 일반적으로 양자화는 훈련 후에 적용됩니다. 모델의 가중치와 활성화 모두 양자화할 수 있습니다.

가중치 양자화는 활성화 양자화보다 훨씬 쉽습니다. 가중치는 미리 알기 때문에 양자화 알고리즘에 필요한 범위, 이상치, 스케일 팩터 등을 계산할 수 있습니다. 활성화에는 허용 가능한 지연 시간에 따라 동적 스케일링이나 정적 스케일링을 수행할 수 있습니다.

동적 스케일링에서는 범위와 이상치 같은 통곗값이 추론 중에 각 층에서 동적으로 계산됩니다. 정적 스케일링에서는 통계를 추정하는 데 참조 보정 데이터셋을 사용합니다. 이 접근 방식은 추론 속도를 높이지만, 양자화 오류를 더 많이 발생시킬 수 있습니다.

양자화 구현에 관한 자세한 내용은 마르턴 흐루턴도르스트(Maarten Grootendorst)의 「양자화에 대한 시각적 가이드」[21] 블로그 게시물을 참조하세요.

> **연습 문제**
>
> 이 책의 깃허브 저장소[22]에 있는 데이터셋 중 하나에서 Llama 3.1을 float32, float16, bf16, int8 모드로 실행해 보세요.
>
> 다음 사항을 계산하세요.
>
> - 모델 추론 시간에 미치는 영향
> - 성능에 미치는 영향
> - 저장 공간 요구 사항에 미치는 영향
>
> 선택한 데이터셋에서 양자화가 실제로 유용할까요?

9.6 마치며

이 장에서는 LLM 추론 시 발생하는 병목 현상의 원인에 관해 논의했습니다. 계산 요구량 감소, 저장 공간 요구량 감소, 디코딩 과정 가속화 기법을 포함하여 LLM 추론을 더 효율적으로 만드는 다양한 기법을 살펴봤습니다. 캐싱, 조기 종료, 지식 증류, 스페큘러티브 디코딩과 병렬 디코딩 기법, 양자화와 같은 방법을 탐구했습니다. 책의 다음이자 마지막인 3부에는 LLM 애플리케이션 패러다임을 살펴보고 완전한 애플리케이션을 구축하는 데 관련된 미묘한 차이점에 관해 논의할 것입니다.

---

[21] https://oreil.ly/bpi3b
[22] https://github.com/corazzon/designing-llm-apps

LLM 애플리케이션 활용 패러다임

PART 3

이제부터는 책의 초점을 애플리케이션 층으로 옮깁니다. 지금까지는 LLM을 독립적인 개념으로 살펴봤지만, 이제는 이러한 모델이 더 큰 소프트웨어 시스템 속에서 어떻게 통합되어 사용되는지를 살펴봅니다. 여기서는 검색 증강 생성(RAG)이나 에이전트와 같은 대표적인 애플리케이션 활용 패러다임을 다룹니다.

10장 LLM과 외부 도구의 인터페이스

11장 표현 학습과 임베딩

12장 검색 증강 생성(RAG)

13장 디자인 패턴과 시스템 아키텍처

CHAPTER 10

LLM과 외부 도구의 인터페이스

1부와 2부에서는 LLM이 단독으로도 얼마나 다양한 작업을 효과적으로 수행하는지를 살펴봤습니다. 그러나 조직 차원에서 이러한 모델의 역량을 온전히 활용하려면 기존의 데이터와 소프트웨어 생태계 안에 LLM을 통합하는 과정이 필요합니다. 전통적인 소프트웨어 시스템과 달리, LLM은 생태계의 다른 구성 요소들과 상호작용하기 위해 자율적으로 동작을 생성할 수 있습니다. 이는 기존 소프트웨어에서는 볼 수 없었던 유연성을 제공합니다. 이 덕분에 불가능하다고 여겨지던 다양한 활용 사례들이 새롭게 가능해지고 있습니다.

또한 현재의 LLM에는 여전히 여러 한계가 있으므로 LLM을 외부 소프트웨어 및 데이터와 연동해야 합니다. 1장에서 일부 논의한 내용을 요약하면 다음과 같습니다.

- LLM을 새롭게 훈련하거나 지속적으로 업데이트하는 데는 비용이 많이 들기 때문에 모델에는 지식이 반영된 기준 시점이 존재하며, 그 이후의 사건이나 정보는 알지 못합니다.
- 시간이 지날수록 개선되기는 하지만, LLM은 여전히 수학 계산에서 오류를 범할 수 있습니다.
- 출력 결과의 사실성을 보장하거나 근거가 되는 출처를 정확히 제시하기는 어렵습니다.
- 사용자 고유의 데이터를 모델에 효과적으로 반영하는 일도 쉽지 않습니다. 파인 튜닝에는 많은 자원과 기술이 필요하며, 인컨텍스트 학습은 제한된 컨텍스트 길이에 따라 제약을 받습니다.

이 책 전반에서 살펴봤듯이, 이러한 제약은 향후 기술 발전에 따라 LLM 자체적으로 점차 해결될 가능성이 있습니다. 그러나 그런 미래를 마냥 기다릴 필요는 없습니다. 현재도 다양한 작업과 하위 작업을 외부 도구에 위임해 이러한 한계를 충분히 보완할 수 있습니다.

이 장에서는 세 가지 대표적인 LLM 상호작용 패러다임을 정의하고, 애플리케이션에 맞는 방식을 선택하는 지침을 제공할 것입니다. 크게 보면 LLM이 상호작용해야 하는 외부 개체에는 두 가지 유형이 있습니다. 데이터 저장소와 소프트웨어/모델로, 이들을 통틀어 도구라고 부릅니다. LLM이 API와 코드 인터프리터 같은 다양한 도구와 어떻게 연동하는지 살펴볼 것입니다. LLM 통합을 크게 단순화한 랭체인과 라마인덱스LlamaIndex 같은 라이브러리를 최대한 활용하는 방법도 소개할 예정입니다. 또한 환경과 원활히 상호작용하게 하려면 구축해야 하는 다양한 기반 소프트웨어를 탐색할 것입니다. 나아가 자율적인 결정을 내릴 수 있는 에이전트로 배포하는 방법을 보여줌으로써 오늘날 LLM의 가능성 한계를 확장할 것입니다.

10.1 LLM 상호작용 패러다임

어떤 작업을 LLM이 해결하게 하고 싶다고 가정해 봅시다. 이때 취할 수 있는 방식은 다음과 같이 여러 가지가 있습니다.

- LLM이 자체 파라미터에 내재된 기억과 역량만을 사용해 작업을 해결하는 방식
- 작업 해결에 필요한 모든 컨텍스트를 프롬프트에 포함해 LLM에 제공하고, LLM은 해당 컨텍스트와 내재된 능력을 활용해 해결하는 방식
- LLM이 해당 작업을 해결하는 데 필요한 정보나 기술을 갖추지 못했을 때, 6~8장에서 설명한 파인 튜닝처럼 모델 파라미터를 업데이트해 필요한 역량과 지식을 활성화하는 방식
- 작업 해결에 어떤 컨텍스트가 필요한지 사전에 알 수 없을 때, 관련된 정보를 자동으로 검색해 프롬프트에 삽입하는 메커니즘을 사용하는 방식(수동적 접근)
- LLM에 외부 도구나 데이터 저장소와 상호작용하는 구체적인 절차를 명시적으로 지시하고, LLM이 지시를 따라 작업을 수행하게 하는 방식(명시적 접근)
- LLM이 작업을 여러 하위 작업으로 나눈 후, 환경과 상호작용하며 필요한 정보를 수집하고, 자신에게 부족한 역량이 요구되는 하위 작업은 외부 모델이나 도구에 위임하는 방식(자율적 접근)

이 중 마지막 세 가지 방식(수동적, 명시적, 자율적 접근)은 모두 LLM이 외부 환경과 상호작용하는 형태입니다. 이 세 가지 상호작용 패러다임을 하나씩 자세히 살펴보겠습니다.

10.1.1 수동적 접근법

[그림 10-1]은 LLM이 데이터 저장소와 수동적으로 상호작용하는 애플리케이션의 일반적인 워크플로를 보여줍니다.

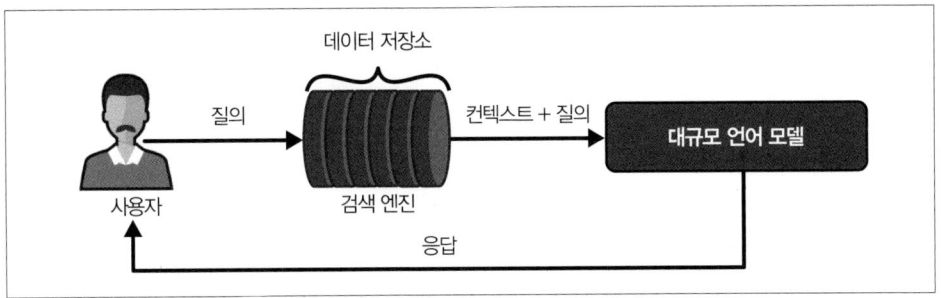

그림 10-1 데이터 저장소와 수동적으로 상호작용하는 LLM

수많은 사용 사례는 LLM으로 자신만의 데이터를 활용하는 것과 관련이 있습니다. 예를 들면 여러 노션Notion 문서에 흩어진 회사의 내부 지식 베이스에 대한 질의응답 비서를 구축하거나, 항공편 상태나 예약 정책에 관한 고객 질문에 응답하는 항공사 챗봇을 개발하는 사례가 있습니다.

LLM이 외부 정보에 접근하게 하려면 두 가지 구성 요소가 필요합니다. 필요한 정보가 있는 데이터 저장소와 질의가 주어졌을 때 데이터 저장소에서 관련 데이터를 검색할 수 있는 검색 엔진입니다. 검색 엔진은 LLM 자체로 구동될 수도 있고, 단순한 키워드 매칭 알고리즘일 수도 있습니다. 데이터 저장소는 데이터베이스, 지식 그래프, 벡터 데이터베이스, 텍스트 파일 모음과 같은 형태일 수 있습니다. 데이터 저장소의 데이터는 특정 방식으로 표현되고 색인화되어 검색의 효율성을 높입니다. 데이터 표현, 색인화, 검색은 별도의 장을 할애할 만큼 중요한 주제이므로 자세한 내용은 11장에서 다루겠습니다.

사용자가 질의를 입력하면 검색 엔진은 이 질의에 답하는 데 가장 관련성이 높은 문서나 텍스트 세그먼트를 찾기 위해 질의를 활용합니다. 이렇게 찾아낸 결과가 LLM의 컨텍스트 윈도에 들어갈 수 있도록 조정한 뒤, 질의와 함께 LLM에 입력됩니다. LLM은 프롬프트에 제공된 관련 컨텍스트를 기반으로 질의에 답변하게 됩니다. 이 접근법은 일반적으로 검색 증강 생성(RAG)으로 알려졌지만, RAG는 더 넓은 개념을 의미합니다(12장 참조). RAG도 별도의 장을 할애할 만큼 중요한 패러다임이므로 자세한 내용은 12장에서 다루겠습니다.

이 패러다임의 특징은 상호작용에서 LLM이 수동적이라는 점입니다. LLM은 단순히 프롬프트에 응답하고 답변만 제공할 뿐이며 프롬프트 내 콘텐츠의 출처를 알지 못합니다. 이 패러다임은 주로 Q&A 어시스턴트나 챗봇을 구축하는 데 사용되며, 대화의 맥락을 이해하려면 외부 정보가 필요합니다.

> **NOTE_** 이제부터 LLM에 대한 사용자 요청을 질의^{query}라고 하고, 외부 데이터 저장소에서 검색된 텍스트 단위를 문서^{document}라고 부르겠습니다. 문서는 전체 문서, 구절, 단락, 문장이 될 수 있습니다.

10.1.2 명시적 접근법

[그림 10-2]는 LLM을 외부 도구와 연결하는 명시적 접근법을 보여줍니다.

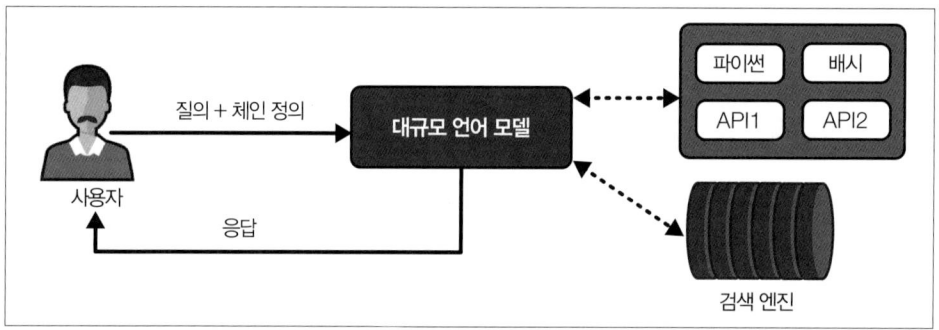

그림 10-2 실행 중인 명시적 상호작용 접근법

단순히 주어진 프롬프트에 응답하는 수동적 접근법과는 달리, 명시적 접근법에서는 LLM이 외부 데이터 저장소나 도구를 언제/어떻게 사용할지에 관한 구체적인 지침을 제공받습니다. LLM은 이 명시된 조건에 따라 환경과 상호작용하며 정해진 순서에 따라 작업을 진행합니다. 이 방식은 상호작용 흐름이 고정되어 있거나, 절차가 단순하고 작업 단계가 적을 때 권장됩니다.

예를 들어 AI 기반 데이터 분석 어시스턴트에서 상호작용 흐름은 다음과 같을 수 있습니다.

1 사용자가 특정 데이터 트렌드를 시각화해달라는 자연어 질의를 입력합니다.
2 LLM은 사용자 질의를 해결하는 데 필요한 데이터를 검색하는 SQL 쿼리[1]를 생성합니다.
3 데이터를 받은 후, LLM은 이를 활용해 코드 인터프리터가 통계나 시각화를 생성하는 코드를 만듭니다.

[그림 10-3]은 AI 데이터 분석가를 위한 고정된 상호작용 순서를 보여줍니다.

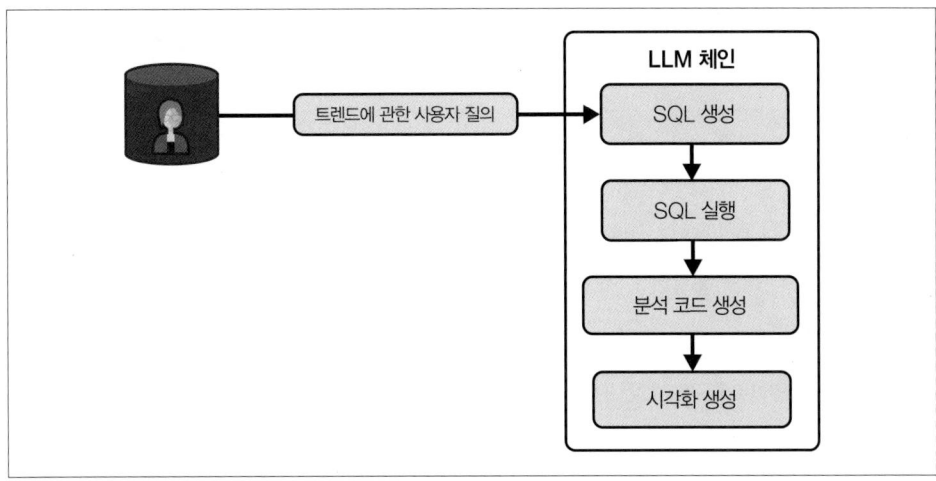

그림 10-3 AI 데이터 분석가를 위한 예시 워크플로

이 패러다임에서는 상호작용 순서가 미리 결정되고 규칙에 기반을 둡니다. LLM은 다음에 어떤 단계를 수행할지 결정하는 데 있어 어떠한 주체성도 발휘하지 않습니다. 이 접근법은 더 엄격한 신뢰성 요구 사항을 가진 견고한 애플리케이션을 구축하는 데 권장합니다.

10.1.3 자율적 접근법

[그림 10-4]는 LLM을 스스로 복잡한 작업을 해결하는 자율 에이전트로 전환하는 방법을 보여줍니다.

---

1 옮긴이_ LLM 모델에 하는 질의와 SQL 구문에 모두 query를 사용합니다. 이를 구분하고자 전자는 질의로, 후자는 쿼리로 번역했습니다.

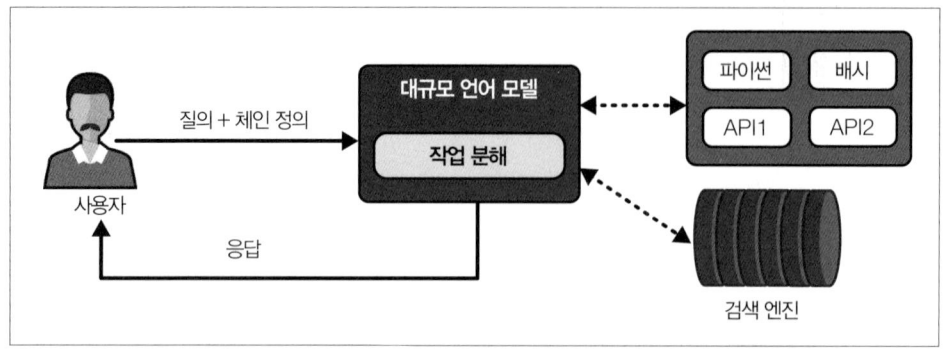

그림 10-4 일반적인 자율 LLM 기반 에이전트 워크플로

자율적 접근법, 또는 필자가 성배 접근법Holy Grail이라고 부르는 이 방식은 LLM을 환경과 상호 작용해 스스로 작업을 해결하는 자율 에이전트로 변환합니다. 다음은 자율 에이전트의 일반적인 워크플로입니다.

1 사용자는 자연어로 요구 사항을 표현하고 선택적으로 LLM의 응답 형식을 지정합니다.
2 LLM은 사용자 질의를 관리 가능한 하위 작업으로 분해합니다.
3 LLM은 문제의 각 하위 작업을 동기적/비동기적으로 해결합니다. 가능하다면 LLM은 특정 하위 작업을 해결하는 데 자체 메모리와 지식을 활용합니다. LLM이 스스로 답변할 수 없는 하위 작업이라면 사용 가능한 도구 목록에서 호출할 도구를 선택합니다. 이미 실행된 하위 작업에서 출력한 해결책은 다른 하위 작업의 입력으로 활용할 수 있습니다.
4 LLM은 하위 작업의 해결책을 종합해 최종 답변을 만들고 요청된 출력 형식으로 결과를 생성합니다.

이 패러다임은 거의 모든 사용 사례를 포괄할 만큼 일반적입니다. 또한 LLM에 너무 많은 책임과 주체성을 부여하므로 위험한 패러다임이기도 합니다. 따라서 현시점에는 어떤 중요 업무 애플리케이션에도 이 패러다임을 사용하는 것을 권장하지 않습니다.

> **NOTE_** 왜 에이전트를 배포할 때 주의해야 할까요? 인간은 애플리케이션의 정확도 요구 사항을 과소평가할 때가 많기 때문입니다. 많은 사용 사례에서는 99%의 정확도로도 충분하지 않을 수 있습니다. 특히 실패가 예측 불가능하고 1%의 실패가 잠재적으로 치명적일 수 있을 때 그렇습니다. 이 99% 문제는 자율주행차가 오랫동안 겪어온 문제이며, 더 광범위한 보급을 방해해 왔습니다. 하지만 자율형 LLM 에이전트를 활용하지 말아야 한다는 뜻은 아닙니다. 중요한 것은 사용자가 오류로부터 보호받도록 제품을 현명하게 설계해야 한다는 점입니다. 이와 동시에 인간이 개입할 수 있는 구조(휴먼 인 더 루프)를 반드시 갖춰야 합니다.

지금까지 에이전트라는 용어를 여러 번 사용했지만, 명확히 정의하지는 않았습니다. 에이전트의 개념을 분명히 하고, 에이전트를 어떻게 정의하고 구축하는지 살펴보겠습니다.

10.2 에이전트 정의

LLM 기반 에이전트에 대한 과대 선전이 시작되면서, 에이전트의 일상적인 정의는 전통적인 정의에서 확장되기 시작했습니다. 이는 진정한 의미의 에이전트 시스템을 구축하기가 어렵기 때문에, 기준을 조금씩 옮겨가며 엄밀히 요구 조건에 부합하지 않더라도 최선을 다해 만든 시스템을 이미 에이전트라고 주장하는 경향이 있기 때문입니다. 이 책에서는 에이전트에 대해 더 보수적인 정의를 고수하며, 다음과 같이 정의합니다.

> LLM 기반 에이전트는 환경과 상호작용하고 작업을 완료하는 데 자율적인 행동을 취할 수 있는 LLM 주도 소프트웨어 시스템입니다.

에이전트의 주요 특성은 다음과 같습니다.

자율적 특성
작업을 수행하는 데 필요한 단계의 순서를 에이전트에 명시할 필요가 없습니다. 에이전트는 인간의 지시 없이도 어떤 순서로 행동할지 스스로 결정할 수 있습니다.

환경과 상호작용하는 능력
에이전트는 외부 데이터 소스와 소프트웨어 도구에 연결되어 데이터를 검색하고, 도구를 호출하고, 코드를 실행하며, 작업을 해결하는 데 필요한 적절한 지침을 제공할 수 있습니다.

> **NOTE_** 많은 정의에서는 에이전트가 자율적일 것을 요구하지 않습니다. 이러한 정의에 따르면, 명시적 패러다임을 따르는 애플리케이션도 비자율적/준자율적 에이전트라고 부를 수 있습니다.

앞에서 정의한 에이전트 패러다임은 매우 강력하고 일반화된 개념입니다. 이를 잠시 생각해 보죠. 에이전트가 해결 방법을 모르는 작업을 받았을 때 그것을 모른다는 사실을 인식하면, 포기하지 않고 웹이나 지식 기반에서 단서를 검색하거나, 필요한 데이터를 수집하고 작업 해결에 도움이 될 모델을 파인 튜닝해 스스로 작업을 해결하는 법을 배울 수도 있습니다.

이처럼 놀라운 가능성을 보면 마치 기계가 세상을 지배할 수도 있을 것처럼 느껴질 수 있습니다. 그러나 실제로는 현재의 자율형 에이전트가 할 수 있는 일에는 분명한 한계가 존재합니다. 루프에 빠져 반복되거나, 잘못된 행동을 취하거나, 스스로 오류를 안정적으로 수정하지 못하는 경우가 흔합니다. 따라서 완전한 자율성보다는 에이전트 오케스트레이션orchestration 소프트웨어나 인간의 개입을 통해 전반적인 흐름을 안내하는 부분적인 자율형 에이전트를 구축하는 것이 더 현실적입니다. 이 장의 나머지에서는 제한된 범위의 작업을 안정적으로 수행하는 실용적인 에이전트를 구축하는 방법에 초점을 맞추겠습니다.

10.3 에이전트 기반 워크플로

앞에서 정의한 에이전트의 개념을 바탕으로 실제 환경에서 에이전트가 어떻게 작동하는지 살펴보겠습니다. 다음과 같은 질문을 해결해야 하는 에이전트를 예로 들어보겠습니다.

> 지난 10년간 애플의 주가가 가장 낮았을 때 최고재무관리자(CFO)는 누구였습니까?

이 에이전트가 이 작업을 해결하는 데 필요한 모든 정보를 가지고 있다고 가정해 봅시다. 웹, 주가 정보가 담긴 SQL 데이터베이스, CFO 임기 정보가 포함된 지식 베이스에 접근할 수 있습니다. 코드를 생성하고 실행할 수 있는 코드 인터프리터에 연결되어 있으며, 금융 관련 API에도 접근 가능합니다. 시스템 프롬프트에는 LLM이 접근할 수 있는 모든 도구와 데이터 저장소에 대한 세부 정보가 포함되어 있습니다. LLM은 다음과 같은 단계를 수행해 주어진 질의에 답해야 합니다.

1. 날짜 범위를 계산하려면 현재 날짜가 필요합니다. 현재 날짜가 시스템 프롬프트에 없다면 웹을 검색하거나 코드 인터프리터가 실행할 시스템 시간을 반환하는 코드를 생성합니다.
2. 확보한 현재 날짜를 기준으로 날짜 범위의 반대쪽 끝을 계산합니다. 이때 LLM은 직접 간단한 산술 연산을 수행하거나, 해당 연산을 위한 코드를 생성해 실행할 수 있습니다. 1단계와 2단계는 하나의 프로그램으로 통합할 수도 있습니다.
3. 사용 가능한 데이터 저장소 목록에서 주가 정보가 포함된 데이터베이스 테이블을 찾습니다. 테이블의 스키마를 확인한 후 이를 프롬프트에 삽입하고 최근 10년간 주가가 가장 낮았던 날짜를 찾는 SQL 쿼리를 생성합니다.
4. 찾아낸 날짜를 기준으로 애플의 CFO가 누구였는지를 알아내야 합니다. 이때 LLM은 검색 엔진 API를 호

출해 해당 날짜에 해당하는 CFO가 명시적으로 언급된 자료가 있는지 확인합니다.
5 검색 API에서 유의미한 결과를 얻지 못했다면, LLM은 사용 가능한 도구 목록에서 금융 API를 찾아 해당 API 문서를 컨텍스트에 삽입한 뒤, 애플의 CFO 목록과 재임 기간 정보를 가져오는 코드를 생성해 API 호출을 실행합니다.
6 LLM은 산술적 추론 능력을 활용해 확보한 날짜에 해당하는 CFO의 재임 기간을 찾아냅니다.
7 마지막으로 최종 답변을 생성합니다. 사용자가 특정한 출력 형식을 지정했다면 그에 최대한 맞춰 응답을 생성하려고 시도합니다.

구현에 따라 단계의 순서가 약간 달라질 수 있습니다. 예를 들어 데이터 저장소에서 스키마를 검색하지 않고 API 호출이나 SQL 쿼리용 코드를 직접 생성하도록 모델을 파인 튜닝할 수 있습니다.

주어진 일련의 작업을 수행하려면 모델은 먼저 주어진 작업이 일련의 하위 작업으로 분해되어야 함을 이해해야 합니다. 이를 작업 분해라고 합니다. 작업 분해와 계획은 LLM이 직접 수행하거나 외부 도구로 위임할 수 있습니다.

> **연습 문제**
>
> 챗GPT, 퍼플렉시티, 제미나이와 같이 웹에 접근할 수 있는 검색 기능이 있는 LLM 도구로 애플 CFO 질의를 시도해 보세요. 이 도구들이 정확하게 답변하나요? 그렇지 않다면 어디에서 실패했는지 분석해 보세요. 참고로 LLM이 작업 순서에서 더 일찍 실패할수록 회복하기가 더 어렵습니다.
>
> 이번에는 LLM 없이 오직 웹 검색만으로 해당 질문에 답해 보세요. 실제로는 금융 분야 전문가라 하더라도, 이 질문에 답하려면 여러 차례 검색어를 바꾸며 찾아야 한다는 사실을 알 수 있을 것입니다.

10.4 에이전트 시스템 구성 요소

특정 에이전트 시스템의 아키텍처는 지원하려는 사용 사례에 따라 크게 달라지지만, 각 구성 요소는 다음 유형 중 하나로 분류할 수 있습니다.

- 모델
- 도구

- 데이터 저장소
- 에이전트 루프 프롬프트agent loop prompt
- 가드레일 및 검증기guardrails and verifier
- 오케스트레이션 소프트웨어

[그림 10-5]는 대표적인 에이전트 시스템의 구조와 각 구성 요소 간의 상호작용을 보여줍니다.

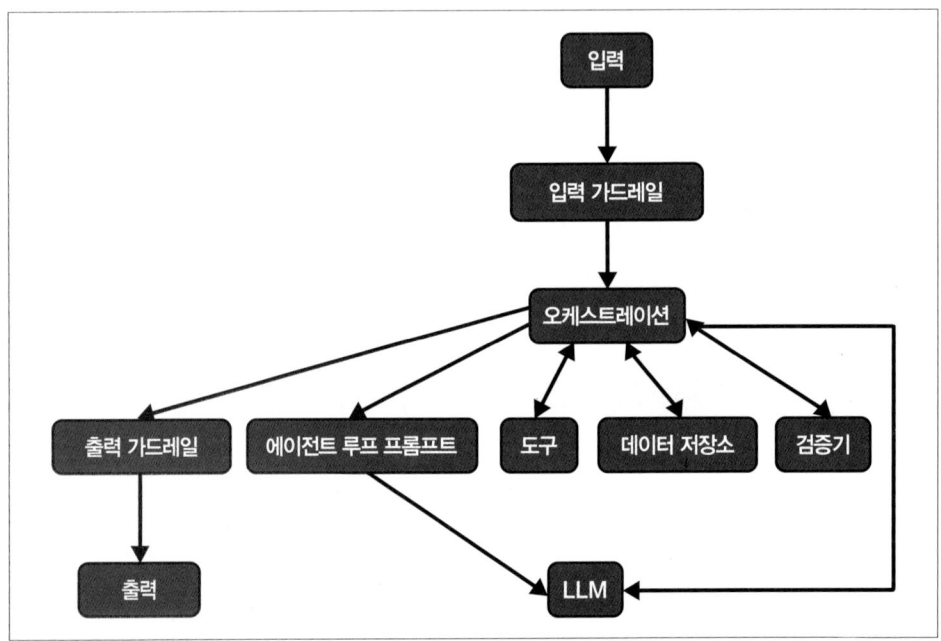

그림 10-5 프로덕션 환경에서 사용되는 에이전트 시스템의 예시

각 구성 요소를 자세히 살펴보겠습니다.

10.4.1 모델

언어 모델은 에이전트 시스템의 기반이 되는 핵심 요소로, 에이전트의 자율성과 문제 해결 능력을 담당합니다. 하나의 에이전트 시스템은 여러 개의 언어 모델로 구성될 수 있으며 각각의 모델이 서로 다른 역할을 수행할 수 있습니다.

예를 들어 두 모델로 구성된 에이전트를 구축할 수 있습니다. 한 모델은 사용자 작업을 해결하고 다른 모델은 출력을 가져와 사용자 요구 사항에 따라 구조화된 형태로 변환합니다.

> **TIP** 에이전트 기반 워크플로는 일반적으로 많은 양의 언어 모델 토큰을 소비하므로 운영 비용이 부담될 수 있습니다. 이럴 때는 간단한 작업은 더 작고 저렴한 모델에게 맡기고 복잡한 작업은 고성능 모델이 처리하도록 역할 분담을 최적화하면 좋습니다. 역할 분담 전략은 13장에서 자세히 다룹니다.

더 일반적으로는 에이전트 워크플로의 각 부분에 특화된 모델들로 에이전트를 구축할 수 있습니다. 예를 들어 코드 생성에는 코드-LLM을 사용하고, 개별 워크플로 단계에 특화된 작업별 파인 튜닝 모델을 활용할 수 있습니다. 이런 구성은 **다중 에이전트 아키텍처**로 해석될 수 있습니다.

[그림 10-6]은 다수의 LLM으로 구성된 에이전트 시스템의 예시입니다.

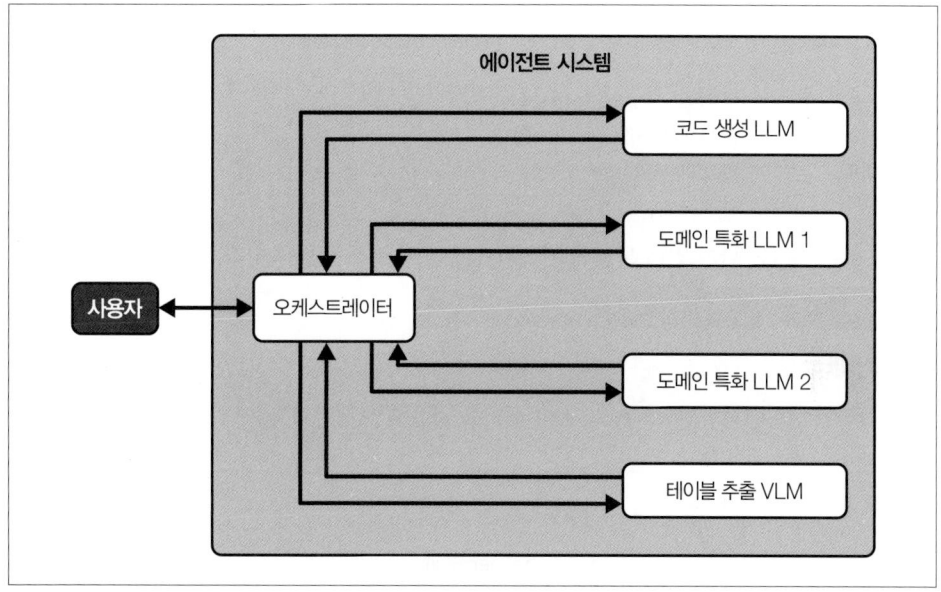

그림 10-6 다수의 LLM으로 구성된 에이전트 시스템

마지막으로, LLM이 아닌 모델을 포함한 모든 종류의 모델을 에이전트 시스템에 연결해 특정 작업을 해결할 수 있습니다. 예를 들어 계획 단계는 심볼릭 플래너 symbolic planner[2]를 사용해 수행할 수 있습니다.

---

2 Chiu et al., "Symbolic Planning and Code Generation for Grounded Dialogue", 26 Oct 2023, https://arxiv.org/abs/2310.17140

10.4.2 도구

앞서 설명했듯이, LLM이 호출할 수 있는 소프트웨어나 모델을 도구라고 합니다. 랭체인과 라마인덱스 같은 라이브러리는 코드 인터프리터, 검색 엔진, 데이터베이스, 머신러닝 모델 및 다양한 API를 포함한 여러 소프트웨어 인터페이스에 대한 커넥터를 제공합니다. 실제로 이들 중 일부를 어떻게 활용하는지 살펴보겠습니다.

웹 검색

랭체인은 구글, 빙Bing, 덕덕고DuckDuckGo와 같은 주요 검색 엔진에 대한 커넥터를 제공합니다. 덕덕고를 사용하는 코드는 다음과 같습니다.

```
from langchain_community.tools import DuckDuckGoSearchRun

query = "토론토의 오늘 날씨는 어떤가요?"
search_engine = DuckDuckGoSearchRun()
output = search_engine.run(query)
```

이렇게 얻은 결과는 다시 언어 모델에 전달되어 후속 작업에 활용될 수 있습니다.

API 커넥터

API 호출 예시로 랭체인의 위키백과 API 래퍼를 사용해 보겠습니다.

```
!pip install wikipedia

from langchain.tools import WikipediaQueryRun
from langchain_community.utilities import WikipediaAPIWrapper

wikipedia = WikipediaQueryRun(api_wrapper=WikipediaAPIWrapper())
output = wikipedia.load("Winter Olympics")
```

load() 함수는 위키백과에서 키워드 검색을 수행하고 가장 관련성 높은 결과(top-k, 기본값 3개)의 본문과 메타데이터 정보를 반환합니다. 단순한 요약만 필요하다면 run() 함수를 사용해 상위 결과들의 요약 정보만 받을 수도 있습니다.

코드 인터프리터

다음은 코드 인터프리터를 호출하고 임의의 코드를 실행하는 예시입니다.

```python
from langchain_experimental.utilities import PythonREPL

python = PythonREPL()
python.run("456 * 345")
```

> **CAUTION_** LLM이 사용자 프롬프트에 따라 생성한 코드를 실행할 때는 주의해야 합니다. 사용자가 모델을 조작해 악의적인 코드를 생성하도록 유도할 가능성이 있기 때문입니다.

데이터베이스 커넥터

이제 데이터베이스에 연결하고 쿼리를 실행하는 방법을 살펴보겠습니다.

```python
import sqlalchemy as sa
from langchain_community.utilities import SQLDatabase

DATABASE_URI = <database_uri>
db = SQLDatabase.from_uri(DATABASE_URI)

output = db.run(
    "SELECT * FROM COMPANIES WHERE Name LIKE :comp;",
    parameters={"comp": "Apple%"},
    fetch="all"
)
```

run() 함수는 주어진 SQL 쿼리를 실행한 뒤 결과를 문자열 형태로 반환합니다. DATABASE_URI는 실제 사용하는 데이터베이스 주소로 대체해야 하며, 쿼리 결과가 정확한지도 검증해야 합니다.

> **TIP** 더 높은 수준의 맞춤 설정을 하려면 랭체인 커넥터 코드를 포크fork해 자신의 용도에 맞게 수정할 수 있습니다.

이제 에이전트 워크플로에서 LLM을 이러한 도구와 어떻게 상호작용하는지 살펴보겠습니다.

먼저, LLM이 이러한 도구에 접근할 수 있다는 것을 인식하게 해야 합니다. 이를 달성하는 한 가지 방법은 도구 목록(도구의 이름과 간단한 설명)을 시스템 프롬프트를 통해 LLM에 제공하는 것입니다.

다음으로 LLM이 워크플로의 적절한 시점에 올바른 도구를 선택할 수 있어야 합니다. 예를 들어 작업의 다음 단계가 오늘 저녁 시카고의 날씨를 찾는 것이라면, 위키백과가 아닌 웹 검색 도구를 호출해야 합니다. 이 장의 후반부에서는 LLM이 적절한 도구를 선택하게 돕는 여러 기법을 소개할 예정입니다.

내부적으로 도구 호출은 보통 LLM이 도구 호출 모드로 진입함을 나타내는 특수 토큰과 함께 호출될 도구 함수와 인수를 나타내는 토큰을 생성함으로써 이루어집니다. 실제 도구 호출은 에이전트 오케스트레이션 프레임워크에서 수행합니다.

랭체인에서는 LLM이 도구를 사용할 수 있게 설정하고 이를 호출할 수 있습니다.

```
from langchain.agents import initialize_agent, Tool
from langchain.agents import AgentType
from langchain_community.tools import DuckDuckGoSearchRun
from langchain_openai import ChatOpenAI
from langchain_core.messages import HumanMessage

search_engine = DuckDuckGoSearchRun()
model = ChatOpenAI(model="gpt-4o")

tools = [
    Tool(
        name="Search",
        func=search_engine.run,
        description="사실 기반 질문에 답하는 검색 엔진"
    )
]

agent = initialize_agent(tools, model, verbose=True)
agent.run("독일 북부에서 가볼 만한 관광지는 어디가 있나요?")
```

> **연습 문제**
>
> 랭체인을 사용해 웹사이트(https://oreil.ly/LumHc)에 있는 도구 목록 중 최소 다섯 가지로 초기화된 에이전트를 만들어 보세요. API 키가 필요하지 않은 도구에는 위키백과, 덕덕고, arXiv(LLM 관련 논문을 포함한 과학 논문의 저장소)가 있습니다. 주어진 사용자 질의에 대해 모델이 올바른 도구를 선택하는지 관찰해 보세요. 시스템 프롬프트에서 모델에게 올바른 도구를 선택하는 힌트를 주면 어떻게 개선되는지 확인해 보세요.

일부 모델에는 네이티브 도구 호출tool-calling 기능이 있습니다. 그렇지 않은 모델이라면 기본 모델을 파인 튜닝해 도구 호출 기능을 부여할 수 있습니다. 오픈 모델 중에서는 Llama 3.1 Instruct(8B/70B/405B)가 네이티브 도구 호출을 지원하는 모델의 예입니다.

Llama 3.1에서 도구 호출이 어떻게 작동하는지 살펴보죠. Llama 3.1은 세 가지 도구에 대한 네이티브 지원을 제공합니다. 브레이브 웹 검색, 울프럼 알파 수학 엔진, 코드 인터프리터입니다. 이들은 시스템 프롬프트에서 정의해 **활성화**할 수 있습니다.

```
<|begin_of_text|><|start_header_id|>system<|end_header_id|>
Environment: ipython
Tools: brave_search, wolfram_alpha
Give responses to answers in a concise fashion.
<|eot_id|>
```

시스템 프롬프트에 사용자 프롬프트를 추가해 LLM에 질문을 해 봅시다.

```
<|start_header_id|>user<|end_header_id|>
2024년 하계 올림픽에서 아제르바이잔은 메달을 몇 개 땄나요?
<|eot_id|><|start_header_id|>assistant<|end_header_id|>
```

Llama 3.1은 다음과 같은 도구 호출로 응답합니다.

```
<|python_tag|>brave_search.call(query="2024년 하계 올림픽에서 아제르바이잔은 메달을 몇 개 땄나요?")<|eom_id|>
```

<|python_tag|> 토큰은 Llama 3.1이 도구 호출 모드로 들어가고 있음을 나타내는 특수 토

큰입니다. <|eom_id|> 특수 토큰은 모델이 아직 턴을 끝내지 않았으며 도구 호출 결과를 받을 때까지 기다린다는 신호입니다.

직접 만든 도구도 프롬프트에 포함할 수 있습니다. 이때는 JSON 형식으로 정의하는 것이 권장됩니다.

> **TIP** 도구의 수가 많다면 자세한 설명은 데이터 저장소에 저장하고, 도구가 실제 선택되었을 때만 해당 설명을 검색하여 불러오도록 구성할 수 있습니다. 이때 프롬프트에는 도구 이름과 간략한 설명만 포함하면 됩니다.

다음은 호출 가능한 로컬 함수 도구를 JSON으로 정의한 예시입니다.

```
<|start_header_id|>user<|end_header_id|>
사용 가능한 도구 목록은 다음과 같습니다.
도구를 호출할 때는 JSON 형식으로 응답하세요.
형식은 다음과 같습니다:
{"tool_name": 도구 이름, "arguments": 인자 이름과 값을 key-value 형태로 담은 딕셔너리}

{
  "type": "local_function",
  "function": {
    "name": "find_citations",
    "description": "주장에 대한 인용 정보를 검색합니다.",
    "parameters": {
      "type": "object",
      "properties": {
        "claim_sentence": {
          "type": "string",
          "description": "입력 문장에서 주장에 해당하는 문장"
        },
        "model": {
          "type": "string",
          "enum": ["weak", "strong"],
          "description": "사용할 인용 모델의 유형입니다. 엔터티나 숫자가 포함된 문장일 경우 'weak' 모델이 권장됩니다."
        }
      },
      "required": ["claim_sentence", "model"]
    }
  }
}
```

모델은 사전 정의된 JSON 포맷에 따라 도구 호출을 만들어 냅니다.

> **NOTE_** 실제 도구 호출 작업은 에이전트 오케스트레이션 소프트웨어가 수행합니다. Llama 3.1에는 이러한 에이전트 기반 워크플로를 지원하는 라이브러리인 llama-stack-apps[3]가 함께 제공됩니다.

도구 호출은 단순히 함수 이름과 인자를 반환하는 것보다 더 복잡할 수도 있습니다. 대표적인 예가 데이터베이스 쿼리입니다. LLM이 적절한 SQL 쿼리를 생성하려면 시스템 프롬프트에 데이터베이스 테이블의 스키마를 제공해야 합니다. 데이터베이스에 테이블이 너무 많다면 LLM이 필요한 시점에 스키마를 선택해서 조회하는 방식으로 구성할 수 있습니다.

> **TIP** 코드나 SQL 쿼리를 생성하는 데 전용 LLM을 사용하는 것도 좋은 방법입니다. 예를 들어 범용 언어 모델이 작업 목표에 대한 텍스트 설명을 생성하고, 이 결과를 코드 LLM이나 text-to-SQL 특화 모델에 입력해 실제 쿼리를 생성할 수 있습니다.

대규모이거나 고위험인 작업을 처리하는 에이전트 시스템을 구축할 때는 모델을 도구 사용 능력에 특화되도록 파인 튜닝하는 것이 중요합니다. 이와 관련해 참고할 만한 훌륭한 파인 튜닝 레시피는 친Qin 연구진의 ToolLLaMA[4]입니다.

연습 문제

사용자 정의 도구를 직접 만들어 Llama 3.1에서 사용할 수 있도록 구성해 보세요. 이러한 도구는 소프트웨어를 감싸는 래퍼 함수일 수도 있고, 섭씨를 화씨로 변환하는 등의 특정 기능을 수행하는 단일 함수일 수도 있습니다.

다음의 다섯 가지 도구를 JSON 형식으로 정의하고 시스템 프롬프트에 포함해 보세요.

- 위키백과 API를 질의하는 도구
- arXiv API를 질의하는 도구
- 섭씨를 화씨로 변환하는 도구
- 입력을 텍스트 파일로 저장하는 도구
- 파일을 복사하는 도구

---

[3] https://oreil.ly/SSmkI
[4] Qin et al., "TOOLLLM: FACILITATING LARGE LANGUAGE MODELS TO MASTER 16000+ REAL-WORLD APIS", 3 Oct 2023, https://arxiv.org/pdf/2307.16789

> 각 도구가 호출되도록 유도하는 질문을 입력해 테스트해 보세요. 도구가 제대로 호출되지 않는다면 설명을 수정한 후 다시 시도하세요. 이러한 설명 변경이 호출 성능 향상에 도움이 되는지 관찰하면 좋습니다.

10.4.3 데이터 저장소

에이전트는 하나 이상의 데이터 소스와 상호작용하며 작업을 수행합니다. 일반적으로 사용되는 데이터 소스에는 프롬프트 저장소, 세션 메모리, 도구 데이터가 포함됩니다.

프롬프트 저장소

프롬프트 저장소는 언어 모델에게 특정 작업을 수행하는 방법을 지시하는 상세한 프롬프트 모음입니다. 에이전트가 프로덕션 중에 수행하도록 요청될 작업 유형을 예상할 수 있다면, 이를 해결하는 방법에 대한 상세한 지침을 제공하는 프롬프트를 구성할 수 있습니다. 이러한 프롬프트에는 특정 워크플로의 단계별 수행 방식도 포함될 수 있습니다.

예를 들어 많은 언어 모델은 여전히 기초 산술 연산에서 오류를 범하곤 합니다. 다음과 같은 단순한 질문에도 정확하게 답하지 못할 때가 있습니다.

> 9.11은 9.9보다 큰가요?

최근까지도 최첨단 언어 모델들은 9.11이 9.9보다 크다고 주장했습니다. 이 오류는 소셜 미디어[5]에서 화제가 된 뒤에야 수정되었습니다.

이처럼 특정 작업 유형에서 LLM의 한계를 인지한다면 프롬프트 기반 지침을 사용해 문제를 사전에 완화할 수 있습니다. 예를 들어 숫자 비교 오류에 대응하는 프롬프트는 다음과 같습니다.

> 프롬프트: 크다/작다 비교 연산자를 사용해 두 숫자를 비교하라는 요청을 받았다면 다음을 수행하세요:
> 두 숫자를 가져와 소수점 자릿수가 동일하도록 맞춥니다. 그 후, 하나에서 다른 하나를 뺍니다. 결과가 양수면 첫 번째 숫자가 더 큽니다. 결과가 음수면 두 번째 숫자가 더 큽니다. 결과가 0이면 두 숫자는 같습니다.

---

[5] https://oreil.ly/ztWGW

이제 에이전트가 숫자 비교를 포함하는 작업을 수행해야 하는 경우, 먼저 프롬프트 저장소에서 이 프롬프트를 검색합니다. 이처럼 프롬프트의 상세한 단계별 지침을 따름으로써 내재된 한계를 극복할 수 있게 됩니다.

> **NOTE_** 왜 이 모든 프롬프트를 컨텍스트 윈도에 추가해 검색 과정을 생략하지 않는 걸까요? 첫째, 프롬프트가 너무 많아서 컨텍스트 윈도에 맞지 않을 수 있습니다. 둘째, 토큰 비용이 많이 들기 때문에 현재 작업과 관련이 없는 프롬프트를 포함하는 것은 비효율적입니다. 마지막으로, 언어 모델은 동시에 제한된 수의 지침만 준수할 수 있으므로 필요에 따라 검색하는 것이 더 효율적입니다.

프롬프트에는 1장에서 소개한 퓨샷 학습으로 알려진 입력-출력 예시가 포함될 수도 있습니다. 에이전트는 작업을 수행하는 데 도움이 되도록 필요에 따라 이를 검색할 수 있습니다. 관련 예시를 효과적으로 검색하는 방법은 12장에서 논의할 것입니다.

다음으로 에이전트가 세션 메모리를 사용해 목표를 달성하는 방법을 살펴보겠습니다.

세션 메모리

현재와 과거 세션에 에이전트가 수행한 단계의 로그를 저장하고 싶습니다. 이러한 로그는 자동화된 검증 프로세스나 인간 검증자의 피드백으로 보강될 수도 있습니다. 그러면 에이전트는 세션 로그를 검색해 컨텍스트를 더 잘 이해하고, 현재 워크플로에서 다음 행동을 결정하는 가이드로 사용할 수 있습니다. 예시에서 살펴보겠습니다.

> 프롬프트: 내일 파리의 날씨가 오늘보다 따뜻할까요? 섭씨로 자세히 알려 주세요.

에이전트는 이 질의를 해결하기 위해 거치는 일련의 단계는 모두 세션 히스토리에 기록됩니다. 이 질의의 세션 히스토리는 다음과 같을 수 있습니다.

> 사용자 프롬프트: 내일 파리의 날씨가 오늘보다 따뜻할까요? 섭씨로 자세히 알려 주세요.
> LLM 관찰: 사용자는 온도 데이터에 대해 섭씨 단위를 선호합니다.
> LLM 출력: 단계별로 수행해 봅시다.
>   1. 먼저, 오늘의 온도를 검색해 봅시다.
>   2. 다음으로 내일의 온도를 검색해 봅시다.
>   3. 차이를 계산하고 답을 생성합니다.
> 외부 검증기: 작업 분해가 올바릅니다.
> 도구 선택: <WeatherAPI> 선택됨

> 도구 정보 검색: 질의와 관련된 정보 검색
> <WeatherAPI>에서 온도 데이터 찾기
> 도구 호출: get_temperature_curweek(Paris)
> 도구 출력: 날씨 데이터 - 파리…
> LLM 출력: 오늘 파리의 온도는 섭씨 27도입니다. 내일 예보는 섭씨 23도입니다. 따라서 내일은 오늘보다 따뜻하지 않을 것입니다.
> 외부 검증기: 산술 연산이 올바릅니다.
> 에이전트: LLM 출력이 사용자에게 전송됨
> 사용자 피드백: 사용자가 이를 정확하다고 표시함

이처럼 세션 히스토리에는 매우 풍부한 정보가 있으므로 현재 사용자를 위한 맞춤형 컨텍스트를 제공하며, 에이전트의 올바른 워크플로 설계를 돕는 중요한 역할을 합니다.

더 고급 구현에서는 여러 수준의 로깅을 정의할 수 있어서 검색 중에 지정된 로깅 수준에 따라 세션의 모든 로그나 중요한 단계만 검색할 수 있습니다.

> **TIP** 세션 히스토리와 함께, 올바른 워크플로를 나타내는 정답 예시에 접근하는 권한을 에이전트에 제공할 수도 있습니다. 이런 예시는 테스트 시 에이전트가 올바른 작업 경로를 따르도록 하는 데 사용할 수 있습니다.

연습 문제

에이전트 관찰 가능성을 지원하는 도구에는 랭스미스(LangSmith)[6], 랭트레이스(Langtrace)[7], 오픈LLM트리(OpenLLMetry)[8] 등이 있습니다. 이러한 도구들 대부분은 프리미엄(freemium) 모델로 운영됩니다. 이전 연습 문제에서 구축한 Llama 3.1 에이전트에 랭스미스 관찰 가능성 도구를 사용하고 에이전트 추적을 관찰해 보세요.

세션 메모리는 인간과 에이전트 시스템 간의 상호작용 기록도 포함할 수 있습니다. 이러한 기록은 모델의 개인화에 활용될 수 있으며, 12장에서 더 자세히 다룰 예정입니다.

다음으로는 에이전트가 도구 데이터와 상호작용하는 방식을 살펴보겠습니다.

---

6 https://www.langchain.com/langsmith
7 https://github.com/Scale3-Labs/langtrace
8 https://github.com/traceloop/openllmetry

도구 데이터

도구 데이터^{tools data}에는 데이터베이스 스키마, API 문서, 샘플 API 호출 예시와 같이 도구를 호출하는 데 필요한 상세 정보가 있습니다. 에이전트가 도구를 호출하기로 하면, 모델은 도구 데이터 저장소에서 관련 도구 정보를 검색합니다.

예를 들어 데이터베이스에서 데이터를 검색하는 SQL 도구를 생각해 봅시다. 올바른 SQL 쿼리를 생성하기 위해 모델은 도구 데이터 저장소에서 데이터베이스 스키마를 검색할 수 있습니다. 도구 데이터에는 테이블과 컬럼 정보, 각 컬럼의 설명과 데이터 타입, 선택적으로 인덱스와 기본/보조 키에 관한 정보가 포함됩니다.

> **NOTE_** 데이터베이스에 대한 유효한 SQL 쿼리를 나타내는 데이터셋으로 LLM을 파인 튜닝하면, 쿼리를 생성하기 전에 스키마를 참조할 필요가 없어질 수 있습니다.

요약하면, 에이전트는 여러 방법으로 데이터 저장소를 활용할 수 있습니다. 프롬프트 저장소에서 프롬프트와 퓨샷 예시에 접근할 수 있고, 이전 세션에서 모델이 생성한 워크플로 히스토리와 중간 출력에 접근해 사용자 맞춤 컨텍스트를 이해하고 워크플로 지침을 수행하는 데 활용할 수 있으며 도구 문서에 접근해 도구를 올바르게 호출할 수 있습니다.

또한 에이전트는 웹, 데이터베이스, 지식 그래프 등의 외부 지식에 접근할 수 있습니다. 이러한 소스에서 올바른 정보를 검색하는 것은 그 자체로 완전한 하위 시스템입니다. 검색의 메커니즘에 관해서는 11장과 12장에서 논의하겠습니다.

이제 에이전트 세션 동안 LLM의 행동을 주도하는 역할을 담당하는 에이전트 루프 프롬프트에 대해 논의하겠습니다.

10.4.4 에이전트 루프 프롬프트

LLM에는 세션 메모리가 없다는 것을 기억하세요. 하지만 일반적인 에이전트 워크플로는 여러 LLM 호출에 의존합니다. 세션의 특정 시점에서 세션 상태와 LLM의 예상 역할에 대한 정보를 제공하는 메커니즘이 필요합니다. 이 에이전트 루프는 시스템 프롬프트에서 주도합니다.

다음은 간단한 에이전트 루프 시스템 프롬프트의 예입니다.

> 프롬프트: 당신은 현재 질문에 답하는 AI 모델입니다. 다음 도구들에 접근할 수 있습니다: {tool_description}. 각 질문에 대해, 정보에 접근하거나 행동을 실행하는 데 필요한 하나 이상의 도구를 호출할 수 있습니다. 다음 형식으로 도구를 호출할 수 있습니다: <TOOLNAME> <Tool Arguments>. 이러한 도구 호출의 결과는 사용자에게 제공되지 않습니다. 최종 답변이 준비되면 <Answer> 태그를 사용해 답변을 출력하세요.

이와 같은 프롬프트가 대부분의 사용 사례에 충분하다고 생각합니다. 하지만 모델이 올바르게 추론하지 않는 것 같다면 ReAct 프롬프팅을 시도해 볼 수 있습니다.

ReAct

이 글을 쓰는 현재, ReAct(추론 + 행동) 프롬프팅은 에이전트 루프에서 가장 인기 있는 프롬프트입니다. 일반적인 ReAct 프롬프트는 다음과 같습니다.

> 프롬프트: 당신은 추론하고 행동할 수 있는 AI 비서입니다. 각 질문에 대해 다음 프로세스를 따르세요:
> 1. 생각: 현재 상태를 반성하고 다음 단계를 계획하세요.
> 2. 행동: 정보를 수집하거나 도구를 호출하는 단계를 실행하세요.
> 3. 관찰: 행동의 결과를 기록하세요.
> 4. 최종 답변: 답변이 있다면 최종 응답을 제공하세요. 그렇지 않으면 답변을 얻을 때까지 생각 → 행동 → 관찰 → 루프를 계속하세요.

ReAct는 널리 사용되지만, 동시에 취약점[9]도 존재하는 것으로 알려졌습니다.

반성

에이전트 루프에는 자체 검증이나 자기 수정 단계가 포함될 수 있습니다. 이는 신Shinn 연구진[10]이 반성Reflexion 패러다임으로 개척했습니다. 다음은 반성 기법을 사용하는 Reflection-Llama-3.1의 시스템 프롬프트입니다.

> 프롬프트: 당신은 복잡한 추론과 반성이 가능한 세계적 수준의 AI 시스템입니다. <thinking> 태그에서 질의를 통해 추론하고, <output> 태그에서 최종 응답을 제공하세요. 어느 시점에서든 추론에서 실수를 했다고 감지하면, <reflection> 태그에서 스스로 수정하세요.

---

9 Verma et al., "Onthe Brittle Foundations of ReAct Prompting for Agentic Large Language Models", 22 May 2024, https://oreil.ly/RRZO9

10 Shinn et al., "Reflexion: Language Agents with Verbal Reinforcement Learning", 10 Oct, 2023, https://oreil.ly/xFVt0

<reflection> 태그는 모델이 자기 성찰하고 자기 수정하는 데 사용됩니다. 또한 <reflection> 태그가 활성화되어야 하는 조건을 지정할 수도 있습니다. 예를 들어 에이전트가 동일한 행동을 연속으로 세 번 이상 수행할 때는 루프에 빠졌음을 의미할 수 있습니다.

> **CAUTION**_ 반성 기반 방법의 효과는 과장되어 있습니다. 이 기법을 너무 자주 호출하면 모델이 해결책을 지나치게 의심하게 되어 득보다 실이 더 클 수 있습니다.

> **연습 문제**
>
> ReAct의 신뢰성을 테스트해 봅시다. 이 장에서 제공된 ReAct와 반성 프롬프트를 사용해 책의 깃허브 저장소[11]에 제공된 영화 추천 에이전트를 구동해 보세요. 더 간단한 프롬프트를 대신 사용하고 ReAct와 어떤 차이가 있는지 확인해 보세요.

다음으로 에이전트 시스템이 프로덕션에서 성공할 수 있도록 보장하는 구성 요소인 가드레일과 검증기를 살펴보겠습니다.

10.4.5 가드레일과 검증기

프로덕션 환경에서 발생하는 실수는 치명적일 수 있습니다. 사용 사례에 따라, 에이전트는 사실성, 안전성, 정확성 등 여러 기준에서 엄격한 표준을 준수해야 할 수 있습니다.

가드레일은 모델이 워크플로를 수행하는 동안 허용 범위를 벗어나지 않도록 안전성을 보장하는 구성 요소입니다. 가드레일의 예로는 유해성 언어 감지기, 개인식별정보(PII) 감지기, 사용자가 입력할 수 있는 질의 유형을 제한하는 입력 필터 등이 있습니다.

검증기는 에이전트가 실수에서 회복하고 자기 수정할 수 있도록 에이전트 시스템의 품질 표준을 보장합니다. 에이전트 시스템이 아직 초기 단계에 있으므로 정확하고 적절히 배치된 검증기의 중요성은 매우 큽니다. 검증기는 토큰 매칭 도구처럼 간단할 수도 있지만, 파인 튜닝된 모델이나 심볼릭 검증기 등일 수도 있습니다.

가드레일과 검증기를 더 자세히 알아봅시다.

---

[11] https://github.com/corazzon/designing-llm-apps

안전 가드레일

2장에서 언급했듯이 LLM은 주로 인간이 생성한 웹 텍스트로 훈련됩니다. 안타깝게도 인간이 생성한 텍스트의 상당 부분에는 유해하거나, 학대적이거나, 폭력적이거나, 음란한 내용이 포함됩니다. 우리는 LLM 애플리케이션이 사용자의 안전을 침해하는 콘텐츠를 생성하는 것을 원하지 않으며, 사용자가 모델을 오용해 안전하지 않은 콘텐츠를 생성하는 것도 원하지 않습니다. 정렬 훈련과 같은 기법을 사용해 모델이 유해한 콘텐츠를 생성할 가능성을 줄일 수는 있지만, 100% 성공을 보장할 수는 없으므로 안전한 사용을 보장하려면 추론 시점에 가드레일을 도입해야 합니다. 가드레일^{Guardrails}[12]과 엔비디아의 네모-가드레일$^{NeMo-Guardrails}$[13] 같은 라이브러리, Llama Guard[14]와 같은 모델이 이러한 가드레일 설정을 쉽게 해 줍니다.

가드레일 라이브러리는 LLM 입력과 출력의 안전성과 유효성을 보장하는 많은 (그리고 계속 늘어나는) 데이터 검증기를 제공합니다. 다음은 주요 검증기들입니다.

- **PII 탐지**: 이 검증기는 입력과 출력 텍스트 모두에서 개인식별정보를 탐지하는 데 사용할 수 있습니다. 내부적으로는 마이크로소프트 프레시디오^{Presidio}[15]가 PII 식별을 수행합니다.
- **프롬프트 주입**: 이 검증기는 특정 유형의 적대적 프롬프팅을 탐지할 수 있어 사용자가 LLM을 오용하는 것을 방지하는 데 사용됩니다. 내부적으로는 리버프^{Rebuff}[16] 라이브러리가 프롬프트 주입을 탐지합니다.
- **업무에 부적절한(NSFW) 텍스트**: 이 검증기는 LLM 출력에서 업무에 부적절한$^{not\ safe\ for\ work}$(NSFW) 텍스트를 탐지합니다. 여기에는 욕설, 폭력, 성적 내용이 포함된 텍스트가 포함됩니다. 텍스트에서 욕설만 탐지하는 욕설 탐지$^{Profanity\ free}$ 검증기도 존재합니다.
- **예의 확인**: 이 검증기는 LLM 출력 텍스트가 충분히 예의 바른지 확인합니다. 관련 검증기로는 유해성 언어$^{Toxic\ language}$ 검증기가 있습니다.
- **웹 안전성 검증**: 이 검증기는 LLM 출력에 보안 취약점이 있는지 확인합니다. 예를 들어 브라우저에서 실행할 수 있는 코드를 포함하는지 검사합니다. 내부적으로 블리치^{Bleach} 라이브러리[17]를 사용해 잠재적 취약점을 찾고 출력을 안전하게 처리합니다.

검증 확인이 실패하고 입력이나 출력에 실제로 유해한 콘텐츠가 있다면 어떻게 될까요? 가드레일은 몇 가지 옵션을 제공합니다.

---

[12] https://github.com/guardrails-ai/guardrails
[13] https://github.com/NVIDIA/NeMo-Guardrails
[14] https://oreil.ly/8S08P
[15] https://microsoft.github.io/presidio/
[16] https://github.com/protectai/rebuff
[17] https://github.com/mozilla/bleach

- **재요청**: 이 방법에서는 LLM에 출력을 재생성하도록 요청하되, 프롬프트에 이전에 검증에 실패한 기준을 구체적으로 준수하라는 지침을 포함합니다.
- **수정**fix: 이 방법에서는 라이브러리가 LLM에 재생성을 요청하지 않고 스스로 출력을 수정합니다. 수정은 입력이나 출력의 특정 부분을 삭제하거나 교체하는 방식으로 이루어질 수 있습니다.
- **필터링**filter: 구조화된 데이터 생성이 사용되는 경우, 이 옵션은 검증에 실패한 속성만 필터링하고 출력의 나머지 부분은 사용자에게 전달합니다.
- **출력 거부**refrain: 이 설정에서는 사용자에게 출력을 반환하지 않고 거부 응답을 제공합니다.
- **무작업**noop: 아무런 조치도 취하지 않지만, 검증 실패가 추후 검토를 위해 기록됩니다.
- **예외**exception: 검증이 실패할 때 소프트웨어 예외를 발생시킵니다. 예외 핸들러를 작성해 사용자 정의 동작을 활성화할 수 있습니다.
- **수정 후 재요청**fix_reask: 이 방법에서는 라이브러리가 먼저 스스로 출력을 수정하려고 시도한 다음 새 출력에 대해 검증을 실행합니다. 검증이 여전히 실패하면, LLM에 출력을 재생성하도록 요청합니다.

개인식별정보(PII) 가드레일 예시를 살펴보겠습니다.

```
from guardrails import Guard
from guardrails.hub import DetectPII

guard = Guard().use(
    DetectPII, ["EMAIL_ADDRESS", "PHONE_NUMBER"], "reask"
)

guard.validate("올해 노벨상은 제프리 힌턴이 수상했으며, 그는 +1 234 567 8900으로 연락할 수 있습니다.")
```

>  연습 문제
>
> 시스템 프롬프트를 추출하는 것은 대표적인 탈옥jailbreak 기법 중 하나입니다. 사용자가 시스템 프롬프트를 추출하지 못하도록 방지하는 가드레일을 작성해 볼 수 있을까요?

이제 검증 모듈이 어떻게 작동하는지 살펴보겠습니다.

검증 모듈

이 책 전반에 걸쳐 보았듯이, 현재의 LLM은 추론 한계와 환각과 같은 문제 때문에 견고성이 심각

하게 제한됩니다. 프로덕션 단계의 애플리케이션이 사용자에게 받아들여지려면, 일정 수준 이상의 신뢰성을 확보해야 합니다. LLM 기반 시스템의 신뢰성을 확장하는 한 가지 방법은 출력을 수동으로 검증하고 피드백을 제공할 수 있는 휴먼 인 더 루프 방식을 사용하는 것입니다. 하지만 현실 세계에서는 이러한 방식이 항상 바람직하거나 실현 가능한 것은 아닙니다. 가장 인기 있는 대안은 LLM 시스템의 일부로 외부 검증 모듈을 사용하는 것입니다. 이러한 모듈은 규칙 기반 프로그램에서 더 작은 파인 튜닝된 LLM과 심볼릭 솔버symbolic solver에 이르기까지 다양할 수 있습니다. LLM을 검증기로 사용하려는 노력도 있으며, 이를 'LLM을 통한 평가'라고 부릅니다.

이와 관련된 구성 요소에는 폴백 모듈이 있습니다. 폴백 모듈은 검증 프로세스가 실패하고 재시도/수정이 작동하지 않을 때 활성화됩니다. 폴백 모듈은 '죄송하지만 귀하의 요청을 처리할 수 없습니다'와 같은 간단한 메시지부터 더 복잡한 워크플로까지 다양하게 구현할 수 있습니다.

예를 들어 금융 문서에 대해 작동하는 추상적 요약 애플리케이션을 생각해 봅시다. 생성된 요약의 품질과 신뢰성을 보장하려면 시스템 아키텍처에 검증과 자기 수정을 내장해야 합니다.

추상적 요약의 품질을 어떻게 검증할까요? 요약의 품질을 자동으로 정량화하는 단일 숫자 지표를 사용할 수도 있지만, 더 전체적인 접근법은 좋은 요약이 만족해야 하는 기준 목록을 정의하고 각 기준이 충족되는지 검증하는 것입니다.

> **NOTE_** 요약을 평가하는 단일 수치 기반의 정량적 지표가 여러 가지 존재합니다. 여기에는 BLEU, ROUGE[18], BERTScore[19]와 같은 지표가 포함됩니다. BLEU와 ROUGE는 토큰 중복 휴리스틱에 의존하며, 요약 품질을 제대로 평가하기에는 심각하게 부족하다는 것[20]이 입증되었습니다. 의미적 유사성을 적용하는 BERTScore와 같은 기법은 더 유망한 것으로 나타났지만, 결국 요약의 품질에는 주관적인 요소가 많이 작용하며 검증을 위해 더 전체적인 접근법이 필요합니다.

금융 문서 요약 애플리케이션에서 중요한 검증 기준은 다음과 같습니다.

- **사실성**: 요약은 사실적으로 정확하며 원본 텍스트에서 잘못된 가정이나 결론을 도출하지 않습니다.
- **구체성**: 과도하게 요약하면 안 됩니다. 지나치게 일반적으로 되는 것을 피하고 숫자나 고유 명사와 같은 구체적인 세부 사항을 제공해야 합니다.

---

[18] https://oreil.ly/LPlFJ
[19] Zhang et al., "BERTSCORE: EVALUATING TEXT GENERATION WITH BERT", 2020, https://oreil.ly/gsOGl
[20] https://oreil.ly/rSzbR

- **관련성**: 정밀도라고도 하며, 요약문을 이루는 모든 문장 중에서 실제로 원문과 관련이 있어 요약에 포함할 만한 가치가 있는 문장의 비율로 계산됩니다.
- **완전성**: 재현율recall이라고도 하며, 원문에 있는 관련 항목들 가운데 요약문에 실제로 포함된 비율을 말합니다.
- **반복성**: 원문에 중복이 있더라도, 요약문에는 같은 내용이 불필요하게 반복되지 않도록 해야 합니다.
- **일관성**: 전체 요약을 읽었을 때, 원문의 내용을 명확히 전달하며 모호성을 최소화해야 합니다. 이 기준은 상대적으로 주관적일 수 있습니다.
- **구조**: 요약 작업을 정의할 때, 요약의 구조를 명시할 수 있습니다. 예를 들어 요약에 미리 정의된 섹션과 하위 섹션을 포함하도록 요구할 수 있습니다. 생성된 요약은 명시된 구조를 따라야 합니다.
- **형식**: 요약은 적절한 형식을 따라야 합니다. 예를 들어 요약이 글머리 기호 목록으로 생성되어야 한다면, 요약의 모든 항목은 글머리 기호로 표현되어야 합니다.
- **순서**: 요약 항목의 순서는 요약 내용의 이해를 방해해서는 안 됩니다. 때로는 연대순 등 특정한 순서를 지정할 수도 있습니다.
- **오류 처리**: 원본 문서에 오류나 누락이 있을 때, 이에 대해 적절한 오류 처리 절차가 있어야 합니다.

> **연습 문제**
>
> 이 책의 깃허브 저장소[21]에 제공된 캐나다 의회 회의록 데이터셋을 기반으로 한 질의응답 어시스턴트의 검증 기준을 정의해 보세요. 이 기준이 추상적 요약 작업과 어떤 점에서 다른가요?

주어진 요약이 이 모든 기준을 충족하는지 자동으로 검증하려면 어떻게 해야 할까요? 규칙 기반 방법과 파인 튜닝된 모델의 조합을 사용할 수 있습니다. 궁극적으로, 검증에 사용되는 방법의 엄격함은 애플리케이션에 필요한 신뢰성 정도에 따라 달라집니다. 하지만 애플리케이션 전체가 아닌 개별 기준의 적합성을 검증하는 방식으로 검증 프로세스의 범위를 줄이면, 비용 효율적인 기법으로도 정확하게 검증하기가 더 쉬워집니다. 추상적 요약 작업의 각 기준에 대한 검증기를 어떻게 구축하는지 살펴봅시다.

사실성

정답에 접근할 수 없다면 LLM이 생성한 진술이 사실적인지 검증하기가 극히 어렵습니다. 하지만 요약 애플리케이션에서는 정답에 접근할 수 있습니다. 따라서 요약의 각 문장을 가져와서 원본 텍스트가 주어졌을 때 요약의 진술을 논리적으로 결론 내릴 수 있는지 확인함으로써 사실성을 검증할 수 있습니다. 이는 표준 자연어 처리 작업인 자연어 추론natural language inference(NLI) 문제로 구성할 수 있습니다.

NLI 작업에는 가설과 전제가 있으며, 목표는 가설이 전제에 따라 논리적으로 함의되는지 확인하는 것입니

---

[21] https://github.com/corazzon/designing-llm-apps

다. 우리 예시에서 가설은 요약의 문장이고 전제는 원본 텍스트입니다.

도메인에 특화된 NLI 모델을 훈련하는 것은 번거로운 작업일 수 있습니다. NLI 모델에 접근할 수 없다면 토큰 중복과 유사한 통계를 사용해 사실성 검증을 근사할 수 있습니다.

숫자와 고유 명사에 대해서는 문자열 매칭으로 사실성 검증을 수행할 수 있습니다. 요약의 모든 숫자와 고유 명사가 실제로 원본 텍스트에 존재하는지 확인할 수 있습니다.

구체성

요약을 구체적으로 만드는 한 가지 방법은 관련된 숫자와 고유 명사를 포함하는 것입니다. 요약의 각 문장에 대해 해당 문장의 주제와 관련된 원본 문서의 내용에 숫자와 고유 명사가 있는지, 이 정보가 요약에 반영되었는지 확인할 수 있습니다. 숫자와 고유 명사는 정규 표현식이나 spaCy[22]와 같은 라이브러리를 사용해 태그를 지정하고 탐지할 수 있습니다.

관련성/정밀도

요약의 문장이 관련성이 있는지 탐지하는 분류 모델을 훈련할 수 있습니다. 이 접근법에는 한계가 있다는 점에 주의하세요. 이 분류 모델이 충분히 정확하다면, 애초에 이 모델을 사용해 원문에서 관련 있는 문장만 뽑아 요약을 생성했겠죠. 실제로는 이 모델을 사용해 분명히 관련성이 낮은 문장을 제거하는 데 도움을 받을 수 있습니다.

재현율/완전성

어떤 내용이 요약에 포함되어야 하는지는 어려운 문제이며, 특히 요약 길이에 엄격한 제한이 있는 경우 더 그렇습니다. 원본 문서의 문장을 중요도로 순위를 매기는 순위 모델을 훈련하고, 상위 순위 문장이 요약에 표현되었는지 검증할 수 있습니다. 또한 요약에 표현되어야 하는 내용의 유형을 미리 명시하고 원본 문서의 어느 부분이 관련 정보를 포함하는지 결정하는 분류 모델을 구축할 수도 있습니다. 임베딩 유사성과 같은 유사성 지표를 사용해 내용이 요약에 적절히 표현되었는지 확인할 수 있습니다.

반복성

자카드 거리(Jaccard distance)[23]와 같은 문자열 차이 알고리즘을 사용하거나 요약 문장 쌍 간의 임베딩 유사성을 계산해 반복성을 탐지할 수 있습니다.

일관성

일관성은 매우 검증하기 어려운 기준입니다. 이를 해결하는 한 가지 방법은 (비용이 더 들겠지만) 선행 정보 탐지(prerequisite detection) 모델을 구축하는 것입니다. 요약의 각 문장에 대해, 앞선 문장들이 해당 문장을 이해하는 데 충분한 배경지식을 제공하는지 탐지합니다. 전제 조건 탐지 기법에 관한 자세한 정보는 타레야(Thareja) 연구진의 논문[24]을 참조하세요.

---

[22] https://oreil.ly/zatAW
[23] https://oreil.ly/Ny_Ku
[24] Thareja et al., "Auto-req: Automatic detection of pre-requisite dependencies between academic videos", 13 Jul 2023, https://oreil.ly/6JnRs

구조

미리 결정된 요약의 구조(섹션과 하위 섹션)를 명시했다면, 요약에 원하는 섹션과 하위 섹션 제목이 있는지 확인해 구조가 준수되었는지 쉽게 식별할 수 있습니다. 또한 임베딩 유사성 기법으로 섹션과 하위 섹션의 내용이 각각의 제목에 적합한지 검증할 수 있습니다.

형식

내용이 적절한 형식인지 확인합니다. 예를 들어 글머리 기호 목록인지, 유효한 JSON 객체인지 확인합니다.

순서

원하는 순서는 시간순, 알파벳순, 도메인/작업별 순서일 수 있습니다. 시간순이어야 한다면 요약에서 날짜를 추출하고 요약이 시간순으로 정렬되었는지 확인해 검증할 수 있습니다. 순서 요구 사항이 더 복잡하다면 순서 준수 검증은 극히 어려운 작업이 될 수 있습니다.

> **TIP** 검증 프로세스가 요약 모델보다 엄격하고 더 나을 것이라고 기대하지 마세요. 그렇다면 검증 프로세스를 사용해 요약을 생성할 수 있었을 것입니다.

SAT(불리언 충족 가능성 boolean satisfiability)[25] 솔버와 논리 플래너와 같은 심볼릭 검증기도 배포할 수 있습니다. 이런 검증은 이 책의 범위를 넘어섭니다.

> **연습 문제**
>
> 이전 연습 문제에서 살펴본 작업(캐나다 의회 회의록 질의응답 어시스턴트)과 관련해, 식별한 각 기준에 대한 검증 모듈을 어떻게 구축할까요? 휴리스틱 기반 기법만으로 강건한 검증을 수행할 수 있을까요?

검증 모듈이 시스템 아키텍처의 일부가 되면 검증이 실패했을 때 어떤 조치를 취할지도 결정해야 합니다. 한 가지 옵션은 언어 모델에서 다시 샘플링하는 것입니다. 재생성은 전체 출력이나 검증에 실패한 출력에 대해서 수행할 수 있습니다. 또한 실패 시 폴백이 있는 안티프래질 antifragile 아키텍처를 개발할 수도 있으며, 이는 13장에서 논의하겠습니다.

> **CAUTION_** 더 많은 검증기를 추가하면 시스템 지연 시간이 크게 증가할 수 있습니다. 따라서 검증기의 도입은 정확성과 시스템 지연 시간 요구 사항과 균형을 맞춰야 합니다.

---

25 https://oreil.ly/l0sg_

마지막으로, 이러한 모든 구성 요소를 연결해 주는 에이전트 오케스트레이션 소프트웨어를 살펴보겠습니다.

10.4.6 에이전트 오케스트레이션 소프트웨어

에이전트 워크플로가 원활하게 진행되려면 모든 구성 요소를 연결하는 소프트웨어가 필요합니다. 오케스트레이션 소프트웨어는 상태를 관리하고, 도구를 호출하며, 검색을 시작하고, 버퍼를 연결하며, 중간 및 최종 출력을 기록합니다. 오픈 소스와 독점 소프트웨어를 모두 포함하여 랭체인^{LangChain}[26], 라마인덱스^{LlamaIndex}[27], 크루AI^{CrewAI}[28], 오토젠^{AutoGen}[29], 메타GPT^{MetaGPT}[30], X에이전트^{XAgent}[31], llama-stack-apps[32] 등 많은 에이전트 프레임워크가 이 기능을 수행합니다.

> **TIP** 에이전트는 상대적으로 새로운 패러다임이므로 이 모든 에이전트 프레임워크는 앞으로 몇 달, 몇 년 동안 많이 변화할 것으로 예상됩니다. 이러한 프레임워크는 특정 관점이 반영된 방식으로 구현되어 유연성이 떨어집니다. 프로토타이핑할 때는 사용 편의성을 고려해 랭체인이나 라마인덱스를 선택하는 것을 제안합니다. 프로덕션 사용자라면 처음부터 내부적으로 프레임워크를 구축하거나 오픈 소스를 확장해 구축하는 것을 고려할 수 있습니다. 이 책의 깃허브 저장소[33]에도 기초적인 에이전트 프레임워크가 있습니다.

에이전트 시스템의 다양한 구성 요소들을 모두 배웠으니, 본격적으로 만들어 볼 차례입니다. 이 책의 깃허브 저장소[34]에는 다양한 에이전트 유형의 샘플 구현이 있습니다. 이를 여러분의 사용 사례에 맞게 수정하며 알맞은 해결책을 찾아보세요.

> **TIP** 단순하게 유지하라$^{keep\ it\ simple,\ stupid}$(KISS) 원칙은 다른 최근 패러다임보다 에이전트에 더 잘 어울립니다. 특별한 이유가 없다면 에이전트 아키텍처를 복잡하게 만들지 않는 것이 좋습니다. 이에 관해서는 13장에서 더 자세히 다루겠습니다.

---

[26] https://www.langchain.com/
[27] https://www.llamaindex.ai/
[28] https://github.com/crewAIInc/crewAI
[29] https://github.com/microsoft/autogen
[30] https://github.com/FoundationAgents/MetaGPT
[31] https://github.com/OpenBMB/XAgent
[32] https://github.com/meta-llama/llama-stack-apps
[33] https://github.com/corazzon/designing-llm-apps
[34] https://github.com/corazzon/designing-llm-apps

웹 에이전트와 컴퓨터 사용

이 장 전반에 걸쳐, 주로 소프트웨어 인터페이스를 호출함으로써 실제 환경에서 작업을 처리하는 에이전트의 예시를 보았습니다. 하지만 인간 작업을 자동화하려는 과정에서 외부 소프트웨어 인터페이스가 존재하지 않고 웹 페이지와 같은 GUI만 있을 때가 많음을 알게 됩니다. 인간에게 지루한 작업의 상당 부분은 컴퓨터에서 시스템 간 복사/붙여넣기를 하거나, 다른 시스템의 데이터를 사용해 엑셀 시트의 열을 채우는 등의 행동을 포함합니다. 에이전트가 이런 작업을 자동화하는 데 도움을 줄 수 있을까요?

웹 에이전트라는 새로운 에이전트 패러다임이 이를 가능하게 합니다. 웹 에이전트는 문서 객체 모델(DOM)이나 웹 페이지의 스크린샷을 사용해 페이지의 현재 상태를 이해하고, 필드에 정보를 입력하거나, 요소를 클릭하거나, 링크를 탐색하는 등의 작업을 수행합니다. 예를 들어 웹 에이전트를 활용하면 여행 웹사이트로 이동해 정보를 입력하고, 다양한 옵션 중에서 선택하며, 결제를 완료해 자동으로 항공편을 예약하는 데 도움을 줄 수 있습니다. 다만 현재로서는 여전히 초기 기술이라서 벤치마크 작업[35]에서 좋지 않은 결과를 보입니다.

앤트로픽과 같은 회사들이 에이전트가 컴퓨터 데스크톱 환경을 제어할 수 있게 하는 컴퓨터 사용[36] 기능의 초기 버전을 출시했습니다.

앤트로픽의 컴퓨터 사용 데모[37]를 실행해 보세요. 제공된 시스템 프롬프트[38]에 주의를 기울이면서 자주 발생하는 실패 모드를 관찰해 보세요.

---

[35] Yoran et al., "AssistantBench: Can Web Agents Solve Realistic and Time-Consuming Tasks?", 21 Oct 2024, https://arxiv.org/abs/2407.15711
[36] https://oreil.ly/FT44u
[37] https://oreil.ly/nUtar
[38] https://oreil.ly/AsFpP

10.5 마치며

이 장에서는 LLM이 외부 도구와 인터페이스하는 다양한 방법을 살펴봤습니다. 에이전트 패러다임을 소개하고 에이전트의 공식 정의를 알아보았습니다. 또한 에이전트 시스템의 구성 요소인 모델, 도구, 데이터 저장소, 가드레일과 검증기, 에이전트 오케스트레이션 소프트웨어를 자세히 살펴봤습니다. 직접 도구를 정의하고 구현하는 방법도 배웠습니다. 다음 장에서는 LLM을 외부 데이터와 인터페이스하는 중요한 요소인 데이터 표현과 검색을 자세히 알아보겠습니다.

CHAPTER 11

표현 학습과 임베딩

이전 장에서는 언어 모델을 외부 도구, 특히 데이터 저장소와 어떻게 연동하는지를 살펴봤습니다. 외부 데이터는 텍스트 파일, 데이터베이스 테이블, 지식 그래프 등의 형태로 존재할 수 있습니다. 데이터는 독점적인 도메인별 지식베이스부터 LLM이 생성한 중간 결과와 출력까지 매우 다양한 콘텐츠 유형을 포함할 수 있습니다.

데이터가 관계형 데이터베이스에 저장된 구조화된 형태라면 언어 모델이 필요한 데이터를 검색하는 SQL 쿼리를 발행할 수 있습니다. 그러나 데이터가 비구조화된 형태라면 어떻게 해야 할까요?

비구조화된 텍스트 데이터셋에서 데이터를 검색하는 방법으로 키워드 검색이나 정규 표현식을 사용할 수 있습니다. 예를 들어 10장에서 살펴본 애플 CFO 사례에서는 재무 공시 텍스트 코퍼스에서 CFO가 언급된 텍스트를 찾아 CFO의 입사일이나 재임 기간 정보를 얻을 수 있을 것으로 기대할 수 있습니다. 다음과 같은 정규 표현식을 사용할 수 있습니다.

```
pattern = r"(?i)\b(?:C\.?F\.?O|Chief\s+Financial\s+Officer)\b"
```

하지만 키워드 검색은 효과가 제한적입니다. 코퍼스에 CFO의 입사일이나 재임 기간이 포함되었다고 하더라도 이를 표현하는 방법은 매우 다양해서 이와 같이 포괄적인 정규 표현식을 사용하면 거짓 양성이 많이 발생할 수 있습니다.

따라서 키워드 검색을 넘어서는 방법이 필요합니다. 지난 수십 년간 정보 검색 분야에서는

BM25와 같은 여러 기법이 개발되어 검색 시스템을 발전시키는 데 중요한 역할을 했습니다. 이러한 기법은 제12장에서 자세히 다룰 예정입니다. LLM 시대에는 임베딩 기반 검색 시스템이 검색을 구현하는 표준 방식으로 자리 잡고 있습니다.

이번 장에서는 임베딩이 어떻게 작동하는지를 살펴보겠습니다. 의미적 유사도의 개념을 탐구하고 다양한 유사도 측정 방법을 알아보겠습니다. 또한 널리 사용되는 임베딩 모델을 활용하는 방법과 성능을 평가하는 방법도 다루겠습니다. 특정 사용 사례와 도메인에 맞게 임베딩 모델을 파인 튜닝하는 방법도 살펴보겠습니다. 이어서 희소 오토인코더sparse autoencoder(SAE)를 사용해 이러한 임베딩을 해석하는 방법을 알아보고, 마지막으로 저장 공간과 계산 비용을 줄이는 임베딩 최적화 기법도 살펴보겠습니다.

11.1 임베딩 소개

표현 학습은 데이터의 의미 있는 특성을 포착하는 방식으로, 종종 저차원 공간에서 데이터를 표현하는 방법을 학습하는 머신러닝의 하위 분야입니다. 자연어 처리 맥락에서는 단어, 문장, 단락과 같은 텍스트 단위를 임베딩이라는 벡터 형태로 변환하는 작업을 의미합니다. 임베딩은 입력의 의미적(의미 관련) 특성과 화용적(사회적 맥락 관련) 특성을 포착합니다.

임베딩은 오픈 소스 라이브러리와 유료 API 모두를 사용해 생성할 수 있습니다. 그중 센텐스 트랜스포머Sentence Transformers[1]는 매우 유명한 오픈 소스 라이브러리로, 독점 모델들과 비교해도 경쟁력 있는 성능을 보이는 임베딩 모델들에 접근하게 해 줍니다.

센텐스 트랜스포머 라이브러리를 사용해 임베딩을 생성해 보겠습니다.

```
from sentence_transformers import SentenceTransformer, util

sbert_model = SentenceTransformer('msmarco-distilbert-base-tas-b')
embedding = sbert_model.encode(
    "American pizza is one of the nation's greatest cultural exports",
    show_progress_bar=True,
    device='cuda',
```

---

[1] https://oreil.ly/4OSVd

```
    convert_to_tensor=True)

print("Embedding size:", embedding.shape[0])
print(embedding)
```

출력은 다음과 같습니다.

```
Embedding size: 768
tensor([-3.9256e-01, 1.0734e-01, 1.3579e-01, 7.6147e-02, 5.2521e-02,
        -6.5887e-03, 1.9225e-01, 3.5374e-01, 2.5725e-01, 5.6408e-02,...])
```

이 모델의 임베딩 크기는 768이며, 벡터가 768차원으로 구성되었다는 의미입니다. 이 모델의 시퀀스 길이는 512로, 입력 텍스트가 512 토큰을 초과하면 잘려 나갑니다. 임베딩 벡터는 부동소수점 숫자로 구성되며 이 자체로는 해석할 수 없습니다. 이러한 임베딩을 해석하는 기법은 이번 장의 후반에 다루겠습니다.

오늘날 사용되는 대부분의 임베딩 모델은 4장에서 소개한 인코더 전용 언어 모델을 기반으로 합니다. 주로 BERT, RoBERTa, MPNet 등으로, 일반적으로는 패러프레이징(의미 유사성 판단)paraphrasing, 질의응답, 자연어 추론 데이터셋으로 파인 튜닝됩니다. 이러한 모델에서 임베딩을 추출하는 방식(즉, `sentence_transformers.encode()` 함수 내부 동작 방식)은 다음 예시로 확인하실 수 있습니다.

```
from transformers import AutoTokenizer, AutoModel
import torch

tokenizer = AutoTokenizer.from_pretrained(
    "sentence-transformers/msmarco-distilbert-base-tas-b")
model = AutoModel.from_pretrained(
    "sentence-transformers/msmarco-distilbert-base-tas-b")
input = tokenizer(
    'American pizza is one of the nation\'s greatest cultural exports',
    padding=True, truncation=True, return_tensors='pt')

with torch.no_grad():
    output = model(**input, return_dict=True)
    embedding = output.last_hidden_state[:, 0]
print(embedding)
```

이 예시에서는 DistilBERT 모델의 마지막 층에서 [CLS] 토큰의 출력을 임베딩으로 사용합니다. 모델로부터 임베딩을 추출하는 다른 방법은 다음과 같습니다.

- **평균 풀링**mean pooling : 시퀀스의 모든 토큰 출력에 대해 평균을 취하는 방법입니다.
- **최대 풀링**max pooling : 모든 토큰에 걸쳐 각 차원에서 최댓값을 취하는 방법입니다.
- **가중 평균**weighted mean : 마지막 몇 개 토큰에 더 많은 가중치를 부여하는 방법입니다.
- **마지막 토큰** : 마지막 토큰의 인코더 출력을 임베딩으로 사용하는 방법입니다.

> TIP 마지막 토큰(또는 첫 번째 토큰)이 전체 시퀀스를 잘 표현하는지는 사전 훈련과 파인 튜닝 목적에 따라 크게 좌우됩니다. BERT의 사전 훈련 목적(다음 문장 예측)은 [CLS] 토큰이 시퀀스 전체를 잘 나타내도록 하지만, RoBERTa는 이러한 목적을 사용하지 않아 ⟨s⟩ 시작 토큰이 그만큼 유용하지는 않습니다.

최근에는 SGPT 계열의 모델[2] 같은 디코더 기반 임베딩 모델이 주목받고 있습니다. 오픈AI는 검색과 유사도를 위한 단일 임베딩 엔드포인트를 제공합니다. 오픈AI의 임베딩은 훨씬 더 긴 최대 시퀀스 길이(8,192 토큰)와 큰 차원 크기(1,536 – 3,072)를 지원합니다. 코히어와 지나Jina도 임베딩을 제공하는 업체입니다.

작업에 적합한 모델을 선택하려면 비용, 지연 시간, 저장 공간 제약, 성능, 사용 사례의 데이터 도메인을 고려해야 합니다. 센텐스 트랜스포머 라이브러리로 이용할 수 있는, 작지만 효과적인 all-mpnet-base-v2 모델로 시작하는 것을 추천합니다. 이 모델은 자연어 처리 분야의 핵심 도구라 생각합니다. 언제나 그렇듯이 다양한 모델을 실험해 보면 도움이 됩니다. 올바른 모델 선택에 관한 팁은 이 장의 나머지 부분에서 계속 제공하겠습니다. 또한 이 장 후반부에서는 임베딩 모델 평가 방법과 인기 있는 벤치마크들을 소개하겠습니다.

> **CAUTION_** 무한 압축infinite compression 같은 것은 존재하지 않습니다! 임베딩 크기는 고정되므로 입력이 길수록 임베딩에 인코딩할 수 있는 정보는 줄어듭니다. 이 트레이드오프를 관리하는 방법은 사용 사례에 따라 다릅니다.

---

[2] https://oreil.ly/AztT9

11.2 의미 검색

임베딩의 진정한 가치는 대규모 텍스트 코퍼스를 표현할 때 확인할 수 있습니다. 데이터를 나타내는 벡터들은 임베딩 공간이라는 곳을 차지합니다. 유사한 텍스트들은 임베딩 공간에서 서로 더 가깝습니다. 이런 특성 덕분에 유사도 측정법을 사용해 클러스터링이나 의미 검색 같은 의미 있는 작업을 수행할 수 있습니다. 의미 검색은 질의와 문서의 의미와 컨텍스트를 고려해 주어진 질의와 가장 관련성이 높은 문서를 식별하는 기법을 말합니다.

PCA[3]나 t-SNE[4] 같은 차원 축소 기법으로 임베딩 공간을 시각화할 수 있습니다. [그림 11-1]은 노믹 AI$^{\text{Nomic AI}}$[5]가 자사의 아틀라스^{Atlas} 도구를 사용해 만든 미국 의회 의원들의 X(구 트위터) 게시물 임베딩 시각화를 보여줍니다. 노믹의 블로그[6]에서 이 시각화의 자세한 버전을 볼 수 있습니다.

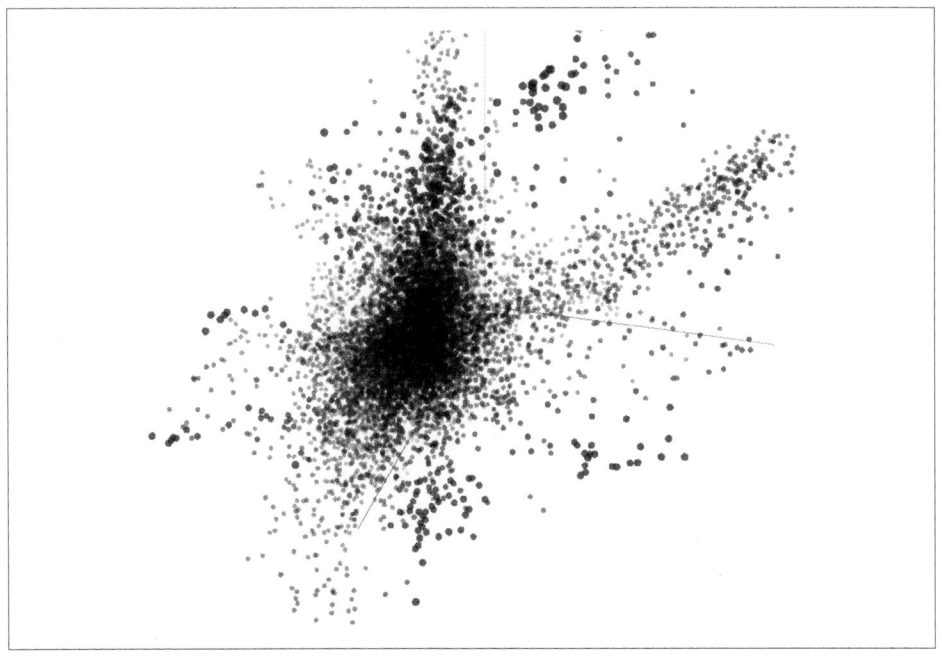

그림 11-1 임베딩 공간 시각화

---

3 https://oreil.ly/Rk1M9
4 https://oreil.ly/0xNrB
5 https://oreil.ly/XsXls
6 https://oreil.ly/AORpk

임베딩을 의미 검색에 어떻게 사용하는지 살펴보겠습니다. 주어진 사용자 질의에 대해 질의의 임베딩을 생성한 다음, 벡터 공간에서 그것과 가장 가까운 문서 임베딩들을 식별할 수 있습니다. 상위 k개(k는 1만큼 작을 수도 있지만 애플리케이션 요구 사항에 따라 달라질 수 있음) 가장 가까운 벡터에 해당하는 텍스트들이 검색 질의에 대한 응답으로 제공됩니다. 이 과정을 **검색**retrieval이라고 합니다. 그런 다음, 이 텍스트들은 사용자 질의와 함께 대규모 언어 모델 프롬프트에 입력되고, 대규모 언어 모델은 컨텍스트에서 제공된 정보를 사용해 사용자 질의에 답변합니다. 이런 2단계 과정은 전통적으로 **검색기-판독기**retriever-reader 프레임워크라고 합니다. 이 예시에서는 대규모 언어 모델이 판독기reader 역할을 합니다.

간단한 예시로, 다음 두 문장을 포함하는 코퍼스를 생각해 보죠.

```
chunks = ['The President of the U.S is Joe Biden',
          'Ramen consumption has increased in the last 5 months']
```

'president of usa'라는 질의가 주어졌다고 가정하면 센텐스 트랜스포머를 사용해 질의와 청크들을 인코딩할 수 있습니다.

```
from sentence_transformers import SentenceTransformer, util

query = 'president of usa'

sbert_model = SentenceTransformer('msmarco-distilbert-base-tas-b')

chunk_embeddings = sbert_model.encode(chunks,
                                      show_progress_bar=True,
                                      device='cuda',
                                      normalize_embeddings=True,
                                      convert_to_tensor=True)

query_embedding = sbert_model.encode(query,
                                     device='cuda',
                                     normalize_embeddings=True,
                                     convert_to_tensor=True)

matches = util.semantic_search(query_embedding,
                               chunk_embeddings,
                               score_function=util.dot_score)
```

출력 결과는 다음과 같습니다.

```
[[{'corpus_id': 0, 'score': 0.8643729090690613},
  {'corpus_id': 1, 'score': 0.6223753690719604}]]
```

결과에서 첫 번째 문장의 유사도 점수가 훨씬 높으므로 첫 번째 문장을 질의응답으로 반환합니다.

> **NOTE_** 대칭적 의미 검색과 비대칭적 의미 검색에는 차이가 있습니다. 대칭적 검색에서는 질의 텍스트가 문서 텍스트와 비슷한 크기입니다. 비대칭적 검색에서는 검색 엔진이나 질의응답 어시스턴트 질의에서처럼 질의 텍스트가 문서 텍스트보다 훨씬 짧습니다. 일부 모델은 대칭적 검색이나 비대칭적 검색에만 특화되었으며, 질의와 청크 텍스트를 별도의 모델을 사용해 인코딩하는 모델도 있습니다.

11.3 유사도 측정법

일반적으로 사용되는 유사도 측정법에는 내적, 코사인 유사도, 유클리드 거리Euclidean distance가 있습니다. 배경지식이 필요하다면 유사도 측정법에 관한 파인콘Pinecone 튜토리얼[7]을 참조하세요. 임베딩 모델을 사용할 때는 해당 모델을 훈련할 때 사용한 유사도 측정법을 사용하세요. 이 정보는 모델 카드나 허깅 페이스 모델 허브 페이지에서 찾을 수 있습니다.

> **TIP** encode() 함수의 인수로 normalize_embeddings를 True로 설정하면 임베딩이 단위 길이로 정규화됩니다. 이렇게 하면 내적과 코사인 유사도가 같은 값을 갖게 됩니다. 내적이 코사인 유사도보다 더 빠른 연산이라는 점에 주목하세요. 센텐스 트랜스포머는 내적과 코사인 유사도에서 훈련된 모델들[8]을 별도로 제공하며, 내적에서 훈련된 모델들이 검색 시 더 긴 청크를 선호하는 경향이 있다고 언급합니다.

---

7 https://www.pinecone.io/learn/vector-similarity/
8 https://oreil.ly/LOu75

> **연습 문제**
>
> 모델에서 임베딩을 추출하는 다양한 풀링 방법을 실험해 보세요. 센텐스 트랜스포머에서 제공하는 코드[9]를 참조할 수 있습니다. 앞선 예시와 동일한 문장들을 사용해 유사도 점수가 어떻게 변하는지 관찰해 보세요. 다양한 유사도 측정법을 시도하며 같은 실험을 반복해 보세요.

의미적 유사도 개념이 강력하긴 하지만, 모든 애플리케이션의 만병통치약은 아닙니다. 의미적 유사도 작업은 명확히 정의되지 않았으며 유사도에는 여러 개념이 있습니다. 유사도는 비교되는 개체들의 동일성이나 유사성을 의미합니다. 하지만 같은 두 개체에서도 어떤 차원은 유사하고 어떤 차원은 다릅니다.

예를 들어 다음 세 문장을 생각해 보세요.

> 회사에서 25주년을 맞은 후, 포모렌코Pomorenko 씨는 은퇴하지 않을 것임을 확인했습니다.
>
> 포모렌코 씨는 어제 은퇴를 발표했습니다.
>
> 포모렌코 씨는 어제 은퇴를 발표하지 않았습니다.

이제 센텐스 트랜스포머 all-mpnet-base-v2 임베딩 모델로 이 문장들을 인코딩하고 유사도를 계산해 보겠습니다.[10]

```
!pip install sentence-transformers

from sentence_transformers import SentenceTransformer, util

model = SentenceTransformer('all-mpnet-base-v2')

sentences = ['After his 25th anniversary at the company, Mr. Pomorenko confirmed
            that he is not retiring',
            'Mr. Pomorenko announced his retirement yesterday']

embeddings = model.encode(sentences)
cosine_scores = util.cos_sim(embeddings[0], embeddings[1])
print("Cosine Similarity:", cosine_scores.item())
```

---

9 https://oreil.ly/8QpBj

10 옮긴이_ all-mpnet-base-v2 모델은 한국어 예시로 작성 시 유사도가 낮게 나오기 때문에 원문을 그대로 사용했습니다. 한국어 문장으로 유사도를 측정하고자 한다면 한국어로 학습된 klue/bert-base를 사용하는 것을 추천합니다.

출력은 다음과 같습니다.

```
Cosine Similarity: 0.7870
```

두 번째 문장을 'Mr. Pomorenko did not announce his retirement yesterday'로 바꾸면 출력은 다음과 같습니다.

```
Cosine Similarity: 0.7677
```

보시다시피 이 두 문장 모두 첫 번째 문장과 동일하게 유사한 것으로 인식됩니다. 어떤 측면에서는 맞는 말입니다. 두 문장 모두 포모렌코 씨를 언급하고 은퇴라는 주제를 다루므로 유사합니다. 반면에 한 문장은 은퇴를 발표했다고 하고 다른 문장은 발표하지 않았다고 하는 정반대의 의미를 전달합니다.

> **TIP** 모델이 부정negation과 같은 바람직하지 않은 유사도 차원을 사용함으로써 발생하는 거짓 양성을 처리하는 한 가지 방법은 질의에 대한 응답으로 반환되는 상위 k개 결과에서 k 값을 늘리는 것입니다. 그러면 대규모 언어 모델이 거짓 양성을 구별하고 질의 답변에 올바른 정보를 사용할 수 있습니다. 하지만 상위 k개를 늘리면 프롬프트의 컨텍스트 길이도 늘어나 지연 시간과 비용이 증가합니다.

애플리케이션 요구 사항에 따라 어떤 유사도 차원이 중요한지가 결정됩니다. 부정이 애플리케이션에서 구별해야 할 중요한 관계라면, 이를 임베딩 공간에 반영하는 것이 좋은 아이디어일 수 있습니다. 이때 임베딩 모델 파인 튜닝이 유용할 수 있습니다. 임베딩 모델 파인 튜닝을 통해 임베딩 공간을 원하는 대로 '편집'할 수 있습니다. 이 과정은 비교적 간단하며 잠재적으로 상당히 유용할 수 있습니다.

임베딩 파인 튜닝은 토큰 분포가 범용 데이터와 다른 전문 데이터 도메인에서 작업할 때도 매우 유용할 수 있습니다. 이제 임베딩 모델을 파인 튜닝하는 방법에 관해 논의해 보겠습니다.

> **연습 문제**
>
> 포모렌코 씨의 은퇴에 관한 예시에서 지나, 노믹, 오픈AI 임베딩을 사용하면 문장들의 유사도가 어떻게 나타나는지 확인해 보세요. 유사도 점수는 어떻게 보이나요? all-mpnet-base-v2 모델에서 보다 더 좋거나 나쁜가요?

11.4 임베딩 모델 파인 튜닝

센텐스 트랜스포머 라이브러리는 SentenceTransformerTrainer 클래스[11]로 임베딩 모델 파인 튜닝을 용이하게 합니다. 임베딩 모델을 파인 튜닝하려면 파인 튜닝할 기본 모델, 훈련 데이터셋, 학습 목표가 필요합니다.

11.4.1 기본 모델

all-mpnet-base-v2처럼 이미 파인 튜닝된 모델을 파인 튜닝할 수도 있고, all-mpnet-base-v2가 정의된 기반인 MPNet 같은 기본 모델을 파인 튜닝할 수도 있습니다. 기본 모델을 파인 튜닝하려면 이미 파인 튜닝된 모델을 추가로 파인 튜닝할 때보다 더 많은 훈련 데이터가 필요합니다. 파인 튜닝에 적합한 다른 후보 모델로는 BGE-M3[12]와 jina-embeddings-v3[13]가 있습니다. 센텐스 트랜스포머를 통해 이용할 수 있는 모델의 전체 목록은 온라인[14]에서 확인할 수 있습니다. 상업적 목적으로 사용하려면 해당 모델의 라이선스를 확인해야 합니다.

기본 모델을 선택할 때 염두에 둘 요소들로는 기본 모델의 성능, 임베딩 모델의 크기(모델이 텍스트를 얼마나 빠르게 인코딩하는지를 결정함), 모델의 차원 수(임베딩이 차지하는 저장 공간을 결정함), 라이선스 영향 등이 있습니다. MPNet이나 all-mpnet-base-v2는 많은 프로젝트에서 필자에게 도움이 된 확실한 선택지입니다.

> TIP 모델이 의미 검색과 같은 특정 작업을 위해 파인 튜닝되었다면 다른 작업에 대해 추가로 파인 튜닝하는 것은 최적의 선택이 아닐 수 있습니다.

11.4.2 훈련 데이터셋

데이터셋을 구조화하는 방법은 여러 가지가 있습니다. 가장 일반적인 방법은 (앵커anchor, 긍정, 부정) 예시로 구성된 트리플렛triplet 형태입니다. 앵커 문장이 주어졌을 때 긍정 문장은 임베딩

---

[11] https://oreil.ly/Jahep
[12] https://huggingface.co/BAAI/bge-m3
[13] https://huggingface.co/jinaai/jina-embeddings-v3
[14] https://oreil.ly/Onyuv

공간에서 앵커 문장에 더 가깝게 하고 싶은 문장이고, 부정 문장은 앵커 문장과 더 멀리 떨어뜨리고 싶은 문장입니다. 예를 들어 부정 문장을 구별하도록 모델을 파인 튜닝하려면 훈련 세트를 부정 문장이 앵커와 긍정 문장들과 모순되는 트리플렛으로 구성할 수 있습니다.

[그림 11-2]는 모델이 부정을 구별할 수 있도록 트리플렛으로 구성된 임베딩 데이터셋을 보여줍니다.

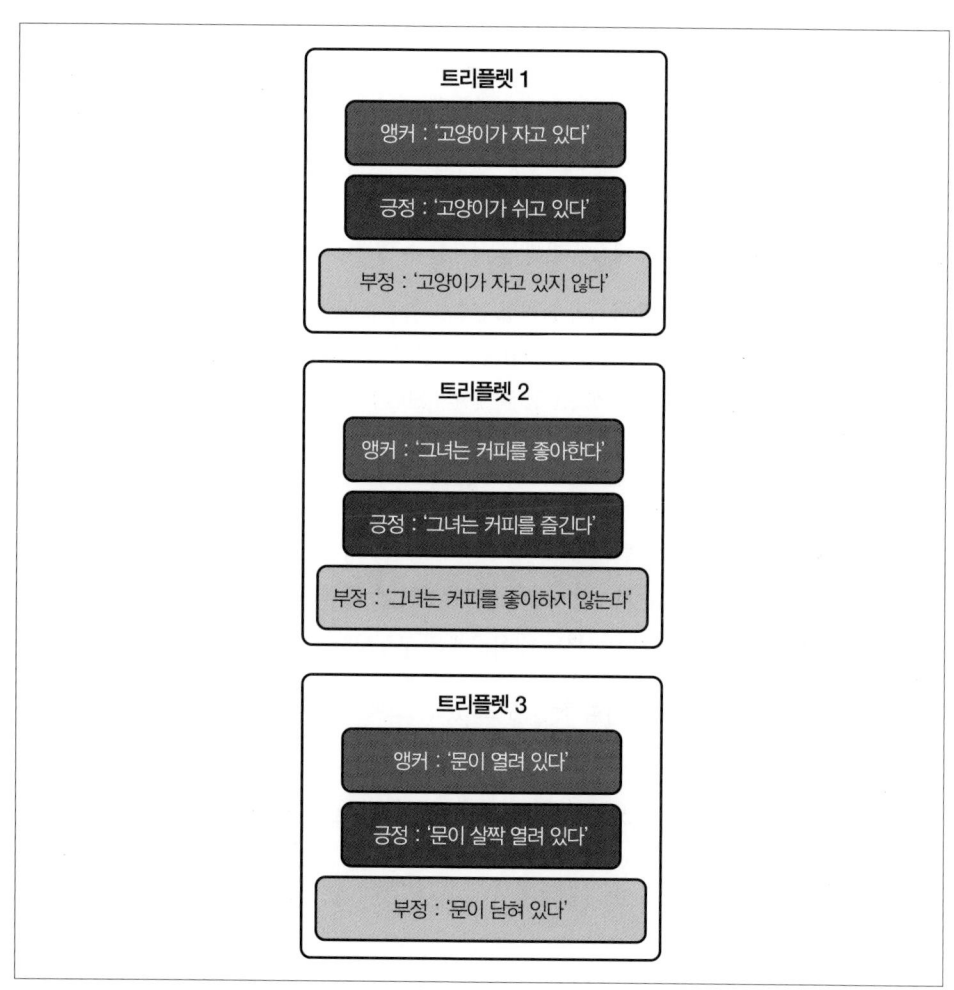

그림 11-2 부정 문장 구분을 위한 파인 튜닝 데이터셋

> ### 하드 네거티브
>
> 부정negation 데이터셋의 경우 부정 예시를 채우는 것은 자명합니다. 하지만 그 외의 경우에는 부정 예시가 무엇인지 정확히 명확하지 않습니다.
>
> 한 가지 방법은 코퍼스에서 무작위 문장을 부정 예시로 사용하는 것입니다. 하지만 더 효과적으로 파인 튜닝하려면 관례적으로 어려운 부정 예시를 사용합니다. 하드 네거티브 예시는 앵커와 어느 정도 관련이 있지만 긍정 예시만큼은 관련성이 높지 않은 예시들입니다.
>
> 거짓 부정 예시를 선택하는 간단한 방법은 앵커를 질의로 사용해 임베딩 모델을 활용하여 문서 코퍼스에서 이미 긍정 예시로 결정되지 않은 상위 k개 일치 항목을 찾는 것입니다. 추출된 예시들이 거짓 부정 예시가 아니라는 것, 즉 긍정 예시보다 더 관련성이 높거나 동일하게 관련성이 높다는 것을 보장하려면 관련성 점수 임곗값(코사인 유사도 0.7 미만인 예시만 검색)이나 상위 k 범위(상위 30위와 50위 사이의 예시만 검색)를 사용할 수 있습니다.
>
> 모레이라Moreira 연구진[15]은 긍정 예시의 관련성 점수를 활용해 거짓 부정 예시를 더 완화할 수 있음을 보여줍니다. 부정 예시의 관련성 점수 임곗값은 긍정 예시의 관련성 점수에 고정 마진을 더한 값으로 설정할 수 있습니다. 임곗값은 긍정 예시의 관련성 점수의 백분율로도 설정할 수 있습니다.

데이터셋은 문장 쌍으로도 구성될 수 있으며 (질의, 응답) 쌍, (구절, 요약) 쌍, 패러프레이징 쌍과 같은 형태일 수 있습니다. 필요한 데이터셋의 타입은 다운스트림 사용 사례에 따라 결정됩니다. 센텐스 트랜스포머 웹사이트[16]는 데이터셋을 구성하는 다양한 방법을 보여줍니다.

훈련 데이터셋은 수천 개의 예시처럼 작을 수도 있고, 도메인 적응에 사용될 때는 수십억 개의 토큰까지 클 수도 있습니다.

특정 손실 함수는 데이터셋이 특정 형식이어야 한다는 점에 주목하세요. 다음으로는 손실 함수를 자세히 살펴보겠습니다.

---

15 Moreira et al., "NV-Retriever: Improving text embedding models with effective hard-negative mining", 7 Feb 2025, https://arxiv.org/pdf/2407.15831

16 https://oreil.ly/geI1M

11.4.3 손실 함수

4장에서 논의한 대규모 언어 모델 훈련을 위한 손실 함수를 상기해 보세요. 센텐스 트랜스포머 라이브러리[17]는 임베딩 모델을 학습시키기 위한 다양한 손실 함수를 지원합니다. 이제 자주 사용되는 대표적인 손실 함수 몇 가지를 살펴보겠습니다.

트리플렛 데이터셋의 경우 트리플렛 손실을 계산할 수 있습니다. (앵커, 긍정, 부정) 트리플렛으로 구성된 훈련 데이터셋을 사용할 때, 트리플렛 손실은 앵커 문장과 긍정 문장 사이의 거리를 최소화하고 앵커 문장과 부정 문장 간의 거리를 최대화하는 방향으로 학습을 유도합니다.

수학적으로는 다음과 같이 손실을 계산합니다.

$$Loss = max(d(a, p) - d(a, n) + margin, 0)$$

여기서 d는 일반적으로 유클리드 거리를 의미하는 거리 측정 함수입니다. $margin$은 하이퍼파라미터로, 부정 예시가 앵커보다 긍정 예시보다 더 멀리 떨어져 있어야 하는 거리를 나타냅니다. 거리 측정 함수로 유클리드 거리를 사용한다면 필자는 $margin$ 값을 5로 설정하는 것을 권장드립니다. 다만 원하는 결과가 충분하지 않으면 $margin$ 값을 조정해 보길 바랍니다.

질의-응답 쌍, 본문-요약 쌍 등으로 구성된 데이터셋을 사용한다면 다중 부정 순위 손실Multiple Negatives Ranking Loss[18]을 사용할 수 있습니다.

예를 들어 (질의, 응답) 쌍이 (q1, r1), (q2, r2), …, (qn, rn) 형태로 배치에 포함될 때, 각 질의 q1에 대해 긍정 쌍은 (q1, r1)이고, 부정 쌍은 (q1, r2), (q1, r3) 등 총 n-1개가 존재합니다. 이 손실 함수는 음의 로그 가능도negative log likelihood를 최소화하도록 학습됩니다.

> **TIP** 센텐스 트랜스포머에서 제공하는 `CachedMultipleNegativesRankingLoss`[19]를 사용하면 더 큰 배치 크기를 활용할 수 있어 성능이 향상될 수 있습니다.

이제 파인 튜닝에 필요한 모든 요소를 살펴봤으니, `SentenceTransformerTrainer` 클래스를 사용해 이를 종합해 보겠습니다.

---

[17] https://oreil.ly/9Qaop
[18] https://oreil.ly/oNcsQ
[19] https://oreil.ly/QwBlI

```python
from datasets import load_dataset
from sentence_transformers import SentenceTransformer, SentenceTransformerTrainer
from sentence_transformers.losses import TripletLoss

model = SentenceTransformer('all-mpnet-base-v2')
dataset = load_dataset("csv", data_files="negatives_dataset.csv")
loss = TripletLoss(model)

trainer = SentenceTransformerTrainer(
    model=model,
    train_dataset=dataset,
    loss=loss,
)

trainer.train()
model.save_pretrained("mpnet_finetuned_negatives")
```

전체 코드는 이 책의 깃허브 저장소[20]에서 확인할 수 있습니다.

TIP 과적합을 주의하세요! 모델이 과적합되는 것을 발견하면 학습률을 낮춰 대응할 수 있습니다.

> **연습 문제**
>
> 원하는 대규모 언어 모델을 사용해 약 8,000개 예시로 구성된 합성 트리플렛 데이터셋을 만드세요. 이때 부정 예시가 긍정 예시의 부정이 되도록 합니다. 그런 다음, all-mpnet-base-v2 모델을 파인 튜닝하세요. 파인 튜닝이 완료되면 이 장 앞부분에서 제공한 부정 예시의 문장들에 대한 코사인 유사도를 테스트해 보세요. 개선된 부분이 있나요?

NOTE_ 저우 연구진[21]은 임베딩과 관련하여 코사인 유사도는 고빈도 단어들의 유사도를 과소평가하는 경향이 있다고 했습니다. 이는 고빈도 단어들이 임베딩 공간에서 다른 단어들과 구별되는 영역을 차지하게 되어, 다른 단어들과의 거리가 더 멀어지기 때문입니다. 반면에 저빈도 단어들은 기하학적으로 더 밀집된 경향을 보입니다.

---

20 https://github.com/corazzon/designing-llm-apps
21 Zhou et al., "Problems with Cosine as a Measure of Embedding Similarity for High Frequency Words", 10 May 2022, https://oreil.ly/BPdRD

11.5 지시 임베딩

지금까지 임베딩 모델이 의미 검색이나 패러프레이징과 같은 특정 작업을 해결하는 데 특화되어 있다는 점을 살펴봤습니다. 최근에는 임베딩 모델과 6장에서 논의한 지시 튜닝 개념을 연결하는 방식이 등장했습니다. 사용 목적에 따라 같은 문서에 대해 다른 임베딩을 생성할 수 있는 임베딩 모델이 있다면 어떨까요?

그런 모델 중 하나가 인스트럭터Instructor입니다. 인스트럭터 임베딩은 인코딩 시 텍스트와 함께 도메인, 텍스트 유형(예: 문장, 단락), 작업을 선택적으로 지정하게 해 줍니다.

다음은 예시입니다.

```
!pip install InstructorEmbedding

from InstructorEmbedding import INSTRUCTOR

model = INSTRUCTOR('hkunlp/instructor-large')
customized_embeddings = model.encode([
    ['Represent the question for retrieving supporting documents:',
     'Who is the CEO of Apple'],
    ['Represent the sentence for retrieval:',
     'Tim Cook is the CEO of Apple'],
    ['Represent the sentence for retrieval:',
     'He is a musically gifted CEO'],
])
```

인스트럭터 개발자들은 다음 지시 템플릿 사용을 권장합니다.

```
'Represent the {domain} {text_type} for {task_objective}:'
```

여기서 {domain}은 법률, 금융 등과 같은 텍스트의 도메인을 나타냅니다. 선택적인 {text_type}은 질문, 문장, 단락 등과 같이 인코딩되는 텍스트의 단위를 나타냅니다. {task_objective}는 의미 검색, 의역 탐지 등과 같이 임베딩을 사용하는 작업을 나타냅니다.

의미 검색 컨텍스트에서는 질의에 대해서는 'Represent the question for retrieving supporting documents(원하는 문서를 찾을 수 있도록 질문을 작성하라)'라는 지시를, 문서에 대해서는 'Represent the sentence for retrieval(검색할 때 잘 매칭될 수 있도록 문장을 표현하라)'이라는 지시를 사용하기를 권장합니다.

지시 튜닝 원칙을 검색에 적용하는 또 다른 방법은 **설명 기반 검색**description-based retrieval 으로, 질의가 검색해야 할 텍스트의 예시(인스턴스)가 아니라 검색해야 할 텍스트에 대한 설명이 될 수 있습니다. 라브포겔Ravfogel[22] 연구진은 필자의 경험상 매우 효과적인 설명 기반 검색 모델을 발표했습니다. 이 모델들은 이중 인코더 구조로 이루어진다는 점에 주목하세요. 질의와 문서를 인코딩하는 데 별도의 모델을 사용합니다.

> **연습 문제**
>
> 이 책의 깃허브 저장소[23]에 있는 위키백과 데이터셋을 인스트럭터(INSTRUCTOR)와 설명 기반 검색 모델인 abstract-sim-query[24]와 abstract-sim-sentence[25]를 사용해 인코딩하세요. 질의응답 작업에서 지금까지 사용해 본 임베딩 모델들과 비교해 성능은 어떤가요?

임베딩 모델 평가

요즘에는 수많은 임베딩 모델을 사용할 수 있습니다. 이 중 어떤 모델을 사용해야 할까요? 대규모 텍스트 임베딩 벤치마크Massive Text Embedding Benchmark(MTEB)[26]는 이런 결정을 내리는 데 도움이 됩니다. MTEB는 다양한 작업 세트를 다루며 지연 시간과 작업 성능을 모두 벤치마크하여 트레이드오프를 추론할 수 있게 해 줍니다.

정기적으로 업데이트되는 현재 리더보드[27]를 확인해 보세요. 모든 작업에서 압도적인 모델은 없지만, 일반적으로 더 큰 모델들이 더 나은 성능을 보이며, 상위 50~100개 모델 사이에는 큰 차이가 없음을 알 수 있습니다. 5장에서 공개 벤치마크의 한계를 상기해 보고 MTEB 순위에 너무 의존하지 마세요. 최종적으로는 애플리케이션별 요구 사항, 가격, 지연 시간, 성능 트레이드오프의 균형을 맞춰 임베딩 모델을 선택해야 합니다.

---

22 Ravfogel et al., "Description-Based Text Similarity", 24 Jul 2024, https://arxiv.org/pdf/2305.12517
23 https://github.com/corazzon/designing-llm-apps
24 https://oreil.ly/zYgAW
25 https://oreil.ly/S7iat
26 Muennighoff et al., "MTEB: Massive Text Embedding Benchmark", 19 Mar 2023, https://oreil.ly/MJ-Di
27 https://oreil.ly/aLEPi

11.6 임베딩 크기 최적화

많은 애플리케이션은 수십억 개의 임베딩을 생성해야 합니다. 앞서 살펴봤듯이, 현대 임베딩은 때때로 수천 개의 차원을 가지기도 합니다. 각 차원이 float32로 표현된다면 차원당 4바이트의 메모리가 필요합니다. 따라서 768개 차원을 가진 all-mpnet-base-v2 모델에서 생성된 1억 개 벡터를 저장하려면 거의 300GB의 메모리가 필요합니다.

일반적으로 한 문장은 40토큰을 넘지 않지만, 이를 768차원의 벡터로 표현하는 경우가 흔합니다. 과연 40개의 토큰을 표현하는 데 768차원이 필요할까요? 현실적으로는 임베딩 학습이 매우 비효율적이어서 많은 차원이 실제로는 크게 도움이 되지 않을 때가 많습니다.

따라서 임베딩 크기를 최적화하고 저장과 계산 요구 사항을 줄이기 위해 여러 임베딩 잘라내기 및 양자화 접근법이 개발되었습니다. 수백만 개 이상의 벡터가 있는 환경에서 작업한다면 이런 기법이 매우 유용할 가능성이 높습니다. 이런 접근법 중 몇 가지를 살펴보겠습니다.

11.6.1 마트료시카 임베딩

마트료시카Matryoshka 임베딩은 러시아 전통 인형인 마트료시카[28]에서 이름을 따왔습니다. 이 인형들은 크기가 작아지는 순서로 서로의 안에 들어가는 구조로 만들어집니다. 마트료시카 임베딩은 벡터의 앞쪽 차원들이 뒤쪽 차원들보다 더 중요한 정보를 포함하도록 훈련됩니다. 이렇게 하면 비용, 지연 시간, 성능에 대한 애플리케이션 요구 사항에 따라 벡터를 잘라낼 수 있습니다.

이러한 임베딩을 훈련하는 데 사용되는 기법을 마트료시카 표현 학습Matryoshka Representation Learning(MRL)이라고 합니다. MRL에서는 먼저 잘라내기 차원 세트를 선택합니다. 예를 들어 1,024차원 벡터는 128, 256, 512, 768의 잘라내기 차원을 선택할 수 있습니다. 훈련 과정에서 각 잘라내기 차원과 전체 차원에 대한 손실을 계산합니다. 그다음, 손실들을 더하고 가중치를 부여합니다. 예시에서 처음 128개 차원은 벡터의 처음 128, 256, 512, 768, 1,024개 차원에 대해 계산된 손실로부터 학습합니다. 결과적으로 벡터의 초기 차원들이 더 풍부한 손실로부터 학습하므로 더 중요한 정보를 인코딩하게 됩니다.

MRL을 사용한 훈련은 센텐스 트랜스포머 라이브러리에서 지원됩니다. 실제로 어떻게 작동하

---

[28] https://oreil.ly/0C6Yj

는지 살펴보겠습니다.

```
from sentence_transformers import SentenceTransformer
from sentence_transformers import SentenceTransformerTrainer, losses
from datasets import load_dataset

model = SentenceTransformer("all-mpnet-base-v2")
train_dataset = load_dataset("csv", data_files={"train": "finetune_dataset.csv"})
loss = losses.MultipleNegativesRankingLoss(model)
loss = losses.MatryoshkaLoss(model, loss, [768, 512, 256, 128])

trainer = SentenceTransformerTrainer(
    model=model,
    train_dataset=train_dataset,
    loss=loss,
)
trainer.train()
```

톰 아르센(Tom Aarsen)[29]은 자신의 실험에서 원래 임베딩 크기의 8.3%에서도 마트료시카 모델이 원래 성능의 98.37%를 보존한다는 것을 관찰했습니다. 이는 대규모 데이터셋으로 작업할 때 매우 유용한 효과적인 기법입니다.

MRL을 사용해 임베딩의 유효 차원을 줄일 수 있듯이, 임베딩 모델의 유효 층 수도 줄여서 더 빠른 추론을 할 수 있습니다. 이는 모델의 하위 층에서 임베딩을 추출하는 방식으로 이루어집니다. 모델의 하위 층들이 모델의 마지막 층 임베딩과 고품질 임베딩을 정렬하도록 돕기 위해 최종 층와 각 하위 층 간에 KL 발산 손실이 사용됩니다. 이 기법은 리 연구진[30]의 에스프레소 문장 임베딩(Espresso Sentence Embedding)에서 처음 소개되었습니다.

톰 아르센[31]은 자신의 실험에서 층을 절반 제거하면 원래 성능의 85%를 보존하면서 속도가 2배 향상된다는 것을 관찰했습니다.

센텐스 트랜스포머 라이브러리는 Matryoshka2dLoss[32]를 사용해 마트료시카 표현과 층 축소를 결합하게 해 줍니다.

---

[29] https://github.com/UKPLab/sentence-transformers/tree/master/examples/sentence_transformer/training/matryoshka
[30] Li et al., "2D Matryoshka Sentence Embeddings", 30 Nov 2024, https://arxiv.org/abs/2402.14776
[31] https://oreil.ly/DIoTe
[32] https://oreil.ly/xzG-a

> **연습 문제**
>
> 리샤브 미스라[Rishabh Misra]의 뉴스 헤드라인이 포함된 이 데이터셋(https://oreil.ly/Tu4XA)을 다운로드하세요. MRL을 사용해 훈련된 노믹 AI의 nomic-embed-text-v1.5 모델[33]을 사용하세요. 헤드라인 중 하나를 질의로 선택하고 그 질의 임베딩을 생성하세요. 다른 모든 헤드라인에 대한 문서 임베딩을 생성하고, 잘라내기 체크포인트 1,024, 768, 512, 256, 128에서 질의와 문서 임베딩 간의 유사도 점수를 계산하세요.
>
> 상위 25개 결과에 대해 오류 분석을 수행하세요. 어느 차원에서 눈에 띄는 성능 저하가 시작되나요?
>
> 추가로, 센텐스 트랜스포머[34]에서 제공하는 Matryoshka2dLoss[35] 예시 훈련 스크립트를 실행하고 다양한 층 및 차원 컷오프에서 임베딩을 테스트해 보세요.

11.6.2 이진 및 정수 임베딩

잘라내기의 대안으로는 양자화가 있습니다. 이진이나 정수 양자화를 사용하면 벡터의 차원 수는 동일하게 유지되지만, 각 차원의 표현 비트 수가 줄어듭니다. 일반적으로 임베딩 벡터는 float32로 표현되어 차원당 4바이트의 메모리가 필요합니다.

극단적으로는 이 4바이트를 단 1비트로 표현해 저장 용량을 1/32로 줄일 수도 있습니다. 다만 이와 같은 압축 기법은 벡터값의 정밀도를 희생해 저장 공간을 줄입니다.

4바이트 벡터를 1비트 벡터로 변환하는 간단한 방법은 원래 값이 양수이면 1을, 음수이면 0을 할당하는 것입니다. 최상의 결과를 얻으려면 일부 스케일링 작업이 필요할 수 있습니다. 이러한 비트들을 바이트로 패킹한 후, 512차원 벡터는 512 × 4 = 2,048바이트 대신 단 512 / 8 = 64바이트로 표현할 수 있습니다.

이진 임베딩의 또 다른 장점은 유사도 계산에 간단한 비트 연산만 필요하므로 검색 속도가 크게 향상된다는 것입니다. 하지만 양자화는 성능에는 부정적인 영향을 미칩니다.

---

[33] https://oreil.ly/jALJE
[34] https://oreil.ly/Bxe5z 옮긴이_ 현재는 해당 페이지가 사라졌습니다.
[35] https://oreil.ly/xzG-a

센텐스 트랜스포머 라이브러리를 사용해 임베딩을 양자화할 수 있습니다.

```
from sentence_transformers.quantization import quantize_embeddings

model = SentenceTransformer("all-mpnet-base-v2")
embeddings = model.encode([
    "I heard the horses are excited for Halloween.",
    "Dalmatians are the most patriotic of dogs.",
    "This restaurant is making me nostalgic."
])

binary_embeddings = quantize_embeddings(embeddings, precision="binary")
```

quantize_embeddings는 int8 양자화도 지원합니다. 이 방식에서는 각 차원을 나타내는 4바이트가 1바이트로 표현되는 정숫값으로 변환됩니다. 정수는 음수와 양수를 모두 표현할 수 있는 부호 있는 방식 또는 0 이상의 값만 표현하는 부호 없는 방식으로 변환됩니다. 이에 따라 값의 범위는 각각 -127에서 127 사이, 또는 0에서 255 사이가 됩니다. 변환 과정은 임베딩의 보정 데이터셋을 사용해 안내되며, 여기서 각 차원의 최솟값과 최댓값을 계산합니다. 이 값들은 숫자를 한 범위에서 다른 범위로 변환하는 정규화 공식에 사용됩니다.

> **TIP** 일부 임베딩 모델[36]에서는 정밀도가 낮은데도 이진 임베딩이 int8 임베딩보다 더 나은 성능을 보일 때가 있습니다. 이는 주로 사용된 보정 데이터셋과 float 값을 int8 값의 구간화bucket로 매핑하는 과정에서 발생하는 문제 때문입니다.

11.6.3 곱 양자화

또 다른 유망한 양자화 방법은 **곱 양자화**product quantization[37]입니다. 이 기법에서는 벡터를 동일한 크기의 청크로 나눈 다음, 청크들을 클러스터링합니다. 클러스터 수는 양자화된 임베딩이 나타낼 수 있는 값의 수로 설정됩니다. 예를 들어 int8로 양자화하려면 나타낼 수 있는 값의 수가 256개이므로 클러스터 수는 256개입니다. 각 클러스터는 0과 255 사이의 고유한 값인 식별자와 연결됩니다. 각 청크는 그 청크가 중심점centroid에 가장 가까운 클러스터에 속합니다. 따라서

---

36 https://oreil.ly/Mp3pu
37 https://oreil.ly/aJq2C

원래 float32 벡터는 이제 청크들이 속한 클러스터에 해당하는 클러스터 식별자 목록으로 나타낼 수 있습니다.

청크 크기가 클수록 압축률이 높아집니다. 따라서 벡터가 5개의 청크로 나뉜다면 결과 임베딩은 단 5개의 차원만 가질 것입니다. int8이나 이진 양자화와 달리 곱 양자화는 벡터를 나타내는 데 필요한 차원 수도 줄입니다. 하지만 성능 저하는 더 큽니다. 비용, 성능, 속도와 같은 기준에 대한 상대적 우선순위를 결정해 양자화 기법을 선택하세요.

> **TIP** 저장 공간을 위한 임베딩 최적화는 성능 저하를 수반합니다. 하지만 문서 코퍼스에 중복 정보가 많다면, 일반적인 사용자 질의에 대한 답변을 여러 문서에서 찾을 수 있어 사용자가 이런 성능 저하를 느끼지 못할 수도 있습니다.

> **연습 문제**
>
> 코히어의 임베딩 모델로 인코딩된 위키백과 임베딩[38]을 다운로드하고 클러스터 수를 256으로 설정해 곱 양자화를 구현하세요. 곱 양자화를 지원하는 Qdrant 같은 벡터 데이터베이스를 사용할 수도 있습니다. 다양한 청크 크기를 실험해 보세요. 가장 큰 성능 저하가 어디서 나타나나요? 곱 양자화를 위한 유사도 점수 계산 함수도 구현해 보세요.

임베딩 기반 검색을 실제로 구현하는 다양한 기법을 살펴봤으니, 다음으로는 서로 다른 벡터로 임베딩해야 하는 텍스트 단위를 어떻게 선택할지 살펴보겠습니다.

11.7 청킹

11.1절 '임베딩 소개'에서 언급했듯이, 임베딩 모델은 매우 제한된 컨텍스트 길이만 지원하며 텍스트 길이가 길어질수록 임베딩 유사도 검색의 효율이 떨어집니다. 따라서 문서를 다루기 쉬운 단위로 나눠 각 단위를 임베딩하는 것이 자연스러운 선택입니다. 이러한 단위를 청크라고 하며 각 청크는 하나 이상의 벡터로 표현될 수 있습니다.

청크는 문서에서 의미적으로 일관성을 가지지만 연속적일 필요는 없는 부분으로 정의됩니다.

---

[38] https://oreil.ly/OUq5M

평균 청크 길이는 언어 모델이 지원하는 컨텍스트 길이와 사용자 질의에 대해 모델이 반환할 청크 수(top-k)에 따라 달라집니다. 모델이 점점 더 저렴해지고 더 긴 컨텍스트를 지원함에 따라 허용 가능한 청크 크기도 커지고 있습니다.

각 청크는 단일 벡터로 표현될 수도 있고, 더 작은 단위로 나눠 각 단위를 별도의 벡터로 표현할 수도 있습니다. 이때 단위는 문장, 문단, 절 등이 될 수 있습니다. 일반적으로 단위가 작을수록 더 높은 성능을 보이는 경향이 있습니다. 애플리케이션에서는 예상되는 사용자 질의를 다양한 세분화 수준에 대해 테스트해 무엇이 가장 잘 작동하는지 확인하세요.

> ### 문서 파싱
>
> 비구조화된 데이터는 먼저 검색이 용이하도록 전처리해야 합니다. 일반적으로는 문서에서 텍스트를 파싱하고, 이를 다루기 쉬운 단위로 분리한 뒤, 해당 단위에 메타데이터를 연결하고, 임베딩을 생성한 후 저장하고 색인화해 쉽게 검색할 수 있도록 합니다.
>
> 텍스트의 기본 단위를 문장으로 설정하는 것이 적합하다면, 문장을 분리하는 데 검증된 도구인 NLTK의 Punkt 토크나이저[39]를 사용할 수 있습니다. 하지만 문장 토크나이징은 단순한 작업이 아니며, 도메인 특화 텍스트를 다룬다면 특히 더 까다롭습니다. 단순히 마침표, 물음표, 줄임표 등으로 문장을 분리하는 방식으로는 한계가 있으며, 줄임표가 문제를 일으키는 경우가 많습니다. 따라서 Punkt 토크나이저를 사용해 대상 텍스트의 대규모 코퍼스를 비지도 학습시키면 도메인 특화 규칙을 학습할 수 있고, 직접 규칙이나 예외 사항을 지정해 보완할 수도 있습니다. 다른 문장 토큰화 도구로는 spaCy[40], Stanza[41], ClarityNLP[42] 등이 있습니다.
>
> 전반적으로 효과적인 문서 파싱(섹션과 하위 섹션 경계 추출, 테이블과 이미지 탐지 및 추출 등, 다양한 문서 형식 처리)은 자연어 처리 프로젝트의 골칫거리입니다. RAG에서 실패 모드의 상당 부분이 부실한 문서 파싱에 기인할 수 있습니다. 일반적인 자연어 처리 애플리케이션 파이프라인의 모든 단계 중에서 필자는 문서 파싱에 가장 많은 노력을 기울였습니다. 물론 세상에서 가장 매력적인 작업은 아닐 수 있지만, 고품질 제품이 구축되는 기반입니다. 이를 무시하면 큰 위험을 감수하게 됩니다.

---

39 https://oreil.ly/bgxrp
40 https://spacy.io/usage
41 https://oreil.ly/xKo43
42 https://oreil.ly/fxvBi

문서 코퍼스가 임베딩으로 표현되는 단위들로 분해된 시나리오를 생각해 보세요. 주어진 사용자 질의에 대해 사용자 질의 벡터와 각 문서 벡터 간의 코사인 유사도를 계산할 수 있습니다. 가장 유사한 벡터에 해당하는 청크들이 검색됩니다. 이는 임베딩 매칭이 문장과 같은 더 낮은 세분화 수준에서 발생하지만, 모델은 그 문장이 속한 청크 전체를 받아 모델에 충분한 배경 컨텍스트를 제공하도록 보장합니다.

> **연습 문제**
>
> 이 책의 깃허브 저장소[43]에 있는 캐나다 의회 회의록 데이터셋에 대한 문장 토크나이저를 구축하세요. 실패 모드는 무엇인가요? 규칙을 사용해 이러한 문제를 해결할 수 있나요? 이 데이터를 사용해 Punkt 토크나이저의 비지도 훈련을 시도해 보세요. 발견된 문제들을 해결하는 데 효과적인가요?

머신러닝 실무자들이 자주 묻는 질문은 '이상적인 청크 크기는 얼마이고 효과적인 청킹 전략은 무엇인가요?'입니다. 올바른 청크 크기와 경계를 결정하는 것은 임베딩 기반 검색을 사용할 때 실무자들이 직면하는 핵심 과제입니다. 이 절에서는 복잡성이 증가하는 순서로 몇 가지 청킹 전략을 소개하겠습니다.

임베딩 기반 검색의 기본 구현에서 각 벡터는 독립적인 섬처럼 존재하며 다른 섬들과 연결되지 않습니다. 벡터 A로 표현되는 텍스트는 벡터 B로 표현되는 텍스트에 어떤 방식으로든 영향을 줄 수 없습니다. 따라서 이러한 섬을 어떤 방식으로든 연결하거나 가능한 한 자립적으로 만들어야 합니다. 이러한 목표를 염두에 두고, 단순한 단락이나 섹션 분할을 넘어서는 몇 가지 청킹 전략을 살펴보겠습니다.

11.7.1 슬라이딩 윈도 청킹

임베딩 유사도 함수가 청크 45의 단위를 질의 벡터에 가장 유사한 벡터로 반환하는 상황을 생각해 보세요. 하지만 문서에서 청크 45 바로 앞에 오는 청크 44의 텍스트에는 청크 45를 컨텍스트화하는 관련 정보가 있습니다. 청크 44의 벡터들은 질의와의 유사도 점수가 매우 낮아 청크 44는 검색 대상으로 선택되지 않습니다. 이를 해결하는 한 가지 방법은 슬라이딩 윈도 청킹

---

[43] https://github.com/corazzon/designing-llm-apps

을 사용하는 것으로, 각 텍스트가 여러 청크에 존재할 수 있어 인접한 컨텍스트가 일관된 블록에서 효과적으로 표현되게 합니다.

11.7.2 메타데이터 인식 청킹

문서에 대한 모든 메타데이터를 활용해 청킹 경계를 결정할 수 있습니다. 유용한 메타데이터 정보에는 단락 경계, 섹션과 하위 섹션 경계 등이 포함됩니다. 메타데이터를 아직 사용할 수 없다면 문서 파싱 기법을 사용해 직접 정보를 추출해야 할 수도 있습니다. 언스트럭처드Unstructured[44]와 같이 이를 용이하게 하는 여러 라이브러리가 있습니다.

11.7.3 레이아웃 인식 청킹

메타데이터 인식 청킹metadata-aware chunking의 더 복잡한 형태는 레이아웃 인식 청킹layout-aware chunking입니다. 이 접근법에서는 컴퓨터 비전 기법을 사용해 텍스트 요소의 배치와 범위, 제목, 부제목, 텍스트의 글꼴 크기 등을 포함한 문서의 레이아웃 정보를 추출하고, 이 메타데이터를 사용해 청킹 과정에 정보를 제공합니다. 오픈 소스와 독점 도구 모두 레이아웃 추출을 용이하게 할 수 있습니다. 여기에는 아마존 텍스트랙터Textractor[45], 언스트럭처드[46], 레이아웃LMv3LayoutLMv3[47]와 같은 레이아웃 인식 언어 모델 등의 도구가 포함됩니다.

예를 들어 이 접근법을 사용하면 하위 섹션의 범위를 알 수 있어 해당 하위 섹션의 텍스트로 구성된 각 청크의 시작 부분에 하위 섹션 제목을 삽입할 수 있습니다.

또한 비전 모델을 사용해 문서의 페이지나 섹션을 직접 임베딩하고 이를 기반으로 검색을 수행하는 콜팔리ColPali 같은 기법을 사용할 수도 있습니다. 이는 청킹의 필요성을 완전히 제거할 수도 있지만, 전체 비용이 더 높아질 수 있습니다.

---

[44] https://unstructured.io/
[45] https://oreil.ly/fvkiT
[46] https://oreil.ly/CoX46
[47] https://oreil.ly/Od5fA

11.7.4 의미적 청킹

의미적 청킹의 원리는 유사한 정보를 일관된 청크로 그룹화하는 것입니다. 단락 경계는 의미적 청킹에 약한 신호를 제공하지만, 더 고급 방법들을 사용할 수도 있습니다. 한 가지 접근법은 주제를 기반으로 문서를 클러스터링해 각 청크가 동일한 주제와 관련된 정보를 포함하게 하는 것입니다. 청크가 연속적인 텍스트로 구성될 필요는 없으며 애플리케이션에 따라 비연속적인 텍스트도 가능합니다. 더 고급 접근법은 볼린저 밴드(Bollinger bands) 기반 청킹[48]을 사용하는 것입니다. 이 책의 깃허브 저장소[49]에서 이런 형태의 청킹에 대한 실험적 구현을 확인할 수 있습니다.

의미적 청킹은 서로 다른 청크들을 연결하는 데도 사용할 수 있습니다. 청크가 할당되면, 임베딩 유사도를 기반으로 유사한 청크들을 그룹화해 유사도 점수가 가장 높은 청크와 함께 검색되게 할 수 있습니다. 각 하위 청크와 연결된 메타데이터가 유지되는 한, 각 청크가 동일한 문서의 내용으로 구성될 필요는 없습니다.

의미적 청킹의 기본 구현은 랭체인에서 사용할 수 있습니다.

> **NOTE_** 고성능 의미적 청킹은 대규모 언어 모델을 통해 수행할 수 있습니다. 하지만 데이터 코퍼스의 크기가 매우 크다면 비용 오버헤드가 엄청날 것입니다. 때로는 전통적인 정규 표현식만으로도 충분할 수 있습니다. 지나 AI는 초기 옵션으로 시도해 볼 수 있는 50줄의 복잡한 정규 표현식 기반 청커[50]를 만들었습니다.

이 모든 기법을 사용함에도 효과적인 청킹은 여전히 문제로 남아 있습니다. 다음은 금융 문서의 실제 사례입니다.

> 5페이지: 문서의 모든 숫자는 백만 단위입니다.
>
> 84페이지: 관련 당사자 거래 금액은 $213.45입니다.

여기서 관련 당사자 거래는 실제로 2억 1,300만 달러에 해당하지만, 5페이지의 텍스트가 같은 청크의 일부가 될 가능성이 낮으므로 대규모 언어 모델은 이를 알 수 없을 것입니다.

이와 관련된 또 다른 문제는 범위 경계를 이해하는 어려움이 있습니다. 하위 섹션은 언제 끝나고 새로운 하위 섹션은 언제 시작될까요? 주어진 예시에서 5페이지 규칙의 범위는 어디까지일

---

[48] https://oreil.ly/1MwK1
[49] https://github.com/corazzon/designing-llm-apps
[50] https://oreil.ly/x5U08

까요? 문서 중간에서 규칙이 재정의된다면 어떨까요? 모든 문서에 완벽한 시각적 단서나 구조가 있는 것은 아닙니다. 모든 문서가 섹션, 하위 섹션, 단락으로 잘 구조화되어 있지도 않습니다. 이런 문제는 아직 해결되지 않았으며 RAG 실패 사례의 상당 부분을 차지하는 원인이 됩니다.

11.7.5 지연 청킹

텍스트에서 장거리 의존성을 지원하는 한 가지 방법은 지나 AI에서 도입한 방법인 지연 청킹^{late} ^{chunking}[51]을 사용하는 것입니다. 이 장의 앞부분에 설명했듯이, 임베딩은 일반적으로 기반 언어 모델의 마지막 층에서 벡터를 풀링함으로써 생성됩니다.

단일 입력에서 전체 긴 문서를 받아들일 수 있는 긴 컨텍스트 언어 모델에 접근할 수 있다는 점을 고려하면, 임베딩 생성을 위한 기반 모델로 그런 긴 컨텍스트 모델을 사용할 수 있습니다. 전체 문서(또는 모델이 처리할 수 있는 만큼 큰 부분)를 긴 컨텍스트 모델에 입력해 각 입력 토큰에 대해 벡터가 생성되게 합니다. 4장에서 설명했듯이, 각 토큰 벡터는 시퀀스의 다른 모든 토큰과의 관계를 기반으로 그 의미를 캡슐화합니다. 이를 통해 긴 컨텍스트 의존성을 포착할 수 있습니다.

임베딩을 추출하는 풀링 연산은 입력의 더 작은 세그먼트에서 수행되며, 세그먼트 경계는 다양한 청킹 알고리즘을 사용해 결정할 수 있습니다. 따라서 동일한 문서를 나타내지만 각각이 입력의 서로 다른 부분을 나타내는 여러 임베딩을 가질 수 있습니다.

> **연습 문제**
>
> 애플의 연간 보고서[52]인 10-K를 사용해 보세요. 길이가 길고, 섹션/하위 섹션/하위의 하위 섹션이 많으며, 표가 있으며, 내용 간의 장거리 의존성이 있는 문서라서 청킹 전략을 실험하기에 매우 적합합니다. 이 장에서 소개한 다양한 전략을 모두 사용해 이 문서를 청크로 분할하고 각 청크에 대한 벡터를 생성하세요. 연간 보고서에 관한 질문을 하고 결과를 평가해 보세요. 어떤 청킹 전략이 가장 효과적인가요? 벡터 생성에 가장 이상적인 세분화 수준은 무엇인가요?

---

[51] https://oreil.ly/IxTQx
[52] https://oreil.ly/Vfizz

11.8 벡터 데이터베이스

애플리케이션에 따라 수백만 개에서 수십억 개까지의 벡터를 다뤄야 하거나, 매일 새로운 벡터와 관련 메타데이터 태그를 생성하고 저장해야 할 수 있습니다. 벡터 데이터베이스가 이를 용이하게 해 줍니다. 자체 호스팅과 클라우드 기반, 오픈 소스, 독점 옵션 모두 사용 가능합니다. 웨비에이트(Weviate), 밀버스(Milvus), 파인콘, 크로마(Chroma), 큐드란트(Qdrant), 랜스DB(LanceDB)는 인기 있는 벡터 데이터베이스입니다. 일래스틱서치(ElasticSearch), 레디스(Redis), 포스트그레스(Postgres) 같은 기존 데이터베이스 플랫폼도 벡터 데이터베이스 지원을 제공합니다.

요즘은 소수의 인기 있는 검색 사용 사례가 일반화되면서 벡터 데이터베이스들의 기능이 점점 유사해지고 있습니다.

이제 벡터 데이터베이스가 어떻게 작동하는지 살펴보겠습니다. 크로마는 간단하게 시작할 수 있으며, 오픈 소스이고 로컬 머신에서 실행하거나 AWS에 배포할 수 있습니다.

```
!pip install chromadb

import chromadb

chroma_client = chromadb.Client()
collection = chroma_client.create_collection(name="mango_science")

chunks = ['353 varieties of mangoes are now extinct',
          'Mangoes are grown in the tropics']

metadata = [{"topic": "extinction", "chapter": "2"},
            {"topic": "regions", "chapter": "5"}]

unique_ids = [str(i) for i in range(len(chunks))]

collection.add(
    documents=chunks,
    metadatas=metadata,
    ids=unique_ids
)

results = collection.query(
    query_texts=["Where are mangoes grown?"],
```

```
        n_results=2,
        where={"chapter": { "$ne": "2"}},
        where_document={"$contains":"grown"}
)
```

대부분의 벡터 데이터베이스는 다음 기능을 제공합니다.

- 정확한 검색과 함께 근사 최근접 이웃 검색 지원(지연 시간을 줄여줌)
- SQL의 where 절과 같은 메타데이터를 사용한 필터링 기능 제공
- 키워드 검색이나 BM25 같은 알고리즘을 통합하는 기능 제공
- 여러 검색 절을 AND나 OR 연산으로 결합할 수 있는 불리언 검색 연산 지원
- 데이터베이스의 항목을 실시간으로 업데이트하거나 삭제하는 기능 제공

다층 임베딩

검색 성능에 대한 요구 사항이 엄격하다면, 비용이 허용되는 범위 내에서 다층 임베딩$^{\text{multi-Level}}_{\text{embedding}}$ 전략을 사용하는 것이 좋은 방법이 될 수 있습니다. 예를 들어 문장 임베딩, 문단/대화 턴 임베딩, 섹션/하위 섹션 임베딩, 문서 전체 임베딩까지 구성할 수 있습니다. 상위 수준의 임베딩은 텍스트의 전문이 아닌 요약 정보를 표현할 수도 있습니다.

수준마다 서로 다른 임베딩 모델을 사용할 수 있으며 상위 수준으로 갈수록 더 고품질의 고비용 임베딩 모델을 사용할 수도 있습니다.

구체적인 사용 사례에 따라 최상위 수준에서 시작해 트리 구조처럼 하위로 내려가며 처리하거나, 특정 수준만을 직접 타깃으로 삼는 방식도 선택할 수 있습니다.

11.9 임베딩 해석하기

임베딩은 텍스트의 어떤 특징을 학습할까요? 두 문장이 때때로 예상보다 임베딩 공간에서 서로 더 가깝거나 더 멀리 있는 이유는 무엇일까요? 임베딩 벡터의 각 차원이 무엇을 나타내는지 알 수 있을까요?

전통적인 기법과 비교했을 때 임베딩 기반 검색의 주요 한계는 순위 결정에서 해석 가능성이 부족하다는 점입니다. 신경망, LLM, 임베딩의 해석 가능성을 높이기 위한 연구는 이미 방대한 양이 축적되어 있습니다. 5장에서는 대규모 언어 모델을 이해하기 위한 몇 가지 해석 가능성 기법을 소개했습니다. 이 절에서는 특히 임베딩 해석 가능성에 초점을 맞출 것입니다. 임베딩 공간에 표현된 특징을 이해하면 그 지식을 활용해 목적에 맞게 임베딩을 조정할 수 있다는 장점이 있습니다.

희소 오토인코더(SAE)는 해석 가능성을 부여하는 유망한 기법입니다. SAE가 무엇을 의미하는지, 해석 가능성을 향상시키기 위해 어떻게 훈련되고 사용되는지 알아보겠습니다.

언어 모델은 수백만 개의 특징을 학습할 수 있지만, 주어진 입력에서 활성화되는 특징은 소수입니다. 이것이 바로 희소성sparsity입니다. 많은 특징을 학습하더라도 임베딩 벡터에는 제한된 수의 차원만 있으므로 각 차원이 많은 특징에 기여하며 서로 간섭할 수 있습니다. 이러한 임베딩에 대해 희소 오토인코더[53]를 훈련하면 독립적이고 해석 가능한 특징을 도출할 수 있습니다.

라이너스 리Linus Lee는 자신의 프리즘Prism 프로젝트[54]에서 SAE를 사용해 T5 기반 임베딩 모델의 특징을 탐구했습니다. 다음은 식별된 특징 중 일부입니다.

- 부정 표현의 존재
- 가능성 또는 추측의 표현
- 고용 및 노동 관련 개념
- 문장 시작 부분의 소유격 구문

더 많은 식별된 특징은 라이너스 리의 블로그 글[55]에서 확인할 수 있습니다.

---

[53] Adam Karvonen, "An Intuitive Explanation of Sparse Autoencoders for LLM Interpretability", 11 Jun 2024, https://oreil.ly/oiXb7

[54] Linus Lee, "Prism: mapping interpretable concepts and features in a latent space of language", 22 June, 2024, https://oreil.ly/efzz1

[55] Linus Lee, "Prism: mapping interpretable concepts and features in a latent space of language", 22 June, 2024, https://oreil.ly/efzz1

11.10 마치며

이번 장에서는 임베딩 개념을 소개하고, 그 내부 구조를 살펴보며 임베딩을 생성하는 다양한 기법을 알아봤습니다. 또한 자신의 데이터에서 임베딩을 파인 튜닝하는 기법도 다뤘습니다. 임베딩을 구성하는 데이터 세분화 수준을 결정하는 방법을 학습하면서 여러 청킹 기법을 논의했습니다. 마지막으로 임베딩을 시각화하고 해석하는 기법을 살펴봤습니다.

다음 장에서는 현재 임베딩의 가장 인기 있는 사용 사례인 애플리케이션 패러다임인 RAG를 탐구할 것입니다. 일반적인 RAG 워크플로에 관련된 단계들을 소개하고 각 단계를 자세히 검토할 것입니다. 또한 RAG 애플리케이션 구축에 필요한 기술적 결정을 논의하고 다양한 트레이드오프를 고려하는 방법에 대한 지침을 제공할 것입니다.

CHAPTER 12

검색 증강 생성(RAG)

10장에서는 LLM을 외부 데이터나 소프트웨어와 연결해 기능을 획기적으로 확장하는 방법을 살펴봤습니다. 이어서 11장에서는 임베딩 기반 검색이라는 개념을 소개했는데, 이는 질의에 대한 응답으로 데이터 저장소에서 관련 데이터를 검색하는 핵심 기술입니다. 이제 이러한 배경지식을 바탕으로 LLM에 외부 데이터를 통합하는 응용 패러다임인 검색 증강 생성(이하 RAG)을 폭넓게 살펴보겠습니다.

이번 장에서는 RAG 애플리케이션의 전형적인 워크플로를 구성하는 각 단계를 깊이 있게 다루며, RAG 파이프라인 전반을 종합적으로 이해하고자 합니다. 또한 어떤 데이터를 검색할 수 있으며, 어떻게 검색하고, 언제 검색할지를 포함해 RAG를 실용화하는 데 필요한 다양한 의사결정을 살펴볼 것입니다. RAG가 모델 추론 단계뿐만 아니라 모델 훈련과 파인 튜닝 과정에서도 어떻게 도움이 되는지를 강조하고, 다른 패러다임과 비교했을 때 RAG가 특히 유리한 상황과 그렇지 않은 상황을 함께 고찰할 것입니다.

12.1 RAG의 필요성

10장에서 소개했듯이, RAG는 외부 데이터 소스를 사용해 LLM의 기능을 증강하는 다양한 기법을 설명하는 포괄적인 용어입니다. RAG를 사용하는 이유는 다음과 같습니다.

- LLM이 사전 훈련 데이터셋에 포함되지 않은 개인 데이터나 독점 데이터를 참조하게 하려면, LLM을 해당 데이터로 다시 사전 훈련하는 것보다 RAG를 사용하는 방법이 훨씬 가볍고 효율적입니다.
- 환각 현상을 줄이고자 할 때, LLM이 내부 지식에만 의존하지 않고 검색을 통해 제공된 데이터를 참조하게 할 수 있습니다. RAG는 이를 가능하게 해 줄 뿐만 아니라, 출력 결과에 실제 데이터 소스를 연결해 정확히 인용하게 해 줍니다.
- 사전 훈련 이후에 발생한 최신 사건이나 개념에 관한 질문에 응답하려 할 때 유용합니다. LLM 파라미터를 최신 정보로 갱신하는 MEMIT 같은 메모리 편집 기법도 있지만, 현재로서는 신뢰성과 확장성 면에서 제한이 있습니다. 7장에서 논의했듯이, 지속적으로 LLM을 훈련시켜 최신 지식을 반영하는 것은 비용도 많이 들고 리스크도 큽니다.
- 사전 훈련 데이터에 드물게 등장하는 롱테일long-tail 엔티티에 관한 질문에 답하도록 하고 싶을 때도 RAG가 효과적입니다.

롱테일 문제에 취약한 LLM

LLM이 어떤 사실을 기억하려면 많은 예제 샘플을 학습해야 합니다. 이러한 기억 능력은 확률적이므로 모델이 특정 정보를 기억하는 데 필요한 샘플 수를 정확히 예측할 수 없습니다. 이처럼 샘플 효율성이 낮으면 훈련 데이터에 드물게 등장하는 개체나 개념에 관해 질의할 때 LLM이 제대로 응답하지 못할 가능성이 높습니다. 예를 들어 칸드팔Kandpal 연구진[1]은 BLOOM-176B 모델을 사용한 실험에서, 관련 문서가 사전 훈련 데이터에 단 10번 등장했을 때 질의응답 정확도가 25%에 불과했으나 1만 번 등장했을 때는 정확도가 55%로 향상된다는 결과를 보여주었습니다.

또한 모델 크기가 커질수록 상대적으로 적은 예제만으로도 사실을 기억할 가능성이 높아진다는 점도 밝혔습니다. 하지만 그럼에도 수많은 롱테일 개념은 여전히 모델이 기억하지 못하는 상태로 남아 있습니다. LLM의 크기와 기억 능력 간의 관계는 로그-선형으로, 롱테일 데이터를 다루는 데 경쟁력을 갖추려면 모델의 크기가 수백조 개의 파라미터에 달해야 합니다.

LLM 암기 가능성을 높이는 한 가지 방법은 더 많은 에포크 동안 훈련하거나 암기하려는 개념과 사실에 해당하는 훈련 세트의 데이터를 업샘플링하는 것입니다. 또한 사실을 나타내는 토큰에 대한 훈련 손실에 가중치를 부여하도록 학습 목표를 수정할 수도 있습니다.

2장에서 다룬 커리큘럼 학습도 유용한 전략입니다. 야기엘스키Jagielski 연구진[2]은 훈련 초기에 본 샘플은 시간이 지남에 따라 잊히기 쉽다는 점을 지적하며, 기억시키고 싶은 데이터를 나중에 보

---

[1] Kandpal et al., "Large Language Models Struggle to Learn Long-Tail Knowledge", 27 Jul 2023, https://arxiv.org/pdf/2211.08411
[2] Jagielski et al., "Measuring Forgetting of Memorized Training Examples", 9 May 2023, https://arxiv.org/pdf/2207.00099

여주도록 학습 순서를 조정하면 기억 확률을 높일 수 있다고 설명했습니다.

그리고 이 장 전반에서 다룰 RAG는 이러한 롱테일 개념에 대해 LLM의 응답 성능을 향상하는 매우 효과적인 대안이 됩니다.

> **연습 문제**
>
> 대부분의 LLM은 고품질 데이터셋으로 간주하는 위키백과를 훈련 데이터로 활용했습니다. 위키백과에는 하위 리그 축구 선수와 같이 잘 알려지지 않은 인물에 관한 페이지도 있습니다. 이렇게 덜 알려진 인물 중 위키백과 페이지가 있는 사람을 골라 해당 페이지에 답이 있는 질문을 LLM에 해 보세요.
>
> 이 과정을 다양한 크기의 LLM에서 반복해 보세요. 이어서, 더 잘 알려진 인물들에 관해서도 동일하게 질문해 보세요(참고로 위키백과 페이지의 분량은 인물 인지도의 간접 지표가 될 수 있습니다). 질문에 대한 응답 능력에 LLM의 크기가 영향을 미치는지를 확인해 보세요.

12.2 대표적인 RAG 활용 시나리오

RAG이 **왜** 필요한지 살펴봤으니, 이제는 실제로 RAG를 **어디에** 활용할 수 있는지를 알아보겠습니다. 대표적인 활용 시나리오는 다음 네 가지입니다.

외부 지식 검색

가장 일반적이고 실무에서 가장 성공적으로 활용되는 사례입니다. 앞서 설명했듯이, RAG는 LLM의 지식 공백을 메우거나 환각 현상의 위험을 줄이는 데 사용할 수 있습니다.

컨텍스트 히스토리 검색

LLM은 컨텍스트 윈도 크기에 제한이 있습니다. 하지만 하나의 질의에 답하는 데 필요한 컨텍스트의 양은 이보다 훨씬 많을 때가 많습니다. 또한 사용자와의 대화를 컨텍스트 윈도보다 더 길게 유지하고 싶을 때도 있습니다. 이런 경우, 필요한 시점에 대화 이력이나 세션의 컨텍스트 일부를 검색해 활용할 수 있습니다.

인컨텍스트 훈련 예시 검색

퓨샷 학습은 LLM이 입력과 출력 간의 매핑 구조를 학습하는 데 효과적인 접근입니다. 이때 현재 입력에 맞춰 적절한 퓨샷 예제를 동적으로 선택하면 더 효과적입니다. 이러한 예시는 추론 시점에 훈련 데이터 저장소에서 검색해 사용할 수 있습니다.

도구 관련 정보 검색

10장에서 설명했듯이, LLM은 워크플로의 일환으로 소프트웨어 도구를 호출할 수 있습니다. 사용 가능한 도구 목록과 설명은 도구 저장소tool store에 저장되며, LLM은 검색을 통해 해당 작업에 가장 적합한 도구를 선택할 수 있습니다. 여기에 포함되는 정보로는 API 문서 등이 있을 수 있습니다.

12.3 검색 여부 판단하기

에이전트 워크플로의 각 단계에서 LLM은 다음 단계 중 하나를 사용해 작업을 진행할 수 있습니다.

- 내부 기능 사용
- 여러 데이터 저장소 중에서 선택
- 여러 소프트웨어 도구 중에서 선택

LLM이 파라미터 메모리만을 사용해 완전히 해결할 수 있는 작업이 있지만, 하나 이상의 데이터 저장소에도 이를 해결하는 데 필요한 데이터가 포함되었을 수 있습니다. 이럴 때는 앞서 제시한 RAG의 모든 이점을 고려해 RAG를 기본적으로 사용해야 할까요?

앞서 살펴봤듯이 LLM은 롱테일 정보에서 어려움을 겪는 경향이 있으며, RAG가 롱테일 엔티티에 관한 질문에 답하는 효과적인 수단이 될 수 있습니다. 하지만 말렌Mallen 연구진[3]은 인기 있는 엔티티에 관한 질의에는 LLM이 RAG보다 더 잘 답할 때도 있다고 지적합니다. 이는 관련 없거나 잘못된 정보를 검색해 LLM을 오도할 수 있는 검색 모델의 불가피한 한계 때문입니다.

주어진 질의에 답하는 데 검색을 사용할지 LLM의 파라미터 메모리에 의존할지를 동적으로 결정할 수 있습니다. 올바른 접근법을 선택하는 규칙은 다음과 같습니다.

- **질의가 더 빈번하게 나타나는 엔티티에 관한 것인가**: 예를 들어 LLM은 위키백과 페이지가 미완성인 지역 밴드의 대체 드러머보다는 테일러 스위프트Taylor Swift의 생일을 암기할 가능성이 더 높습니다.
- **질의에 시의성 제약이 있는가**: 질의를 처리하는 데 필요한 데이터가 LLM의 지식 컷오프 날짜 이후에 등장했다면 최신 데이터를 검색해야 합니다.

---

[3] Mallen et al., "When Not to Trust Language Models: Investigating Effectiveness of Parametric and Non-Parametric Memories", 2 Jul 2023, https://aclanthology.org/2023.acl-long.546.pdf

- **모델이 지속적으로 사전 훈련되었거나 메모리 튜닝되었는가**: 7장에서 설명한 대로, 모델이 특정 개념에 대해 지속적으로 사전 훈련이나 메모리 튜닝을 수행했으며 질의가 해당 개념과 관련이 있다면 검색 없이도 답변할 수 있습니다.

범용 질의응답에 LLM을 사용하는 경우, 말렌 연구진은 위키백과와 같은 소스를 엔티티의 유사 인기도 지표로 사용하는 방법을 제안합니다. 입력에 있는 엔티티가 위키백과에서 특정 임곗값보다 많이 등장한다면 LLM은 RAG를 사용하지 않고 스스로 질문에 답할 수 있습니다. 임곗값은 LLM마다 다를 수 있으며, 이 전략은 LLM이 사전 훈련된 데이터셋을 충분히 이해할 때만 효과적입니다.

언제 데이터를 검색할지 동적으로 결정하는 것은 모델의 지연 시간과 응답성을 최적화하는 데도 도움이 됩니다. RAG 파이프라인은 추가 오버헤드를 도입하기 때문입니다.

> **TIP** 동적 검색은 주로 매우 큰 LLM을 사용할 때 유용합니다. 작은 모델(7B 이하)에서는 내부 메모리에 의존하는 것보다 RAG를 사용하는 것이 대부분 더 나은 성능을 보입니다.

12.4 RAG 파이프라인

일반적인 RAG 애플리케이션은 11장에서 논의한 검색기-판독기 프레임워크를 따릅니다. 질의에 응답해 검색 모델이 질의에 답하는 데 관련된 문서를 식별합니다. 이러한 문서는 컨텍스트로 LLM에 전달되며, LLM은 이를 내부 기능에 더해 응답을 생성합니다. 실제로는 RAG가 프로덕션 환경에서 작동하게 하려면 많은 부가 기능을 추가해야 합니다. 이는 검색기-판독기 프레임워크에 여러 선택적 단계를 추가하는 것을 포함합니다. 실제로는 파이프라인 단계가 재작성-검색-읽기-정제-삽입-생성rewrite-retrieve-read-refine-insert-generate 워크플로로 구성될 수 있으며, 이러한 단계 중 일부는 여러 하위 단계로 구성될 수 있습니다. 이 장 후반부에 각 단계를 더 자세히 살펴보겠습니다.

[그림 12-1]은 RAG 파이프라인의 다양한 단계와 관련 구성 요소를 보여줍니다.

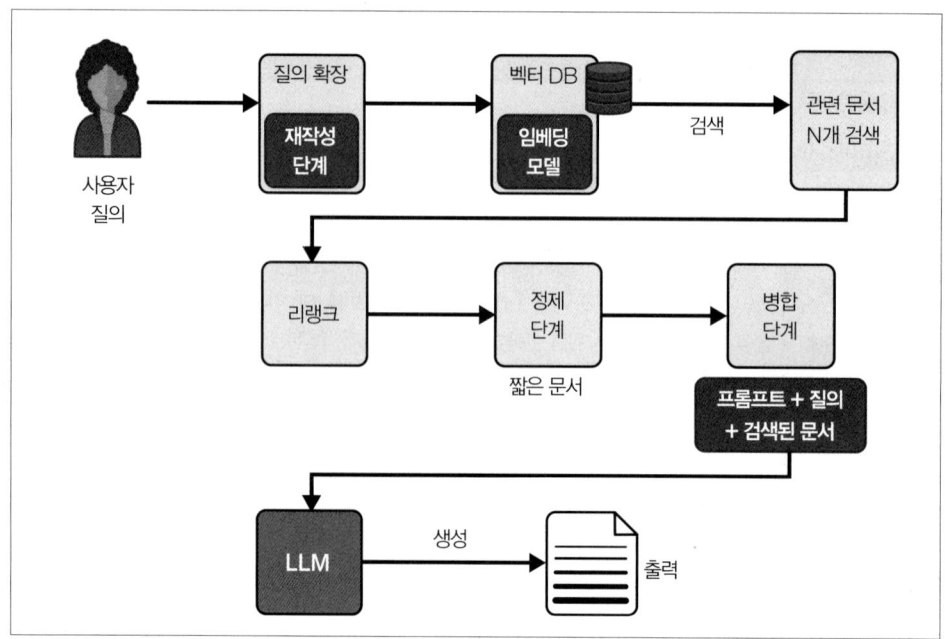

그림 12-1 RAG 파이프라인

> TIP 이 책의 나머지 부분과 마찬가지로, 사용자나 LLM의 데이터 검색 요청을 질의라고 하고 데이터 저장소에서 검색된 텍스트 단위를 문서라고 합니다.

예를 들어 설명해 보겠습니다. 캐나다 정치와 의회 활동에 관한 질문에 답하는 RAG 애플리케이션을 생각해 보세요. 이 애플리케이션은 의회 회의록 대본이 있는 지식 베이스에 접근할 수 있습니다. 데이터는 11장에서 설명한 표현 기법을 사용해 나타낸다고 가정하겠습니다.

사용자가 질의를 발행하면 검색기에 보내기 전에 재구성rephrase할 수 있습니다. 전통적으로 정보 검색(IR) 분야에서는 이를 질의 확장query expansion이라고 합니다. 질의 확장은 질의 공간과 문서 공간 간의 어휘 불일치를 해결하는 데 특히 유용합니다. 사용자가 질의에서 사용한 용어가 문서에 사용된 용어와 다를 수 있기 때문입니다. 질의를 재구성하면 어휘 격차를 해소하는 데 도움이 되고 검색기가 더 관련성 높은 문서를 가져올 가능성을 높일 수 있습니다. 이를 **재작성 단계**라고 합니다.

다음은 **검색 단계**로, 검색 모델을 사용해 질의와 관련된 문서를 검색합니다. 11장에서는 LLM 시대의 인기 있는 검색 패러다임인 임베딩 기반 검색에 관해 논의했습니다. 검색 단계는 광범위한 다단계 파이프라인이 될 수 있습니다.

검색은 매우 방대한 문서 공간에서 일어날 수 있습니다. 이럴 때 고급 검색 모델을 사용하는 것은 계산적으로 비효율적입니다. 따라서 검색은 보통 2단계 과정으로 수행됩니다. 첫 번째 단계에서는 더 빠른 방법(요즘은 일반적으로 임베딩 기반)을 사용해 잠재적으로 관련된 문서 목록을 검색합니다(재현율 최적화). 두 번째 단계에서는 관련성에 기반해 검색된 목록을 리랭크^{rerank}하여(정밀도 최적화) 상위 k개 순위 문서를 LLM에 전달할 컨텍스트로 선택합니다. 이를 **리랭크 단계**라고 합니다.

질의와 관련된 상위 k개 문서를 식별한 후, 이들을 LLM에 전달해야 합니다. 하지만 문서들이 컨텍스트 윈도에 맞지 않으면 축약해야 할 수 있습니다. 또한 LLM이 컨텍스트를 사용해 답을 생성할 가능성을 높이는 방식으로 재구성할 수도 있습니다. 이를 **정제**^{refine} **단계**라고 합니다.

다음으로 정제 단계의 출력을 LLM에 제공합니다. 기본 접근법은 모든 문서를 프롬프트에 연결하는 것입니다. 하지만 한 번에 하나씩 전달한 다음 결과를 앙상블할 수도 있습니다. 프롬프트에 문서들을 배치하는 순서도 결과에 영향을 줄 수 있습니다. 이러한 여러 기법이 컨텍스트를 LLM에 공급하는 방식을 결정합니다. 이를 **삽입**^{insert} **단계**라고 합니다.

마지막으로 **생성**^{generate} **단계**에서는 LLM이 질의와 컨텍스트가 포함된 프롬프트를 읽고 최종 응답을 생성합니다. 생성은 한 번에 전체 응답을 출력하는 방식일 수도 있고, 점진적 생성$^{interleaved\ generation}$ 방식일 수도 있습니다. 예를 들어 모델이 몇 개의 토큰을 생성한 뒤, 다시 검색 모델을 호출해 추가 정보를 가져오고, 이어서 다시 토큰을 생성하는 과정을 반복하는 식으로 생성과 검색이 번갈아 가며 이루어질 수 있습니다.

각 단계의 출력 결과는 **검증**^{verify} **단계**를 거쳐 품질을 평가하고, 필요시 수정 조치를 취할 수 있습니다. 검증 단계에서는 휴리스틱 방식이나 AI 기반 기법을 사용할 수 있습니다.

이 예시에서는 인간 사용자가 질의를 생성했지만, 에이전트 기반 워크플로의 맥락에서 RAG를 생각해 보면 LLM이 질의를 생성할 수도 있습니다. 에이전트 워크플로에서는 특정 시점에 에이전트가 작업 진행에 데이터 검색이 필요하다고 판단하면, 앞에서 설명한 RAG 파이프라인이 작동하게 됩니다.

이 파이프라인에서 검색과 생성 단계는 필수지만, 나머지 단계는 선택 사항입니다. 나머지 단계를 포함할지는 성능과 지연 시간 간의 트레이드오프에 따라 달라집니다.

> **NOTE_** 앞의 예시는 추론 시점에 사용하는 RAG에 관한 것입니다. 하지만 RAG는 사전 훈련이나 파인 튜닝 과정에도 적용할 수 있으며, 이에 관해서는 이 장의 후반에서 설명합니다.

파이프라인의 각 단계를 자세히 살펴보겠습니다.

12.4.1 재작성

질의가 발행된 후, 검색에 더 적합하도록 재작성해야 할 수 있습니다. 재작성 과정은 사용되는 검색 모델에 따라 달라집니다. 앞서 언급했듯이, 질의에서 사용되는 어휘, 표현, 의미가 문서에서 관련 개념이 전달되는 방식과 크게 다를 수 있으므로 일반적으로 질의 공간과 문서 공간 간에 불일치가 있습니다.

예를 들어 다음과 같은 질의를 생각해 보세요.

> 예산이 균형 잡히지 않았다고 불만을 제기한 정치인은 누구인가요?

데이터 저장소에는 다음과 같은 텍스트가 포함된다고 가정하죠.

> 팩스턴Paxton 상원의원: '우리의 막대한 적자를 더는 보고 있을 수 없습니다.'

키워드에 더 의존하는 전통적인 검색 접근법을 사용하면 이 텍스트는 검색 중에 관련성이 있는 것으로 선택되지 않을 수 있습니다. 임베딩 기반 방법을 사용하면 의미적으로 유사한 문장들이 임베딩 공간상에서 더 가깝게 매핑되므로 이러한 틈을 어느 정도 줄일 수 있습니다. 하지만 이 방법만으로는 문제를 완전히 해결할 수는 없습니다.

> **TIP** '예산이 균형 잡히지 않았다고 불만을 제기한 정치인은 누구인가요? 결과를 표 형태로 제공해 주세요'와 같이 사용자의 질의에 지시 사항이 추가될 수 있습니다. 이 경우 질의를 검색 파이프라인에 넣기 전에 지시 사항을 분리해야 합니다. 이는 각각 5장과 10장에서 논의한 CoT와 ReAct 같은 프롬프팅 기법을 사용하는 LLM으로 수행할 수 있습니다.

전통적인 검색 기법을 사용하는 시스템에서는 일반적으로 질의 확장 기법을 사용해 질의가 재작성됩니다. 여기서 질의를 유사한 키워드로 보강합니다. 기본적인 질의 확장 기법에는 키워드의 동의어와 질의의 다른 주제 정보를 추가하는 것이 포함됩니다.

잘 검증된 질의 확장 방법으로는 의사 관련성 피드백$^{\text{pseudo-relevance feedback}}$(PRF)이 있습니다. PRF에서는 원래 질의를 사용해 문서를 검색한 다음, 검색된 문서에서 중요한 용어를 추출해 원래 질의에 추가합니다. 예를 들어 '예산이 균형 잡히지 않았다고 불만을 제기한 정치인은 누구인가요?'에 PRF가 어떻게 도움이 되는지 살펴보겠습니다. 이 장 후반부에서 설명하는 BM25와 같은 검색 기법을 사용해 k개 문서의 후보 집합을 반환합니다. 그런 다음, 용어 빈도나 더 효과적인 TF-IDF[4] 기법을 사용해 반환된 문서에 나타나는 중요한 용어를 추출합니다. 이 예시에서 중요한 구문은 '재정 정책', '적자', '재정 부실 관리', '예산 개혁'으로 나타났습니다. 이러한 구문을 원래 질의에 추가하면 다음 텍스트가 성공적으로 검색될 것입니다.

> 팩스턴 상원의원: '우리의 막대한 적자를 더는 보고 있을 수 없습니다.'

최근 몇 년간 LLM 기반 질의 확장 방법이 더 주목받고 있습니다. 대표적인 예로는 Query2doc[5]과 가상 문서 임베딩$^{\text{Hypothetical Document Embeddings}}$(HyDE)[6]이 있습니다.

LLM 기반 질의 확장이 어떻게 작동하는지 살펴보겠습니다. 주어진 질의를 LLM에 전달하고 질의에 대한 답변을 포함하는 가상 문서를 생성하도록 요청합니다.

> 프롬프트: 제공된 질의에 대해 질의에 답하는 가상 문서를 2문장 이하로 생성하세요. 문서는 캐나다 의회 회의록으로, 하원과 상원 대표들의 발언을 그대로 담은 대본이라고 가정하세요.
>
> 질의: 예산이 균형 잡히지 않았다고 불만을 제기한 정치인은 누구인가요?

프롬프트에는 다음이 포함됩니다.

- 가상 문서를 생성하라는 지시 사항
- 생성된 문서의 길이 제한
- 관련 문서가 포함된 문서 코퍼스에 관한 설명
- 원래 질의

---

4 "Understanding TF-IDF (Term Frequency-Inverse Document Frequency)", https://oreil.ly/5be9z
5 Wang et al., "Query2doc: Query Expansion with Large Language Models", 11 Oct 2023, https://arxiv.org/pdf/2303.07678
6 Gao et al., "Precise Zero-Shot Dense Retrieval without Relevance Labels", 20 Dec 2022, https://arxiv.org/pdf/2212.10496

LLM이 생성한 가상의 문서는 다음과 같습니다.

> LLM: 마크 웰링턴Mark Wellington 상원의원은 '정부가 예산을 균형 있게 운용하지 못하는 것은 용납할 수 없으며, 이는 우리 경제의 미래를 위협한다'라고 발언했습니다.
> 에밀리 프레이저Emily Fraser 하원의원 역시 '적자 문제를 해결하지 않은 채 무분별한 지출을 계속할 수는 없다. 이제 진정한 재정 책임을 보여줄 때'라고 말했습니다.

이 가상 문서를 질의로 활용하면 '팩스턴 상원의원: '우리의 막대한 적자를 더는 보고 있을 수 없다.''가 더 높은 유사도 점수로 반환됩니다.

물론 이 문서는 사실과는 다릅니다. 실제로 캐나다에는 마크 웰링턴이나 에밀리 프레이저라는 의원이 없습니다. 하지만 사용된 표현과 의미 구조는 실제 정치인의 발언 스타일과 매우 유사합니다. 따라서 이 문서를 단독으로 사용하거나 원래 질의와 결합해 질의를 재작성하여 검색에 사용하면, 단순 질의만 사용할 때보다 정치인이 해당 주제에 관해 실제로 언급한 표현과 의미적으로 더 유사한 문서를 찾을 가능성이 높아집니다.

이러한 가상 문서는 일반적인 검색 단위의 길이와 비슷한 수준으로 생성할 수 있습니다. 현재 사실성 보장 여부는 신경 쓰지 않으므로 소형 LLM을 사용해도 충분합니다. 다만 소형 모델은 고품질의 가상 문서를 생성하는 능력이 다소 부족할 수 있으므로 모델 크기와 품질 간의 균형을 고려해야 합니다.

랭체인과 라마인덱스는 이와 같은 가상 문서 기반 질의 재작성hypothetical document-based query rewriting 기능을 구현해 제공합니다. 또한 LLM이 해당 데이터 코퍼스에서 사전 훈련되었거나 파인 튜닝되었다면 프롬프트에 코퍼스에 관한 설명을 포함함으로써 생성되는 문서가 해당 코퍼스의 구조, 형식, 언어 스타일을 더 잘 따르게 할 수 있습니다.

> CAUTION_ 질의 재작성 기법에는 주제 이탈이라는 중요한 위험 요소가 있습니다. 특히 가상 문서를 생성할 때, 처음 몇 개의 토큰 이후에 문서가 핵심 주제에서 벗어나 전혀 관련 없는 내용으로 흘러갈 수 있습니다. 이 문제는 질의에 포함된 토큰의 로짓 편향을 높이는 방식으로 어느 정도 완화할 수 있습니다. 하지만 의사 관련 피드백인 PRF 기법도 이와 같은 주제 이탈 문제에 취약합니다.

PRF 스타일 기법을 가상 문서와 결합할 수도 있습니다. 질의를 대체하거나 보강하려고 가상 문서를 생성하는 대신, 원래 질의에 추가할 키워드를 추출하는 데 사용할 수 있습니다. 리 연구진[7]은 query2document2keyword(Q2D2K)라는 기법을 제안합니다. 이 기법에서 LLM은 HyDE와 유사하게 질의를 사용해 가상 문서를 생성합니다. 그런 다음 LLM에 이 문서에서 중요한 키워드를 추출하도록 프롬프트를 구성합니다.

그 후 추출된 키워드를 필터링 단계를 거쳐 품질을 더 개선할 수 있습니다. 저자들은 5장에서 논의한 자기 일관성 방법을 사용할 것을 제안합니다. 요약하면, 자기 일관성 방법에서는 키워드 생성을 여러 번 반복한 다음, 그중에서 가장 자주 등장한 키워드를 상위 키워드로 선택합니다.

전통적인 검색과 LLM 기반 질의 재작성을 결합하는 또 다른 방법도 있습니다. 먼저 초기 검색 단계에서 상위 k개 문서를 반환한 다음, LLM을 사용해 반환된 문서에서 중요한 키워드를 생성하고 이를 질의에 추가하는 것입니다.

> **연습 문제**
>
> 이 책의 깃허브 저장소[8]에 있는 캐나다 의회 회의록 예시에서 Gemma 2B, Llama 2B와 같은 작은 모델을 사용할 때 가상 문서가 효과적인지 확인해 보세요. 마찬가지로 모델의 크기를 늘려서 성능이 향상되는지 살펴보세요. 가상 문서를 통합하는 것이 전체 시스템 지연 시간에 어떤 영향을 미치는지도 확인해 보세요.

지금까지 질의를 수정하고 문서 공간에 더 가깝게 만들어 질의-문서 불일치 문제를 해결하는 기법들을 논의했습니다. 불일치 문제를 해결하는 대안적 접근법은 문서를 질의 공간에 더 가깝게 만드는 방식으로 표현하는 것입니다. 이 접근법의 예시로는 doc2query[9]와 컨텍스트 기반 검색[10]이 있습니다. 문서 재작성 기법은 데이터 저장소가 매우 크면 초기 비용이 많이 들지만, 질의 재작성을 수행할 필요가 (거의) 없으므로 추론 시점에 지연 시간을 줄일 수 있습니다. 반면 질의 재작성 기법은 구현이 간단하고 RAG 워크플로에 통합하기 쉽습니다.

질의 재작성의 또 다른 형태로는 질의 분해가 있습니다. 복잡한 질의를 다루는 에이전트 워크플로에서는 LLM이 작업을 여러 개의 질의로 나눠 질의가 분해된 방식에 따라 순차적으로나 병

---

7 Li et al., Can Query Expansion Improve Generalization of Strong Cross-Encoder Rankers?, 30 Apr 2024, https://arxiv.org/pdf/2311.09175
8 https://github.com/corazzon/designing-llm-apps
9 https://oreil.ly/CGUtP
10 https://oreil.ly/ZJuIu

렬로 실행하게 할 수 있습니다. 질의 분해 기법은 10장에서 논의했습니다.

> **NOTE_** 외부 데이터가 데이터베이스와 같은 구조화된 형태라면 10장에서 논의한 대로 질의를 SQL 쿼리나 이와 동등한 형태로 재작성해야 합니다.

파이프라인의 질의 재작성 단계를 논의했으니, 이제 검색 단계로 넘어가겠습니다.

12.4.2 검색

검색 단계는 RAG 파이프라인의 가장 중요한 단계입니다. 그 이유는 명확합니다. 모든 RAG 애플리케이션은 검색의 품질에 따라 병목이 발생하기 때문입니다. 세계 최고의 언어 모델로 작업하더라도 검색 단계에서 질의에 답하는 데 필요한 올바른 문서를 검색하지 못한다면 정확한 결과를 얻을 수 없습니다. 따라서 파이프라인의 검색 단계에서는 재현율을 높이는 데 집중해야 합니다.

11장에서 자세히 논의한 임베딩 기반 검색이 매우 인기가 있습니다. 하지만 전통적인 정보 검색 기법들도 무시해서는 안 됩니다. 사용할 올바른 기법은 예상되는 질의의 성격(예: 키워드나 정규 표현식 매칭만으로 답할 수 있는 질의의 비율), 예상되는 질의-문서 어휘 불일치 정도, 지연 시간 및 컴퓨팅 제약, 성능 요구 사항에 따라 달라집니다.

> **NOTE_** 정보 검색(IR) 연구 분야는 오랫동안 이러한 문제를 연구해 왔습니다. 이제 검색이 자연어 처리에서 그 어느 때보다 중요해진 상황에서, IR 인사이트를 재사용하기보다는 '바퀴를 다시 발명'하려는 노력이 많이 목격됩니다. 검색 연구의 인사이트를 얻으려면 SIGIR, ECIR, TREC 등 주요 IR 연구 컨퍼런스의 논문들을 확인해 보세요.

BM25의 기대를 뛰어넘는 효과

딥러닝 기반의 고급 검색 기법들이 있지만, BM25[11]와 같은 키워드 매칭 기반의 확률적 검색 기법은 매우 강력한 베이스라인baseline을 보여줄 수 있습니다. 특히 질의나 문서 재작성과 함께 사용하면 실제 애플리케이션 수준에서도 충분히 우수한 성능을 낼 수 있습니다.

---

[11] https://oreil.ly/Jqrh0

아파치 루씬Lucene이나 일래스틱서치에서 지원하는 다른 전통적인 검색 기법들도 다음과 같이 다양합니다. 용어 빈도-역문서 빈도term frequency-inverse document frequency(TF-IDF), 독립성으로부터의 발산divergence from independence(DFI), 무작위성으로부터의 발산divergence from randomness(DFR), 정보 기반information-based(IB), 디리클레 유사도Dirichlet similarity, 옐리넥 머서 유사도Jelinek-Mercer similarity가 있습니다. 이러한 측정법에는 각각 여러 개의 조정 가능한 파라미터가 있습니다. 이러한 기법과 파라미터값을 선택하는 방법에 대한 더 자세한 인사이트는 'Tweaking the Base Score[12]'를 확인해 보세요.

특정 단어나 구문을 포함하는 모든 문서를 검색하는 데는 임베딩 기반 검색 방법이 항상 적합하지 않습니다. 따라서 관례적으로 키워드 기반 방법과 임베딩 방법을 결합하며, 이를 하이브리드 검색이라고 합니다. 두 방법의 결과가 결합되어 검색 파이프라인의 다음 단계로 전달됩니다. 대부분의 벡터 데이터베이스는 어떤 형태로든 하이브리드 검색을 지원합니다. [그림 12-2]는 하이브리드 검색을 사용하는 검색 단계의 작동을 보여줍니다.

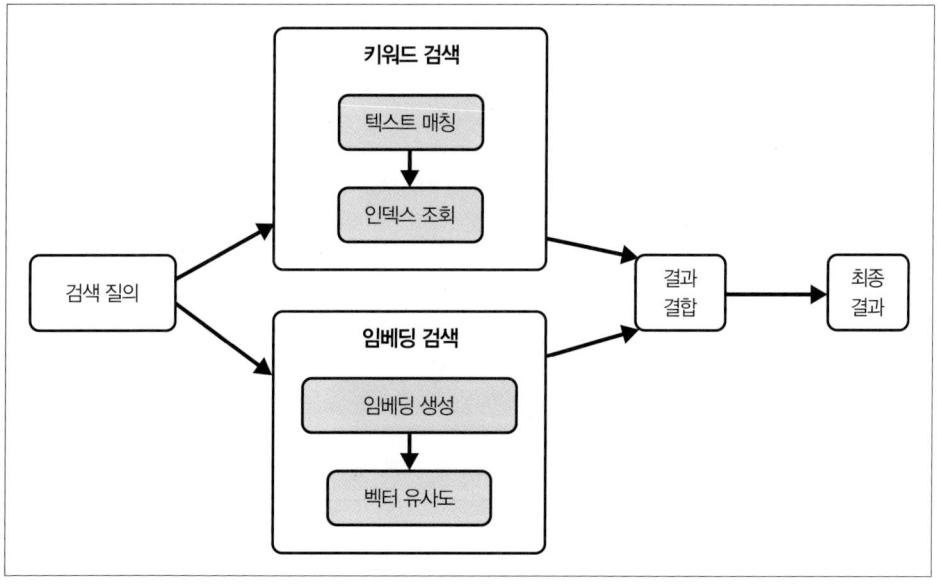

그림 12-2 하이브리드 검색

---

[12] "Tweaking the Base Score: LuceneSolr Similarities Explained & Automatically Scaling Solr – Sematext", https://oreil.ly/zyke4

메타데이터 필터를 사용한 검색 개선도 적극 권장합니다. 데이터 표현 및 저장 단계에서 더 많은 메타데이터를 수집할수록 검색 결과가 더 좋아집니다. 예를 들어 데이터 저장소의 주제 모델링을 미리 수행했다면, 하드코딩된 규칙 세트를 사용하거나 LLM이 결정하는 필터를 적용해 검색 결과를 특정 주제의 하위 집합으로 제한할 수 있습니다.

다음으로 검색 분야의 유망한 최근 발전을 논의해 보겠습니다.

생성형 검색

질의에 응답하기 위해 검색해야 하는 올바른 문서를 LLM이 식별할 수 있다면 검색 기법의 필요성이 없어지지 않을까요? 이를 생성형 검색generative retrieval이라고 합니다. 생성형 검색은 문서에 docID라고 하는 식별자를 할당하고 문서와 docID 간의 연관성을 LLM에 학습시키는 방식으로 구현됩니다. 하나의 문서는 하나 이상의 docID와 연관될 수 있습니다. 일반적인 docID는 다음과 같습니다.

단일 토큰

각 문서를 어휘에서 새로운 토큰으로 표현합니다. 이는 추론 중에 모델이 검색하려는 문서마다 단일 토큰만 출력하면 된다는 의미입니다. 프라딥Pradeep 연구진[13]은 인코더 어휘로 표준 T5 어휘를 사용하고 디코더 어휘에는 docID가 포함된 T5 모델을 사용합니다. 이 접근법은 작은 문서 코퍼스에서만 실행 가능합니다.

프리픽스/부분집합 토큰

테이Tay 연구진[14]은 문서의 처음 64개 토큰을 docID로 사용하고, 왕Wang 연구진은 문서에서 무작위로 선택된 연속적인 64개 토큰을 사용합니다.

클러스터 토큰

문서 코퍼스를 의미 기반으로(예: 임베딩을 사용해) 계층적 클러스터링을 수행할 수도 있습니다. 이때 docID는 계층 구조의 각 레벨에서 클러스터 ID들을 연결해서 구성할 수 있습니다.

중요 키워드 토큰

문서에 포함된 주제와 테마를 나타내는 중요한 키워드를 docID에 포함할 수도 있습니다. 예를 들어, 트랜스포머 아키텍처에 관한 문서는 'transformer_selfattention_architecture'라는 docID로 표현될 수 있습니다.

문서와 docID 간의 연관성을 LLM에 학습시키는 한 가지 방법은 모델을 파인 튜닝하는 것입니다. 이를 훈련 기반 인덱싱이라고 합니다. 하지만 파인 튜닝에는 많은 자원이 필요하며 새로

---

[13] Pradeep et al., "How Does Generative Retrieval Scale to Millions of Passages?", 19 May 2023, https://arxiv.org/pdf/2305.11841

[14] "Transformer Memory as a Differentiable Search Index", 21 Oct 2022, https://arxiv.org/pdf/2202.06991

운 문서가 코퍼스에 자주 추가되는 시나리오에는 적합하지 않습니다.

아스카리Askari 연구진[15]은 모델을 훈련할 필요 없이 퓨샷 학습을 사용해 생성형 검색 시스템을 구축할 수 있음을 보여줬습니다. 먼저 코퍼스의 각 문서에 언어 모델을 사용해 의사 질의pseudo query를 생성합니다. 의사 질의는 해당 문서에 답이 있는 질의입니다. 그런 다음, 이러한 의사 질의를 퓨샷 설정에서 언어 모델에 입력하고 docID를 생성하도록 요청합니다. [그림 12-3]은 훈련 없이 이루어지는 생성형 검색의 작동을 보여줍니다.

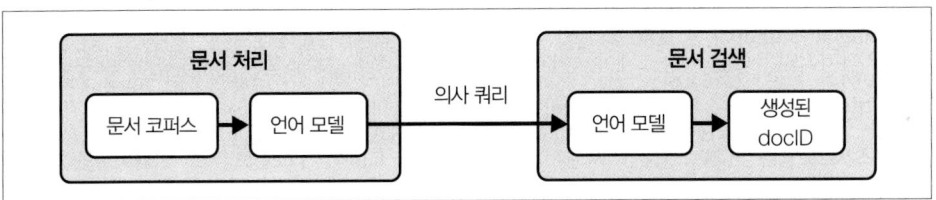

그림 12-3 생성형 검색

추론 중에는 모델에 [그림 12-3]의 설정과 유사한 질의가 제공되고 질의와 관련된 올바른 docID를 생성하도록 요청됩니다. 제한된 빔 서치를 사용해 모델이 생성한 docID가 코퍼스의 유효한 docID에 해당하도록 보장합니다.

TIP 생성형 검색은 메타데이터를 기반으로 문서를 검색 때도 활용할 수 있습니다. 예를 들어 모델이 애플의 2024년 연차 보고서를 검색하도록 요청받을 수 있습니다. 앞서 살펴봤듯이, 모델을 파인 튜닝하거나 퓨샷 학습을 사용해 모델이 올바른 식별자를 생성하도록 할 수 있습니다.

궁극적으로 생성형 검색은 문서 코퍼스가 상대적으로 작거나, 코퍼스 내에 중복성이 제한적이거나, 문서들이 잘 정의된 범주 집합에 속할 때(예: 미국 내 모든 상장 기업의 연차 보고서)만 적합합니다.

다음으로 검색 영역의 새로운 주제인 긴밀 결합 검색기tightly-coupled retriever에 관해 논의해 보겠습니다.

---

15 Askari et al., "Generative Retrieval with Few-shot Indexing", 4 Aug 2024, https://arxiv.org/pdf/2408.02152

긴밀 결합 검색기

11장에서 보았듯이, 임베딩 기반 검색에서 임베딩 모델은 일반적으로 검색 결과가 입력되는 언어 모델과 독립적으로 작동합니다. 이를 느슨한 결합 검색기^{loosely-coupled retriever}라고 하겠습니다. 반면, 긴밀 결합 검색기^{tightly-coupled retriever}는 LLM 피드백으로부터 학습하도록 훈련됩니다. 모델은 주어진 질의에 대해 LLM이 올바른 출력을 생성할 수 있는 최적의 텍스트를 검색하는 방법을 학습합니다.

긴밀 결합 검색기는 단일 아키텍처의 일부로 생성기 LLM과 함께 훈련되거나, 훈련된 LLM의 피드백을 사용하여 별도로 훈련될 수 있습니다. 후자의 예시로는 장 연구진[16]의 LLM-Embedder가 있습니다. 이는 지식 검색부터 최적의 퓨샷 예시 검색까지 단일 모델에서 다양한 검색 요구를 지원하는 통합 임베딩 모델입니다. 이 모델은 두 가지 신호를 기반으로 훈련됩니다. 임베딩 모델을 훈련하는 데 일반적으로 사용되며 11장에서 설명한 대조 학습^{contrastive learning} 설정과 LLM 피드백입니다. 검색 후보가 질의에 답하는 LLM의 성능을 향상하면 LLM 피드백으로부터 더 큰 보상을 받습니다.

> **연습 문제**
>
> 이 책의 깃허브 저장소[17]에 있는 RAG 사례 연구에서 LLM-Embedder[18]를 임베딩 모델로 사용해 보세요. LLM-Embedder는 지금까지 작업해 온 다른 임베딩 모델들과 어떤 차이가 있나요?

긴밀 결합 검색기는 사용해야만 하는 필수 요소는 아니지만, 검색 품질을 개선하는 유용한 도구입니다. 하지만 언제나처럼, 이 기술이 실제 애플리케이션에서 실질적인 성능 향상을 제공하는지는 직접 실험해 확인해야 합니다.

마지막으로, 지식 그래프를 활용해 검색 성능을 향상하는 새로운 검색 패러다임인 GraphRAG를 살펴보겠습니다.

---

16 Zhang et al., "Retrieve Anything To Augment Large Language Models", 25 Oct 2023,
    https://arxiv.org/pdf/2310.07554
17 https://github.com/corazzon/designing-llm-apps
18 https://oreil.ly/aBwoX

GraphRAG

지금까지 논의한 검색 접근법들의 주요 한계는 문서 코퍼스의 여러 부분 간의 연결을 요구하는 질문과 데이터셋 전반에 걸친 고수준 주제를 요약하는 질문에 답하지 못한다는 점입니다. 예를 들어 지금까지 논의한 모든 검색 기법은 '이 데이터셋에서 논의된 주요 주제는 무엇인가요?'와 같은 질의에 대해서는 성능이 좋지 않을 것입니다.

지식 그래프는 이러한 한계를 해결하는 한 가지 방법입니다. 마이크로소프트는 그래프 기반 RAG 시스템인 GraphRAG[19]를 출시했습니다. GraphRAG는 엔티티와 관계를 추출해 기반 데이터 코퍼스로부터 지식 그래프를 생성합니다. 그런 다음, 그래프를 사용해 계층적 의미 클러스터링을 수행하고, 각 클러스터에 대한 요약을 생성합니다. 이러한 요약은 '이 데이터셋에서 논의된 주요 주제는 무엇인가요?'와 같은 주제적 질문에 답하게 해 줍니다.

하지만 GraphRAG는 지식 그래프를 준비하는 데 많은 초기 컴퓨팅 자원이 필요합니다. 이는 더 큰 데이터셋에서는 부담이 될 수 있습니다. 엔티티 추출은 비교적 쉽지만, 관련 관계를 추출하는 작업은 훨씬 더 어렵습니다.

> **연습 문제**
>
> 캐나다 의회 데이터셋의 작은 부분집합에서 GraphRAG 인덱싱을 실행해 보세요. 추출된 엔티티와 관계를 검토해 보세요. 품질이 만족스러운가요? 누락된 관계나 가짜 관계가 있나요?

RAG 파이프라인의 검색 단계를 탐구했으니, 이제 리랭크 단계로 넘어가겠습니다.

12.4.3 리랭크

검색 과정은 2단계 또는 다단계 과정으로 나눌 수 있습니다. 초기 단계에서 질의와 관련된 문서 목록을 검색한 다음, 하나 이상의 **리랭크** 단계에서 문서들을 가져와 관련성에 따라 정렬합니다. 리랭커^{reranker}는 보통 검색기보다 복잡한 모델이므로 모든 문서가 아닌 검색된 후보 문서에만 적용됩니다. 모든 문서에 적용할 수 있다면 처음부터 리랭커를 검색기로 사용했을 것입니다.

---

[19] https://oreil.ly/V4n_S

리랭커는 보통 특정 사용 사례에 맞게 파인 튜닝된 언어 모델입니다. 질의와 문서가 주어졌을 때 문서가 질의에 답하는 데 관련이 있을 확률을 출력하는 관련성 분류기를 구축하는 데 BERT 유형의 모델을 사용할 수 있습니다. 이러한 모델을 **크로스 인코더**cross-encoder라고 하는데, 질의와 문서가 함께 인코딩되기 때문입니다. 반면 앞서 논의한 임베딩 기반 검색 모델들은 이진 인코더bi-encoder라고 하며, 질의와 문서를 별도의 벡터로 인코딩합니다.

크로스 인코더 역할을 하는 BERT 모델의 입력 형식은 다음과 같습니다.

```
[CLS] query_text [SEP] document_text [SEP]
```

센텐스 트랜스포머 라이브러리는 RAG 파이프라인에서 리랭커로 사용할 수 있는 크로스 인코더에 대한 접근을 제공합니다.

```
from sentence_transformers import CrossEncoder

model = CrossEncoder("cross-encoder/ms-marco-MiniLM-L-12-v2", num_labels=1)
query = 'When was the Apple iPhone 15 launched?'
documents = ['Apple iPhone 15 launched with great fanfare in New York',
             'He was foolish enough to believe that gifting an iPhone would save the relationship',
             'On September 22, 2023, I lined up at the Central Park store for the launch of the iPhone 15']

ranks = model.rank(query, documents)
for rank in ranks:
    print(rank['score'], documents[rank['corpus_id']])
```

num_labels = 1로 설정했으므로 모델은 이를 회귀 작업으로 처리하며 시그모이드 활성화 함수를 사용해 0과 1 사이의 점수를 출력합니다.

요즘에는 ColBERT[Contextualized Late Interaction over BERT][20]와 같은 고급 모델들을 리랭크에 사용합니다. 방금 논의한 크로스 인코더 설정과 달리, ColBERT 스타일의 모델들은 문서 표현의 사전 계산을 허용해 추론 속도가 더 빠릅니다.

---

[20] Khattab et al., "ColBERT: Efficient and Effective Passage Search via Contextualized Late Interaction over BERT", 4 Jun 2020, https://arxiv.org/abs/2004.12832

ColBERT에서는 질의와 문서를 BERT를 사용해 별도로 인코딩하며 질의와 문서의 각 토큰에 대한 토큰 수준 임베딩 벡터를 생성합니다. 질의의 각 토큰 임베딩을 문서의 모든 토큰 임베딩과 비교해 유사도 점수를 생성합니다. 각 질의 토큰의 최대 유사도 점수를 합산해 최종 관련성 점수를 도출합니다. 이러한 아키텍처를 **지연 상호작용**late interaction이라고 하는데, 질의와 문서가 함께 인코딩되지 않고 과정 후반에만 상호작용하기 때문입니다. 지연 상호작용은 문서 임베딩을 미리 생성하고 저장할 수 있어 전통적인 크로스 인코더보다 시간을 절약합니다.

[그림 12-4]는 ColBERT 모델의 작동을 보여주며 질의와 문서 간의 지연 상호작용을 설명합니다.

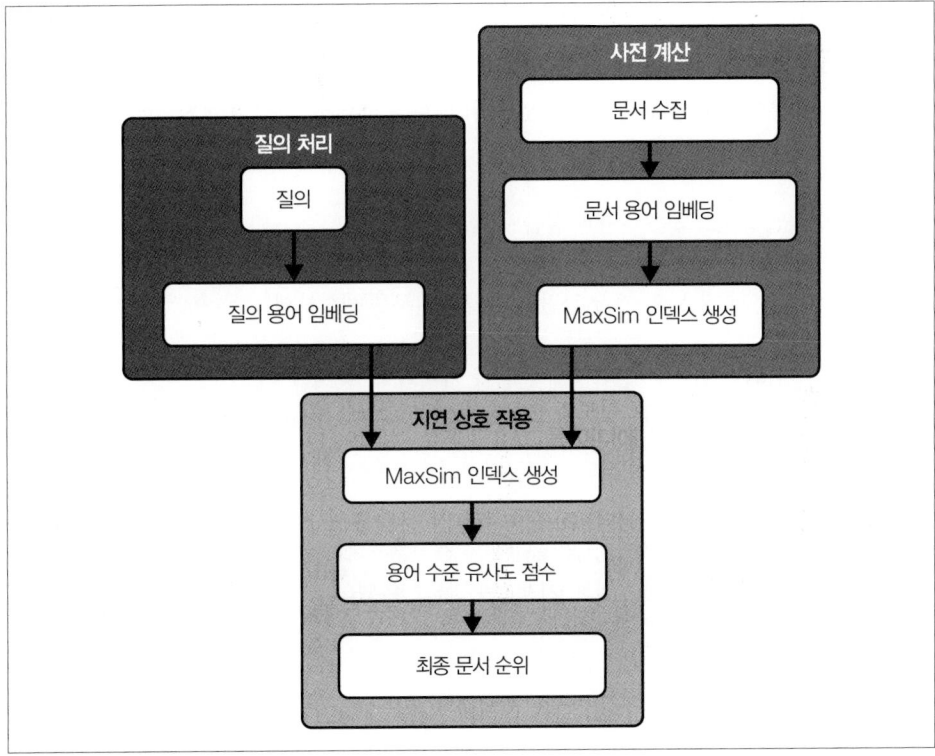

그림 12-4 ColBERT

> **연습 문제**
>
> all-mpnet-base-v2와 같은 이진 인코더 모델과 jina-colbert-v2[21]와 같은 크로스 인코더 모델의 성능을 비교해 보세요. 아이폰 관련 위키백과 페이지[22]의 임베딩을 생성한 후, 다양한 질의를 던지면서 두 방식의 응답 품질을 비교해 보세요. 어떤 유형의 질의에서 크로스 인코더 방식이 명확하게 더 나은 성능을 보이나요?

다음으로 몇 가지 고급 리랭커 기법을 살펴보겠습니다.

질의 가능도 모델(QLM)

질의 가능도 모델query likelihood model (QLM)은 후보 문서를 입력으로 주었을 때 질의가 생성될 확률을 추정합니다. LLM을 QLM으로 다룰 수 있으며, 제로샷 능력을 활용해 질의 토큰 확률을 기반으로 후보 문서들의 순위를 매길 수 있습니다. 또는 LLM을 질의 생성 작업에 파인 튜닝해 더 효과적인 QLM으로 만들 수도 있습니다.

QLM의 일반적인 프롬프트는 다음과 같습니다.

> 주어진 문서 〈문서 내용〉와 가장 관련성이 높은 질문을 생성하세요.

검색 단계에서 질의와 관련된 상위 k개 문서를 가져와 각 문서를 이 프롬프트와 함께 LLM에 입력합니다. 다음으로 모델 로짓을 사용해 질의 토큰의 가능도likelihood가 계산됩니다. 문서들은 가능도에 따라 정렬되어 관련성 순위를 제공합니다.

> **CAUTION_** 주앙Zhuang 연구진[23]은 지시문 튜닝instruction-tuned 훈련 세트에 질의 생성 작업이 빠져 있으면, 그 모델은 제로샷 QLM으로서의 성능을 발휘하지 못하는 것을 보여주었습니다. 이는 지시 사항 튜닝 모델이 훈련되지 않은 작업에서는 오히려 기본 모델보다 성능이 떨어질 수 있음을 보여주는 또 하나의 사례입니다.

질의 토큰의 확률을 계산하려면 모델 로짓에 접근해야 한다는 점에 주목하세요. 이 책을 쓰는 현재, 오픈AI를 포함한 대부분의 상용 모델 제공업체는 아직 모델 로짓 접근을 완전히 허용하

---

21 https://oreil.ly/we84L
22 https://oreil.ly/ur7vc
23 Zhuang et al., "Open-source Large Language Models are Strong Zero-shot Query Likelihood Models for Document Ranking", 20 Oct 2023, https://oreil.ly/QnWWh

지 않습니다. 따라서 LLM을 QLM으로 활용하는 접근법은 오픈 소스 모델을 사용해서만 구현할 수 있습니다.

> **연습 문제**
>
> 상대적으로 작은 약 30억(3B) 파라미터의 오픈 소스 LLM을 선택하고 QLM으로서의 적합성을 테스트해 보세요. 이 책의 깃허브 저장소[24]에 있는 캐나다 의회 데이터셋에 QLM을 사용해 후보 검색 문서들의 순위를 매겨보세요. 얼마나 효과적인가요?

지연 시간을 줄이려면 작은 모델일수록 좋지만, 더 작은 모델은 덜 효과적인 QLM입니다. 따라서 작은 LLM을 질의 생성 작업에 효과적으로 파인 튜닝하는 방법이 최적점일 수 있습니다.

순위 예측을 위한 LLM 증류

앞서 이 장에서는 BERT와 같은 인코더 전용 모델을 리랭커로 사용할 수 있다는 점을 살펴봤습니다. 최근에는 디코더 기반 LLM이 문서 후보군을 직접 순위화rank하도록 학습되는 방식이 주목받고 있습니다. 이는 세 가지 유형으로 나뉩니다.

포인트 방식 순위화pointwise ranking
각 후보 문서를 개별적으로 LLM에 입력합니다. LLM은 해당 문서가 질의와 관련성이 있는지에 대한 참/거짓 판단을 합니다. 수치화된 정량적 점수를 반환할 수도 있지만, 불확실성이 클 수 있습니다.

페어 방식 순위화pairwise ranking
문서 후보들을 두 개씩 짝지어 쌍을 비교합니다. LLM은 어떤 문서가 질의와 더 관련성이 높은지 판단합니다. 전체 순위를 만들려면 최대 N^2번 비교해야 합니다.

리스트 방식 순위화listwise ranking
후보 문서 각각에 식별자를 부여하고, 이를 LLM에 입력해 관련성에 따라 식별자 리스트를 정렬하도록 요청합니다. 이 방식에는 넓은 컨텍스트 윈도가 필요합니다.

일반적으로 포인트 방식은 구현이 가장 간단하지만 성능은 제한적[25]일 수 있으며, 리스트 방식은 문서 수가 많을수록 성능이 높지만 자원을 많이 소모합니다. 페어 방식은 비교 연산량은 많지만 가장 정확한 순위 결과를 생성합니다. [그림 12-5]는 이 세 가지의 작동 방식을 보여줍니다.

---
[24] https://github.com/corazzon/designing-llm-apps
[25] "Strategies for Effective and Efficient Text Ranking Using Large Language Models", https://oreil.ly/DvmtC

순위화 LLM의 예시로는 RankGPT[26], RankVicuna[27], RankZephyr[28]가 있습니다.

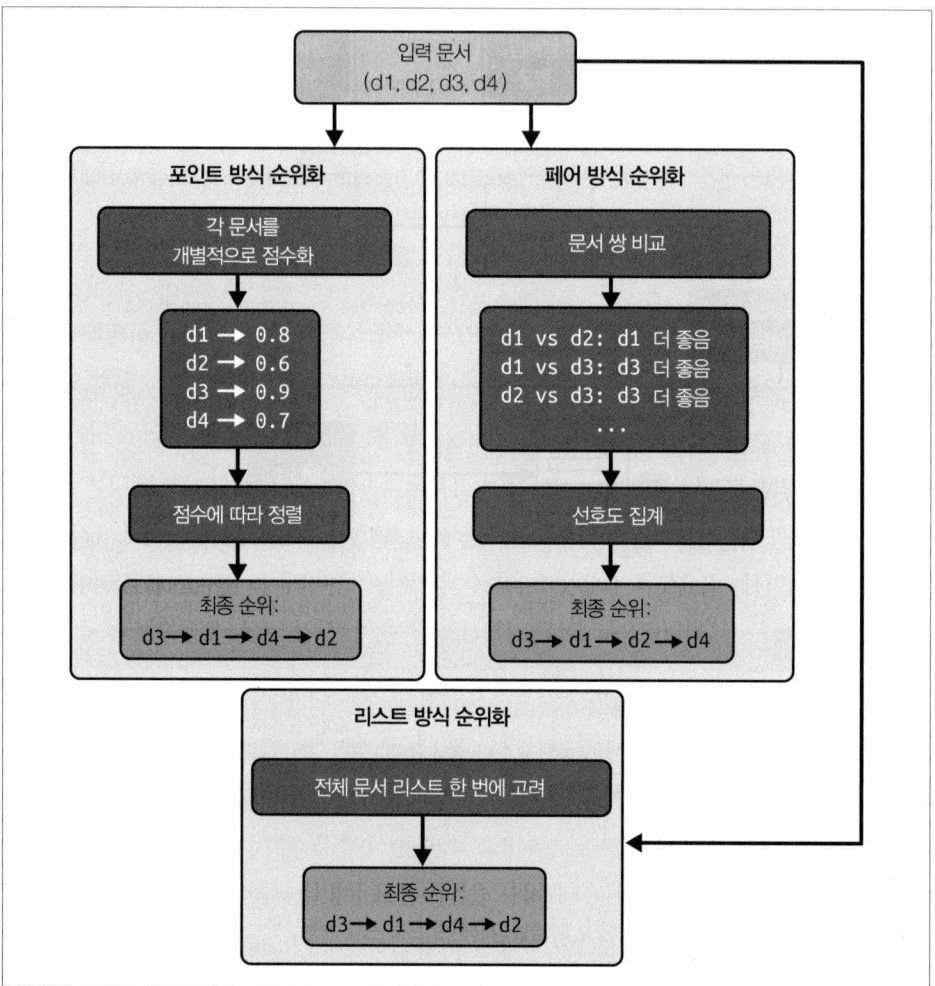

그림 12-5 디코더 LLM 리랭커

---

[26] Sun et al., "Is ChatGPT Good at Search? Investigating Large Language Models as Re-Ranking Agents", 28 Dec 2024, https://arxiv.org/abs/2304.09542

[27] Pradeep et al., "RankVicuna: Zero-Shot Listwise Document Reranking with Open-Source Large Language Models", 26 Sep 2023, https://arxiv.org/abs/2309.15088

[28] Pradeep et al., "RankZephyr: Effective and Robust Zero-Shot Listwise Reranking is a Breeze!", 5 Dec 2023, https://arxiv.org/abs/2312.02724

이러한 모델은 더 큰 LLM으로부터 지식 증류되어 훈련됩니다(9장 참조). 예를 들어 RankVicuna의 훈련 과정은 다음과 같습니다.

- 훈련 세트의 질의들을 BM25 같은 1차 검색기로 처리해 후보 문서 목록을 생성합니다.
- 이 목록을 더 큰 LLM에 전달해 순위가 매겨진 후보 목록을 생성합니다.
- 질의와 순위가 매겨진 목록을 사용해 더 작은 LLM을 파인 튜닝합니다.

RankVicuna[29]의 제작자들은 1차 검색기의 효과성이 증가할수록 수익 체감$^{\text{diminishing returns}}$ 효과 때문에 RankVicuna에서 얻을 수 있는 성능 향상이 줄어든다는 점을 밝혔습니다. 또한 후보 문서들의 입력 순서를 섞어서 데이터셋을 증강하면 모델 성능이 향상한다고 보고했습니다.

> **연습 문제**
>
> 이 책의 깃허브 저장소[30]에 있는 캐나다 의회 질의응답 어시스턴트 예시에서 리랭크 단계에 RankVicuna를 사용해 보세요. 기본 프롬프트 템플릿을 수정하고 성능에 영향을 미치는지 확인해 보세요.

> **TIP** 검색과 리랭크 단계의 결과를 결합해 후보 문서들의 최종 관련성 순위를 얻을 수 있습니다. 예를 들어 키워드 가중치를 적용하는 데 이 과정이 필요합니다. 발행 날짜와 같은 메타데이터를 활용해 관련성 순위에 가중치를 부여할 수도 있습니다(예: 더 최근 문서에 더 많은 가중치 부여).

리랭크 단계를 논의했으니, 이제 RAG 파이프라인의 정제 단계로 넘어가겠습니다.

12.4.4 정제

주어진 질의와 관련된 후보 텍스트들을 검색한 후, 이를 LLM에 전달하게 됩니다. 그러나 LLM은 컨텍스트 윈도 크기가 제한적이므로 검색된 텍스트의 길이를 줄일 필요가 있습니다. 또는 LLM이 더 잘 이해할 수 있도록 문장을 재구성해야 할 수도 있습니다. 때로는 특정 규칙에 따라 일부 검색 결과를 필터링해야 할 수도 있습니다. 이러한 작업은 모두 정제 단계에서 이루어집니다.

---

[29] Pradeep et al., "PradeepRankVicuna: Zero-Shot Listwise Document Reranking with Open-Source Large Language Models", 26 Sep 2023, https://oreil.ly/cFLSc

[30] https://github.com/corazzon/designing-llm-apps

이 절에서는 대표적인 두 가지 정제 기법인 요약summarization과 체인 오브 노트chain-of-note(CoN)를 다룹니다. 먼저 검색된 텍스트를 요약하는 방법부터 살펴보겠습니다.

> **TIP** 정제 단계는 독립적으로 구성할 수도 있고, 최종 응답을 생성하는 생성 단계와 함께 묶어서 하나의 프롬프트 혹은 프롬프트 체인 내에서 수행될 수도 있습니다.

요약

요약은 검색된 청크가 비교적 클 때 유용합니다. 요약 방식은 크게 두 가지로 나뉩니다. 추출 요약extractive summarization은 원본 텍스트에서 핵심 문장을 그대로 발췌합니다. 생성적 요약abstractive summarization은 원문을 기반으로 새로운 표현으로 재구성해 요약을 생성합니다.

요약기는 품질 필터 역할도 할 수 있습니다. 예를 들어 해당 문서가 질의와 무관하다고 판단되면 빈 요약을 반환할 수 있습니다. 요약은 질의와 관련성이 있고, 간결해야 하며, 원문 내용에 충실해야 합니다.

> **NOTE_** 이러한 요약은 인간에게 보일 목적이 아니라 LLM이 소비할 목적으로 작성됩니다. 따라서 전통적인 요약과는 달리, LLM이 올바른 답변을 생성하도록 돕는 요약을 만드는 것을 목표로 합니다.

추출 요약과 생성적 요약 중에서 어떤 방식이 더 적합할까요? 추출 요약은 원본 텍스트의 의미를 보존하므로 거의 항상 신뢰할 수 있습니다. 생성적 요약은 환각의 위험을 수반합니다. 하지만 생성적 요약은 문서 내의 여러 위치와 문서 간의 정보를 결합하는 능력이 있어 잠재적으로 더 관련성이 높을 수 있습니다.

LLM의 제로샷 능력은 추출 요약과 생성적 요약 모두에 활용할 수 있습니다. 그러나 LLM이 정답을 잘 도출하도록 요약을 특별히 최적화하려면 추가 파인 튜닝이 필요하며, 이는 비용은 크지만 더 효과적입니다. 이를 긴밀 결합 요약기tightly-coupled summarizer라고 하겠습니다.

쉬 연구진[31]은 추출 요약기와 생성적 요약기 모두를 훈련하는 기법을 소개합니다. 이를 자세히 살펴보겠습니다.

추출 요약은 검색된 문서에서 문장의 일부를 요약으로 추출합니다. 이는 입력 질의와 검색된

---

[31] Xu et al., "RECOMP: IMPROVING RETRIEVAL-AUGMENTED LMS WITH COMPRESSION AND SELECTIVE AUGMENTATION", 6 Oct 2023, https://arxiv.org/pdf/2310.04408

문서의 각 문장에 대한 임베딩을 생성함으로써 수행됩니다. 임베딩 공간에서 입력 질의와 가장 유사한 상위 k개 문장이 요약으로 선택됩니다. 임베딩 거리는 LLM이 올바른 출력을 생성하게 하는 데 있어서 해당 문장이 얼마나 효과적인지를 측정합니다.

추출 요약기는 11장에서 알아본 대조 학습으로 훈련됩니다. 대조 학습의 각 훈련 예시는 앵커 문장, 앵커 문장과 유사한 긍정 예시, 앵커 문장과 다른 부정 예시로 구성됩니다. 훈련 예시를 생성하기 위해, 검색된 문서의 각 문장을 입력 질의 앞에 프리픽스로 붙이고 정답 출력 토큰이 생성될 확률인 가능도를 계산합니다. 가능도가 가장 높은 문장을 긍정 예시로 취합니다. 부정 예시로는 가능도가 임곗값 아래인 최대 5개의 문장을 선택합니다. 이 데이터셋이 모델을 훈련하는 데 사용됩니다.

생성적 요약에서는 더 큰 LLM을 증류할 수 있습니다. 즉, 큰 LLM의 출력을 사용해 더 작은 LLM을 파인 튜닝합니다.

훈련 데이터셋을 생성하려면 몇 가지 프롬프트 템플릿을 구성하고 이를 큰 LLM과 함께 사용해 검색된 문서들의 제로샷 요약을 생성할 수 있습니다. 모든 검색된 문서의 단일 요약을 생성한다는 점에 주목하세요. 추출 요약 기법과 유사하게, 생성된 각 요약을 입력 텍스트 앞에 프리픽스로 붙이고 올바른 출력 토큰의 가능도를 계산합니다. 가능도가 가장 높은 요약을 훈련 세트에 포함합니다.

추론 중에는, 요약을 접두어로 붙일 때 올바른 출력을 생성할 가능도가 붙이지 않을 때보다 낮다면, 해당 요약으로 표현되는 텍스트를 관련 없는 것으로 간주하고 빈 요약을 생성합니다. 이를 활용해 관련 없는 문서를 필터링할 수 있습니다.

[그림 12-6]은 훈련 중 긴밀 결합 생성적 요약기의 워크플로입니다.

> **TIP** 대상 LLM을 변경할 계획이라면 요약 모델을 재훈련해야 할 수 있습니다. 요약기는 모델 간에 전이할 수 있지만, 성능 저하가 약간 발생합니다.

긴밀 결합 요약기는 초기 훈련에 비용이 많이 들지만, 검색된 텍스트에서 불필요한 정보를 제거하고 LLM이 더 정확하게 이해할 수 있도록 표현을 재구성하는 데 효과적입니다.

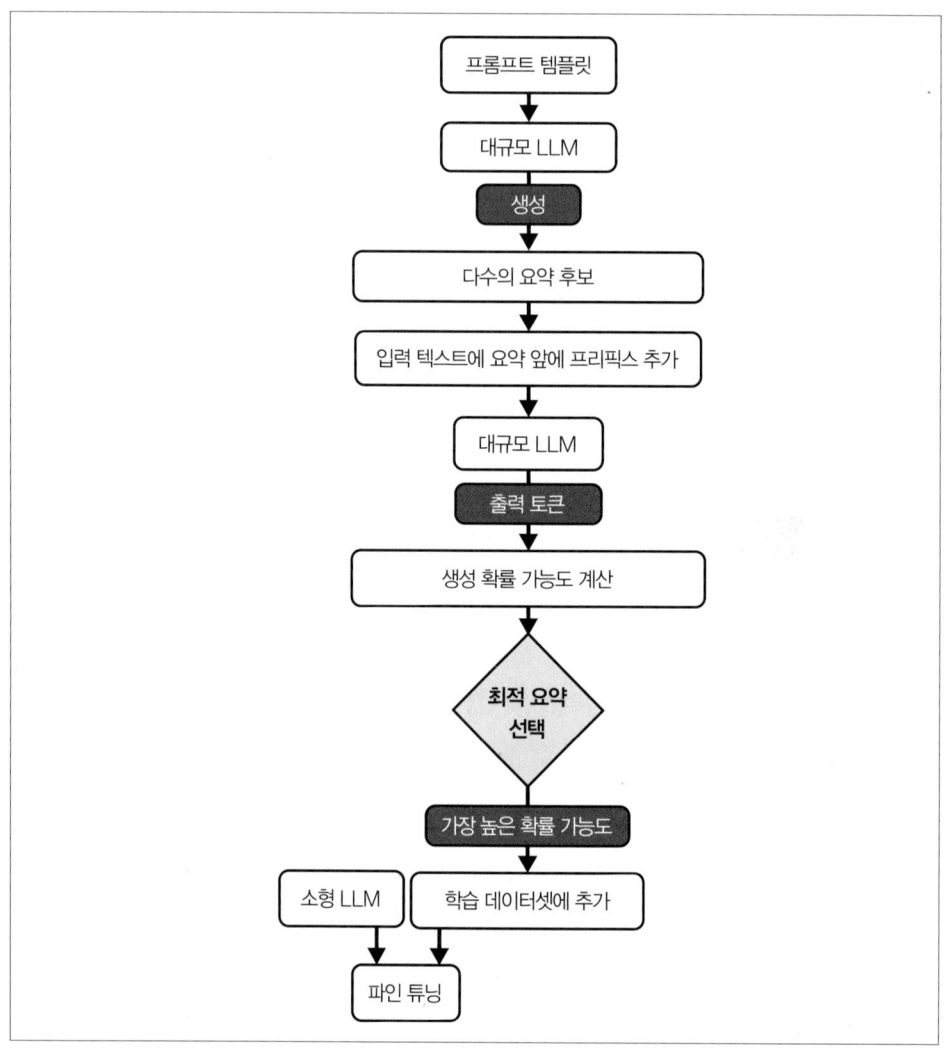

그림 12-6 생성적 요약

> **연습 문제**
>
> 이 책의 깃허브 저장소[32]에 있는 예시를 사용해 캐나다 의회 질의응답 어시스턴트 작업에서 검색된 문서들의 추출 요약과 생성적 요약을 생성해 보세요. 요약 결과가 불필요한 정보를 얼마나 잘 제거하는지 평가해 보세요. 챗GPT와 같은 범용 요약 모델과 비교했을 때 성능이 어떤가요?

---

[32] https://github.com/corazzon/designing-llm-apps

체인 오브 노트

검색된 텍스트를 재구성하는 또 다른 방법은 **노트**를 생성하는 것입니다.

검색된 텍스트에 무관한 정보가 포함되면 모델의 판단에 혼선을 줄 수 있습니다. 본질적으로 LLM은 세 가지 유형의 시나리오에 대처해야 합니다.

- 검색된 문서에 사용자 질의의 답이 포함되어 LLM이 이를 사용해 올바른 출력을 생성할 수 있는 경우
- 검색된 문서에 사용자 질의의 답은 없지만, LLM이 내부 지식과 결합해 답을 도출할 수 있는 유용한 컨텍스트를 제공하는 경우
- 검색된 문서가 사용자 질의와 관련이 없어서 무시해야 하는 경우

LLM은 관련 있는 컨텍스트와 관련 없는 컨텍스트를 구별하는 데 그리 능숙하지 않습니다. 이를 해결하는 한 가지 방법은 검색된 각 문서의 노트를 생성하는 것입니다. 노트에는 해당 문서의 요약이 포함됩니다. 또한 해당 문서에 사용자 질의의 답이 있는지, 답은 없지만 관련 컨텍스트가 있는지, 아예 관련이 없는 문서인지를 표시합니다. 이 기법을 유^{Yu} 연구진[33]이 소개한 체인 오브 노트(CoN)라고 합니다.

다음은 CoN의 예시입니다.

프롬프트: 1993년에 브라이언 멀로니$^{Brian\ Mulroney}$의 뒤를 이어 캐나다 총리가 된 사람은 누구입니까?

문서 1: 킴 캠벨$^{Kim\ Campbell}$은 1993년 캐나다의 첫 여성 총리로 취임하며 역사적인 전환점을 만들었습니다. 그러나 재임 기간이 짧았고, 그해 후반 보수당을 이끌고 어려운 총선에 임했습니다.

문서 2: 브라이언 멀로니의 임기 이후, 캐나다는 역사상 최초로 여성 총리를 임명하며 정치적 지형에 중대한 변화를 겪었습니다.

첫 번째 문서는 킴 캠벨이 1993년에 총리가 되었다고 하지만, 브라이언 멀로니의 뒤를 바로 이었는지가 명확하지 않습니다. 두 번째 문서는 브라이언 멀로니의 뒤를 총리가 여성이었다고 언급하여 실제로 킴 캠벨임을 명확히 해 줍니다.

모델이 생성한 노트는 다음과 같습니다.

---

[33] Yu et al., "Chain-of-Note: Enhancing Robustness in Retrieval-Augmented Language Models", 3 Oct 2024, https://arxiv.org/pdf/2311.09210

> LLM: 첫 번째 진술에서는 킴 캠벨이 1993년에 캐나다의 지도자로 취임했다고 언급하며, 두 번째 진술에서는 브라이언 멀로니의 임기 이후 캐나다 최초의 여성 총리가 임명되었다고 설명합니다. 이 순서를 종합하면 킴 캠벨이 총리직을 맡은 것은 브라이언 멀로니의 임기 직후였으며, 그녀가 그의 후임자라는 결론을 끌어낼 수 있습니다.

LLM은 이 노트를 컨텍스트로 활용해 올바른 정답을 생성할 수 있습니다.

체인 오브 노트의 진정한 가치는 컨텍스트에 관련 없거나 불충분한 정보가 포함될 때 더 명확히 드러납니다. 생성된 노트는 LLM이 '모르겠습니다'와 같은 답변을 생성하도록 도와줄 수 있습니다.

예를 들어 다음과 같은 질의를 생각해 보세요.

> 프롬프트: 캐나다 녹색당은 2023년 제안된 대중교통 법안을 지지했는가?

검색된 문서들은 다음과 같습니다.

> 문서 1: 캐나다 녹색당은 역사적으로 환경 플랫폼의 핵심 구성 요소로서 지속 가능한 교통의 중요성을 강조해 왔으며, 녹색 인프라를 촉진하는 정책을 옹호해 왔습니다.
>
> 문서 2: 제안된 2023년 대중교통 법안은 광범위한 관심과 인기를 얻었으며, 이는 지속 가능한 교통 솔루션의 중요성에 대한 증가하는 대중적 합의를 반영합니다.

이 문서들에는 질의에 대한 명확한 답이 없습니다. 모델이 생성한 노트는 다음과 같습니다.

> LLM: 첫 번째 문장은 녹색당이 지속 가능한 교통에 지속적인 관심을 가져왔음을 보여주며, 두 번째 문장은 해당 법안이 대중적으로 인기를 끌었음을 언급합니다. 그러나 두 문서 모두 2023년 대중교통 법안을 녹색당이 지지했는지, 반대했는지를 명확히 밝히지 않습니다.

이 노트를 활용하면 LLM은 '알 수 없음'과 같은 적절한 응답을 생성할 수 있습니다.

다음은 CoN 프롬프트의 예시입니다.

> 프롬프트: 사용자 질의와 함께, 해당 질의의 답을 포함하고 있을 가능성이 있는 {K}개의 문서가 주어졌습니다. 각 문서의 주요 내용을 요약한 노트를 작성하세요. 각 문서가 주어진 질문과 얼마나 관련이 있는지 설명하고, 해당 문서들에서 질의에 대한 답이 도출 가능한지도 명시하세요.

이와 마찬가지로, 긴밀 결합 CoN 모델을 훈련하면 효과를 더 높일 수 있습니다. 이는 LLM이 CoN 행동을 보이도록 파인 튜닝하는 방식으로 달성할 수 있습니다.

파인 튜닝용 데이터셋을 생성하려면 먼저 LLM에 예시 질의에 대한 후보 노트를 생성하도록 요청합니다. 이후 인간 평가를 거쳐 부정확하거나 품질이 낮은 노트를 걸러냅니다. 최종 데이터셋은 CoN 프롬프트, 입력 질의, 검색된 문서를 입력값으로 하고, 해당 노트와 질의에 대한 정답을 출력값으로 구성합니다. 이 데이터셋을 기반으로 LLM을 파인 튜닝할 수 있습니다.

유 연구진은 훈련 과정에서 가중 손실^{weighted loss} 방식을 도입합니다. 노트는 답변보다 훨씬 길 수 있으므로, 모든 토큰에 동일한 가중치를 부여하면 훈련 중에 노트가 과도하게 중요하게 여겨져 모델 수렴에 부정적인 영향을 줄 수 있습니다. 가중 손실 방식은 훈련 과정의 절반 동안 손실 계산을 답변 토큰에만 집중시켜, 노트의 과도한 영향을 줄입니다.

CoN 단계는 매우 유용하며, 특히 검색 결과에 노이즈가 많다고 알려졌거나 질의를 처리할 관련 문서가 없을 가능성이 높을 때 더 유용합니다. 단, CoN은 작은 모델일수록 제대로 동작하기 어려우므로 충분히 큰 모델을 사용해야 합니다.

> **연습 문제**
>
> 깃허브 저장소[34]에 있는 캐나다 의회 RAG 예시에서 위키백과 코퍼스 내에 답이 존재하지 않는 것으로 알려진 질문들을 RAG 시스템에 제시해 보세요. 챗GPT나 이와 유사한 더 큰 LLM에서 CoN 프롬프팅을 사용해 노트를 생성해 보세요. 노트가 관련 정보의 부재를 전달하는지, LLM이 질문에 답할 수 없다고 인정하는지 확인해 보세요.

RAG 파이프라인의 정제 단계를 논의했으니, 이제 삽입 단계로 넘어가겠습니다.

12.4.5 삽입

질의에 대한 최종 응답을 생성할 LLM에 입력할 내용(검색된 원본 문서, 요약, 노트 등)을 결정한 후에는 프롬프트에 이를 어떻게 배치할지 결정해야 합니다.

---

[34] https://github.com/corazzon/designing-llm-apps

표준 접근법은 모든 내용이나 컨텍스트 윈도에 들어갈 만큼의 내용을 채워 넣는 것입니다. 대안으로는 검색된 각 문서/요약/노트를 입력에 프리픽스로 붙여서 LLM에 별도로 입력한 다음 출력을 결합하는 방법이 있습니다.

리우[Liu] 연구진[35]은 언어 모델이 중간 부분보다 컨텍스트 윈도의 시작과 끝에 있는 정보를 더 잘 기억한다는 것을 밝혔습니다. 이를 활용해 프롬프트에서 검색된 문서들을 재정렬할 수 있습니다.

주어진 질의에 대해 10개의 문서를 검색했다고 가정해 보겠습니다. 문서들은 관련성에 따라 정렬됩니다(Doc1, Doc2, …Doc10). 이제 이러한 문서를 프롬프트에 다음 순서로 배치할 수 있습니다.

 Doc1, Doc3, Doc5, Doc7, Doc9, Doc10, Doc8, Doc6, Doc4, Doc2

즉, 덜 관련 있는 문서들이 컨텍스트 윈도의 중간에 배치되어 모델이 무시할 가능성이 높아지게 됩니다. 이는 현재의 긴 컨텍스트 기억 한계를 고려한 전략입니다.

다른 접근 방식으로는 문서를 관련도 순서대로 나열하는 방법이 있습니다. 예를 들어 다음 순서로 배치할 수 있습니다.

 Doc1, Doc2, Doc3, Doc4, Doc5, Doc6, Doc7, Doc8, Doc9, Doc10

혹은 관련도의 역순으로 정렬하는 방식도 있습니다.

 Doc10, Doc9, Doc8, Doc7, Doc6, Doc5, Doc4, Doc3, Doc2, Doc1

이러한 정렬 방식은 입력 컨텍스트가 매우 길 때(5,000 토큰 이상)만 실질적인 효과가 있습니다.

이제 RAG 파이프라인의 마지막 단계인 생성 단계를 살펴보겠습니다.

---

[35] Liu et al., "Lost in the Middle: How Language Models Use Long Contexts", 20 Nov 2023, https://arxiv.org/abs/2307.03172

12.4.6 생성

생성 단계에서는 LLM이 주어진 질의에 대한 최종 응답을 생성합니다. 일반적으로는 한 번에 전체 출력을 생성하는 방식을 사용합니다. 그러나 출력 생성과 검색을 번갈아 수행하는 방식도 있습니다. 예를 들어 일부 출력을 생성한 후에 더 많은 컨텍스트를 검색하고, 다시 출력을 생성하는 방식으로 반복합니다.

이러한 접근 방식은 장문의 텍스트를 생성할 때 일관성을 유지하는 데 유용합니다. 즉, 현재까지 생성된 텍스트가 다음에 어떤 정보를 검색해야 할지를 결정하게 됩니다. 이 과정을 능동적 검색active retrieval이라고 합니다.

그러면 언제 출력을 멈추고 새로운 검색 단계를 시작해야 할까요? 다음과 같은 방법이 있습니다.

- N개의 토큰이 생성될 때마다 검색
- 문장, 단락, 섹션 등 하나의 텍스트 단위 생성이 끝날 때마다 검색
- 현재 컨텍스트만으로는 적절한 생성을 이어가기 어렵다고 판단되는 시점에 검색

세 번째 방법을 구현하는 다양한 기법 중 하나가 전방향 예측 기반 능동 검색 증강 생성을 의미하는 FLARE Forward-Looking Active REtrieval-augmented generation입니다. FLARE[36]의 저자들은 능동적 검색의 두 가지 방법을 제안합니다. FLARE-Instruct와 FLARE-Direct입니다.

FLARE-Instruct에서는 LLM이 추가 정보가 필요하다고 판단할 때, 특정 구문 형식으로 질의를 생성하도록 프롬프트를 설계합니다.

FLARE-Direct에서는 LLM이 다음 문장 후보를 생성하고, 해당 문장 내 토큰의 확률을 계산합니다. 생성된 문장에 포함된 토큰 중 확률이 임곗값보다 낮은 토큰이 하나라도 있으면 검색 프로세스를 활성화합니다. 그렇지 않으면 해당 문장은 유효한 다음 문장으로 간주하고 생성이 계속됩니다.

검색이 필요할 때는 생성된 문장을 질의로 사용할 수 있으며, 이때 낮은 확률의 토큰은 마스킹해 검색기의 혼란을 방지할 수 있습니다. 혹은 문장을 재구성해 해당 토큰에 대한 질문 형식으로 바꾸는 것도 가능합니다.

FLARE-Instruct를 사용한 예시를 살펴보겠습니다.

---

[36] Jiang et al., "Active Retrieval Augmented Generation", 22 Oct 2023, https://arxiv.org/pdf/2305.06983

프롬프트: 우간다 올림픽 메달 수상자인 페루스 체무타이에 관한 기사를 작성하세요.

> FLARE-Instruct 생성 결과: 페루스 체무타이 [Search(페루스 체무타이의 생년월일)]는 3,000미터 장애물 경주를 전문으로 하는 우간다의 장거리 육상 선수입니다. 그녀는 [Search(페루스 체무타이가 어떤 메달을 수상했는가?)] 2020년 하계 올림픽에서 여자 3,000미터 장애물 경주 부문 금메달을 획득하며 국제적인 명성을 얻었습니다. 이로써 그녀는 우간다 여성 최초의 올림픽 금메달리스트가 되었습니다.
> 생애 초기
> 체무타이는 [Search(페루스 체무타이의 출생지)]에서 태어났으며, 이 지역은 [Search(페루스 체무타이의 출생지는 무엇으로 유명한가?)]로 잘 알려져 있습니다.

이는 인위적인 예시이며 FLARE의 진정한 장점은 더 긴 출력에서 더 잘 확인할 수 있습니다. 출력에서 볼 수 있듯이, 모델은 데이터 소스에서 사실적으로 정확한 정보를 검색하는 데 사용할 수 있는 검색 질의를 생성합니다.

동일한 질의에 FLARE-Direct를 사용하면 모델은 다음과 같은 후보 기사를 생성합니다.

> FLARE-Direct 생성 결과: 페루스 체무타이(1999년 7월 10일 출생)는 3,000미터 장애물 경주를 전문으로 하는 우간다의 장거리 육상 선수입니다. 그녀는 2020년 하계 올림픽 여자 3,000미터 장애물 경주에서 금메달을 획득한 후 국제적으로 인정받았으며, 올림픽 금메달을 획득한 최초의 우간다 여성이 되었습니다.
> 생애 초기
> 체무타이는 우간다 부크워 지구에서 태어났으며, 이 지역은 험난한 지형과 열정적인 장거리 러너들로 유명합니다.

밑줄 친 토큰들은 낮은 확률 토큰으로, 관련 텍스트를 검색해 보완할 수 있습니다. 낮은 확률 토큰들을 마스킹해 검색 질의로 사용하거나, 마스킹된 토큰을 기반으로 '페루스 체무타이는 언제 태어났는가?'와 같은 독립적인 질의를 생성할 수 있습니다.

> **연습 문제**
>
> FLARE-Direct를 사용해 위키백과 문서를 생성해 보세요! 생성과 온디맨드 검색을 교차해 위키백과 문서를 만들 수 있는지 확인해 보겠습니다. 오픈 소스 LLM에 FLARE-Direct를 사용해 볼리우드 영화 〈카비 카비Kabhie Kabhie〉의 위키백과 페이지를 생성하도록 요청해 보세요. 생성된 결과가 검색을 효과적으로 활용하는지 평가해 보세요.

생성 단계에서는 정확한 출처에 기반한 인용citation을 함께 제공하는 것이 중요합니다. LLM은 사용자 질문에 대한 응답과 함께 출처를 명시하도록 파인 튜닝할 수 있습니다. 이런 모델 중 하나가 코히어의 Command-R[37]입니다.

지금까지 살펴봤듯이, 지식 검색을 위한 RAG 파이프라인은 비교적 복잡하고 긴 과정을 포함합니다. 그러나 많은 RAG 응용에서는 지연 시간이 중요한 고려 사항이므로 작은 규모의 언어 모델이나 LLM을 사용하지 않는 더 빠른 방법이 유용해질 수 있습니다.

이제 이 장의 앞부분에서 소개한 RAG 파이프라인의 전체 구조도를 다시 살펴보며 지금까지 배운 내용을 종합해 보겠습니다. [그림 12-7]은 종합적인 RAG 파이프라인의 워크플로를 보여줍니다.

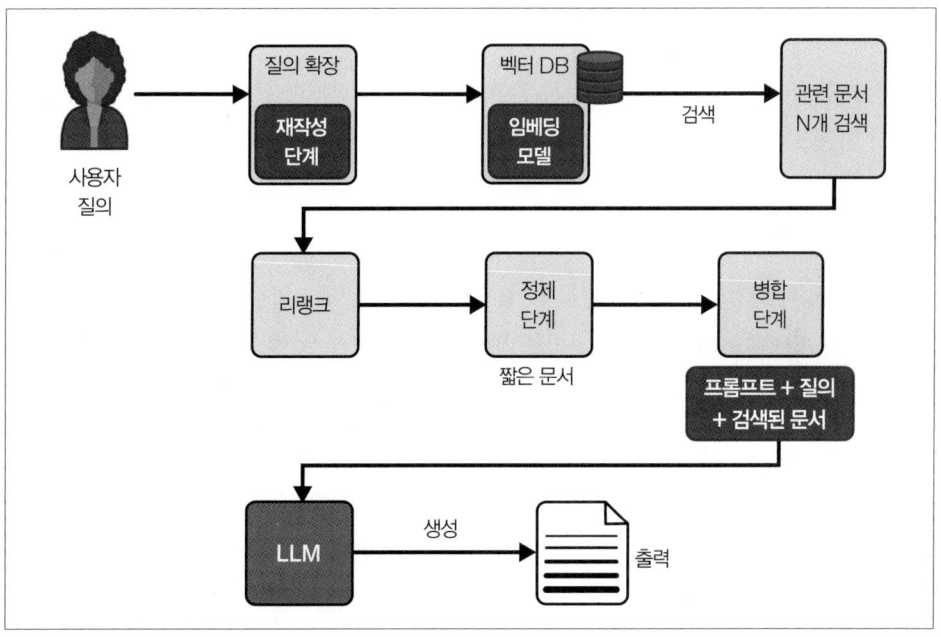

그림 12-7 종합적인 RAG 파이프라인

앞에서는 주로 RAG를 지식 검색용 도구로 활용하는 방식에 집중했습니다. 이제부터는 RAG의 다른 응용 분야들도 알아보겠습니다.

---

37 https://oreil.ly/v0KUs

12.5 메모리 관리를 위한 RAG

RAG의 과소평가된 활용 사례로는 LLM의 컨텍스트 윈도를 확장하는 것이 있습니다. 요약하자면, LLM 프롬프트는 일반적으로 다음과 같은 (선택적) 내용을 포함합니다.

- **사전 프롬프트 및 시스템 프롬프트**: 이는 LLM에 제공하는 전반적인 지침으로, 모든 사용자 질의의 앞부분에 포함됩니다. 커스터마이징 수준에 따라 시스템 프롬프트는 컨텍스트 윈도의 상당 부분을 차지할 수 있습니다.
- **입력 프롬프트**: 입력 프롬프트에는 현재 입력된 질문이나 요청, 선택적으로 포함된 퓨샷 학습 예제, 검색으로 불러온 추가 배경 정보가 포함될 수 있습니다.
- **대화 히스토리**: 사용자와 LLM 간의 대화/상호작용 내용을 기록합니다. 이를 컨텍스트 윈도에 포함하면 사용자가 LLM과 길고 일관된 대화를 나눌 수 있습니다.
- **스크래치패드**scratchpad: 스크래치패드는 LLM이 생성한 중간 결과를 담으며, 8장에서 설명한 대로 이후 출력 생성 과정에서 이를 참조할 수 있습니다. 스크래치패드는 주로 CoT와 같은 특정 프롬프트 기법의 일부로 활용됩니다.

하지만 LLM의 컨텍스트 윈도 크기는 이러한 모든 정보를 담기에는 제한적일 때가 많습니다. 게다가 사용자와의 대화 기록을 시간이 지나도 계속 유지하고 싶을 수도 있는데, 이는 대화 기록이 지속적으로 누적됨을 의미합니다. 이런 대화 기록을 모두 포함하는 것은 LLM 개인화를 실현하는 핵심 요소입니다.

이럴 때 RAG가 해결책이 될 수 있습니다. RAG는 프롬프트에 포함할 정보를 유동적으로 불러오고 교체함으로써 LLM의 메모리 관리를 가능하게 합니다. 이는 운영체제가 메모리를 관리하는 방식과 매우 흡사합니다. 이 유사성을 좀 더 자세히 살펴보겠습니다.

운영체제의 메모리는 계층 구조로 구성됩니다. 속도는 빠르지만 용량이 작고 비용이 높은 메모리는 프로세서가 직접 접근할 수 있도록 설계되었으며, 상위 계층으로 갈수록 속도는 느리지만 용량이 크고 비용이 낮은 메모리가 배치됩니다. 프로세서에 어떤 데이터가 필요할 때는 가장 빠른 하위 계층부터 탐색하고, 데이터가 없다면 상위 계층을 차례로 검색합니다. 데이터가 발견되면 이를 하위 계층으로 불러오고, 당장 필요하지 않은 데이터를 교체해 내보냅니다. 이러한 방식으로 운영체제는 빠른 접근이 가능한 주기억장치와, 필요할 때 불러올 수 있는 대용량 가상 메모리를 효율적으로 운용합니다.

물론 이는 운영체제 메모리 관리에 관한 매우 간단한 설명입니다. 더 자세한 설명은 토니Tony의 게시물[38]에서 확인하세요.

---

[38] "Operating System — Hierarchy of Memory", https://oreil.ly/vcciM

[그림 12-8]은 일반적인 OS의 메모리 계층 구조입니다.

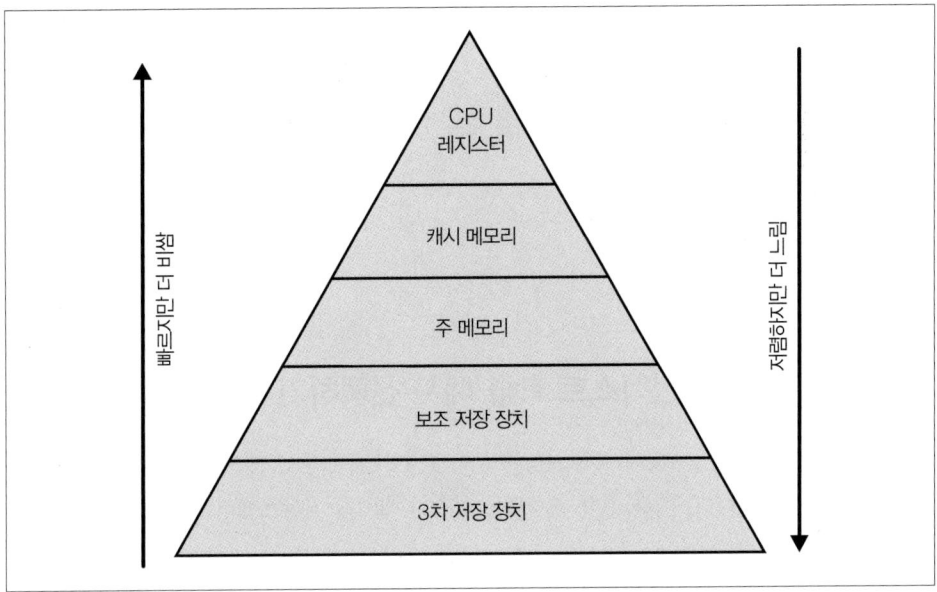

그림 12-8 일반적인 OS 메모리 계층 구조

LLM에서 컨텍스트 윈도는 LLM이 직접 접근할 수 있으므로 주 메모리와 유사합니다. 하지만 OS의 가상 메모리와 유사한 메모리 시스템을 구현함으로써 컨텍스트 윈도를 무한히 확장할 수 있습니다. 이는 LLM을 개인화해 사용자의 대화 기록과 암시적/명시적 선호도에 대한 완전한 접근을 제공하는 데 도움이 됩니다.

LLM의 메모리 관리를 지원하는 라이브러리로는 Letta[39] (구 MemGPT)와 Mem0[40] 등이 있습니다.

> NOTE_ 메모리를 교체하는 방식의 대안이나 보완책은 대화 기록을 재귀적으로 요약하는 것입니다. 하지만 요약은 손실이 발생하는 과정이며 텍스트의 의미를 보존하지 못할 수 있습니다. 작성자의 어조와 같은 귀중한 뉘앙스가 요약 과정에서 손실될 수 있습니다.

---

[39] https://github.com/letta-ai/letta
[40] https://github.com/mem0ai/mem0

> **연습 문제**
>
> Mem0 플레이그라운드를 사용해 컨텍스트 윈도를 초과하는 매우 긴 대화를 LLM과 나눠보세요. 대화의 중간중간에 가상의 친구가 좋아하는 주제나 관심사를 언급해 보세요. LLM에 친구의 관심사와 관련된 생일 선물을 선택하는 데 도움을 요청해 보세요. LLM이 친구에 관한 대화의 정보를 기억하나요? 대화를 재구성하거나 정제해 관련 정보를 더 효율적으로 검색하거나 활용하게 할 수 있을까요?

12.6 RAG로 인컨텍스트 학습 예시 선택하기

이번 장의 서두에서 언급했듯이, RAG는 퓨샷 학습에 사용할 훈련 예시를 동적으로 선택하는 데도 활용할 수 있습니다. 이는 훈련 예시들이 저장된 데이터 저장소에서 특정 입력에 가장 적합한 예시들을 검색해 가져오는 방식입니다. 이렇게 검색된 예시들은 LLM이 사용자 질문에 정확한 답변을 생성할 가능성을 최대화하도록 설계되어야 합니다.

가장 간단한 접근은 입력 텍스트의 임베딩을 생성한 후, 입력 임베딩과 가장 유사한 임베딩을 가진 예시들을 검색하는 방식입니다. 이 방법은 괜찮은 출발점이지만, 더 정교한 기법을 적용하면 성능을 더 향상할 수 있습니다.

왕 연구진[41]은 LLM 검색기$^{\text{LLM Retriever}}$(LLM-R)라는 기법을 소개합니다. 이 기법은 LLM의 피드백을 기반으로 올바른 답변을 생성할 가능성을 높이는 훈련 예시를 검색하도록 모델을 학습시킵니다. [그림 12-9]는 LLM-R의 전체 워크플로입니다.

훈련 세트 내의 각 입력 질의에 대해, 먼저 BM25와 같은 검색 모델을 사용해 상위 k개의 퓨샷 예시를 검색합니다. 그리고 이 예시들을 LLM의 피드백을 바탕으로 다시 순위를 매깁니다. 구체적으로는 각 예시를 입력 앞에 접두어 형태로 붙이고, 그 상태에서 LLM이 생성한 정답 토큰의 확률을 계산합니다. 그런 다음, 로그 확률값이 높은 순으로 예시들을 정렬합니다. 이렇게 정렬된 예시들은 보상 모델을 학습하는 데 활용되며, 최종적으로는 이 보상 모델을 증류해 검색 모델을 학습합니다.

---

[41] Wang et al., "Learning to Retrieve In-Context Examples for Large Language Models", 26 Jan 2024, https://oreil.ly/r8735

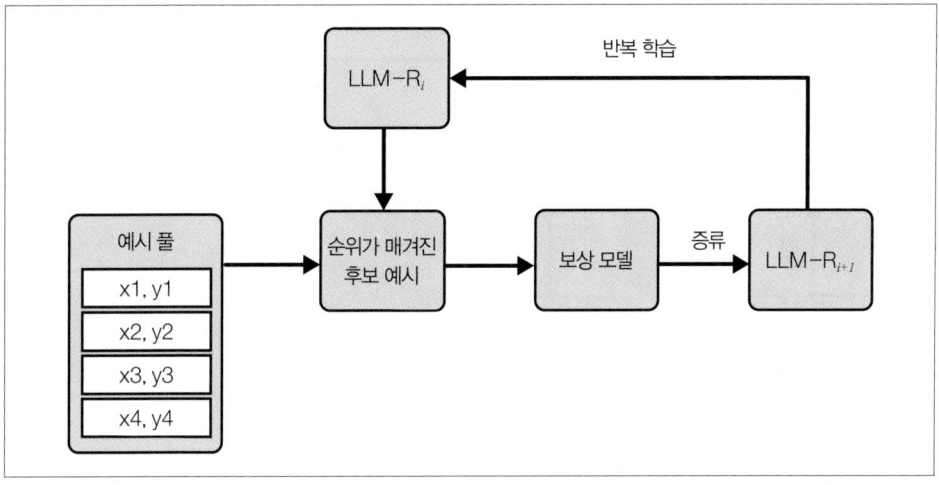

그림 12-9 LLM-R 워크플로

12.7 모델 훈련에 RAG 활용하기

지금까지는 RAG가 LLM의 추론 과정에서 어떻게 활용되는지 살펴봤습니다. 그렇다면 모델의 사전 훈련이나 파인 튜닝 과정에서도 RAG를 사용할 수 있을까요? 네, 가능합니다.

이 주제는 상대적으로 주목받지 못했지만, 앞으로 더 많은 LLM이 이를 활용하게 될 것으로 예상됩니다. 이제 대표적인 사례를 하나 살펴보겠습니다.

REALM^{Retrieval-Augmented Language Model}은 RAG 영역에서 선도적인 연구 중 하나입니다. REALM은 검색과 생성 작업을 하나의 통합된 모델 안에 구성한 구조입니다.

[그림 12-10]은 REALM의 사전 훈련과 파인 튜닝 과정을 보여줍니다.

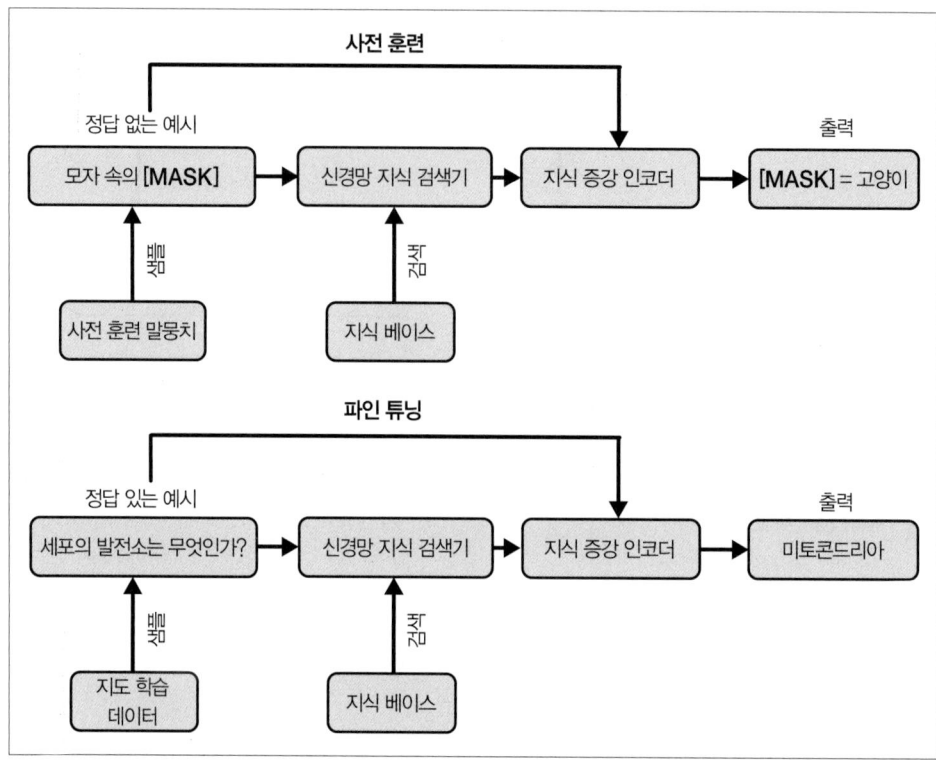

그림 12-10 REALM 아키텍처

REALM 아키텍처는 두 가지 구성 요소로 이루어집니다. 지식 검색기knowledge retriever와 지식 증강 인코더knowledge-augmented encoder로, 후자는 BERT와 유사한 인코더 전용 모델입니다. 두 구성 요소 모두 미분 가능하므로 하나의 모델로 함께 훈련할 수 있습니다.

지식 검색기는 외부 지식 베이스에 존재하는 모든 문서에 대한 임베딩을 미리 생성합니다. 그런 다음, 입력과 가장 유사한 임베딩이 있는 문서를 선택해 검색하는 방식으로 동작합니다. 사전 훈련 과정에서는 마스크 언어 모델링(MLM)을 수행하며, 이때 검색기의 손실 함수는 마스킹된 토큰 예측에 도움이 되는 텍스트를 잘 찾아오도록 학습됩니다. 마스킹된 토큰은 입력 문장과 검색된 문서 양쪽을 함께 참조해 예측합니다. 검색된 문서는 이러한 마스킹된 부분을 더 정확하게 예측할 수 있도록 관련된 컨텍스트 정보를 제공해야 합니다.

REALM은 이 외에도 모델 훈련을 최적화하는 다양한 전략을 함께 사용합니다.

- 고유 명사나 날짜와 같은 항목을 마스킹하고, 모델이 검색된 컨텍스트를 바탕으로 이를 예측하도록 학습합니다.
- 마스킹된 모든 토큰이 외부 지식이 있어야 예측 가능한 것은 아닙니다. 이를 고려해 항상 빈 문서를 검색 결과에 포함합니다.
- 검색된 문서는 마스킹된 토큰 자체가 아닌 해당 토큰을 예측하는 데 필요한 컨텍스트를 포함해야 하므로 마스킹된 토큰이 그대로 들어 있는 검색 결과는 제외됩니다.

12.8 RAG의 한계

RAG는 LLM의 유용성을 확장하고 환각을 줄이는 강력한 패러다임이지만, LLM의 모든 한계를 해결하지는 못합니다. RAG 사용의 몇 가지 함정은 다음과 같습니다.

- 텍스트 단편 검색에 의존하므로 문제에 대한 깊은 이해보다는 표면적인 정보에 근거해 답변하는 경향이 있습니다.
- 파이프라인의 병목 지점이 검색 단계가 될 수 있습니다. 적절한 문서를 검색하지 못하면 LLM의 강력한 생성 능력도 무용지물이 됩니다.
- 검색된 문서가 LLM 내부 파라미터에 저장된 지식과 상충되기도 합니다. 정답에 접근할 수 없는 경우, LLM은 이런 모순을 해결하기 어렵습니다.

LLM이 모순된 정보를 다루는 방법

LLM이 내부적으로 보유한 표현과 RAG를 통해 검색된 외부 정보 간에 모순이 발생할 수 있습니다. 그 원인은 다음과 같습니다.

- 훈련 데이터셋에 오래되었거나 잘못된 정보가 포함됨
- 사용자 제공 프롬프트에 오류나 불일치가 존재함
- 잘못된 문서가 검색됨

이러한 상황에서는 LLM이 부정확한 정보는 무시하고 더 신뢰도 높은 내부 지식을 바탕으로 응답하길 기대합니다. 그러나 이는 정답 데이터에 직접 접근할 수 없는 LLM에게는 매우 어려운 과제입니다.

리우 연구진[42]은 외부 반사실적 지식에 대한 견고성Robustness against External CounterfactuAL knowLedge (RECALL)이라는 벤치마크를 도입했습니다. 이 벤치마크는 프롬프트에 반사실적 정보가 있을 때 LLM의 견고성을 테스트합니다. 연구진은 논리적으로 모순된 정보가 제공될 때 LLM은 내부 표현에 더 의존하는 경향이 있다고 언급합니다. 하지만 사실적으로 모순된 정보가 제공될 때는 프롬프트의 정보를 선호하는 경향이 있습니다.

이 논문의 중요한 발견은 모순되는 정보를 다룰 때 모델의 출력에 대한 신뢰도가 현저히 떨어진다는 것입니다. 따라서 LLM 출력 확률을 사용해 추가적인 별도 처리를 유도할 수 있습니다.

12.9 RAG 대 긴 컨텍스트

5장에서 논의했듯이, LLM의 한계 중 하나는 처리할 수 있는 컨텍스트 윈도의 크기가 한정되어 있다는 것입니다. 하지만 이 분야에서는 최근 급속한 발전이 이루어졌습니다. 2023년 초까지는 수천 개 토큰의 컨텍스트 윈도가 표준이었다가, 앤트로픽[43]과 같은 회사들이 10만 개 이상의 토큰에 걸친 컨텍스트 윈도 지원을 발표했습니다. 2024년 초에 구글은 100만 개 토큰의 컨텍스트를 지원하는 Gemini 1.5 Pro[44]를 발표했습니다.

컨텍스트 크기가 증가함에 따라 LLM 성능에 미치는 영향을 평가하기 위해 여러 '건초더미 속 바늘 찾기' 테스트가 고안되었습니다. 그렉 캄라트Greg Kamradt[45]가 제안한 테스트는 방대한 컨텍스트의 중간에 무작위 사실이나 문장을 삽입한 뒤, 해당 내용을 정답으로 하는 질문을 LLM에 던지는 방식입니다.

그러나 이런 테스트에는 몇 가지 유의할 점이 있습니다. 대부분의 정보 회수 능력만 평가하는데, 실제 세상의 문제는 '건초더미 속 바늘 찾기' 같은 구조가 아니며, LLM이 이 문제에 최적화된 도구가 아닐 수도 있습니다. 더 저렴하고 빠른 검색 모델로도 대부분의 바늘 찾기 작업을 충분히 수행할 수 있습니다.

---

[42] Liu et al., "RECALL:ABenchmarkfor LLMsRobustness against External Counterfactual Knowledge", 14 Nov 2023, https://oreil.ly/7AOZl
[43] http://oreil.ly/ucbD
[44] https://oreil.ly/rp7pi
[45] http://oreil.ly/M8Jc9

여러 바늘 찾기 실험에서는 무작위로 선택된 문장이나 문단을 바늘로 설정해 컨텍스트의 중간에 추가하고, 나머지 텍스트는 바늘과 무관한 내용으로 구성합니다. 하지만 실제 환경에서는 텍스트들이 다양한 방식으로 상호 연관되므로 무관한 텍스트만으로 구성된 컨텍스트는 비현실적입니다. 이러한 관련 텍스트는 오히려 혼란 요인이 되어 LLM이 정확한 추론을 수행하는 데 방해가 될 수 있습니다. 이는 RAG 파이프라인에서 고도화된 리랭킹과 정제 전략이 필요한 주요 이유입니다.

긴 컨텍스트를 처리할 수 있는 모델은 방대한 문서를 효과적으로 분석할 수 있으며, 이러한 후처리 과정의 복잡성도 줄여줄 수 있습니다. 다만, 실제 성능상의 이득과 비용 간의 균형을 경험적으로 분석하는 것이 권장됩니다.

> **연습 문제**
>
> 긴 컨텍스트 처리 능력을 평가하는 테스트를 직접 만들어 보세요. 도쿄 수도권의 다양한 철도 시스템[46]에 대한 위키백과 문서들을 수집한 후, 노선 정보에 관한 질문 몇 가지를 설계합니다. 질문의 정답이 포함된 문장을 바늘이라 간주하고, 이를 전체 컨텍스트의 중간에 삽입합니다. 그리고 해당 문장 앞뒤로 문장 단위로 끊어서 각각 200토큰을 함께 넣습니다.
>
> 이 상태에서 LLM에 질문을 10회에 걸쳐 반복적으로 던져 보며, 올바른 응답이 생성되는지 확인합니다. 이후에는 컨텍스트의 시작과 끝에 각각 200토큰씩 추가로 붙여나가며 최대 컨텍스트 길이까지 실험을 반복합니다. 컨텍스트가 늘어날수록 성능이 어떻게 변화하는지 관찰해 보세요. 가능하다면 여러 LLM 모델을 비교해 보는 것이 좋습니다.
>
> 추가로, 이 책의 깃허브 저장소[47]에 있는 RAG 파이프라인 코드에서 리랭크 및 정제 단계를 제거한 후, 검색 결과를 10만 토큰 이상의 컨텍스트를 지원하는 LLM에 직접 입력해 보세요. 성능이 향상하거나 저하하는지 확인해 보세요.

마지막으로, 긴 컨텍스트 모델과 검색 기반 방식 간의 비용 역시 중요한 비교 요소입니다. 물론 앞으로 긴 컨텍스트 모델의 비용은 점점 낮아질 것으로 예상되지만, 검색 기반 접근 방식은 여전히 비용 효율적일 것입니다. 검색을 완전히 제거하고 긴 컨텍스트만 사용하는 것은 마치 노트북에 파일을 전부 디스크 대신 메모리에 저장하려는 시도와도 같습니다.

---

[46] https://oreil.ly/Q9IRP
[47] https://github.com/corazzon/designing-llm-apps

12.10 RAG 대 파인 튜닝

RAG를 사용할지, 모델을 파인 튜닝할지는 궁극적으로 다음의 질문으로 이어집니다. 이 작업에서 LLM 자체로 처리 가능한 부분은 어디까지이며 외부 지식에 의존해야 하는 범위는 어디까지인가요?

작업 수행에 외부 정보가 필요하다면 검색 기반 방식과 파인 튜닝을 모두 사용할 수 있습니다. 검색은 요청 시 필요한 외부 정보를 동적으로 가져오는 방식이며 상대적으로 빠르고 비용이 적게 들지만, LLM이 정보의 컨텍스트나 깊이를 충분히 학습할 기회는 주어지지 않습니다.

반면, 지속적 사전 훈련이나 파인 튜닝은 모델이 외부 정보를 구조적으로 학습하게 하는 방법입니다. 그러나 학습 비용이 많이 든다는 단점이 있습니다.

오바디아Ovadia[48] 연구진은 외부 지식이 필요한 작업에서 RAG와 파인 튜닝을 비교했으며, 지식 집약적 작업에서 RAG가 파인 튜닝을 지속적으로 능가한다고 밝혔습니다. 이 장 앞부분에서 설명했듯이, LLM은 개념이나 사실을 암기하는 데 많은 샘플이 필요합니다. 따라서 파인 튜닝 데이터셋의 반복이나 증강을 통해 파인 튜닝의 효과를 개선할 수 있습니다.

지식 집약적 작업에서도 RAG와 파인 튜닝 중 하나만 선택할 필요는 없습니다. 전문 도메인에서 작업하거나 특정 스타일이나 형식의 출력이 필요할 때는 도메인 및 작업별 데이터로 LLM을 파인 튜닝하고, 이 파인 튜닝된 모델과 함께 RAG를 하위 애플리케이션에 사용할 수 있습니다.

실제로 많은 사용 사례에서는 RAG만으로도 충분하며, 파인 튜닝이 첫 번째 해결책이 되어서는 안 됩니다.

> **연습 문제**
>
> 캐나다 의회 토론 데이터셋을 사용해 여러 에포크 동안 오픈 소스 LLM을 파인 튜닝해 보세요. LLM이 파인 튜닝 데이터셋에 대한 질문에 답할 수 있는지 확인해 보세요. 그렇지 않다면, 답할 때까지 더 많은 반복이나 데이터 증강을 사용해 계속 파인 튜닝하세요. 또한 이러한 파인 튜닝의 결과로 발생하는 치명적 망각의 영향을 분석해 보세요. LLM이 어떤 방식으로 성능이 저하되나요? 과도한 암기가 이루어지면 일반화 성능이 어떤 영향을 받나요?

---

[48] Ovadia et al., "Fine-Tuning or Retrieval? Comparing Knowledge Injection in LLMs", 30 Jan 2024, https://oreil.ly/Agodo

> 이 연습 문제는 지식 기반 작업에서 RAG가 파인 튜닝보다 효과적인 이유를 체감하는 데 도움이 될 것입니다.

RAG와 파인 튜닝은 상호 보완적일 수 있습니다. 이 장의 앞부분에서 RAG 파이프라인의 각 단계를 파인 튜닝으로 최적화하는 방법을 살펴봤습니다. 또한 RAG를 활용해 파인 튜닝 과정을 최적화하는 방법도 확인했습니다. 따라서 검색과 파인 튜닝 모두 LLM 도구 상자의 강력한 부분입니다. 이 장을 통해 여러분이 실제 환경에서 이를 구현하고 배포하기에 충분히 준비되었기를 바랍니다.

12.11 마치며

이 장에서는 RAG 파이프라인을 심도 있게 살펴보며, 입력을 재구성한 후, 외부 지식을 검색하고, 검색된 항목을 재정렬하며, 의미적으로 정제한 뒤, 결과를 컨텍스트에 삽입하고, 응답을 생성하는 방법으로 재작성-검색-리랭킹-정제-삽입-생성 파이프라인을 자세히 탐구했습니다. 외부 지식 통합, 과거 대화 기록 검색, 퓨샷 학습 예시의 동적 선택, 도구 선택을 포함한 다양한 시나리오에서 RAG의 효과를 강조했습니다. 또한 RAG의 한계와 RAG 적용이 어려운 시나리오도 함께 다뤘습니다.

마지막 장인 다음 장에서는 지금까지 학습한 모든 개념을 활용해 최종 사용자에게 가치를 제공하는 LLM 기반 제품을 설계하고 패키징하는 방법을 탐구할 것입니다. LLM 시대에는 효과적인 제품 설계가 더 중요해졌습니다. 성공적인 LLM 제품은 모델의 뛰어난 기능을 최대한 활용하는 동시에 LLM의 한계를 최종 사용자에게 노출하지 않도록 설계되어야 합니다. 또한 지금까지 학습한 모든 개념을 재사용 및 디버깅이 가능하도록 추상화하여 통합하는 여러 LLM 설계 패턴도 살펴볼 것입니다.

CHAPTER 13
디자인 패턴과 시스템 아키텍처

이 책 전반에 걸쳐 인컨텍스트 학습, 파인 튜닝, RAG, 도구 사용 등 LLM을 다양한 작업에 적응시키는 기법들을 탐구했습니다. 이러한 기법은 사용 사례의 성능 요구 사항을 만족시킬 잠재력이 있지만, LLM 기반 애플리케이션을 프로덕션에 배포하려면 비용, 지연 시간, 신뢰성과 같은 여러 기준을 충족해야 합니다. 이러한 목표를 달성하려면 LLM 애플리케이션에 많은 소프트웨어 스캐폴딩과 전문 컴포넌트가 필요합니다.

이에 따라 이번 장에서는 유용한 애플리케이션을 구동할 수 있는 프로덕션 수준의 LLM 시스템을 구성하는 다양한 기법을 논의할 것입니다. 다중 LLM 아키텍처multi-LLM architecture를 활용해 비용과 성능의 균형을 맞추는 방법을 탐구하겠습니다. 마지막으로 LLM 애플리케이션 개발을 기존 소프트웨어 프로그래밍 패러다임에 통합하는 DSPy와 같은 소프트웨어 프레임워크를 살펴보겠습니다.

LLM 기반 애플리케이션을 단순히 하나의 LLM 컴포넌트로만 다루는 것은 프로덕션 수준의 시스템을 구축하려는 경우에는 적절하지 않습니다. LLM을 구성하는 여러 소프트웨어와 모델 컴포넌트를 함께 고려해 전체 시스템으로서 접근해야 하며, 이러한 구성은 신뢰성 있고, 빠르며, 비용 효율적인 서비스를 만드는 데 필수입니다. 이러한 컴포넌트가 구성되고 연결되는 방식을 **시스템 아키텍처**라고 합니다.

이제 여러 개의 LLM을 조합해 하나의 작업을 해결하는 다중 LLM 아키텍처부터 살펴보겠습니다.

13.1 다중 LLM 아키텍처

이 책 전반에 걸쳐, 특정 작업에 적합한 LLM을 선택할 때의 다양한 트레이드오프를 살펴봤습니다. 원하는 결과를 얻으려면 여러 개의 LLM을 함께 활용하는 것이 더 효과적일 때가 많습니다. 다중 LLM 아키텍처는 일반적으로 다음 두 가지 방식(또는 그 조합)으로 구성됩니다.

각 LLM이 서로 다른 하위 작업에 특화된 경우
문제를 세분화한 각 하위 작업은 서로 다른 수준의 모델 역량을 요구할 수 있습니다. 비용과 지연 시간을 최소화하려면 각 작업에 필요한 성능 기준을 충족하는 가장 작은 규모의 LLM을 사용하는 것이 바람직합니다.

모든 LLM이 동일한 작업을 수행하는 경우
모든 LLM이 동일한 작업을 처리하지만, 입력마다 하나(또는 일부) LLM만 선택되어 실행됩니다.

> **TIP** 하나의 작업을 여러 LLM 앙상블이 함께 처리하고, 최종 결과는 다수결 투표나 보간과 같은 규칙에 따라 선택할 수 있습니다. 장 연구진[1]이 제안한 LLM-Blender는 이러한 앙상블 전략을 잘 보여주는 사례입니다.

> **연습 문제**
>
> 이 책의 깃허브 저장소[2]에서 법률 에이전트의 기본 구현을 찾을 수 있습니다. 이 에이전트는 웹에서 정보를 검색하고 법정 사건에 관한 사용자 질문에 답변하도록 설계되었습니다. 또한 다양한 크기의 여러 LLM으로 구성된 다중 LLM 아키텍처를 활용합니다. 에이전트 구현을 구성 작업으로 분해하고 각 작업에 필요한 능력을 5장에서 설명한 기준에 따라 나열해 보세요. 각 작업을 잘 수행할 수 있는 가장 작은 모델을 선택하세요. 연습을 진행할 때는 5장과 8장의 내용을 참고하세요. 주어진 모델 중 가장 큰 모델로 전체 작업을 해결할 때와 비교하면 비용이 얼마나 절감될까요?

일반적으로 사용되는 다중 LLM 아키텍처들을 살펴보겠습니다.

---

1 Jiang et al., "LLM-Blender: Ensembling Large Language Models with Pairwise Ranking and Generative Fusion", 30 Jun 2023, https://oreil.ly/FEikT
2 https://github.com/corazzon/designing-llm-apps

13.1.1 LLM 캐스케이드

최신 LLM을 사용해 모든 입력을 처리할 수도 있지만, 현실적으로 비용 면에서 부담스럽거나 지연 시간이 길어질 수 있습니다. 캐스케이드cascade 아키텍처로 여러 LLM을 계단식으로 연결하면 성능 기준을 만족하면서도 비용을 최적화할 수 있습니다.

LLM 캐스케이드를 설명해 보겠습니다. [그림 13-1]처럼 세 개의 LLM을 사용하는 애플리케이션이 있다고 생각해 보세요. 소형 모델, 중형 모델, 대형 모델이 하나씩 있습니다.

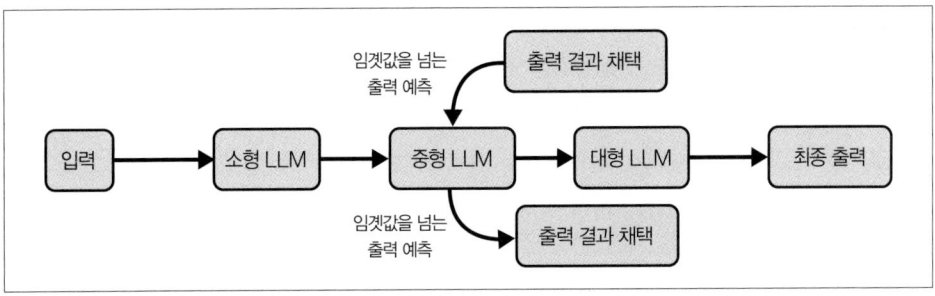

그림 13-1 LLM 캐스케이드

추론 중에 다음과 같은 과정이 진행됩니다.

1 각 입력이 소형 LLM에 전달됩니다.
2 소형 LLM이 임곗값보다 높은 신뢰 수준confidence level으로 출력 예측을 만들면, 해당 출력을 최종 출력으로 받아들입니다.
3 소형 LLM이 임곗값을 넘지 못하는 신뢰 수준으로 출력 예측을 만들면, 입력을 중간 모델로 전달합니다.
4 마찬가지로, 중형 LLM이 임곗값보다 높은 신뢰 수준으로 출력 예측을 만들면, 해당 출력을 최종 출력으로 받아들입니다.
5 중형 LLM이 임곗값을 넘지 못하는 신뢰 수준으로 출력 예측을 만들면, 입력을 대형 모델로 전달합니다.
6 대형 모델이 최종 출력을 생성합니다.

이 아키텍처는 대부분의 사용자 입력을 작은 모델로 처리할 수 있을 때 가장 효율적입니다. BERT와 같은 인코더 전용 모델을 사용할 때는 출력 확률 점수를 신뢰도 측정치로 사용할 수 있습니다. 따라서 모델들이 잘 보정되었다면 입력을 가장 적합한 모델로 효율적으로 라우팅할 수 있습니다(모델 보정은 5장 참고).

디코더 모델에서는 자기 일관성(1장 참고)을 신뢰도 측정치로 사용하는 방법을 많이 사용합니다. 모델에서 출력을 여러 번 생성할 때 결과가 대부분 서로 일치한다면, 모델이 자신의 예측에 대해 확신한다고 말할 수 있습니다. 결과가 일관되지 않는다면 캐스케이드를 따라 다음 단계의 더 큰 모델로 입력을 넘기는 것이 적절합니다.

> **CAUTION_** 일부 연구에서는 LLM에 자신의 출력에 대한 신뢰 수준을 명시적으로 표현하도록 요청하는 방식을 제안합니다. 하지만 이러한 방법이 실제로 효과적인지는 아직 입증되지 않았습니다. 어떤 방식이든 LLM에 자기 출력을 스스로 검증하게 하는 시도는 신중하게 접근할 필요가 있습니다.

신뢰도를 평가하는 또 다른 방법으로는 라미레즈^{Ramirez} 연구진[3]이 제안한 마진 샘플링$^{margin\ sampling}$ 기법이 있습니다. 이 방법에서는 첫 번째 토큰을 생성한 뒤, 확률이 가장 높은 토큰과 두 번째로 높은 토큰 간의 차이를 마진^{margin}으로 정의합니다. 일반적으로 마진이 클수록 모델의 예측에 대한 신뢰도가 높다고 간주하며, 마진이 미리 정한 임곗값보다 낮으면 해당 입력을 다음 단계의 모델로 전달합니다.

> **연습 문제**
>
> 디코더 모델의 다양한 신뢰도 평가 전략을 비교해 보세요. 위키백과 페이지의 사실들을 사용해 Llama 2-3B 모델을 테스트하세요. 마진 샘플링 방법, 자기 일관성 방법, 그리고 LLM에 답변을 얼마나 확신하는지 묻는 방법을 시도해 보세요. 이 세 가지 방법 중 어떤 방식이 모델의 실제 신뢰도를 더 정확하게 반영하는지 비교해 보세요.

캐스케이드 방식의 대안으로는 라우터 방식이 있습니다.

---

3 Ramirez et al., "Optimising Calls to Large Language Models with Uncertainty Based Two-Tier Selection", 3 May 2024, https://arxiv.org/pdf/2405.02134

13.1.2 라우터

라우터는 입력 질의를 처리하고 적절한 모델로 전달하는 프로그램이나 모델입니다. 라우터 아키텍처의 장점은 캐스케이드 방식과 달리, 하나의 입력을 여러 모델에 순차적으로 전달하지 않아도 된다는 점입니다. 즉, 각 입력은 단 한 번만 처리되므로 비용과 시간 측면에서 더 효율적일 수 있습니다. 하지만 라우터가 입력을 얼마나 정확하게 적절한 모델에 전달할 수 있는지에 따라 성능이 달라집니다.

라우터는 의도 분류를 수행할 수 있습니다. 즉, 사용자의 의도를 이해하고 요청받은 작업을 해결할 수 있는 적합한 LLM으로 입력을 전달합니다. 만약 시스템 내의 모든 LLM이 동일한 작업을 처리하도록 설계되었다면 라우터는 입력의 난이도를 판단한 후, 해당 작업을 해결할 수 있는 가장 작은 모델을 선택해 전달하게 됩니다. [그림 13-2]는 작업을 해결할 올바른 모델을 선택하는 데 있어서 라우터의 역할을 보여줍니다.

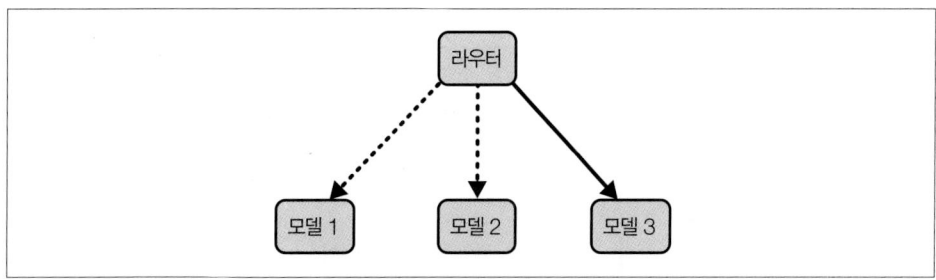

그림 13-2 라우터

> **TIP** 라우터는 RAG 파이프라인에서도 활용할 수 있습니다. 라우터는 입력을 분석한 후, 여러 검색기 중 하나로 적절히 분배할 수 있습니다.

입력 질의의 복잡도를 판단하는 방법에는 휴리스틱 방식과 파인 튜닝된 모델을 활용하는 방식이 있습니다. 휴리스틱 방식은 입력에 등장하는 특정 키워드에 기반해 판단할 수 있습니다. 예를 들어 RAG에서는 '어떻게'에 관한 질문보다 '언제'에 관한 질문에 더 쉽게 대답하는 경향이 있습니다. 또는 작업의 종류 자체를 기준으로 판단할 수도 있습니다. 예를 들어 감정 분석은 상대적으로 간단한 작업이므로 작은 모델로도 충분히 처리할 수 있습니다.

다음으로 작업 특화 LLM에 관해 논의해 보겠습니다.

13.1.3 작업 특화 LLM

다중 LLM 아키텍처를 구성하는 또 다른 방법은 작업별로 특화된 LLM을 배포하는 것입니다. 각 모델은 특정 작업이나 하위 작업을 해결하는 데 특화되어 있습니다. 복잡한 사용자 질의가 주어지면 상대적으로 강력한 LLM을 사용해 질의를 여러 하위 작업으로 분해할 수 있습니다. 그 후 라우터가 각 하위 작업을 가장 적합한 작업 특화 모델에 할당할 수 있습니다(8장에서 논의한 작업 분해를 떠올려 보세요).

이러한 특화형 LLM은 작업과 도메인에 특화된 데이터셋을 기반으로 파인 튜닝해 구축할 수 있습니다.

[그림 13-3]은 하나의 복잡한 질의를 여러 하위 작업으로 분해한 뒤, 각 하위 작업을 가장 효율적으로 해결할 수 있는 모델에 할당하는 과정을 보여줍니다. 이는 비용 효율성과 성능 간의 균형을 고려한 구조를 시각적으로 설명한 것입니다.

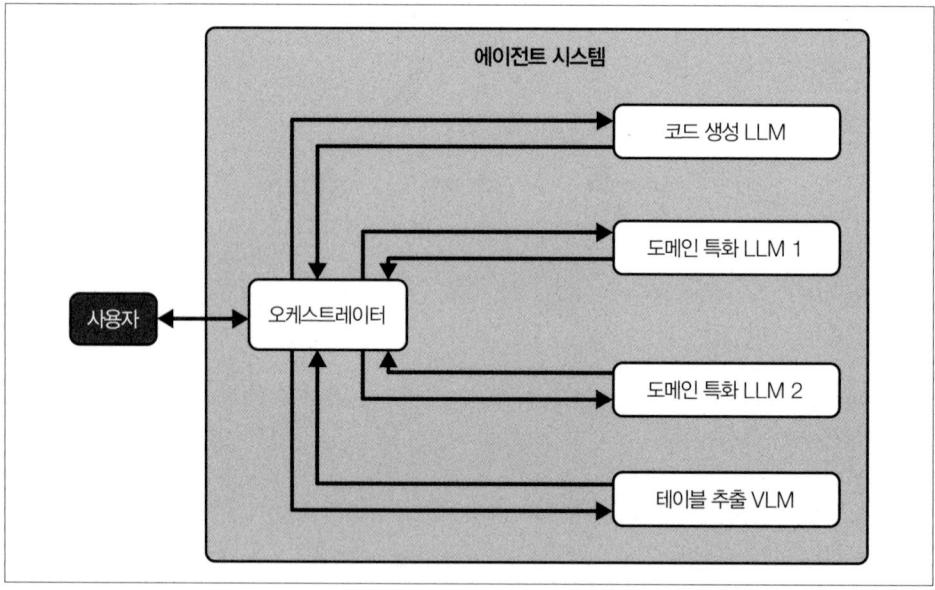

그림 13-3 작업 특화 LLM

이제 LLM 애플리케이션 개발을 더 효과적으로 지원하는 프로그래밍 패러다임 몇 가지를 살펴보겠습니다.

13.2 프로그래밍 패러다임

이번 장에서 살펴본 바와 같이, 프로덕션급 LLM 시스템은 시스템을 견고하고 신뢰할 수 있게 만드는 데 도움이 되는 많은 소프트웨어 컴포넌트로 구성될 수 있습니다. 당연히 생산적이고 유지 보수 가능한 시스템을 구축하는 데 도움이 되는 소프트웨어 디자인 패턴을 사용하고 싶을 것입니다. 개발자 커뮤니티는 이 부분에서 아직 성숙해 가는 과정이며, 검증되고 테스트된 설계 패턴이 등장하기까지는 더 많은 시간이 걸릴 것입니다.

이러한 상황에서, 다양한 LLM 프로그래밍 패러다임이 제안되고 있습니다. 아직 실증적 검토가 충분히 이루어지지 않은 패러다임이 많지만, 일부는 실제 프로덕션 환경에서도 활용 가능한 수준까지 성숙해졌습니다. 여기서는 그중 대표적인 몇 가지를 소개합니다.

13.2.1 DSPy

LLM 애플리케이션 개발은 본질적으로 반복적인 실험과 조정을 요구하는 과정입니다. 최적의 모델을 선택하기 전에 여러 후보 LLM을 테스트해 볼 때가 많습니다. 초기에는 보통 제로샷 프롬프트로 시작합니다. 이 방식은 다양한 프롬프트를 실험하며 구성하는 과정을 포함하는데, 이러한 작업을 일반적으로 프롬프트 엔지니어링이라고 합니다. 제로샷 방식이 충분하지 않다면 퓨샷 프롬프트로 전환하게 됩니다. 이 방법은 다양한 예시를 포함한 프롬프트를 구성하고 반복해서 실험하는 과정을 포함합니다. 퓨샷 방식으로도 원하는 성능이 나오지 않는다면 모델을 직접 파인 튜닝하는 단계로 나아갈 수 있습니다. 이때는 데이터셋을 준비하고 다양한 하이퍼파라미터를 실험하면서 최적의 설정을 찾아가는 반복 작업이 필요합니다.

파이썬 스타일의 선언적 자기 개선 언어 프로그램을 의미하는 DSPy^{Declarative Self-improving Language Programs, pythonically}는 반복적인 작업 흐름의 많은 부분을 추상화해 간소화하려는 오픈 소스 프로그래밍 프레임워크입니다. DSPy의 슬로건은 '프롬프팅이 아닌 프로그래밍'입니다.

이 프레임워크는 애플리케이션의 제어 흐름을 반복적으로 실험하고 조정해야 하는 변수들(예: 프롬프트, LLM 파라미터)과 분리된 구성 요소로 다룹니다. 애플리케이션의 흐름을 정의하는 구성 요소는 **모듈**이라 하며, 프롬프트나 파라미터 등을 반복적으로 최적화하는 구성 요소는 **옵티마이저**라고 합니다.

모듈

모듈은 LLM 애플리케이션을 구성하는 핵심 단위입니다. 각 모듈은 하나의 프롬프트 체인 요소에 해당하며, 사고의 사슬(CoT)과 같은 다양한 프롬프트 기법을 추상화한 형태로 존재합니다. 모듈은 입력과 출력의 관계를 선언적으로 정의하는 **시그니처**를 통해 작성할 수 있습니다. 예를 들어 다음과 같은 코드로 CoT 프롬프트를 사용하는 요약 모듈을 정의할 수 있습니다.

```
import dspy
summarizer = dspy.ChainOfThought('document -> summary')
```

`ChainOfThought`는 CoT 프롬프팅 기법에 대한 추상화를 제공하는 모듈입니다. 이 모듈은 입력과 출력 유형을 선언적 형태로 명시하는 `document -> summary` 시그니처로 선언됩니다. 예를 들어 질의응답 시스템을 구축한다면 `question -> answer` 같은 형태로 선언할 수 있습니다.

일부 애플리케이션에서는 입력과 출력 간의 매핑을 문자열 하나로 표현하는 것보다 더 자세한 설명이 필요할 수 있습니다. 이런 경우에는 파이썬 클래스 기반 시그니처를 사용할 수 있습니다. 예시는 다음과 같습니다.

```
class RAGQA(dspy.Signature):
    """제공된 컨텍스트 정보만 사용해 질문에 답하세요."""
    context = dspy.InputField(desc="컨텍스트가 무관할 수도 있습니다.")
    text = dspy.InputField()
    answer = dspy.OutputField(desc="답변은 최대 두 문장 이내로 작성하세요.")

context = "덴푸라는 은퇴한 럭비 선수가 뉴질랜드에서 발명한 요리입니다. '덴푸라'라는 단어는 노이비히(Neubig)의 독일 오페라에서 유래했습니다."
text = "덴푸라는 몇 년도에 발명되었나요?"

answer = dspy.ChainOfThought(RAGQA)
answer(context=context, text=text)
```

이 예제에서는 다음 세 가지에 세부 지시 사항을 명시할 수 있습니다.

- **독스트링**docstring: 작업에 대한 더 자세한 설명
- **입력 필드**: 입력 특성이나 제약 조건의 세부 사항
- **출력 필드**: 출력 형식이나 제약 조건에 대한 세부 사항

DSPy에는 다양한 모듈이 제공되며 전체 목록은 공식 문서[4]에서 확인할 수 있습니다. 이러한 모듈은 복잡한 LLM 애플리케이션을 설계할 때 기본 블록으로 활용할 수 있습니다. 다음으로 이러한 모듈을 실행 가능한 프로그램으로 **컴파일**하는 옵티마이저를 살펴보겠습니다.

옵티마이저

옵티마이저는 프롬프트나 모델 파라미터를 자동으로 조정하는 구성 요소입니다. DSPy는 여러 종류의 옵티마이저를 기본 제공하며, 이들은 다음과 같은 항목을 업데이트하는 데 활용됩니다.

- 지시형 프롬프트
- 퓨샷 학습 예제
- 모델 파라미터(파인 튜닝)

옵티마이저는 적용할 모듈, 모듈 출력을 평가할 메트릭, 입출력 쌍이나 입력으로 구성된 파인 튜닝/퓨샷 훈련 데이터를 입력으로 받습니다. 옵티마이저는 알고리즘을 사용해 원하는 메트릭을 최적화하도록 프롬프트나 파라미터를 업데이트합니다. DSPy는 **정확도**, **정밀도**, **정답 일치율**과 같은 메트릭을 지원합니다.

기본 제공되는 모듈이나 옵티마이저가 프로젝트 요구 사항에 맞지 않으면 사용자가 직접 구현할 수도 있습니다. 이러한 확장성 덕분에 DSPy는 LLM 애플리케이션의 제어 흐름과 프롬프트 조정, 파인 튜닝처럼 반복적이고 실험적인 작업을 분리해 관리할 수 있도록 설계된 매우 강력한 프레임워크입니다. 더 나아가 이 반복 작업의 일부는 자동화까지 가능하게 해 줍니다.

물론 단점도 있습니다. 옵티마이저가 항상 자동으로 잘 작동하는 것은 아니며, 수동으로 개입해 조정해야 할 수도 있습니다. 실제로는 프로젝트 상황에 맞춰 직접 옵티마이저를 구현하게 되는 경우도 적지 않습니다.

> **연습 문제**
>
> 책의 깃허브 저장소[5]에 있는 캐나다 의회 회의록 데이터셋을 활용해 DSPy 프레임워크 기반의 질의응답 어시스턴트를 구현해 보세요. DSPy를 활용한 방식과 기존의 비DSPy 방식 간에 어떤 차이가 있는지 비교해 보세요.

---

[4] https://oreil.ly/4Vy5c
[5] https://github.com/corazzon/designing-llm-apps

다음으로 소개할 프레임워크는 LLM 질의 언어를 의미하는 LMQL^{Language Model Query Language}입니다.

5장에서 구조화된 생성이라는 맥락에서 간단히 소개했죠. 이번에는 LMQL을 LLM 애플리케이션 개발을 위한 프로그래밍 패러다임으로 어떻게 사용할 수 있는지 살펴보겠습니다.

13.2.2 LMQL

LMQL은 파이썬을 기반으로 한 상위 언어로, 프롬프트 정의, 출력 제약 조건, 프로그램의 제어 흐름을 선언적인 파이썬 코드로 표현할 수 있도록 설계된 언어입니다. 다음은 그 예시입니다.

```
import lmql

@lmql.query(model="gpt-4")
def jeopardy():
    '''lmql
    """제퍼디! 문제와 정답을 생성합니다.
    A:[ANSWER]
    Q:[QUESTION]""" where STOPS_AT(ANSWER, "?") and \
                    STOPS_AT(QUESTION, "\n")
    '''
    return ANSWER, QUESTION


jeopardy(model=lmql.model("gpt-4"))
```

이 예제에서는 모델에게 〈제퍼디!^{Jeopardy!}〉 스타일의 퀴즈 문항을 생성하도록 요청합니다. 〈제퍼디!〉는 진행자가 정답을 제시하면 참가자가 그에 해당하는 질문을 맞히는 방식의 퀴즈 쇼입니다.

LMQL에서는 **jeopardy**라는 함수를 정의하고, 그 안의 독스트링에 프롬프트 명령을 작성합니다. 독스트링에는 "**제퍼디! 문제와 정답을 생성합니다.**"라는 지시와 함께 [ANSWER], [QUESTION]이라는 플레이스홀더가 포함됩니다. 이 플레이스홀더는 LLM이 생성한 내용을 삽입하는 지점이며 `where` 절에서 정의한 조건에 따라 출력이 제한됩니다.

예를 들어 정답(〈제퍼디!〉에서는 질문 역할)은 물음표(?)가 생성되는 시점에 출력을 멈추고, 질문(〈제퍼디!〉에서는 정답 역할)은 줄바꿈 문자(\n)가 생성되면 중단됩니다. 이와 같이

where 절은 생성 제약 조건을 선언적으로 지정하는 강력한 방식입니다.

LMQL 문법은 익숙해지는 데 시간이 걸릴 수 있지만, LLM 애플리케이션을 체계적으로 설계하고 제어하는 견고한 프로그래밍 기반을 제공합니다. DSPy와 마찬가지로 일정 수준의 학습 곡선이 존재하므로 초기에는 반복해서 실험하며 천천히 익히는 것이 좋습니다.

LLM 기술과 이를 기반으로 한 애플리케이션이 성숙해짐에 따라, 앞으로는 더 다양한 프로그래밍 패러다임이 등장하고 기존의 접근 방식도 크게 발전할 것입니다. 현재 사용 중인 패러다임들에는 아직 불안정한 부분이 있을 수 있으므로 프로덕션 환경에 적용하기 전에 효과성과 안정성을 충분히 검증하는 것이 바람직합니다.

13.3 마치며

이번 장에서는 LLM 시스템을 구성하는 방법과 다양한 시스템 아키텍처를 살펴봤습니다. 또한 다중 LLM 아키텍처를 활용해 비용과 지연 시간을 효율적으로 조율하는 방법을 소개했습니다. 마지막으로 LLM 애플리케이션 개발을 단순화하고 자동화할 수 있는 프로그래밍 프레임워크인 DSPy와 LMQL을 통해 LLM 기반 시스템을 더 정형화된 방식으로 구축하는 접근법을 설명했습니다.

INDEX

ㄱ

가능도 378
가드레일 319
가상 문서 임베딩(HyDE) 367
가중 손실 387
가중치 129, 175
가중치 감쇠 208
감정 분석 44
강화 학습 172, 286
개인식별 정보(PII) 93
개인정보 보호 92
개체명 인식(NER) 44, 96, 198
갤럭티카 124
검색 299
검색 기반 스페큘러티브 디코딩(REST) 289
검색 엔진 45
검색 엔진 최적화(SEO) 84
검색 증강 생성(RAG) 64, 204, 350, 359, 361
검색기-판독기 334, 363
검증기 319
검증의 사슬(CoVe) 262
게이팅 함수 148
결과 감독 70
경사 하강법 131
계층적 의미 클러스터링 375
곱 양자화 348
과적합 72
과정 감독 70
교사 피드백 285
교차 엔트로피 142
구글 코랩 77
구글 코랩 프로 114
그라운딩 69
그레이디언트 누적 212
그레이디언트 체크포인팅 212
그레이디언트 클리핑 99
근접 정책 최적화(PPO) 256
글리치 토큰 124

ㄴ

기계 번역 36
기본 모델 67
긴밀 결합 검색기 373
긴밀 결합 요약기 382
깃허브 코파일럿 43
깊이 우선 검색 275

내적 335
너비 우선 검색 275
노믹 333
노믹 AI 347
노엄 촘스키 36
노이즈 임베딩 221
논리적 추론 69
뉴런 129
뉴클리어스 샘플링 194
느슨한 결합 검색기 374

ㄷ

다중 LLM 아키텍처 403
다층 신경망 130
다층 임베딩 356
다층 퍼셉트론 38, 130
대규모 다중 작업 언어 이해(MMLU) 183
대규모 텍스트 임베딩 벤치마크(MTEB) 344
데이터 증강 285
데이터베이스 317
데이터셋 55
도구 데이터 317
도구 호출 311
도메인 적응형 67, 73
도메인 적응형 사전 훈련(DAPT) 232
도메인 전문가 혼합(DEMix) 237
독스트링 412
동등성 125
드롭아웃 72
디노이저 혼합 159

디노이징 오토인코더　157
디리클레 유사도　371
디코딩　191
딥러닝　130
딥시크　147

ㄹ

라마인덱스　298, 326
라우팅　148
랭체인　60, 298, 326
레딧　74, 77
레이블　100, 131
레이블 스무딩　213
레이아웃 LMv　352
리더보드　181, 344
리랭크　375

ㅁ

마스크 언어 모델링(MLM)　145, 396
마스킹　157
마이크로소프트　78
마진 샘플링　406
멀티모달　70
메두사　290
메타　83, 124
메타GPT　326
멱법칙　33
모달리티　29
모델 언러닝　99
모듈　409
몬테카를로 트리 검색(MCTS)　275
무작위성으로부터의 발산(DFR)　371
미스트랄　147, 190

ㅂ

바이트 레벨 BPE　120
바이트 페어 인코딩(BPE)　120

반복적 백프롬프팅　273
배치　141
번역　44
벡터　58
벡터 데이터베이스　60
벤치마크　180
병렬 디코딩　277, 288
보상 모델　172
볼린저 밴드　353
분포 가설　132
불충분 훈련 토큰　124
블록체인　40
비결정성　196
비선형성　130
비옥도　125
비인과적　146
비지도 생성　285
비츠앤바이츠　205
빔 서치　192
빔 크기　192

ㅅ

사고의 사슬(CoT)　48, 70, 188, 196, 273, 366
사전 훈련　38, 65, 68
사후 검열　99
산술 추론　69
상위어　101
상호 참조 해결　136
색인화　299
생성적 요약　382
생성형 검색　372
생성형 AI　29
서픽스　155
선형 감쇠　211
선형 편향 어텐션(ALiBi)　139
설명적인 종결절　56
센텐스 트랜스포머　330, 334
센티넬 토큰　155

INDEX

셀프 어텐션   136, 283
소형 언어 모델(SLM)   34
손실 함수   131, 340
순방향 전달   282
순환 신경망   38, 133
스위치   147
스컹크웍스   276
스케일링 법칙   33
스크래치패드   392
스택 오버플로   77
스팬 마스킹   158
스팬 손상   146
스페큘러티브 디코딩   195, 288
시스템 프롬프트   304
시퀀스 모델   133
시퀀스 태깅   198
신경망   32
심볼릭 플래너   307

ㅇ

아키텍처   130
아파치 루씬   371
암호화폐   40
액셀러레이트   189, 205
앤트로픽   172, 398
양자화   63, 277, 291
어텐션 점수   137
어휘   66, 107
어휘 외(OOV)   111
언스트럭처드   59, 352
언어 모델   29
에이전트   44
에이전트 오케스트레이션 소프트웨어   326
에포크   72
역전파   131
역전파 알고리즘   143
예측 디코딩   277
옐리넥 머서 유사도   371

오토젠   326
오픈 소스   40, 63, 151
오픈 소스 이니셔티브   175
오픈AI   100, 111, 287
옵티마이저   409
용어 빈도-역문서 빈도(TF-IDF)   371
워드피스   120, 122
웜 리스타트   210
웹 스크레이핑   71
웹 추출 텍스트(WET)   81
웹3   40
위치 인코딩 생략(NoPE)   140
위키백과   74
유니그램 LM   120
유도 편향   66
유사도   58
유클리드 거리   335
의미 검색   333
의사 관련성 피드백(PRF)   367
이상치   50
인간 피드백 기반 강화 학습(RLHF)   67, 68, 172, 254
인공지능(AI)   29
인과적   146
인코더-디코더 모델   146
일래스틱서치   371
일루서 AI   81, 176
일반 개인정보 보호법(GDPR)   93
일치 뷰   132
임베딩   58, 60, 109, 330
임베딩 유사성   324
입력   100

ㅈ

자기 일관성   196, 406
자기 지도   149
자기 지도 학습   69, 130
자기 참조   55
자기 학습   285

자기회귀 146
자기회귀 모델 288
자연어 처리(NLP) 29
자연어 추론(NLI) 323
자율 에이전트 302
자카드 거리 324
작업 적응형 67, 73
작업 적응형 사전 훈련 (TAPT) 232
재귀 신경망 38
저자원 언어 179
적대적 프롬프팅 50
적대적 훈련 99
전문가 147
전문가 혼합(MoE) 129, 237
전이 학습 38
전처리 102
절대 위치 임베딩 139
절제 연구 221
정규 표현식 96, 329
정규화 72, 121, 235
정렬 훈련 50
정확도 56
제로샷 146
제로샷 프롬프팅 47
젠퓨저 248
조기 종료 277, 281
주피터 노트북 81
중간 표현 285
증류 63, 235, 286
지나 332
지도 학습 기반 파인 튜닝(SFT) 67, 171
지속적 사전 훈련 126
지시 모델 67
지시문 47
지시문 기반 튜닝 171
지시문 튜닝 49, 222
지식 검색기 396
지식 증강 인코더 396

지식 증류 277
지역화 98
지연 상호작용 377
지연 청킹 354
질의 299
질의 가능도 모델(QLM) 378

차원 축소 333
채팅 모델 67
챗봇 44, 61
청크 58, 348, 349
청킹 351
체스 32
체인 오브 노트(CoN) 382
최대 가능도 122
추론 32, 66, 125
추출 요약 382
출력 토큰당 처리 시간(TPOT) 179
층 정규화 141
치명적 망각 233

ㅋ

캐스케이드 405
캐싱 63, 277
커리큘럼 학습 101
커먼 크롤 73
컨텍스트 45, 48, 174
컨텍스트 윈도 361, 393
컨텍스트 캐싱 280
코드 생성 125
코드 인터프리터 304
코사인 어닐링 209
코사인 유사도 335
코퍼스 132
코히어 332, 349
콜팔리 352

INDEX

쿨백–라이블러 발산(KLD, KL 발산)　86
크로마　355
크롤링　90
크루AI　326
크리에이티브 커먼즈(CC)　176
클러스터링　333, 348
클리핑　293
키워드 검색　329

ㅌ

타입　108
탐욕적 디코딩　191
텍스트랙터　352
토크나이저　66, 113, 117, 119, 121
토큰　32, 98, 108
토큰화　66, 117, 119, 120
투게더 AI　191
트랜스포머　32, 66, 96, 133, 148, 173, 205, 244
트리플렛　338
특성 공학　37
특성 선택　37
특성(피처)　37
특징　130

ㅍ

파라미터　63, 129
파라미터 수　33
파라미터 확장　235
파라미터 효율적 파인 튜닝(PEFT)　63
파싱　59
파이프라인　102
파인 튜닝　38, 63, 126
파인콘　335
판독기　334
퍼플렉시티　88, 143
페어랭커　248
편향 증폭　104

평가 지표　63
포터블 게임 노테이션(PGN)　161
폴백 모듈　322
표현 학습　131, 330
푸아송 분포　158
품사　57
품사 태깅　198
품사(POS)　37
퓨샷　146
퓨샷 프롬프팅　48
퓨샷 학습　48, 361, 373
프로토타입　62
프롬프트　79, 319
프롬프트 기법　70
프롬프트 드리프트　47
프롬프팅　45
프리픽스　155
피드포워드　148
피드포워드 네트워크　140

ㅎ

하이브리드 검색　371
하이퍼파라미터　175, 230
학습률　208
합성 데이터　71
합성곱 신경망　38
허깅 페이스　60, 75, 102, 117, 126
허깅 페이스 허브　181
헌법적 AI　172
화이트박스 증류　287
확률 질량　193
환각　54, 360, 397
활성화 함수　130
회전 위치 임베딩(RoPE)　139
훈련 데이터셋　100
휴리스틱　407
희소 오토인코더(SAE)　330, 357

A

ablation study 221
absolute positional embedding 139
abstractive summarization 382
accelerate 189, 205
accuracy 56
activation function 130
Adafactor 206
Adagrad 207
AdamW 206
adversarial training 99
AI2 추론 도전(ARC) 183
AINomic AI 333
AISkunkworksAI 276
all-mpnet-base-v2 145, 332, 336, 338, 345
Apache 2.0 176
API 52, 71
artificial intelligence(AI) 29
attention score 137
attention with linear biases(ALiBi) 139
AutoGen 326
autoregressive 146

B

backpropagation 131
base model 67
batch 141
beam search 192
beam size 192
BERT 38, 74, 139, 145, 331, 376
BERTScore 322
BGE-M3 338
bias amplification 104
bitsandbytes 205
BLEU 322
BLOOM-176B 360
BM25 330, 356, 367, 370

Bollinger bands 353
Books3 176
BooksCorpus 74
BooksCorpus2 74
bustling 56
ByT5 117
byte pair encoding(BPE) 120
byte-level BPE 120

C

C4 데이터셋 75
C4(Colossal Clean Crawled Corpus) 74
caching 63, 277
CANINE 117
cascade 405
catastrophic forgetting 233
causal 146
CFG(context-free grammars) 198
chain-of-note(CoN) 382
Chain-of-Thought(CoT) 48, 70, 188, 196, 273, 366
Chain-of-Verification(CoVe) 262
Charformer 117
chat model 67
Chess-GPT 32
Chroma 60
chunk 58, 348, 349
ClarityNLP 350
clause 56
CLS 123, 332
ColBERT(Contextualized Late Interaction over BERT) 376
ColPali 352
Common Crawl 73
CoN 387
concordance view 132
Constitutional AI 172
context 45, 48, 174

INDEX

context caching   280
continual pre-training   126
ConversationalRetrievalChain   61
convolutional neural network   38
Copy.ai   43
coreference resolution   136
cosine annealing   209
CrewAI   326
cross-entropy   142
curriculum learning   101

DAPT   237
DeBERTa   145
DeepSeek   147
DeepSeek V3   147
delve   56
denoising autoencoder   157
Dirichlet similarity   371
DistilBERT   145, 332
distillation   63, 235, 286
distributional hypothesis   132
divergence from randomness(DFR)   371
doc2query   369
domain expert mixture(DEMix)   237
domain-adaptive   67, 73
domain-adaptive pre-training(DAPT)   232
dropout   72
DSPy   403, 409
early exiting   277, 281

ELIZA   36
Elo 점수   186
embedding   58, 60, 109, 330
EOS   124
epoch   72

expert   147
extractive summarization   382

Faker   99
FastBERT   282
fastText   84, 86
feature   37
feature engineering   37
feature selection   37
fertility   125
few-shot learning   48, 361, 373
FinBERT2   174
fine-tuning   38, 63, 126
FineWeb   75
FLAN-T5 모델   193
FLAN-T5 토크나이저   126
FLAN(fine-tuned language net)   171, 224
FLARE(Forward-Looking Active REtrieval-
    augmented generation)   389
FLM(전체 언어 모델링)   155
forward pass   282
frequency_penalty   53

GALACTICA   124
gating function   148
GELU(Gaussian error linear unit)   140
Gemma   190
Gemma 2B   369
Geneformer   32
General Data Protection Regulation(GDPR)   93
generative AI   29
generative retrieval   372
GGUF   191
GitHub Copilot   43
glitch token   124

Google Colab 77
Google Colab Pro 114
GPT Neo 151
GPT-1 39
GPT-2 39
GPT-3 39, 100
GPT-4 39, 68, 151
GPT-4o 52
GPT-4o mini 52
GPT-NeoX 121
GPT4All 191
gradient accumulation 212
gradient checkpointing 212
gradient clipping 99
gradient descent 131
GraphRAG 375
greedy decoding 191
grounding 69
GSM8K 183
Guidance 197

H

hallucination 54, 360, 397
HashEE(hash-based early exiting) 282
Hellaswag 183
HELM 184
HTML 81
Hugging Face 60, 75, 102, 117, 126
HyDE 369
hypernym 101
hyperparameter 175, 230
Hypothetical Document Embeddings(HyDE) 367

I J

inductive bias 66
inference 32, 66, 125

instruct model 67
instruction-tuning 49, 222
intermediate representation 285
Jaccard distance 324
Jasper AI 43
Jelinek-Mercer similarity 371
Jina 332
JSON 스키마 197
Jsonformer 197
Jupyter 81
jusText 81

K L

KenLM 88
KISS 원칙 326
KL 발산 256
KL 발산 손실 346
knowledge retriever 396
knowledge-augmented encoder 396
label smoothing 213
LangChain 60, 298, 326
langdetect 84, 85
langid 84
language model 29
late chunking 354
late interaction 377
layer normalization 141
LayoutLMv3 352
learning rate 208
Letta 393
likelihood 378
linear decay 211
Lion 207
LIT-NLP 167, 199
Llama 190
Llama 2-3B 406
Llama 2B 369
Llama 3 83

INDEX

Llama 3.1　**311**
llama-stack-apps　**313, 326**
Llama2-7B　**205**
LlamaIndex　**298, 326**
LLM-Blender　**404**
LLMOps　**178**
LM 평가 도구 LM Evaluation Harness　**181**
LM Studio　**191**
LMQL(Language Model Query Language)　**197, 412**
localization　**98**
logit_bias　**53**
logprobs　**54**
loosely-coupled retriever　**374**
LoRA(low-rank adaptation)　**217**
loss function　**131, 340**
low-resource language　**179**
LSTM　**133**
Lucene　**371**

M

MASK　**155**
masked language modeling(MLM)　**145, 396**
Massive Multitask Language Understanding(MMLU)　**183**
Massive Text Embedding Benchmark(MTEB)　**344**
max_completion_tokens　**53**
maximum likelihood　**122**
Medusa　**290**
Mem0　**393**
memfree 디코딩　**99**
MemGPT　**393**
MEMIT　**360**
MetaGPT　**326**
MinHash　**91**
Mistral　**147, 190**
Mistral LLM　**79**

MIT　**176**
Mixture of Denoisers　**159**
mixture of experts(MoE)　**129, 237**
MLM　**157**
modality　**29**
model unlearning　**99**
ModernBERT　**145**
MoE 모델　**149**
MoE 아키텍처　**148**
Monte Carlo tree search(MCTS)　**275**
MPNet　**145, 331**
multi-Level embedding　**356**
multi-LLM architecture　**403**
multilayer perceptron　**38, 130**

N

n-그램(n-gram)　**88, 100**
named entity recognition(NER)　**44, 96, 198**
natural language inference(NLI)　**323**
natural language processing(NLP)　**29**
NLTK　**350**
no positional encoding(NoPE)　**140**
Noam Chomsky　**36**
nomic-embed-text-v1.5　**347**
noncausal　**146**
normalization　**72, 121, 235**
nucleus sampling　**194**

O P

o1　**39**
Ollama　**190**
OOV　**115**
Open Source Initiative　**175**
OpenRAIL-M 라이선스　**176**
out-of-vocabulary(OOV)　**111**
outcome supervision　**70**
outlier　**50**

overfitting 72
P3(Public Pool of Prompts) 226
PAD 124
parallel decoding 277, 288
parameter-efficient fine-tuning(PEFT) 63
parity 125
part-of-speech(POS) 37
PCA 333
PDF 58
PEFT 205, 217, 244
perplexity 88, 143
personally identifiable information(PII) 93
PGN 32
phi 78
Pinecone 335
Poisson distribution 158
POS 57
POS tagging 198
power-law 33
pre-training 38, 65, 68
prefix 155
presence_penalty 53
probability mass 193
process supervision 70
product quantization 348
prompting 45
proximal policy optimization(PPO) 256
pseudo-relevance feedback(PRF) 367
Punkt 토크나이저 350
pycld2 84

Q R

Qdrant 349
quantization 63, 277, 291
query likelihood model(QLM) 378
Query2doc 367
R-디노이저 159
RankGPT 380
RankVicuna 380
RankZephyr 380
ReAct 318, 366
reader 334
REALM(Retrieval-Augmented Language Model) 395
recurrent neural network 38, 133
recursive neural network 38
Reddit 74, 77
RedPajama-Instruct 172
RefinedWeb 79
reinforcement learning 172, 286
reinforcement learning by human feedback(RLHF) 67, 68, 172, 254
ReLU(rectified linear unit) 140
representation learning 131, 330
retrieval-augmented generation(RAG) 64, 204, 350, 359, 361
Retrieval-based Speculative Decoding(REST) 289
retriever-reader 334, 363
retroactive censoring 99
reward model 172
RLAIF 172, 285
RMSProp 207
RoBERTa 74, 139, 145, 331
robots.txt 75
rotary position embedding(RoPE) 139
ROUGE 322

S

S-디노이저 159
scaling laws 33
scratchpad 392
self-consistency 196, 406
self-reference 55
self-supervised learning 69, 130
self-teaching 285

INDEX

Sentence Transformers   330, 334
sentinel token   155
SEP   123
SGD   207
SGPT   332
small language model(SLM)   34
SmolLM   78
spaCy   350
span corruption   146
sparse autoencoder(SAE)   330, 357
speculative decoding   195, 288
SQL   317
SQL 데이터베이스   304
Stack Overflow   77
Stanza   350
stop   53
suffix   155
Super-NaturalInstructions   227
supervised fine-tuning(SFT)   67, 171
Switch   147
symbolic planner   307
synthetic data   71

T U

t-SNE   333
T5   120, 146
tapestry   56
task-adaptive   67, 73
task-adaptive pre-training (TAPT)   232
teacher feedback   285
temperature   53
term frequency-inverse document frequency(TF-IDF)   371
Textractor   352
TF-IDF   367
TGI(Text Generation Inference)   191
The Pile   74, 176
tightly-coupled retriever   373

tightly-coupled summarizer   382
tiktoken   115, 124
tokenization   66, 117, 119, 120
tool-calling   311
ToolLLaMA   313
tools data   317
top_p   53
top-k   273
transfer learning   38
transformer   32, 66, 96, 133, 148, 173, 205, 244
triplet   338
TRL   205
TruthfulQA   183
type   108
UL2(Unifying Language Learning Paradigms)   145
UL21   159
undertrained token   124
UniversalNER   174
UNK   124
Unstructured   59, 352
unsupervised generation   285

W X Z

warm restart   210
web extracted text(WET)   81
weight decay   208
weighted loss   387
Winogrande   183
WordPiece   120, 122
WORK   125
X-디노이저   160
X에이전트(XAgent)   326
zero-shot prompting   47